文献信息检索
与论文写作（第九版）

王细荣　宗　良　王姗姗　编著

上海交通大学出版社
SHANGHAI JIAO TONG UNIVERSITY PRESS

内容提要

本书基于学术研究的一般范式与信息素养教育的基本规律，系统地说明了文献信息检索的基础知识、基本技能，并从学术研究与图书馆用户教育的双重视角介绍了各种文献的特点与分布特征，一些常用文献检索工具的编排组织规则和使用方法，电子资源检索方法，境内外著名的 OA 资源，经典的中外文题录或文摘数据库、引文数据库、全文数据库的特点和检索技能，文献原文获取的技巧和方法，纸质文献与电子资源合理使用的范畴，以及学术论文的写作规范、撰写方法、投稿技巧与校样审读要领等，其中包含不少关于学术出版的知识。

本书可作为高等院校本科生、研究生的文献信息检索与论文写作课程的教材或学术出版素养教育读本，也可作为科研人员、科研管理者、图书情报工作者和出版工作者的参考读物。

图书在版编目（CIP）数据

文献信息检索与论文写作 / 王细荣，宗良，王姗姗编著. — 9 版. — 上海 ：上海交通大学出版社，2025.6.
ISBN 978-7-313-32581-5

I. G254.97；H152.2

中国国家版本图书馆 CIP 数据核字第 20254CX368 号

文献信息检索与论文写作（第九版）
WENXIAN XINXI JIANSUO YU LUNWEN XIEZUO（DI-JIU BAN）

编　　著：王细荣　宗　良　王姗姗

出版发行：上海交通大学出版社　　　　　　　地　　址：上海市番禺路 951 号

邮政编码：200030　　　　　　　　　　　　电　　话：021-64071208

印　　制：常熟市文化印刷有限公司　　　　　经　　销：全国新华书店

开　　本：787mm×1092mm　1/16　　　　　印　　张：17.25

字　　数：431 字

版　　次：2006 年 8 月第 1 版　2025 年 6 月第 9 版　　印　　次：2025 年 6 月第 37 次印刷

书　　号：ISBN 978-7-313-32581-5

定　　价：48.00 元

前　言*

古今中外，凡学术研究之集大成者，一般都非常重视搜集和利用文献资料。中国儒家经典《论语·八佾》中记载着孔子的一段话："夏礼，吾能言之，杞不足征也；殷礼，吾能言之，宋不足征也。文献不足故也。"孔子论事有据、注重文献的治学精神可见一斑。英国著名科学家牛顿说过："如果说我比别人看得略为远些，那是因为我站在巨人肩膀上的缘故。"牛顿所谓的"站在巨人肩膀上"，现在解读为：充分地占有和利用文献资料，从前人研究的"终点"中找出自己研究的"起点"（前沿、热点），从而在学术研究工作中取得突破性的成就。

上述孔子和牛顿的言论，充分说明文献资料搜集工作在学术研究中的重要作用。搜集文献资料的方法很多，其中文献信息检索是最主要的方法。文献信息检索在学术研究中的功能主要体现在：第一，文献信息检索有助于学术研究新手的成长；第二，文献信息检索可避免重复研究与重复报道；第三，文献信息检索有助于学术研究和学术论文质量的提高。

文献信息检索既是学术研究工作的起点，又是终结，其贯穿于学术研究的全过程。文献信息检索与学术论文写作又是相辅相成的——文献信息检索（沉浸在文献中）的最终目的之一是撰写学术论文，学术论文的写作与发表的过程有助于作者在文献中找到自己所需要的东西；而且当今学术论文"正是从事科学研究的新手们所热望的东西，同时也是他们被训练的目的"。[①]

20 世纪 80 年代，我国高校纷纷将原隶属科研部门的情报机构划归图书馆，实现图书情报的统一归口管理，这标志着高校图书馆由服务教学为主的时代进入服务教学科研的时代。1981 年 10 月，教育部颁发《中华人民共和国高等学校图书馆工作条例》，提出高校图书馆的任务之一是"开展查阅文献方法的教育和辅导工作"，第一次把文献检索的教育任务和高等学校图书馆联系起来。一部分高校图书馆也开始为学生开设专门的图书馆用户教育课程——文献检索与利用（以下简称"文检课"）。1983 年 10 月上旬，全国高校图书馆工作委员会召开专题研讨会，认为高校应开设文检课。1984 年，教育部印发《关于在高等学校开设文献检索与利用课的意见》的通知（〔84〕教高一字 004 号），之后的 1985 年、1992 年、1993 年就文检课又先后颁布 3 个文件，使文检课在更大规模和层次上展开，并在高校产生重大影响。高校图书馆是学校的文献信息资源中心，是为人才培养和科学研究服务的学术性机构，不仅有"四当"之说（详见上海交通大学出版社 2014 年出版的《大世界里的丰碑——湛恩纪念图书馆的前生今世》第八章第一节），更有"校园里另外一种教授"之誉，其主要任务在于支持教学与研究，有责任促进图书馆资源的充分利用与合理使用。为此，图书馆用户教育成为当今高校图书馆工作的重要内容，而其开设的文检课等信息素养教育课程则是用户教育的主要形式。不过，基于"开放科学""世界图书馆"理念和国际图联发布的《数字素养宣言》，高校图书馆为学生开设的文检课不能仅停留在教授如何利用图书馆文献资源这个层次，应当为提高学生的出版素养、数据素养等信息素养服务；在文检课教学中，应当将文献信息检索看作学术研究的基本要素，

---

* 本书第一版至第八版的前言可浏览在线资源：pan.baidu.com/s/1LhWa95DBSoBoE_Rmob-aYQ?pwd=wxj9。

① 弗拉斯卡-斯帕达：《历史上的书籍与科学》，上海科技教育出版社，2006 年，第 453 页。

并置于整个学术交流活动的链条中。

19年前，笔者在编写文检课教材时，就试着将"文献信息检索"与"论文写作"置于同一体系中，将之命名为《文献信息检索与论文写作》，于2006年8月出版。之后其第二、第三、第四、第五、第六、第七和第八版又相继付梓。作为一名图书情报工作者，笔者当然也笃信：像图书馆的其他服务工作一样，这类教材的编写，不仅是技术活、体力活，而更应该是"良心活"。拙著备受师生的青睐，先后被全国近500所高校选为相关课程的教材。

"黄金无足色，白璧有微瑕。"万物不会有尽善尽美者，本书自不例外。尤其是，随着近年来信息环境的变化，如"智能创作时代"到来、"微信公众号"等新媒体出现、"开放数据"运动，以及学术生态中出现的不和谐之声，如AI论文代写、"同行评议"造假、地下"论文工厂"，再加上教育部于2015年12月31日颁布新修订的《普通高等学校图书馆规程》（教高〔2015〕14号），进一步明确高校"图书馆应重视开展信息素质教育，采用现代教育技术，加强信息素质课程体系建设"，笔者在学术研究、教学实践、编辑出版、图书馆服务等活动中，逐渐发现《文献信息检索与论文写作（第八版）》已有一些不合时宜之处，亟须修订。

第九版保留了前面几个版次的主要特点，更着重对第八版中的一些术语、叙述的科学性、确定性、规范性等进行改进，对部分章节进行删减、调整、更新、补充，并特别增加了与AI相关的内容。关于本书各章的在线资源，可浏览上海交通大学出版社官网"资源下载"栏目，具体网址为：https://www.jiaodapress.com.cn/Data/List/zyxz。

探究文献信息检索方法是众人之事，必须善于撷取他人之长，同时，介绍文献信息检索之技巧又是个人之事，须推陈出新，善于阐发一己心得。因此，本书虽是融百家之长于一炉，但更求炼特色之钢而铸剑，以形成独特的风格，给出一些"人所未提"的新信息，传递一些令人耳目一新的思想、观念，力避当今国内教材普遍存在的拼凑痕迹严重和片面追求功利性等弊端。

目前，编写教材被一些人视为一种壮夫不为的"雕虫小技，童子小道"，且广被诟病。"明知山有虎，偏向虎山行。"美国著名物理学家、哥本哈根学派最后一位大师约翰·阿奇博尔德·惠勒（John Archibald Wheeler）曾经说过："要想了解一个新的领域，就写一本关于那个领域的书。"[②] 惠勒的惊人之语与我国南北朝北齐的文学家、教育家颜之推之"古之学者为己，以补不足"有异曲同工之妙，它亦诠释了笔者"偏向虎山行"的心境：所有言说与文字的努力，除了要表达自己已经了解的一切之外，更是要力求明白自己尚有多少不曾了解的事物。

为保证本书如期完稿、付梓，笔者的同仁花费了大量的心血。当然，也应特别感谢本书前几个版次的合作者。另外，感谢上海交通大学出版社为本书付出辛勤劳动的出版人。他们不仅是当今大学生信息素养教育的支持者，更是培育中国图书情报学之树，使之挺秀成荫、汇入中华文化之林的最可敬的园艺师。

本书的书稿虽几经修订、改版，但斧凿之痕仍不时可见。由于编著者的学力和学识有限，加上时间仓促，书中一定存在纰漏或不足之处，谨请专家与读者批评、赐教。编著者电子邮箱为：wxr272@163.com 或 402838163@qq.com。

编著者

2025年6月

---

② 田松：《一代宗师魂归量子世界》，载《南方周末》，2008年4月24日第D26版。

目　　次

第 1 章　文献信息检索基础

文献、信息等术语的含义与分类，文献信息检索的基本概念、基本方法，以及计算机检索的基本原理与通用技术，是进行文献信息检索实践之前需要先行熟知的内容。

1.1　文献信息基本知识

文献关乎教化，滋长文明；信息助推和谐，创造效益。文献、信息之价值，可管窥一斑。那么，究竟什么是文献？什么是信息？它们与人们所熟知的知识、情报、图书、资料及档案等又是什么关系？这是需要首先了解的问题。

1.1.1　文献、信息及其相关概念

1.　文献

"文献"一词有着悠久的历史，最早见于《论语·八佾》："夏礼吾能言之，杞不足征也；殷礼吾能言之，宋不足征也。文献不足故也。"其大意是典籍与贤者，即图书、档案和熟悉情况的人，关于贤者言论的记录后引申为"献"。近年来，全国科学技术名词审定委员会先后在《管理科学技术名词》（2016 年 6 月公布）、《图书馆·情报与文献学名词》（2018 年底公布）和《编辑与出版学名词》（2021 年 11 月公布）对文献给出了扼要的定义，即"用文字、图形、符号、声频、视频等技术手段记录人类知识的一种载体"；"记录有知识和信息的一切载体"；"记录有知识或信息的载体"[1]。《辞海》（第七版）则认为文献是记录知识的一切载体的统称，包含文字、图像、符号、声频、视频等（如甲骨、金石、竹帛、纸张、胶片、磁带、磁盘、光碟等）。文献具有四个组成要素：一是所记录的知识和信息；二是记录知识和信息的符号；三是用于记录知识和信息的物质载体；四是记录的方式或手段。可见，文献记录知识或信息，而这些知识或信息又依附于载体而存在。甲骨、金石、简牍、缣帛、纸、胶片、磁带、磁盘、光碟、半导体和磁泡存储器等都属于文献的载体。

在图书情报界，文献通常泛指各种载体上的知识或有价值的信息，其涵盖范围广泛，包括各类图书文献、器物文献、历史资料文献、工艺美术文献、考古文献等，即文献不仅包括书刊等印刷型出版物，而且包括古代的甲骨文、竹简、帛书等，以及当今的声像出版物、电子出版物和网络上的一些信息。

2.　信息

与文献相比，"信息"被国人了解要晚得多。"信息"一词在英文、法文、德文、西班牙文中均是"information"，日文为"情报"，我国古代用的是"消息"，而其作为科学术语则最早是由美国贝尔实验室的哈特莱（R. V. L. Hartley）于 1927 年 9 月在意大利科莫湖举行的"电报与电话通讯国际会议"（International Congress of Telegraphy and Telephony）上提出的。自20 世纪 40 年代以来，科学界一直在对信息的定义进行积极的探讨，在不同的领域人们赋予它不同的定义。关于信息的定义多达数十种，它们都从不同的角度反映了信息的某些特征。

到目前为止，尚无一种定义被社会各界一致接受。具有广泛影响的定义为：信息是指应用文字、数字或信号等形式，通过一定的传递和处理，来表现各种相互联系的客观事物在运动中所具有的特征性内容的总称。因此，信息的原材料是对客观事物本身运动的记录——数据，即信息是数据的含义，数据是信息的载体。

根据全国科学技术名词审定委员会于 2018 年底公布的《图书馆·情报与文献学名词》，上述叙述中的信息是狭义上的一部分有价值、但非知识的信息。当今在一些标准文献中常出现"信息""文献"两者并列的情况，此"信息"是指电子信息资源，包括计算机软件和数据库，而"文献"主要是指印刷型出版物/印刷品。

3．知识及其与文献、信息的关系

知识是对信息的理解与认识，是信息的一部分。知识是经过精心研究、领会后的有用信息，是人类对信息加工处理后的产物。《辞海》（第七版）对知识的解释为：人类认识的成果或结晶。知识包括经验知识和理论知识。经验知识是知识的初级形态，系统的理论知识是知识的高级形态。人的知识是后天在社会实践中形成的，是对现实的反映。换言之，知识是人类在改造客观世界实践中所获得的认识和经验的总和。

信息的内涵和外延在不断扩大，并渗透到人类社会的众多领域，人类在接受了来自人类社会及自然界的大量信息后，进行认识、分析、重新组合以及系统化后，形成了知识。知识是人类大脑对信息进行加工提炼的成果，是同类信息的深化、积累，而新的知识又会转化为新的信息，如此循环反复。知识依附于载体上就是文献。文献是传递知识信息的介质，是固化了的知识信息。由于文献的本质是信息，故它也可称为"文献信息"。

综上所述，信息是有组织的数据，知识是对信息的理解与认识。文献不仅是知识传递的主要物质载体，也是吸收利用信息的主要手段。

4．情报

1992 年，国家科委决定将"情报"改称"信息"；2018 年底公布的《图书馆·情报与文献学名词》中"情报"也有等同于"信息"的一种定义。"情报"本来确实有政治、军事上的内涵。但自 20 世纪 60 年代以来，随着战争的减少，社会经济活动成为人类活动的主体，"情报"的概念也相应地发生了变化，即从原来的军事领域逐渐向整个社会经济活动延伸，内容日益丰富。进入 20 世纪 90 年代以来，"情报"的概念在内涵和外延上都有了新变化，"泛化"的倾向改变了，内容更加专业化和特殊化，针对性也增强了。例如，我们常用"情报"表示机密性强的特殊信息，如商业情报、经济情报、军事情报等，与英文中的"Intelligence"对应，或某些学科的习惯性术语，如情报学、图书馆学、档案学等多用"情报"一词，而计算机科学、管理科学等则常用"信息"一语。可见，情报是一种经过特殊选择或进行了一定研究和加工后的社会信息，它是人们为了达到一定的目的所进行的智力、智慧和知识创造活动。情报蕴含于信息之中，或者说，它本身就是一种具体的信息存在。

5．图书

图书的内涵和外延是随着人类社会的进步、科技的发展而不断变化的。今天人们讲的"图书"，有广义和狭义之分。对于"图书馆"和"图书情报工作"等概念来说，"图书"是广义的，泛指各种类型的读物，既包括甲骨文、金石拓片、手抄卷轴，又包括当代出版的书刊、报纸，甚至包括声像资料、缩微胶片（卷）及机读文献等新技术产品；而在图书馆和情报机构的实际工作中，图书同期刊、报纸、科技报告、技术标准、视听资料、缩微制品等又有所不同。这是狭义的"图书"，图书所包括的范围大大缩小了。因此，由于理解和需要的不同，人们对图书的界说也不一样。例如，联合国教科文组织（United Nations Educational, Scientific and Cultural Organization, UNESCO）从狭义上将图书定义为：凡由出版机构出版的 49 页及以上（不包括封面和封底）的印刷品，具有特定的书名、著者名、国际标准书号、定价，并取得版权保护的出版物（5～48 页的称为小册子）。2018 年底，全国科学技术名词审定委员会在其公布的《图书馆•情报与文献学名词》中则从广义上把图书定义为：用文字、图画或其他信息符号，手写或印刷于纸张等载体上，具有相当篇幅，用来表达思想并制成卷册的著作物。

6. 资料

资料一般是指研究问题、做出决策的客观依据，即按照一定的用途和为了一定的目的或解决某一问题而有选择地积累、分类、归纳和整理的各种文字材料，包括内部的电话记录、往来函电、会议记录、秘密文件等，公开出版发行的书籍、地图、报纸、杂志上发表的文章、图片、消息、数据、调查报告、声像材料，以及非出版物的实物材料等。目前，全国科学技术名词审定委员会尚未审定公布其定义，但它可以和很多术语搭配，使意思表达得更完整、准确，如视听资料、原始资料、文本资料、参考资料、非书资料、共有资料等。资料实际上是信息和情报的同义语，在很多情况下可以互相通用。资料的特点是具有客观性和历史性，收集和积累资料必须注重甄别其是否符合客观事实，是否能为研究课题和工作任务提供及时、有效的服务。因此，资料工作是图书情报工作的重要组成部分。

7. 档案

2016 年公布的《管理科学技术名词》将档案定义为：国家机构、社会组织以及个人从事政治、军事、经济、科学、技术、文化、宗教等活动直接形成的，具有保存价值的各种文字、图表、音像等不同形式的原始记录。档案与资料、信息、情报、文献虽有区别，但有时也可互相转化，如解密的档案可以编印成图书资料，供学术研究用（如政策法规汇编和某一重大事件的档案资料等）；资料、信息、文献如被某一单位采用，也可转化为该单位的档案[2]。

1.1.2　文献的属性、现象、本质和规律

1. 文献的属性

文献的属性是指文献作为客观存在物所具备的区别于他物（非文献）的各种特性的总和，具体包括三个方面：

（1）知识信息性。这是文献的本质属性。任何文献都记录或传递一定的信息与知识。离开知识信息，文献便不复存在。传递信息、记录知识是文献的基本功能，人类的知识财富正是依靠文献才得以保存和传播的。

（2）客观物质性。文献所表达的知识信息内容必须借助一定的信息符号，依附于一定的物质载体，才能长时期保存和传递。

（3）人类社会性。文献是人类社会发展到一定的历史阶段的产物，并随着人类社会的发展而发展，反过来又对人类社会的发展起着重要的促进作用。

2. 文献的现象

文献的现象是指文献的外部形态，是人们可以通过感官而感知的文献表面特征和外部联

系。现代文献突出地表现出品种繁多、数量剧增、所载信息量大、时效性强、老化速度加快、文种多、载体多、形式多样等特征。对文献的现象进行科学的抽象和概括，有助于把握文献的本质和规律。

3．文献的本质与规律

文献的本质是与文献的现象对立统一的范畴，是事物的内部联系，是同类文献现象中一般的、根本的东西。随着人们对文献的认识不断深入，文献的本质呈现出多层次的结构：一级本质——记录有信息的人工载体，二级本质——信息交流的中介，三级本质——人类认识世界、改造世界的观念工具[3]。

20 世纪初，人们开始对文献信息源进行定量研究，并总结出一些文献的基本规律。至 20 世纪 70 年代末，已形成了洛特卡定律（Lotka's Law）、齐普夫定律（Zipf's Law）、布拉德福定律（Bradford's Law）、文献指数增长规律、文献老化规律、文献引用规律六大基本规律。这六大基本规律在后来的研究中不断完善与发展。关于文献的六大基本规律的详细介绍，可浏览在线资源"1.1"。下面简要介绍文献老化规律和引用规律。

1）文献老化规律

文献之所以会老化，原因在于文献发表之后，随着科学技术的迅速发展，其内容会越来越"落伍"，也就是说其随着"年龄"增长，会逐渐失去作为情报源的价值，利用率愈来愈低，甚至失去生命力。1958 年英国学者约翰·德斯蒙德·贝尔纳（John Desmond Bernal）首先提出用"半衰期"（Half life）来衡量文献老化的速度。所谓"半衰期"，是指某学科领域尚在利用的全部文献中的一半是在多长一段时间内发表的。文献的"半衰期"因学科性质、学科稳定性、文献类型不同而不同。文献老化规律还可以用普赖斯指数来衡量。在理论上容易接受的描述文献老化规律的数学方程式为：$C(t)=ke^{-at}$，其中 $C(t)$ 表示发表了 t 年的文献的被引证次数，k 是常数，随学科不同而异，a 为老化率。目前，关于文献老化规律的研究仍很活跃。文献老化的应用研究有助于指导文献信息源的选择、采集，评价馆藏的老化程度和文献价值等。

2）文献引用规律

文献引用关系分析是文献引用规律研究的基础，除了文献间的直接引用关系，引用关系分析还着重考察其他最具代表性的间接引证关系，包括引文耦合、同被引、自引等，从而研究科学引文的分布结构和规律性。引文量的分析是文献引用规律研究的主要内容。引文分析所使用的最主要的工具是科睿唯安（Clarivate Analytics）的 SCIE、SSCI 等引文索引。它们的副产品——期刊引证报告（Journal Citation Reports，JCR，2023 年收录期刊为 21 848 种），基本科学指标（Essential Science Indicators，ESI），InCites（原 InCites: B&A）已成为期刊评价、分析和科研管理的一种最重要的工具。文献引用规律的研究有着广泛的应用价值，对于文献老化研究、期刊评价、科学评价、科技预测和人才评价等均有十分重要的意义。

1.1.3　文献的分类

根据不同的划分标准，文献可分成多种类型。常见的分类标准主要有载体（外在）形式、加工层次（原始程度）、内容的公开程度、性质，以及出版形式与内容等。

1．按载体形式划分

(1) 纸质型文献：以纸张为载体，以印刷（包括雕刻木印、石印、铅印、油印、胶印、影印、复印等)、抄写、书写等为记录手段而产生的一种文献形式。它包括：①出版物，如报纸、期刊、书籍；②档案，如会议记录、备忘录、大事记等案卷；③个人文献，如日记、信件、笔记、自传、家谱等。目前，纸质型文献是主要的文献类型之一。其优点是用途较广、读取方便、流传不受时空限制等。其缺点是存储密度低、较笨重、占据空间大。

(2) 缩微型文献：以感光材料为载体，以缩微照相为记录手段而产生的一种文献类型，包括缩微平片、缩微胶卷和缩微卡片等。其优点是体积小、价格低、存储信息密度高，便于收藏、保存与传递。其缺点是必须借助缩微阅读机才能阅读，使用不方便。

(3) 电子文献：也称数字文献，指以数字代码的形式将图、文、声、像等信息存储在磁光电介质上，通过计算机或具有类似功能的设备进行阅读，以表达思想、普及知识和积累文化的文献，是因计算机和网络的广泛应用而产生的一种新文献。它包括正式出版的电子文献(即电子出版物，如电子图书、电子期刊、电子报纸等)，非正式出版的电子文献(如校园网上的各类行政报告、网上的会议资料、内部电子期刊、电子教程、信函等)，以及前些年出现的慕课(MOOC，大型在线开放课程)，如 CALIS 的 MOOC 资源库。

按贮存内容的表现形式，电子文献可分为电子图书、电子期刊、电子报纸、数据库、音像、多媒体资源、程序、文档；按信息存贮的载体，电子文献可分为磁带、磁盘、光碟、集成电路卡(包括各类游戏卡、磁卡等)、网络。上述的磁带、磁盘、光碟、集成电路卡等电子文献又可统称为制品型(或封装型)电子文献。

电子文献的存贮、阅读和查找利用都须通过电脑、手机、PAD 等终端设备才能进行，所以其优点是信息量大、查找迅速，但也有设备昂贵、需要使用费的缺点。

(4) 声像型文献：也称视听型文献，是以磁性材料或感光材料为载体，以磁记录或光学技术为手段，直接记录声音、视频图像而形成的一种文献。如唱片、录音带、录像带、电影胶片、幻灯片、唱盘和视盘(Audio Disc & Video Disc)等。其优点是生动直观，缺点是成本较高且不易检索和更新。

(5) 人物：一种容易被人忽视但极具价值的文献载体形式。研究者可以从某个领域内的一位专家、一位同事或一位普通人物那里了解其认识或者想法，但获取这些文献信息需要细心和耐心，而且还需要以某种方式(如音频记录、采访笔记、调查问卷等)进行记录[4](47)。从这一点上看，"文献"这一术语可谓又回到其初始的含义——典籍与贤人。21 世纪各国兴起的"真人图书馆"(Living/Human Library)，即是"人物"这种文献备受青睐的体现。

2. 按加工层次划分

(1) 零次文献：记录在非正规物理载体上，未经出版发行的或未进入社会交流的最原始的文献。如私人笔记、手稿、考察记录、试验记录、原始统计数字、技术档案等。其主要特点是内容新颖，但不成熟、不公开交流、难以获得。

(2) 一次文献：以作者本人的生产与科研工作成果为依据而创作的原始文献。如专著、期刊论文、科技报告、会议论文、专利文献、学位论文等。一次文献真实、具体、参考使用价值高，但也有分散、数量庞大而查阅不便的缺点。

(3) 二次文献：也称检索性文献，指对一次文献进行精选、提炼、浓缩和加工，标引出文献的主题，编制成具有多种检索途径的检索工具，如文摘、索引、题录、OPAC 检索系统等。二次文献具有浓缩性、汇集性、有序性等特点，它是查找一次文献的工具或手段。

(4) 三次文献：也称参考性文献，是指利用二次文献的线索，系统地检索出一批相关文献，并对其内容进行综合、分析、研究和评述而编写出来的文献，如述评、动态综述、进展报告、手册、年鉴等。三次文献可再分为：①文献型（又称综述研究型或知识浓缩型），如综述、述评、专著之类；②参考工具型，如字典、词典、数据手册、百科全书等。

一般来说，零次文献是人类知识的一部分，是一次文献的素材；一次文献是基础，是检索的主要对象；二次文献是检索一次文献的工具；三次文献是一次、二次文献的浓缩和延伸，其具有一次文献所具有的创作性特征。

3．按内容的公开程度划分

(1) 白色文献：一切正式出版并在社会上公开流通和传播的文献，如图书、报纸等。

(2) 黑色文献：含未被破译、辨识的信息的文献或处于保密状态、不愿被公布的文献，如军事情报资料、保密的技术资料、个人隐私材料等。

(3) 灰色文献：也称半出版文献，指介于白色文献与黑色文献之间、没有国际标准书号 ISBN 或国际标准刊号 ISSN 等出版号的半公开文献，包括：①不公开、不刊登在报刊上的会议文献；②非公开出版的政府文献、学位论文；③不公开发行的科技报告；④技术档案；⑤工作文件；⑥不对外发行的产品资料；⑦企业文件；⑧内部刊物，即内部征订或部分赠阅、交换的定期或不定期出版物；⑨未刊稿，包括手稿、译稿和学术往来函件；⑩贸易文献，包括产品说明书和市场信息机构印发的动态性资料。

4．按性质划分

(1) 私人文献：当事者个人创建的第一手资料，如日记、自传、书信、回忆录、家谱等。

(2) 官方文献：政府机构和有关社会组织创建的文献资料，如会议记录、统计资料、来往信函，所颁发的有关文件、证件等。

(3) 大众传媒：可传播各种各样信息，公开出版和发行的文献，如报纸、书刊、电影、电视、互联网等。

5．按出版形式与内容划分

根据出版形式与内容，文献可以分为图书、连续性出版物、特种文献。其中连续性出版物包括期刊、报纸、年度出版物等亚类，特种文献包括会议文献、专利文献、标准文献、学位论文、研究报告、政府出版物、产品资料、档案资料、短期印刷品等亚类。

(1) 图书：单册出版的正式公开出版物。图书是历史最悠久的文献类型，其特点是内容一般比较成熟，代表了某一时期某一学科的发展水平，但一般情况下出版周期较长。

公开出版的图书有书号，如 ISBN 0-13-165316-4、ISBN 978-7-5076-0334-7，分别是 10 位书号和 2007 年 1 月 1 日起实施的 13 位书号。ISBN（International Standard Book Number）代表"国际标准书号"。10 位书号分为四段，各段之间用短横线相连。例如，前例的 10 位书号中，0 为第一段组号，是语言区域代码，如 0、1 代表英语区，7 代表中国大陆；13 为第二段组号，是出版者代号；165316 是第三段组号，又叫书序号或出版序号（这里的 165316 是指第 165317 种，因为第一种为零）；4 为第四段组号，是检验码，又称校验号，其作用是用来检查 ISBN 后面的数字是否有误。13 位书号的结构由五部分组成，即：EAN•UCC 前缀，国家、语言或区位代码，出版者号，出版序号，校验码，即在 10 位编码前增加 3 位前缀"978"或"979"（由国际物品编码协会分配）。13 位书号编码和条码编码完全一致，但 13 位书号校验码的计算方法与 10 位不同，例如原 10 位书号 7-5076-0334-2，升位后变为 978-7-5076-0334-7。

中国大陆的图书从 1999 年 4 月 1 日起,还有图书在版编目数据(Cataloguing in Publication)数据,简称 CIP 数据,其与 ISBN 一起,构成了图书在中国大陆出版的必要条件。

(2) 期刊:又称杂志,是指有固定名称,定期或不定期出版的一种连续出版物。其特点是出版周期短、报道速度快、数量大、内容丰富新颖,能及时反映当代社会和科技文化的发展水平和动向。需要对某一问题进行深入了解时,较常用的办法是查阅期刊文章。期刊都有国际标准连续出版物编号(International Standard Serial Number, ISSN)。该编号是以 ISSN 为前缀,由 8 位数字组成。8 位数字分为前后两段,每段各 4 位,中间用连接号相连。中国大陆的期刊还有国内统一刊号,如《情报学报》的国内统一刊号为:CN11-2257/G3。CN 为中国国别代码,11 为地区号,2257 为该地区连续出版物的序号,G3 为中国图书馆分类法分类号。通过设在国家图书馆、1985 年成立的"ISSN 中国国家中心"网页的"查询 ISSN"栏目,可查询中国大陆连续出版物 ISSN 和 CN,"关于 ISSN"栏目则具体介绍了中心数据库和 ISSN 的相关信息。

(3) 报纸:一种报道及时、内容广泛、文字通俗的连续出版物,其中的广告、新闻更是重要的信息源。由于报纸记载的信息量大且杂乱无章,不借助检索工具查找起来很困难,故重要的报纸都编有月度或年度索引;有的报纸文章与期刊文章一起被摘录、编排,形成报刊索引。使用报纸的具体情形为:寻找关于事件的最新消息;寻找社论、评论、专家或者大众的观点。报纸也有国内统一刊号(如《文汇报》的刊号为:CN31-0002)。

(4) 年度出版物:按年出版的一种连续出版物,如年刊、年报、年表、年历、年鉴,以及按年出版的手册、指南等。年度出版物,有的以期刊的形式出版,有 ISSN,如果是中国大陆的,还有国内统一刊号,如《中国地方志年鉴》的 ISSN 为"1002-672X",国内统一刊号为"CN11-4806";有的以图书的形式出版,有 ISBN,如《上海交通大学年鉴(2011 总第 15 卷)》的 ISBN 为"978-7-313-02252-3"。

(5) 会议文献:各种学术会议上发表的论文和报告。会议文献学术性较强,反映了当前的学科进展和发展动态,是获取最新信息的重要来源。使用会议文献的具体情形为:在进行学术研究时,了解与自己的课题相关的研究状况,查找必要的参考文献,了解某学科的发展动态。

(6) 专利文献:根据专利法公开的有关发明的文献,主要为专利说明书,也包括专利法律文件和专利检索工具。专利文献具有新颖性、创造性和实用性的特点,且范围广泛、出版迅速、格式规范。使用专利文献的具体情形为:在申请专利前,检索相关的专利文献,确定该项发明创造是否能被授予专利权;在开发新产品或投入新项目前,寻找技术方案;从专利文献中了解某领域的技术水平及发展的最新动态;开发新产品前,了解现状,避免侵权;利用专利情报,为进出口业务提供参考;专利诉讼时,帮助寻找证据,处理专利纠纷。

(7) 标准文献:对工农业新产品和工程建设的质量、规格、参数及检验方法所做的技术规定。它是一种经权威机构批准的规章性文献,有的具有一定的法律约束力。使用标准文献的具体情形为:产品设计、生产、检验;工程设计、施工;进出口贸易;写作、文献著录等。

(8) 学位论文:高等院校或研究机构的学生为取得各级学位,在导师指导下完成的有关科学研究、科学实验成果的书面报告。有价值的学位论文,尤其是较高层次的学位论文(博士论文、优秀硕士论文)具有一定的独创性,对问题的论述比较深入、详尽,有较高的参考价值。使用学位论文的具体情形为:科学研究开题前的文献调研;撰写毕业论文或毕业设计;追踪学科前沿发展以及研究过程。

(9) 研究报告：广义的研究报告，包括实证性研究报告（如可行性研究报告、教育调查报告、实验报告、经验总结报告等），文献性研究报告（以述评、综述类文章为主要表达形式），理论性研究报告（狭义上的论文）。狭义的研究报告又称科技报告或技术报告，是指研究单位和个人向上级或委托单位撰写的关于某个课题研究成果的正式报告。其特点是各篇单独成册，统一编号，由主管机构连续出版。在内容方面，报告比期刊论文等专深、详尽、可靠，是一种不可多得的文献信息源。使用研究报告的具体情形为：在做学术研究时，了解与自己的课题相关的研究状况，查找必要的参考文献；研究尖端学科或某学科的最新课题。

⑩ 政府出版物：各国政府及所属的专门机构发表的文献，具有正式性和权威性的特点，通常有行政性文件（如政府公报、会议文件和记录、法令汇编和调查统计资料等）和科学技术文献。政府出版物是了解国家的科学技术政策、经济发展政策的重要渠道。

⑪ 产品资料：产品目录、产品样本和产品说明书一类的产品宣传和使用资料。产品样本通常包括对定型产品的性能、构造、用途、用法和操作规程等的具体说明，内容成熟，数据可靠，有的有外观照片和结构图，可直接用于产品的设计制造。一般可向厂商直接索取，也可在信息所或图书馆查询以汇编形式正式出版的产品资料。目前，也有产品资料方面的文献数据库，如重庆尚唯信息技术有限公司的"全球产品样本数据库"（Global Product Database，GPD）（gpd.sunwayinfo.com.cn）。

⑫ 档案文献：档案是国家机构、社会组织以及个人从事政治、军事、经济、科学、技术、文化、宗教等活动时直接形成的，具有保存价值的文字、图表、声像等不同形式的历史记录，是完成了传达、执行、使用或记录等现行使命而留备查考的文件材料。一个独立单位全部档案总称为"全宗"。档案文献一般为内部使用，不公开出版发行，相当一部分档案在一定时间内具有保密性，常常限定使用范围，因此在参考文献和检索工具中极少引用。

⑬ 短期印刷品（Printed Ephemera）：指可以随意丢弃的或者装帧简陋的印刷品，主要包括宣传册、传单（如营销材料、市场推广材料等）、价格表等印刷品。虽然短期印刷品不是学术性文献，但它并不等同于劣质印刷品，而是文献信息的重要来源。

另外，按编制特点和人们的使用习惯，文献可分为普通文献和参考文献；按内容的学科属性可分为人文科学文献、社会科学文献、自然科学文献、综合科学文献及专科文献；按产生的时代阶段，可分为古代文献（1840 年前）、近代文献（1840—1911 年）、现代文献（1911—1949 年 10 月）、当代文献（1949 年 10 月以后）；按记录方式，可分为文字文献和非文字文献；按编辑出版程度，可分为已出版文献和未出版文献。

1.1.4 基于电子信息技术和网络技术的文献信息

随着电子信息技术和网络技术在文献出版和信息储存方面的应用，一些针对文献信息的新称谓、新术语出现了，如网络文献信息、文献数据库、多媒体文献、开放获取文献、电子预印本（E-preprint）、电子印本（E-print）、优先出版文献等。

1. 网络文献信息

网络文献信息也称虚拟文献信息，它是以数字化形式记录的，以多媒体形式表达的，存储在网络计算机磁介质、光介质以及各类通信介质上的，并通过计算机网络进行传递的文献信息的集合。简言之，网络文献信息指的是通过计算机网络可以利用的文献信息资源的总和。目前网络文献信息以互联网上的信息资源为主，同时也包括没有连入互联网的其他网络上的文献信息资源。但在图书情报界，网络文献并不是指所有的网络信息资源，而是指其中能满足人们文献需求、改变人们知识结构的信息，主要包括电子书刊、电子报纸，以及各种类型的文献数据库等。

2．文献数据库

文献数据库可以被视为能够进行自动查询和修改的数据与信息的集合，它是目前文献信息检索的主要对象。数据库的类型主要有期刊全文数据库、电子图书数据库、产品资料库、标准法规数据库等。数据库大多由数据库商提供，通常限制在一定的范围内使用，一般可以在图书馆网站上看到有使用权的大量的数据库。与使用传统的纸质文献不一样，用户在利用数据库时，要注意合理使用，不要恶意下载。

3．多媒体文献

多媒体文献是包含文本、图像、音频、视频等多种媒体格式的电子文献。按内容体裁，多媒体文献可分为多媒体工具书、多媒体数据库、多媒体电子报刊、多媒体图书（包括随书光碟、随书磁带）、多媒体教程。按载体形态分，有光碟型多媒体文献、网络型多媒体文献和芯片型多媒体文献。多媒体文献有着许多传统文献无法比拟的优越性：容量大，资料丰富，能节约图书馆有限的空间；能直接、生动、形象地表达所载知识；人机交互，界面友好，操作简便；易于保存，使用寿命长；易于实现文献共享。目前，可订购的网络型多媒体文献数据库主要有新东方多媒体学习库、超星视频、知识视界等。

4．开放获取文献

开放获取（Open Access，OA），也称"开放存取"，是指科研人员将论文、专著、图书、演示稿、课件、数据等研究成果发表在开放式学术出版物或存放于开放式知识库中，以在线的方式供读者免费阅读、下载、保存和利用。开放获取的观念最早由西方著名的编目学家安东尼·帕尼齐（Antonio Panizzi）于 1836 年提出，并在他任馆长的不列颠博物院图书馆（British Museum Library）付诸实践[5]。互联网时代的"开放获取运动"始于 20 世纪 90 年代初，其最初的倡导者是三位科学家：保罗·金斯帕（Paul Ginsparg）、史蒂文·哈纳德（Steven Harnard）和哈罗德·瓦慕斯（Harold Varmus），他们一致倡导对知识的平等获取[6]；而其备受国际学术界、出版界、图书情报界的关注则是 2001 年以后的事情了。

开放获取文献指的是数字化、在线的、免费的、不受大多数版权和许可限制的文献，简称"OA 文献"。此定义主要源于 3B，即 2002 年 2 月颁布的"Budapest Open Access Initiative"、2003 年 6 月颁布的"Bethesda Statement on Open Access Publishing"和 2003 年 10 月颁布的"Berlin Declaration on Open Access to Knowledge in the Sciences and Humanities"三个国际性文件，以及学界、业界提出的相关术语（绿色、金色、免费和自由）[7](2, 5)。据美国 NEC 研究所的学者史蒂夫·劳伦斯（Steve Lawrence）于 2001 年的研究，OA 文献可增加其研究的影响力[8]，即具有日后人们所称的 Lawrence 效应（或称为"OA 优势""OA 效应"）。OA 资源被开放获取运动发起人彼得·苏贝尔（Peter Suber）博士称为"无授权费之文献（Royalty-free Literature）"，主要包括 OA 期刊（Open Access Journals）、OA 仓储（Open Access Repositories）两种主流形式。

（1）OA 期刊：也称"开放期刊""开放出版"，是基于开放获取出版模式的期刊，被称为"金色 OA"。OA 期刊既可能是新创办的电子版期刊，也可能是由已有的传统期刊转变而来。它一般由出版商或者学会团体创办，通过同行评议来确保专业质量；并主要采用向作者收费而对读者免费的形式，使期刊能在更大范围内得到利用。近年也逐步开始对图书的出版产生了影响，从而催生出另外一种 OA 文献：OA 图书。目前的 OA 图书主要是 OA 学术图书，包括纸本图书的数字化和有质量控制（同行评议）的原生电子书。

（2）OA 仓储：或译为"知识库"，也称"OA 文档"（Open Access Archives）、"开放仓储"（Open Repositories and Archives），是研究机构、学会团体或作者本人将未曾发表（预印本）或已经在传统期刊中发表过（后印本）的论文作为开放式的电子档案储存，也被称为"绿色 OA"。符合 OAI 协议（Open Archives Initiative Protocol for Metadata Harvesting）的 OA 仓储最有价值。OA 仓储主要有两种类型，即学科 OA 仓储和机构 OA 仓储。早期的 OA 仓储多为学科 OA 仓储，其中最具代表性的要数 arXiv 电子印本文档库。机构 OA 仓储相对于学科 OA 仓储而言，起步比较晚，但发展速度很快，一般由大学、大学图书馆、研究机构、政府部门等创建和维护。放到 OA 仓储中的作品有两种情形，一是出版社拥有版权，但是允许作者进行自我存储（self-archiving）的作品，如论文、专著等；二是个人拥有版权的作品，如讲义、PPT 等。一些 OA 仓储的论文未经同行评议，质量参差不齐，但由于成本低（作者基本不用支付什么费用），还是受到一些学人的青睐。

近年有学者按照费用的支付者，将 OA 资源分为五类：金色 OA、绿色 OA、青铜 OA（Bronze OA）、钻石 OA（Diamond OA），以及混合 OA（Hybrid OA）。2022 年 3 月 2 日，Science Europe、资助联盟 cOAlition S 和法国国家研究机构（ANR）等共同提出了"钻石 OA 行动计划"。钻石 OA 是在不向作者收取费用的情况下，发布开放获取的期刊，即作者和读者双向免费。虽然目前钻石 OA 期刊未成主流，但这种类型的学术出版是 OA 的前沿方向。

目前，OA 资源的一站式检索平台，最具代表的为中国教育图书进出口有限公司（简称"中国教图"）的 SOCOLAR（平台网址：www.socolar.com）。国家科技图书文献中心（National Science and Technology Library, NSTL）的 OA 资源检索目前已集成到期刊资源检索之中。

5. 电子预印本与电子印本

"电子预印本"（E-preprint）与"电子印本"（E-print）也是与开放获取相关的术语。

电子预印本是指作者出于同行交流目的，自愿通过电子邮件或网络等方式，公开分享的还未在正式刊物上发表的科研论文、科技报告等电子文献。与正式发表的论文相比，电子预印本具有利于学术争鸣、开放程度高、时效性和学术性强、被引率高、费用低等特征。电子预印本一般比印刷版的论文早发表一两年，这对前沿科学的研究人员有一定参考性。电子印本是指学者和专业人员通过网络进行交流、分享的电子文稿，包括预印本、再版（Reprints）、科技报告、会议文献以及其他电子形式。

目前对电子预印本和电子印本的界定尚不一致，区分也不十分严格。如已于 2023 年 4 月 1 日停止接收稿件与论文审核发布服务的"中国预印本服务系统"曾把英国的生物医学中心（BioMed Centra, BMC）列入"国外预印本门户"子系统中，而 BMC 收录的论文均经过同行评议，并正式在电子印本期刊中出版。

电子（预）印本文献库中的文献具有两种出版形态：预印本（PrePrint）和后印本（PostPrint）。预印本指文献资料在出版前或未出版的形态（未经同行评议），后印本指的是文献资料在出版发表后的形态（经过同行评议）。1991 年，美国洛斯阿拉莫斯国家实验室（Los Alamos National Laboratory）的物理学家金斯帕建立的基于电子邮件的 arXiv.org 是第一个预印文本文献库。1994 年，美国金融经济学家迈克尔·詹森（Michael Jensen）等构建了社会和人文科学领域的预印本平台 SSRN（Social Science Research Network）。2016 年，SSRN 被科学出版巨头爱思唯尔（Elsevier，现隶属于英国的励讯集团）收购，不久后一个模仿科学领域开放平台 ArXiv 的新社会科学开放平台 SocArXiv（socopen.org）出现。

21 世纪，我国也出现了一些预印本文献库，早期有已关闭的"奇迹文库"、NSTL 的"中国预印本服务系统"。目前最具代表性的为教育部科技发展中心的"中国科技论文在线"、中国科学院科技论文预发布平台 ChinaXiv（www.chinaxiv.org）等。2013 年以来，随着开放获取和开放科研的兴起，预印本文献数据库在学术交流中的地位不断提升，各类学术组织、知识服务团体不断推出各领域的预印本平台，如境外的生物学、医学、计算机科学等领域的预印本存缴服务平台 PeerJPreprints，工程领域的预印本服务系统 engrXiv，心理学领域的预印本平台 PsyArXiv，法律领域的预印本平台 LawArXiv；境内的北京科爱（KeAi）公司携手 SSRN 于 2022 年 8 月开始为其旗下的一些期刊提供预印本服务，中国人民大学于 2024 年 4 月 25 日推出哲学社会科学预印本平台（PSSXiv，简称"哲社预印本"）。目前，一些检索工具已收录预印本文献，如 Compendex 收录了来自 arXiv、Research Square 等 4 个选定的预印本服务器。

6. 优先出版文献

优先出版（又称"优先数字出版""网络优先出版"）指的是出版商或个人在印刷版出版之前，通过数字传播媒介出版数字版定稿。其特点是出版时间快，出版方式灵活，发行范围广[9]。目前学界和业界所讨论的优先出版，绝大多数情况下指的是期刊，尤其是学术期刊，即在符合国家出版政策法规的前提下，将编辑部录用并定稿的稿件，于正式印刷之前，在具备网络出版资质的数字出版平台上提前发布。优先出版的期刊文献既可以是经编辑定稿的稿件，也可以是编辑部决定录用但尚未编辑定稿的稿件；既可以"期"为单位出版，也可以"篇"为单位出版。优先出版文献可以被广大读者通过互联网、手机等多种途径订阅、检索、下载，也可以由出版者通过电子邮件和手机短信主动向读者推荐、推送。1998 年，斯普林格首先推出优先出版平台"Online First"。之后，其他国际学术期刊出版机构也纷纷跟进，如《自然》（*Nature*）的"AOP"（Advance Online Publication），《科学》（*Science*）的"Express"，Elsevier 的"In Press"。在我国境内，中国知网（China National Knowledge Infrastructure, CNKI）、重庆维普、国家哲学社会科学文献中心等也先后推出了优先出版服务。例如，目前 CNKI 的"学术期刊网络首发出版发布系统"，一般在优先出版的期刊论文篇名后标上"网络首发"（前身为"优先出版"），名称与印刷版期刊相同，编辑单位仍为期刊编辑部，与印刷版期刊一样视为正式出版。目前，一些文献数据库也收录有优先出版文献，如《工程索引》（*Engineering Index*，EI）的"Articles in press"、Web of Science 核心合集的"Early Access"、爱墨瑞得（Emerald）的"EarlyCite"。

1.2 文献信息检索

如果说图书馆是一座知识的宝藏，那么"文献信息检索"就是打开这座宝藏的金钥匙。文献信息检索的发展经历了萌芽、发展和现代化三个阶段：①18 世纪中期，为了便于进行学术交流和文献信息的交流，不少学术团体先后创办了自己的学术刊物和检索性刊物，如 1769 年在德国创刊的《各学院优秀外科论著摘要汇编》，是最早创办的一种检索性刊物；②到 20 世纪中叶，随着科学技术的发展和需要，逐渐形成了较为完善的手工检索工具——目录、索引和文摘；③20 世纪的 60 年代后，形成了电子计算技术、光学缩微技术和网络通信技术三位一体的现代化文献信息检索手段，使文献信息检索发展到了一个新的阶段。

1.2.1　文献信息检索的含义、类型和基本原理

1. 文献信息检索的含义

"文献信息"指的是关于文献的线索和文献中记录着的信息。它是在"文献"的概念的基础上发展起来的，是其在新的信息环境下延伸、扩展的结果，故现在亦可称为"文献"。文献信息检索是文献检索和信息检索两个概念的统一。

文献检索有狭义和广义之分。狭义的文献检索是指依据一定的方法，从已经组织好的大量有关文献集合中，查找并获取特定的文献的过程。这里的文献集合，不是通常所指的文献本身，而是关于文献的信息或文献的线索。如果真正要获取文献中所记录的信息，还要依据检索所取得的文献线索索取原文。广义的文献检索包括存储和检索两个过程。存储是指工作人员将大量无序的文献信息集中起来，根据文献源的外表特征和内容特征，进行整理、分类、浓缩、标引等处理，使其系统化、有序化，并按一定的技术要求建成一个具有检索功能的工具或系统，供人们检索和利用。而检索是指运用编制好的检索工具或检索系统，查找出满足用户要求的特定文献。文献检索是人们日常生活都离不开的、获取间接经验的方法。从某种意义上讲，人类社会的历史，就是文献检索的历史。作为一种科学研究方法，文献检索具有定性与定量相结合的特点。[10] 信息检索是指依据一定的方法，从已经组织好的有关大量信息集合中，查出特定的信息的过程。

2. 检索的类型

按检索的手段，文献信息检索分为手工检索和机器检索；按检索的性质，分为定题检索和回溯检索；按检索的方式，分为全文检索、超文本检索、超媒体检索。

根据检索对象的性质，则分为文献检索、数据检索、事实检索和概念检索。文献检索是要检索出包含所需信息的文献，其结果是与某一课题有关的若干篇论文、书刊的来源或出处以及收藏地点等，属相关性检索；数据、事实和概念检索所得到的是能够确切解答问题的信息，或者说是文献中的具体信息，属确定性检索。

文献检索是最典型、最重要和最常用的文献信息检索。掌握了文献检索的方法就能以最快的速度，在最短的时间内，以最少的精力了解其他人取得的经验和成果。关于文献信息检索的各种类型，详细介绍可浏览在线资源"1.2"。

3. 检索系统的构成

无论是何种类型的检索系统，必须具备四大要素：检索文档、检索设备、系统规则、作用于系统的人。

(1) 检索文档：检索文档就是经过序列化处理并附有检索标识的信息集合。例如，手工检索系统使用的检索文档是由卡片式目录、文摘、索引所构成的系统；计算机检索系统使用的是存储在磁性或光性介质上的目录、文摘、索引或全文以及由多媒体信息所构成的数据库。

(2) 检索设备：检索设备即用以存储信息和检索标识，并实现信息检索标识与用户需求特征的比较、匹配和传递的技术手段，即检索所需的硬件环境。其在手工检索系统中指印刷型检索工具，在计算机检索系统中包括各种类型的主机、终端、计算机外围设备和网络通信传输设备。

(3) 系统规则：系统规则是用以规范信息采集分析、标引著录、组织管理、检索与传输等过程的各项标准体系，例如检索语言、著录规则、检索系统构成与管理、信息传输与控制标准、输出标准等规则。

(4) 作用于系统的人：包括用户，采集、分析、标引员，系统管理与维护员，检索服务人员等。

4．检索的基本原理

狭义的检索原理是指检索者将用户的提问特征与检索系统中的文献标识特征进行比较，然后将相一致或比较一致的内容提取出来输出给用户，以满足用户的需求。广义的检索原理为：通过对大量的、分散的、无序的文献信息进行搜集、加工、组织、存储，建立各种各样的检索系统，并通过一定的方法和手段使存储与检索这两个过程所采用的特征标识达到一致，以便有效地获得和利用文献信息源。其中存储是为了检索，而检索又必须先进行存储。广义的文献信息检索原理如图 1.1 所示。

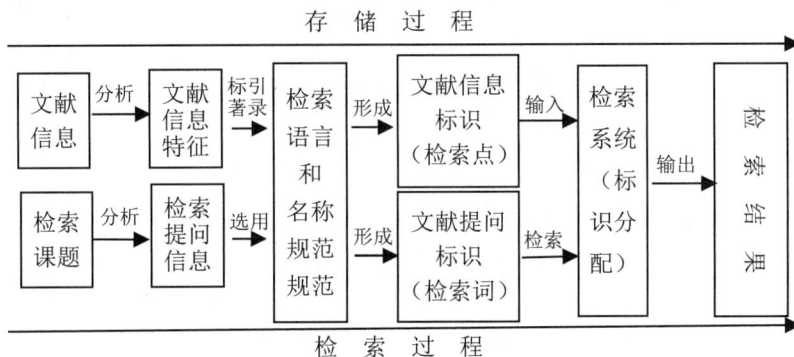

图 1.1　广义的文献信息检索原理

1.2.2　检索语言及其类型

1．检索语言的概念

把文献存储与检索联系起来，把标引（及著作）人员与检索人员沟通起来的思想工具就叫作检索语言。

文献检索语言是一种与自然语言相对的人工语言，其为各种检索工具的编制和使用，提供了一种统一的、基准的、用于信息交流的符号化或语词化的专用语言。因使用的场合不同，检索语言也有不同的叫法。例如，在存储文献的过程中用来标引文献的称为标引语言；用来索引文献的则称为索引语言；在检索文献过程中使用的则称为检索语言。

2．检索语言的类型

检索语言的种类很多。按学科范围分为：综合性语言、专业性语言；按标识组合的使用方法分为：先组式语言（文献标识在编表时就固定组配好）、后组式语言（文献标识在检索时才组配起来）；按标识的性质与原理分为分类语言（包括体系分类语言、组配分类语言）、主题语言（包括标题词语言、叙词语言、关键词语言、单元词语言）、代码语言。

下面主要介绍按描述的文献特征进行分类的类型。

(1) 描述文献外部特征的检索语言：与文献内容关系不太紧密，包括题名语言、著者语言、号码语言（如专利号、报告号等）。

（2）描述文献内部特征的检索语言：与文献内容的关系紧密，包括分类语言（体系分类语言），主题语言（标题词语言、叙词语言、关键词语言、单元词语言）和引文语言（题录引文语言）。

① 分类语言。分类语言用分类号和相应的分类款目来表达各种概念，以学科体系为基础，将各种概念按学科性质和逻辑层次结构进行分类和系统排序，能反映事物的从属派生关系，便于按学科门类进行族性检索。按照分类方式的不同，分类语言又分为体系分类语言、组配分类语言和混合分类语言。

② 主题语言。主题语言就是将表达信息主题内容特征的词汇，进行规范化处理所形成的检索语言。由于主题语言表达准确，所以是检索信息的主要途径。主题语言按照主题性质的不同，又可分为标题词语言、单元词语言、叙词语言、关键词语言等。

③ 引文语言。引文语言指的是根据文献与文献之间引用和被引用的关系，按照"引文索引法"的基本原理产生的一种新型检索语言。其基本原理是：若著者 A 在其论文中引用了著者 B、C、D 的文章，而著者 B、C、D 又分别引用了 E、F、G、H 等著者的文章，以此类推，就形成了一个引用与被引用的"著者网络"。这些著者在同一或相邻学科领域发表了一系列文献，构成了一个"文献网络"，因而借助这个"著者网络"，从著者姓名入手，即可检索出这个"文献网络"中的有关文献。

3. 分类语言及分类法

分类语言是一种用分类（类号和类目）来表达文献主题内容的语言；以类号、类目组成的分类表，作为文献分类、存储和检索的依据。主要分为体系分类语言、组配分类语言和混合分类语言。下面主要介绍体系分类语言。

1）体系分类语言概要

体系分类语言是一种直接体现知识分类的标识系统，是按文献信息内容特征进行分类的检索语言。其主要特点是按学科、专业集中文献，并从知识分类角度揭示各类文献在内容上的区别和联系，提供从学科分类角度检索文献的途径。其优点是以学科为中心，符合人们认识事物的习惯，以概念划分为基础逐层展开，系统性较强，使用阿拉伯数字和字母来做检索标识，容易推广；缺点是各级类目都是预先固定的，不能反映学科之间的交叉关系，以字母或数字作为检索标引，容易发生错误。体系分类语言已广泛用于文献信息、网络信息和数据库的分类和检索，是图书情报界使用最普遍的一种检索语言。

2）文献信息分类

文献信息分类的优点有：方便文献信息的排架，便于索取；类目的结构严谨，逻辑性强；适合学术信息资源的组织。

体系分类语言应用于文献信息分类的具体体现形式就是分类法。世界上比较著名的图书分类法有：《国际专利分类表》（IPC）、《杜威十进分类法》（DDC）、《美国国会图书馆图书分类法》（LC）。《国际专利分类表》是一部国际上通用的用来类分各国专利技术文献的分类表。它由 8 个部和 1 个使用指南组成，每一部代表一个大部类（如 H：电学，C：化学、冶金，G：物理），是人们标引专利技术文献和检索专利文献的重要工具。我国图书情报系统广泛采用的有《中国图书馆分类法》（简称《中图法》）和《中国科学院图书馆图书分类法》（简称《科图法》）。下面主要介绍《中图法》。

(1)《中国图书馆分类法》简介。

《中国图书馆分类法》（第 4 版之前名为《中国图书馆图书分类法》），简称《中图法》，是按照一定的思想观点，以科学分类为基础，结合图书资料的内容和特点，分门别类组成的分类表，其由编制说明、基本大类表、主表、附表组成。现行的 2010 年出版的第 5 版《中图法》由 22 个大类组成，归属于 5 个基本序列（也称"基本部类"或"部类"）：①马克思主义、列宁主义、毛泽东思想、邓小平理论；②哲学、宗教；③社会科学；④自然科学；⑤综合性图书。每一大类下又分成若干小类，如此层层划分，形成一个树状的知识结构图。

《中图法》已普遍应用于中国大陆地区各类型图书馆，境内的主要大型书目、检索刊物、机读数据库、期刊 CN 号以及"图书在版编目（CIP）数据"等都著录了《中图法》分类号。《中图法》将知识门类分为 5 个基本部类。同时，社会科学部类下又展开 9 大类，自然科学部类下又展开 10 大类。此外，在社会科学和自然科学各大类之前，均分别列出"总论"类，这是根据图书资料的特点，按照从总到分、从一般到具体的原则编列的。《中图法》的 22 大类的类目为：

A 马克思主义、列宁主义、毛泽东思想、
　邓小平理论
B 哲学、宗教
C 社会科学总论
D 政治、法律
E 军事
F 经济
G 文化、科学、教育、体育
H 语言、文字
I 文学
J 艺术
K 历史、地理

N 自然科学总论
O 数理科学和化学
P 天文学、地球科学
Q 生物科学
R 医药、卫生
S 农业科学
T 工业技术
U 交通运输
V 航空、航天
X 环境科学、安全科学
Z 综合性图书

《中图法》的类目配号采用汉语拼音字母和阿拉伯数字相结合的混合号码制，即一个字母标识表示一个大类，以字母的顺序反映大类的序列，在字母后用数字表示大类下的类目划分。为适应"工业技术"领域中的图书文献分类的需要，对其下一级类目的复分，也采用了字母标识，即工业技术的二级类为双字母。整个"工业技术"的二级类目为：

T　工业技术
　TB　一般工业技术
　TD　矿业工程
　TE　石油、天然气工业
　TF　冶金工业
　TG　金属学与金属工艺
　TH　机械、仪表工业
　TJ　武器工业
　TK　能源与动力工程

　TL　原子能技术
　TM　电工技术
　TN　电子技术、通信技术
　TP　自动化技术、计算机技术
　TQ　化学工业
　TS　轻工业、手工业、生活服务业
　TU　建筑科学
　TV　水利工程

在《中图法》的分类体系中，处于被区分的类称为上位类，相应地，区分出来的类就是下位类。《中图法》总共设置了 5.3 万多个类目（包括专用和通用类目）。

（2）《中图法》的标记符号。

① 基本标记符号。分类法中的标记符号也称分类号，是类目的代号，《中图法》采用汉语拼音字母与阿拉伯数字相结合的混合制标记符号。个别类用两位字母标记二级类目，如"T 工业技术"大类下的 16 个二级类目，如 TB，TD，TE，TF 等。有的类用字母标记其下位类，如"TP312"程序语言类使用的就是这种标记方法（ALGOL 语言、JAVA 语言的分类号分别为"TP312AL""TP312JA"）。

② 辅助标记符号。为了进一步增强标记符号的表达能力，适应类号灵活组合的需求，《中图法》在汉语拼音字母与阿拉伯数字相结合的混合制标记的基础上，还另外采用了一些特殊符号，作为辅助标记符号。

"."：间隔符号，读作"点"。例如，S512.1，F755.126.524.01。

"/"：起止符号，读作"起止符号"。例如，D39/97。

"[ ]"：交替符号，读作"方括号"。例如，[R147] 对各种放射性物质的防护及处理 宜入 X591。

"-"：总论复分符号，读作"短横"。例如，P1-49，Q-33。

"（ ）"：国家、地区区分号，读作"括号"。例如，《美国小麦杂交育种经验》分类号为 S512.103.51(712)（712 表示美国的地区复分）。

""""：民族、种族区分号，读作"双引号"。例如，《西藏民族建筑艺术图集》分类号为 TU-882"214"（2 表示中国，14 表示藏族）。

"< >"：通用时间、地点和环境、人员区分号，读作"尖括号"。例如，《美军冬季训练》分类号为 E712.3<114>。

"："：组配符号，读作"冒号"。例如，《航海妇科学》分类号为 R711:R83。

"+"：联合符号，读作"加号"。例如，《激光与红外》分类号为 TN24+TN21。

"="：时代区分号，读作"等号"。例如，《古代长度计量仪》分类号为 TH711=2。

分类号组合时如涉及多种辅助符号的使用，应按-、（ ）、" "、=、< >、:、+的顺序组合。如 TL25-35（712），TF351.4（545）=53，J523.5"17"=42，R183.1(334)<112>。

（3）《中图法》分类号确定的方法。

我国许多期刊都要求作者发表论文时提供《中图法》（第五版）分类号（在线查询网址：tool.51yww.com/shm/10.html）。要较为正确地确定论文或课题在《中图法》分类表中的类目，除了了解《中图法》的体系，还要掌握以下基本分类方法。

① 凡属并列关系的主题，即互不关联的主题，一般是依其前一主题的科学属性归类；如果内容侧重于后一主题，则依重点，按后一主题归类；如果是有从属关系的并列主题，则依大概念归类；如果是两个以上的主题，则归入它们的上位类。例如：

《实变函数与泛函分析》，上海师范大学数学系主编，内容包括实变函数与泛函分析两个主题，依前一主题入"实分析、实变函数"O174.1。

《岩石与矿物的物理性质》，〔美〕特鲁基安,Y. S.等编，入"岩石物理与岩石化学"P584。

《文献信息检索与论文写作》，王细荣、韩玲、张勤编著，主要介绍文献信息检索基础知识与技能，入"信息检索"G254.9。

② 凡属具有比较关系（即对比、对立或主客关系）的主题，则依主要阐述的或主体关系的主题归类。例如：

《中日近代化比较研究》，〔日〕依田憙家著，是对日本和中国近代历史发展的比较研究，入"日本"的"近现代史（1868年～）"K313.4。

③ 凡属具有因果关系、影响关系或应用关系的主题，一般依其结果被影响、被应用到的主题归类。例如：

《帝国主义侵华史》，刘培华著，入"中国史"的"近代史"K25。

《计算机在化学化工中的应用》，方利国、陈砺编著，入"化工计算"TQ015。

《计算机与企业管理》，〔美〕奥布赖思著，主要论述计算机在企业管理中的应用，入"企业现代化管理"F270.7。

《城市竞争力与城市生态环境》，康晓光、马庆斌著，入"城市经济管理"F292或F299.22。

3）网络信息分类

网络信息分类是根据网络信息的存在状况和当前上网用户的特点来编制的，其科学性、系统性稍差，但适合大众信息资源的组织。人们在浏览网络信息时，很多情况下并不是很清楚，或者无法清楚地表达自己的信息需要，这时可以浏览网络信息类目。网络信息分类主要有以下几类：

(1) 搜索引擎的目录或导航服务，如百度的 hao123（www.hao123.com）、搜狗网址导航（123.sogou.com）、360导航（hao.360.com）。

(2) 学科信息门户即学科导航，如 NSTL 重点领域信息门户（http://portal.nstl.gov.cn）。

(3) 开放目录。如 DMOZ 中文网站分类目录（www.chinadmoz.org）。DMOZ 属于开放目录项目（Open Directory Project，ODP），来源于 Directory.Mozilla.org 的简写，是一个支持多语种的互联网网站目录社区，其按照固定的目录体系策略开放编辑，由志愿者编辑和维护，由美国时代华纳旗下的互联网巨头 AOL（American On-Line）所有。

(4) 特殊资源分类。如电影分类、软件分类等。

4）数据库信息分类

数据库信息分类兼具文献信息分类和网络信息分类的优点，方便浏览和检索。目前，各数据库一般都提供分类检索功能，但信息分类体系不尽相同。如中国知网的文献分类目录就是以 CNKI 文献专辑系统的十个专辑类目为导航类目，即十大专辑导航系统。

4．主题语言

1）基本概念

主题语言是以文字作为检索标识，其特点为直接、准确、灵活；包括关键词语言、标题词语言、单元词语言和叙词语言等，其中关键词语言为自然语言，后三者为规范化的自然词。

关键词语言：以关键词作为标识和检索依据。关键词是指那些出现在文献的标题以及文摘、正文中，对表征文献的主题内容具有重要意义的词，没有经过规范化处理。

标题词语言：以标题词作为标识和检索依据。标题词是从文献题名和内容中挑选出来的，并经过规范化处理的词和词组，标题词的规范化处理是通过标题词表来实现的。

单元词语言：以单元词作为标识和检索依据。单元词是从文献题名和内容中挑选出来的，并经过规范化处理的不能分解的词。

叙词语言：叙词是指一些以概念为基础的，经过规范化的、具有组配功能并可以显示词间关系和动态性的词或词组。叙词语言就是以叙词作为标识和检索依据的一种检索语言。叙词语言吸收了多种情报检索语言的原理和方法，体现了情报检索语言的发展趋势。

概念组配是叙词语言的基本原理。概念组配与字面组配在形式上有时相同，有时不同；而从性质上来看两者的区别是很大的。字面组配是词的分析与组合（拆词）；概念组配是概念的分析与综合（拆义），例如：

模拟+控制→模拟控制，香蕉+苹果→香蕉苹果，属于字面组配；

模拟+控制→模拟控制，香蕉味食品+苹果→香蕉苹果，属于概念组配。

在以上两例中，无论是字面组配还是概念组配，"模拟"和"控制"的结果都是"模拟控制"，但是，根据字面组配原理，"香蕉"和"苹果"组配是"香蕉苹果"，而概念组配的结果应是指"一种香蕉和苹果杂交的品种"，而这样的品种目前是不存在的。所谓"香蕉苹果"只能是一种有香蕉味的苹果，因此，根据概念组配原理，这个概念应当用"香蕉味食品"和"苹果"两个词组配，才符合概念逻辑。

总之，叙词语言具有如下特征：①保留了单元词法组配的基本原理；②采用了组配分类法的概念组配，以及适当采用标题词语言的预先组配方法；③采用了标题词语言对语词进行严格规范化的方法，以保证词与概念的一一对应；④采用并进一步完善了标题词语言的参照系统，采用体系分类法的基本原理编制叙词范畴索引和词族索引，采用叙词轮排索引，从多方面显示叙词的相关关系。

叙词作为标引和检索人员之间的共同语言，是通过叙词表来实现的。叙词表的出现是信息检索方法的一次突破，对提高检索的查全率、查准率大有帮助，即便在网络时代也是如此。

2）叙词表

叙词表是以特定的结构集合展示经规范化处理的优选词和非优选词及其词间语义关系，作为标引和检索的术语控制工具，亦称主题词表、检索表、检索词典或词库。叙词表一般由一个主表和若干辅表构成。主表是叙词表的主体部分，可单独使用；辅表对主表起补充和配套作用，著录不全，不能单独使用，主要有类目表、词族表、轮排表和文种对照表等。

叙词表大体上可分为综合性的和专业性的两类。国外的综合性叙词表有美国的《工程与科学主题词表》、日本的《科学技术用语叙词表》等；专业性叙词表有美国的《NASA（宇航局）叙词表》、联合国粮农组织的《AGROVOC 叙词表》等。我国有影响的综合性叙词表有《汉语主题词表》等，专业性叙词表有《军用主题词表》等。下面主要介绍《汉语主题词表》。

《汉语主题词表》（简称《汉表》）是我国第一部大型综合性叙词表。第一部《汉表》于1980 年由科学技术文献出版社出版，分为自然科学和社会科学两个部分，由主表（字顺表）、附表、辅助索引（词族索引、范畴索引、英汉对照索引）组成，共 3 卷 10 分册。1991 年，《汉表》自然科学增订本由科学技术文献出版社出版。1994 年，在《中图法》类目与《汉表》主题词对应的基础上编制的分类法叙词表对照型的词表《中国分类主题词表》（共 6 卷，可视为《汉表》第 2 版）由华艺出版社出版。1996 年，《汉表》自然科学增订本第 5 分册轮排索引出版。2005 年，《中国分类主题词表（第 2 版）》（可视为《汉表》第 3 版）由北京图书馆出版社（原名书目文献出版社，2008 年 5 月更名为国家图书馆出版社）出版。

2009 年，中国科学技术信息研究所（简称"中信所"）启动《汉表》在网络环境下的修订工作，分工程技术卷、自然科学卷、生命科学卷和社会科学卷四个阶段逐步开展。2014 年9 月，13 分册的《汉表（工程技术卷）》由科学技术文献出版社出版。2018 年 5 月，该出版社又出版了 5 分册的《汉表（自然科学卷）》；《汉表》生命科学卷的修订计划已在 2018 年启动，最终将完成社会科学卷的修订。与纸本《汉表》配套，还建立了《汉语主题词表》网络服务系统（网址：ct.istic.ac.cn/site/organize/index），提供术语检索、主题分析、知识树辅助构建等服务。新型《汉表》既继承了传统叙词表的优势，又充分考虑了网络环境下叙词表的编制和特征，满足了数字科研环境下对海量的文本数据进行组织和挖掘的需求。

1.2.3　检索的方法和步骤

1. 检索的方法

检索文献信息采用什么方法，需要根据课题性质和研究目的而定，也要根据可否获得检索工具而定，归纳起来，检索文献的方法一般有以下几种。

1）追溯法

追溯法又称回溯法，分为参考文献追溯法和引文索引追溯法。参考文献追溯法是一种传统的文献查找法，即当查到一篇参考价值较大的新文献后，以文献后面附的参考文献为线索而查找相关文献的一种方法。引文索引追溯法是指查到一篇有价值的论文后进一步查找该论文被哪些其他文献引用过，以便了解他人对该论文的评论，是否有人对此做进一步研究等。前者是一种由近及远的回溯法，无法获得最新信息；后者是一种由远及近的回溯法，资料越查越新，研究也越深入，但要依靠专门的引文索引，如 Web of Science 等。

2）常规法

常规法也称检索工具法，是利用检索工具查找文献的方法，即以主题、分类、著者等途径，利用检索工具获取所需文献的一种方法，这种方法又可分为顺查法、倒查法、抽查法。

(1) 顺查法：由远及近的查找法。如果已知某创造发明或研究成果最初产生的年代，现在需要了解它的全面发展情况，即可从最初年代开始，按时间的先后顺序，一年一年地往近期查找。这种方法所查得的文献较系统全面，基本上可反映某学科专业或某课题发展的全貌，能达到一定的查全率。在较长的检索过程中，可不断完善检索策略，得到较高的查准率。其缺点是费时费力，工作量较大。一般在申请专利的查新调查和新开课题时采用这种方法。

(2) 倒查法：由近及远、由新到旧的查找法。此法多用于查找新课题或有新内容的老课题，在基本上获得所需信息时即可终止检索。此法有时可保证情报的新颖性，但易于漏检而影响查全率。

(3) 抽查法：利用学科呈波浪式发展的特点查找文献的一种方法。当学科处于兴旺发展时期时，研究成果和发表的文献一般也很多。因此，只要针对发展高潮进行抽查，就能查获较多的文献资料。这种方法针对性强，节省时间。但必须是在熟悉学科发展阶段的基础上才能使用，有一定的局限性。

3）分段法

分段法又称循环法或综合法，是交替使用"追溯法"和"常规法"来进行检索的综合方法，即首先利用检索工具查出一批文献资料，再利用这些文献资料所附的参考文献追溯查找相关文献。如此交替、循环使用常规法和追溯法，不断扩检，直到满足检索要求为止。分段法的优点在于：当检索工具缺期、缺卷时，也能连续获得所需年限以内的文献资料。

上述各种检索方法是人们获得文献的主要途径，它们各具特色，只要使用得当，往往可以事半功倍，在短时间里获得大量切合课题需要的文献。但是，由于检索方法都有优缺点，人们要综合运用上述方法。另外，为了弥补检索工具与原始文献之间有一定时间差的缺陷，人们也可借助其他方法来收集文献信息，其中浏览法就是获取文献信息的重要方法。具体地说就是本专业或本学科的核心期刊每出一期，研究人员便进行阅读的方法。该方法的优点是：能最快地获取信息；能直接阅读原文内容；基本上能获取本学科发展的动态和水平。缺点是：研究人员必须事先知道本学科的核心期刊；检索的范围不够宽，因而漏检率较大。因此，在开题或鉴定时还必须进行系统的检索。

2．选择检索方法的原则

1）要看检索条件

缺乏检索工具而原始文献收藏丰富的情况下，宜用追溯法，有成套检索工具时则宜用直接法，其查全率、查准率都比追溯法高。

2）要看检索要求

要全面收集某一课题的系统资料，不能有重大遗漏时，最好用顺查法；要解决某一课题的关键性技术时，不要求文献全面，只要针对性强，能解决这个关键问题就行，要快，要准，宜用倒查法，迅速查得最新资料。

3）要看检索学科的特点

古老学科，开始年代很早，只好用倒查法；新兴学科，起始年代不远，可用顺查法；波浪发展的学科，可选择发展高峰，用分段法。

文献信息检索总是根据文献的某种特征，从各个不同的角度，按照不同的途径进行的。

3．检索的步骤

人们的检索课题虽各不相同，但都要利用一定的检索工具，按照一定的途径与方法才能把所需文献检索出来。一般而言，要经过以下几个步骤。

1）课题分析

课题分析是文献信息检索过程中最重要的环节，课题的内容是什么？主要解决什么问题？一定要通过认真的课题分析，才能揭示出来。能否正确地分析课题，将直接影响到检索的质量与效果。课题分析可从主题内容、问题类型、查找年限等三个方面进行，具体可浏览在线资源"1.3"。

2）选择检索工具

检索工具的种类繁多，其文献类型、学科和专业的收录范围各有侧重，所以，根据课题的检索要求，选准、选全检索工具十分重要。

3）确定检索途径

确定检索途径，应根据已知条件，选取最易查获所需文献的途径。

第一，若已知文献的著者、号码、分子式和地名等，可利用相应索引查获所需文献，同时，还可通过上述途径间接核准确切的分类号或主题词。

第二，要根据检索工具的具体情况选择检索途径。检索工具一般都有多种检索途径，若课题的检索泛指性较高，即所需文献范围较广，则选用分类途径较好；相反，课题检索的专指性较强，即所需文献比较专深，则选主题途径为宜。

4）选择检索方法

选择检索方法的目的在于寻求一种用时少、检索效果好的方法。检索方法多种多样，究竟采用哪种方法最合适，主要应根据检索条件、检索要求和学科特点而定。

(1) 检索工具的条件。在没有检索工具可利用的情况下，可采用追溯法。在检索工具比较齐全的情况下，可采用常规法和分段法，因为这两种方法的查全性、查准性都较好。

（2）检索课题的要求。快速、准确，但两者又难以兼得。顺查法适合科研主题复杂、研究范围较大、研究时间较长的科学研究。若以全、准为主，应采用顺查法。新兴的课题研究以快、准为主，宜用倒查法。

（3）学科发展特点。选择检索方法还须考虑学科的发展特点：检索课题属于新兴学科，起始年代不太长，一般采用顺查法（也可采用倒查法）；检索课题属于较老课题，起始年代较早或无从考查，则可采用倒查法；有的学科在一定的年代里处于兴旺发展时期，文献发表得特别多，则在该时期内采用抽查法检索效果好。

（4）进行科学计量学的研究，如引文分析，可用引文法，用 Web of Science 进行统计分析。

5）辨别文献来源

上述检索步骤其实都是文献信息检索的准备阶段。当通过检索途径查找到与课题相一致的文献时，就要仔细阅读其文摘内容，判定是否切题。如符合检索要求，必须记下篇名、著者、来源、文种等款目。获得原始文献的前提是正确识别文献来源。

6）索取原始文献

索取原始文献是检索程序的最后一步。当出版物全称查清楚以后，即可根据文献出处查取原始文献。查找原始文献的途径与方法将在第 3 章详细介绍。

7）评估所获文献

评估主要是批判性地评估文献，以确保所获文献的质量和可信度、权威性、时效性等。

8）管理与更新

管理主要指的是管理文献检索过程及成果；更新指的是及时更新检索，留意最新动向。

4．大型研究项目的文献信息检索过程

上述文献信息检索步骤可以进一步简化为：分析→选择（检索工具和检索方法）→辨别或发现→获取（原文）→评估→管理→更新。不过，在大型研究项目中，这一过程并非线性的，而是循环往复的（见图 1.2），原因在于其内在的启发性和不断补充新发现的需要[4](2)。

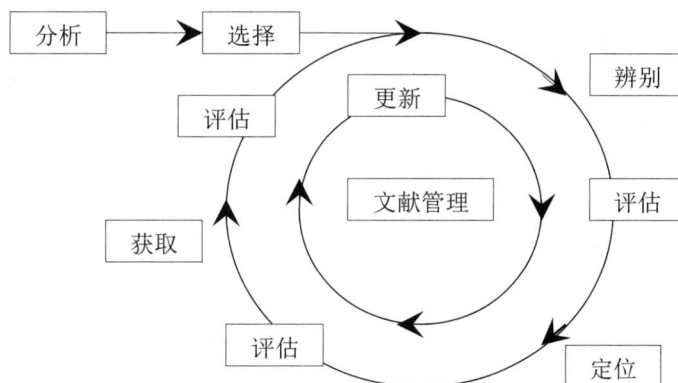

图 1.2　大型研究项目的循环式文献信息检索过程

故大型研究项目的文献信息检索一般都需要重复进行，即根据研究进展和新发现，调整主题词、关键词和检索策略等，进行再次检索，确保覆盖最新和最相关的文献。

1.3 计算机检索基础

计算机检索的实质就是由计算机将输入的检索式与系统中存储的文献特征标识及其逻辑组配关系进行类比、匹配的过程，需要人机协同作用来完成。

计算机检索系统主要由计算机、通信网络、检索终端设备和数据库组成。自世界上第一台计算机诞生以来，随着计算机技术（包括人工智能技术）、通信技术以及存储介质的发展，计算机信息检索经历了从简单关键词搜索到更智能、个性化的检索方法的发展过程。

1.3.1 计算机检索技术及其实现

计算机检索技术是用户信息需求和文献信息集合之间的匹配比较技术。由于信息检索提问式是用户需求与信息集合之间匹配的依据，所以计算机检索技术的实质是信息检索提问式的构造技术。目前，计算机信息检索技术已经从基本的布尔逻辑检索、截词检索、词位检索、限制检索、短语检索等发展为高级的加权检索、自然语言检索（也称"智能检索"）、视觉检索、模糊检索、概念检索和相关检索等多种技术并存。

1. 布尔逻辑组配检索

布尔逻辑组配检索是现行计算机检索的基本技术，它利用布尔逻辑组配符表示两个检索词之间的逻辑关系，常用的组配符有：SAME（临近）、AND（和）、OR（或）、NOT（非），其优先级依次为 SAME、NOT、AND 和 OR；改变优先级的方法是使用括号"（ ）"，括号内的逻辑式优先执行，例如，(A OR D) AND B，表示先执行"A OR D"的检索，再与 B 进行 AND 运算。为缩短检索式，在一些检索系统（如 Dialog）中 AND、OR、NOT 算符可分别用"∗""+""−"代替。

对 A、B 两词而言，其 AND、OR、NOT 的逻辑含义如图 1.3、图 1.4、图 1.5 所示。

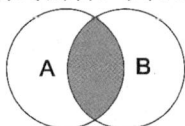
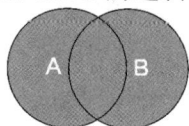
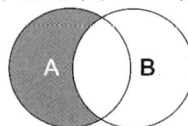

图 1.3　A∗B　　　　　　图 1.4　A+B　　　　　　图 1.5　A−B

AND：逻辑"与"。A and B，表示 A 和 B 都为真时，结果才为真；

OR：逻辑"或"。A or B，表示 A 或 B 中只要有一个为真时，结果就为真；

NOT：逻辑"非"。A not B，表示当 A 为真、B 为假时，结果才为真。

SAME：是比"AND"更精确的检索，它限定了所连接的检索词应出现在同一个句子或者一个关键词短语里。

布尔逻辑运算可以进行合并同类项：A∗B+A∗C=A∗(B+C)；也遵循交换规则：A∗B=B∗A，A+B=B+A，A−B≠B−A。例如，如果"船舶"用 A 表示，"螺旋桨"用 B 表示，"计算机辅助设计"用 C 表示，"CAD"用 D 表示，"计算机辅助制造"用 E 表示，"CAM"用 F 表示，则有关"船舶螺旋桨的计算机辅助设计与制造"的布尔逻辑检索式为：A∗B∗(C+D+E+F)；如果"中国"用 G 表示，则"国外船舶螺旋桨的计算机辅助设计与制造"的布尔逻辑检索式为：(A∗B∗ (C+D+E+F))−G。在使用布尔逻辑运算符时，英文数据库通常用字母，中文数据库要用符号。例如，英文数据库的检索式为：Intelligent robot and control，中文数据库的检索式为：

intelligent robot*control，均表示查询结果中必须同时包含 intelligent robot 和 control。

2．截词检索

截词是指在检索词的合适位置进行截断。所谓截词检索，是指在检索表示中保留相同的部分，用相应的截词符代替可变化部分。为使检索时不遗漏相关词，提高检索效率，一般信息检索系统都开发了截词技术，利用截词符来屏蔽未输入的字符。截断方式有后截（前方一致）、中截（中间屏蔽）、前截（后方一致），截断的数量有无限截断、有限截断。截词符根据检索系统的不同而不同，常用截词符有"?""*"等。下面以"?"作为截词符举例说明。

后截断：将截词符号被当作检索词置放在右方，以表示其右方字符可以变化，左方应保证一致。例如，当用户只知道文献作者的姓而不清楚名时，可在其姓的字后加"?"作姓氏截断，表示方式为"张?"，表示检索所有张氏作者的文献。

前截断：将截词符号被当作检索词放在左边，以表示左方字符可以变化，右方应保证一致。例如，用户需要查找有关"化学"方面的文献，其表示方式为"?化学"，表示无论是"无机化学"，还是"有机化学"的文献等都需要。

前后截断：在检索词的左右两侧同时放置截词符号，以表示检索词两侧可以变化，中间保证一致。例如，用户需要查找"教育"方面的文献，其表示方式为"?教育?"，即可检索到"大学教育""中小学教育"和"教育理论""教育方法"等方面的文献。

中截断：将截词符放在检索词中间，作为通字符，以表示中间字符可以变化，而两端字符保证一致。例如，用户需要查找有关"中国文学作品的写作特点"方面的文献，其表示方式为"中国?写作特点"，即可检索到"中国小说写作特点""中国诗歌写作特点"和"中国戏剧写作特点"等方面的文献。

3．词位检索

词位检索是以数据库原始记录中的检索词之间的特定位置关系为对象的运算，是一种可以不依赖叙词表而直接使用自由词进行检索的一种技术，大部分通用机检系统均提供该功能。不同的检索系统有不同的词位限定算符，如银盘公司的 Spirs 检索系统的词位限定算符有"with""near"，美国 ProQuest（2021 年 5 月被 Clarivate 收购）检索系统的词位限定算符有 W/n、PRE/n。例如，在 ProQuest 检索系统中输入 intelligent W/10 buildings，可检索出"*intelligent buildings*"和"*buildings that are intelligent*"；输入 military PRE/1 weapons 将检出"*military weapons*"。该功能最为详尽的当属在我国使用最普遍的 Dialog 联机检索系统，其提供的词位限定算符及对应的功能如表 1.1 所示。

表 1.1　Dialog 检索系统词位限定算符及其所表示的检索含义

算符	用法	检索含义
W	A(nW)B	A、B 两词相隔 n 个单词且前后次序不变；$n=0$ 时格式为 A( )B 或 A(W)B
N	A(nN)B	A、B 两词相隔 n 个单词且前后次序不限；$n=0$ 时，格式为 A(N)B
L	A(L)B	A、B 两词在同一主题词字段中，A 为主题词，B 为其副主题词
S	A(S)B	A、B 两词在同一子字段中，即同一语句或同一短语中，词序不限
F	A(F)B	A、B 两词在同一字段中，字段不限，词序不限

4．限制检索

限制检索也称限定检索或检索限定，泛指检索系统中提供的缩小或约束检索结果的检索方法。主要有以下方式。

1）字段限制检索

字段限制检索是指限定在数据库记录中的一个或几个字段范围内查找检索词的一种检索方法。在检索系统中，数据库设置的可供检索的字段通常有两种：表达文献主题内容特征的基本字段和表达文献外部特征的辅助字段。基本字段包括篇名、文摘、叙词、自由标引词四个字段；辅助字段包括除基本字段以外的所有字段。

在多数检索系统中，如果用户不对检索式注明字段限定范围，系统会默认在四个基本字段中检索。通常的字段限定范围的大小顺序是：篇名＜关键词＜摘要＜全文。

2）范围限制检索

除上述限制检索外，计算机检索系统一般还提供了范围限制检索功能，用以对数字信息进行限制检索。如 Dialog(Ondisc)系统、SilverPlatter-Spirs 系统、ProQuest 系统均设置了范围限制检索功能。常用检索符有：

"："或"－"表示包含范围，如出版年 PY=1990：2000、邮政区号 ZIP=02100－02199。

"＞"表示大于，如公司销售额 SA>500 M。

"＜"表示小于，如研究生申请接受率 PC<50%。

"＝"表示等于，如波长 WAV=0.000 010 6 M。

"＞＝"表示大于或等于，如公司总财产 TA>=500 000 000。

"＜＝"表示小于或等于，如公司雇员数 EM<=9000。

3）使用复杂检索、二次检索

现在的一些检索系统一般具有复杂检索（如高级检索、专家检索、命令检索、指南检索）功能，它比简单检索更完备、精确，不仅可以实现多字段、多检索式的逻辑组合检索，对检索的限定也更具体、全面，尤其是基于字符图形界面的复杂检索系统，十分直观，易于操作。另外，可使用二次检索进行限制检索。二次检索也称"渐进检索"，是在一次检索（即当前这次检索）结果的文献范围内，再次输入检索条件进行查询的功能，如 CNKI 系统、Web of Science 平台均具有此功能。二次检索可以逐渐缩小文献范围，达到查询目标，其作用相当于在前、后两次检索之间做逻辑与（AND）运算。一次检索结果与二次检索结果如图 1.6 所示。

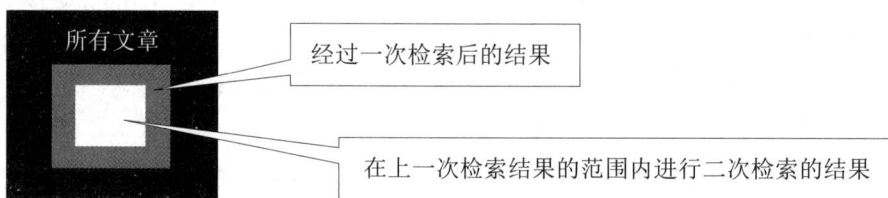

图 1.6　一次检索结果与二次检索结果

5. 短语检索

短语检索是将一个词组或短语用英文（半角）引号（""）或括号（()）进行限定。作为一个独立运算单元，短语检索需进行严格匹配，检索出形式完全相同的词组或短语。短语检索可以提高检索的精度和准确度，因而也称为"精确检索"。如输入"library anxiety"，将查找到类似于"Library Anxiety of Teacher Trainees"的结果，而不是诸如"Communication, Face Saving, and Anxiety at an Academic Library's Virtual Reference Service"般的结果。禁用词（通常为一些虚词，如冠词和连词）不包含在检索范围之内，如：a、about、also、and、any、as、 at、be、between、by、both、for、some、so、not、this、with 等将被自动忽略。

6．加权检索

加权检索是某些检索系统中提供的一种定量检索技术。加权检索同布尔检索、截词检索等一样，也是文献检索的一个基本检索手段，但与它们不同的是，加权检索的侧重点不在于判定检索词或字符串是不是在数据库中存在、与别的检索词或字符串是什么关系，而在于判定检索词或字符串在满足检索逻辑后对文献命中与否的影响程度。加权检索的基本方法是：在每个提问词后面给定一个数值表示其重要程度，这个数值称为权值，在检索时，先查找这些检索词在数据库记录中是否存在，然后计算存在的检索词的权值总和。权值之和达到或超过预先给定的阈值，该记录即为命中记录。

运用加权检索可以命中核心概念文献，因此它是一种缩小检索范围提高检准率的有效方法。但并不是所有系统都能提供加权检索这种检索技术，而能提供加权检索的系统，对权的定义、加权方式、权值计算和检索结果的判定等方面，又有不同的技术规范。

7．自然语言检索（智能检索）

从用户层面而言，自然语言检索（与检索语言中所称的自然语言有所不同）指的是直接用自然语言中的字、词、句作为提问输入的检索方式，故也称为"问题解答检索"或"智能检索"。目前，将 ChatGPT 为代表的自然语言 AI 接入一些数据库后，可提高检索质量和效率。

8．视觉检索

视觉检索也称可视化检索，是利用计算机的可视化技术，将信息资源、用户提问、信息检索模型、检索过程以及检索结果中各种语义关系或关联数据转换成图形，显示在一个二维、三维或多维的可视化空间中的检索技术。其功能是帮助用户理解检索结果，把握检索方向，提高检索效率与性能，如必应可视化搜索（www.bing.com/visualsearch）。

9．模糊检索

模糊检索是与"精准检索"相对应的一个概念，顾名思义，其是指检索系统自动按照用户输入关键词的同义词进行模糊检索，从而得出较多的检索结果。模糊检索也就是同义词检索，这里的同义词是用户通过"检索管理"中的"同义词典"来配置的。用户在检索页面中输入同义词中任何一个词检索时，只要选中"模糊检索"复选框，则该关键词的所有同义词信息就可以被检索出来。模糊检索的方法有：①在模糊检索页面搜索框中输入搜索关键字以后单击模糊检索按钮；②进入同义词选择页面，从关键字的同义词中选择更多的搜索项。

10．概念检索

概念检索又叫基于词义检索，是指当用户输入一个检索词后，检索工具不仅能检索出包含这个词的结果，还能检索出与这个词存在语义蕴含、语义外延、语义相关关系的其他词汇的结果。例如，检索"电脑"这一概念时，有关"电子计算机""PC"或"微机"等的信息也能随之检索出来。

11．相关检索

相关检索是相对于常规的布尔检索中的完全匹配而言的，是一种广义的检索方式。布尔检索只检出被提问描述过且与提问完全匹配的实体，相关检索则旨在检索那些与情报实际需求相关，而不论是否被提问描述过的情报实体。

几乎所有的检索系统都有布尔逻辑检索、截词检索和限制检索，而不同的检索系统又会有一些特殊的检索技术和功能，如 CNKI、NSTL 提供了 AI 检索。

1.3.2 文献数据库检索的通用技巧

1. 数据库检索的一般程序

数据库检索的一般程序为：①分析检索课题，明确信息需求，可得到一组主题词/关键词和一些限定要求（如年限、学科领域等）；②选择检索工具，了解检索系统（包括数据库的基本情况、检索功能、检索途径等信息）；③确定检索途径，选定检索方法；④实施检索策略，浏览初步结果；⑤调整检索策略，获取所需信息。

2. 如何了解一个数据库

了解一个数据库，一般可从以下几方面进行：①服务形式是网络形式，还是光碟、联机检索、单机版，是校内、境内、境外站点，还是镜像站点；②涵盖学科或主题范围；③文献类型，即出版形式、内容层次；④收录年限，收录对象；⑤数据量，即记录数；⑥文种，更新频率；⑦访问模式（口令，IP 控制）；⑧其他信息，如帮助信息、出版者、发行者、在同类数据库中的地位。

3. 数据库的检索帮助与指南信息的获取

用户一般可通过以下几种方式获得数据库的检索帮助与指南信息：①数据库界面上的"帮助"或者"检索指南"；②图书馆等文献机构发布数据库时提供的使用帮助；③通过百度、谷歌（Google）等搜索引擎搜索。

4. 外文数据库检索的通用技巧

外文数据库的检索和中文数据库类似，同样是在输入框中输入检索词。中文数据库的一般检索方法同样适用。检索外文数据库时一定要先熟悉界面（外文数据库的检索界面比中文数据库往往更简单），然后试着检索或浏览。检索英文数据库，还要了解一些基本术语（例如，英语文献检索常用词及其缩写，详见在线资源"1.4"）。另外，一些外文数据库会提供一些定制服务（如 Save as Search Alert、RSS Feed）与检索式的保存，但往往要求先注册（免费）[11]。

1.3.3 选择检索词的原则

1. 优先选择受控词

选择检索词时，一般应优先选择受控词(规范词)作基本检索词，但为了检索的精确性也选用自由词(如关键词)配合检索。如查找"人造金刚石"的文献，很可能用"manmade(人造)""diamonds(金刚石)"作为检索词，但"人造"的实质是"人工合成"，检索词的范围可放宽至：①synthetic(W)diamonds(合成金刚石)；②synthetic(W)gems(合成宝石)；③synthetic(W)materials(合成材料)；④synthetic(W)stones(合成石)；⑤synthetic(W)crystals(合成晶体)；⑥artificial(W)crystals(人造晶体)；⑦diamonds(金刚石)。检索式：①+(②+③+④+⑤+⑤)*⑦。

2. 尽量使用代码

不少检索工具有自己的各种代码，如德温特（Derwent）的《世界专利索引》（*World Patents Index*，WPI）及其相关数据库的国际专利分类号代码 IC，美国化学学会（American Chemical

Society，ACS）的《化学文摘》（*Chemical Abstract*，CA）及其在线数据库 SciFinder 中的化学物质登记号（CAS RN）。如查找"20 年来 CA 收录的锡酸钡导电机理"的文献，就应该用物质 CAS RN "12009-18-6" 表示。其检索式可为：rn=12009-18-6*electric??(w)conduct?；而用检索式：(barium(w)stannate+BaSn03)*eletrical(w)conductivity，则不能保证文献查全。

3．注意选用国外惯用的术语

查阅外文文献时，一些术语若在词表中查不到，可先阅读国外的相关文献，再选择正确的检索词。

4．避免使用低频词或高频词

检索时避免使用频率较低或专指性太高的词，一般不选用动词和形容词；不使用禁用词；尽量少用或不用不能表达课题实质的高频词，如"分析""研究""应用""方法""设计"等词。必须用时，应与能表达主要检索特征的词搭配，或增加一些限制条件。

5．同义词尽量选全

用关键词检索时，为保证查全率，同义词尽量选全。同义词选择应主要考虑：①同一概念的几种表达方式，如，"化学分析"有 chemical analysis，analytical chemistry，chemical determination，composition measurement 等表达方式；②同一名词的单、复数，动词，动名词，过去分词形式等，如"生产"有 product，production，producing，produce，productive 等词形，词根相同时，可用截词符解决；③要考虑上位概念词与下位概念词，如检索"水果榨汁"，不仅要选 fruit，还应选具体哪种水果，如 pear（梨）、orange（橙）、plum（李子）、peach（桃）、apple（苹果）、pineapple（菠萝）等，反之，如检索某一种水果的保鲜方法则应参考其他水果；④检索化学物质时要用其名称也要用其元素符号，如氮要用 Nitrogen 和 N；⑤检索植物和动物名时，英文名和拉丁名均要选用。

1.3.4 AI 检索等计算机检索

1．利用 DOI 检索文献

数字对象唯一标识符（Digital Object Identifier, DOI）是针对数字资源的全球唯一永久性标识符，具有对数字资源（如论文、图书、视频等）进行永久命名、动态解析的特性。它是从统一资源定位符（Uniform Resource Locator，URL）发展而来，被称为"下一代 URL"。DOI 由美国出版协会（Association of American Publishers, AAP）于 1998 年提出并建立，非营利性的国际 DOI 基金会（International DOI Foundation，IDF）管理。2010 年 11 月，DOI 系统正式成为国际标准化组织（International Organization for Standardization，ISO）国际标准（ISO 26324:2010），进一步推动了网络时代知识的发现和互联。2007 年 3 月、2013 年 1 月，中国科学技术信息研究所（2007 年 3 月至 2011 年 11 月由下属公司万方数据代行职责）和中国知网先后由 IDF 授权，成为 DOI 注册代理机构，在中国开展 DOI 注册及推广服务。

一个 DOI 由两部分组成：前缀和后缀，中间用"/"分割。前缀是注册代理机构分配给出版商的唯一代码；后缀是出版商给其拥有的某个数字资源分配的唯一规范标识代码，可以是任何字母数字码，即可以是一个机器码，或者是一个已有的规范码，如 ISBN 号或 ISSN 号。

通过 DOI 检索原始文献的方法为：①将 URL 地址"dx.doi.org/"加在已知的 DOI 前面就得到该文献在 DOI 系统中的 URL。例如，已知某文献的 DOI 为：10.3724/SP.J.1001.2008.00039，其中 10.3724 表示中国科学出版集团，SP.J 表示科学出版社期刊，1001 为《软件学报》DOI 代号，00039 由编辑部规定，这里 00039 为篇首页码，则在浏览器地址栏里输入 dx.doi.org/10.3724/ SP.J.1001.2008.00039，就可以找到此篇文献。②可以在 www.doi.org、www.chinadoi.cn、www.chndoi.org 等 DOI 解析网站，输入 DOI 编码，单击相关解析按钮即可查找到该 DOI 对应的电子文献。

另外，公益性网站 Sci-Hub 和 Library Genesis（即 LibGen，译为"创世纪图书馆"）也可以通过 DOI 检索原始文献。

DOI 与 URL 的最大区别就是实现了对资源实体的永久性标识。现在，DOI 已成为学术期刊的"标准配置"以及论文的"身份证""出生证"；现行的参考文献著录的国际标准（ISO 690）、国家标准（GB/T 7714）都推荐使用 DOI 标注引文。DOI 使全球的数字出版行业进行跨出版商、跨系统、跨语言的资源链接成为可能，也提供知识产权保护、引文规范、使用量、引用量计量、多重解析等多种增值服务，对当今各类图书馆的虚拟馆藏建设也具有重大意义。DOI 及其详细功能的介绍可浏览在线资源"1.5"。

2. 利用 ORCID 检索文献

开放研究人员及贡献者唯一标识（Open Research and Contributor ID, ORCID）是一套免费的、全球唯一的 16 位身份识别码，可谓研究者的学术身份证，被 CrossRef 称为"作者 DOI"，故可译为"作者标识码"。ORCID 由汤森路透（Thomson-Reuters，现 Clarivate Analytics，即中文所称的"科睿唯安"）、自然出版集团于 2009 年 11 月共同发起，其蓝本之一是汤森路透的 Researcher ID，现已成为事实标准。它的功能主要有：作者姓名消歧，准确展示个人研究成果，避免研究成果归属混乱，提高数字环境下信息发现准确率和信息服务效率。目前，境内外许多出版机构或期刊编辑部都启用了作者 ORCID 号。ORCID 注册申请可通过其官方网站（orcid.org）或 ORCID 中国服务平台 iAuthor（iAuthor.cn）实现。2010 年起，一些数据库就提供了 ORCID 检索功能。例如，基于 Web of Science（WoS，原 Web of Knowledge）平台的数据库，选择"作者识别符"（Author Identifiers）字段后，输入某作者的 ORCID 号（如 0000-0001-5297-9108）或其 ResearcherID 号（如 A-1397-2010），即可检索到他的全部记录；Engineering Village 平台的 Compendex 数据库，作者检索时，如利用 ORCID 检索，查准率可极大提升。

3. 利用 PMID 检索文献

PMID（PubMed Unique Identifier）是美国生物医学信息检索系统 PubMed 的文献唯一标识码，即 PubMed 搜索引擎中收录的生命科学和医学等领域的文献编号。PMID 使用与国际标准书号（ISBN）和 DOI 类似，可以在 PubMed 搜索引擎中直接使用，每一个 PMID 编号都对应着唯一一份文献，读者可免费查阅文献的标题、作者、摘要等信息。另外，在 Sci-Hub 等网站输入 PubMed 码，也可查到其对应的文献。

4. 跨库检索

跨库检索（Cross Search 或 Federal Search）即一站式检索，是以多个分布式异构数据源为对象的检索技术。它通过统一的检索界面，使用户一次输入检索词，就可以对多个网络数据库同时进行检索，并将各个网络数据库的检索结果归并，一次提交给用户，在实体资源分散的情况下实现了"虚拟的资源整合"。目前，一些大型数据库平台（如读秀、百链）、一些图书馆网站，以及 NSTL 网站都提供了跨库检索功能，如国家图书馆的"文津搜索"。

5. 基于 CARSI 认证的检索

CARSI 是中国教育科研计算机网统一认证与资源共享基础设施（CERNET Authentication and Resource Sharing Infrastructure）的简称。用户所在机构已加入 CARSI，用户自身完成 CARSI 身份认证后，无须通过校园网、VPN 校外访问等 IP 认证方式，即可直接检索 CNKI、万方、Web of Science 等支持 Shibboleth（机构）认证访问的中外数据库。关于通过 CARSI 认证检索这些数据库的具体方法，可浏览在线资源"1.6"。

6. AI 检索

AI 检索即人工智能（Artificial Intelligence）搜索，是指利用人工智能技术来优化和增强传统文献信息检索过程的能力。以往的传统计算机检索，用户需花大量时间扩展检索词、匹配逻辑，手动输入关键词，从海量数据中逐条筛选，费时费力且易遗漏重要信息。而利用 AI 检索，不仅能精准理解用户输入的关键词，还能凭借强大的语义分析能力，挖掘出与之相关的文献。AI 检索主要有两种方式：AI 大模型和 AI 驱动的文献检索工具。

（1）利用 AI 大模型，如 DeepSeek、ChatGPT、Grok 和 Kimi 等，进行文献信息检索。

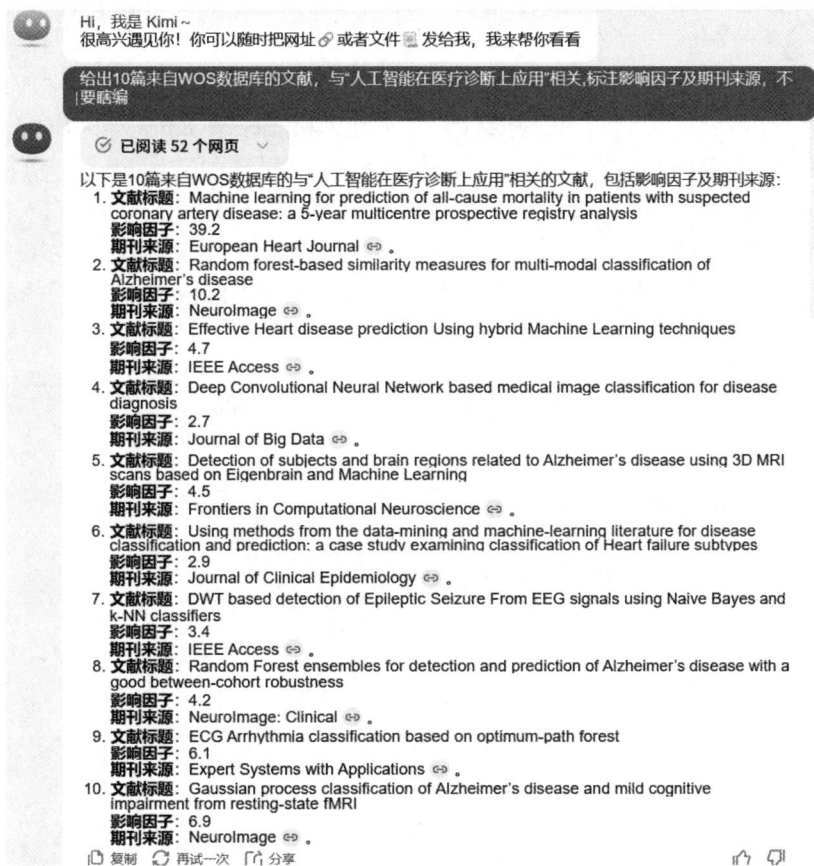

图 1.7　Kimi 的人机对话

根据图 1.7，得到的结果不仅包含机器学习、深度卷积神经网络、三维 MRI 等用于医疗诊断中，还附带相应的引用链接。不过，因训练数据局限性、概率生成机制、缺乏实时验证、提示词不精确等原因，无论哪个模型检索出的文献信息都可能存在编造的（即幻觉文献）。为此，用户可利用 AI 大模型，生成核心关键词和同义拓展词，用于在 Web of Science、CNKI 等学术数据库中精准检索。例如，用户可以用 DeepSeek 生成核心关键词和同义拓展词。

> 我正在写一篇关于人工智能在医疗影像诊断中的应用的文献综述。请帮助我生成5个核心关键词，同时对每个关键词罗列出5个同义拓展词，并使用布尔逻辑组合检索词。

‹ 3 / 3 ›

以下是针对"人工智能在医疗影像诊断中的应用"文献综述的5个核心关键词及其拓展组合方案，采用布尔逻辑优化检索策略：

1. 核心关键词：人工智能 (Artificial Intelligence)
- 同义拓展：机器学习 | 深度学习 | 神经网络 | 计算机辅助诊断 | 智能算法
- 布尔组合：

```
("artificial intelligence" OR "AI" OR "machine learning" OR "deep learning" OR
"neural network*")
```

2. 核心关键词：医疗影像 (Medical Imaging)
- 同义拓展：医学图像 | 放射影像 | 影像学 | 断层扫描 | 磁共振成像
- 布尔组合：

```
("medical imag*" OR "radiolog* imag*" OR "clinical imag*" OR "tomograph*" OR "MRI" OR
```

图 1.8　DeepSeek 的人机对话

将上述组合通过 AND 连接核心领域，OR 覆盖同义词，再将得到的结果到 Web of Science、CNKI 等数据库检索文献。然后，将检索到的文献让 DeepSeek、Kimi 等大模型进行初筛。

（2）利用 AI 驱动的文献检索工具，如基于 AI 的科研辅助工具 Elicit、可视化文献探索工具 Connected Papers，能提供更广泛的文献来源并且支持以自然语言形式输入检索需求，系统通过需求解析，精准捕捉用户的检索意图，自动进行语义扩展，即时制定出个性化检索策略。例如，在 Elicit 搜索框中用中文输入"人工智能在医疗中的应用"，就能找到英文文献并翻译结果。

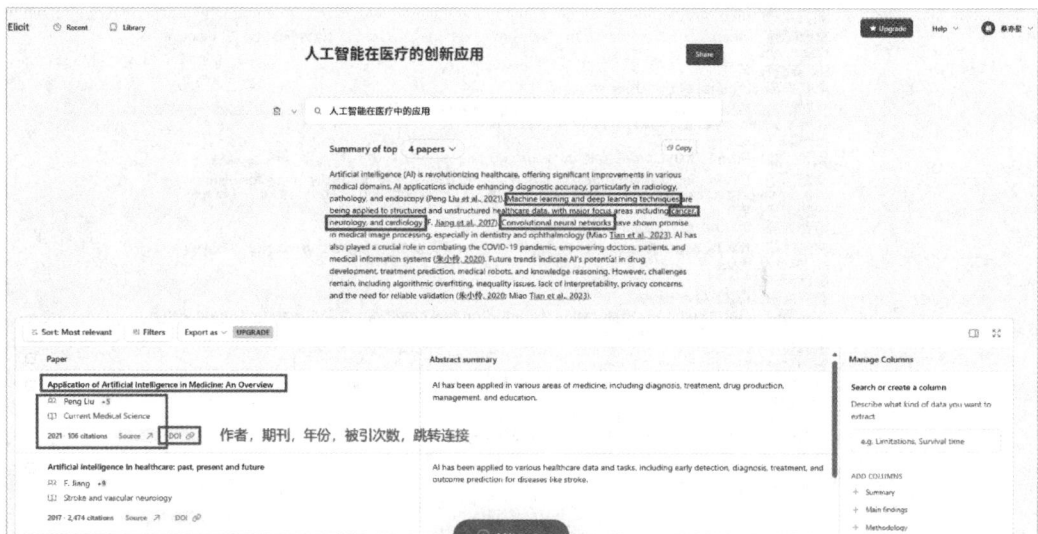

图 1.9　Elicit 的检索结果

据图 1.9，Elicit 列出与问题最相关的文献，且推荐了与"机器学习用于医学诊断"相关的文献，包括随机森林、机器学习、深度卷积神经网络等。另外，每篇文献都呈现标题、作者、发表年份、摘要等信息，帮助用户迅速把握文献的核心要点。用户单击文献标题可查看详细内容，自动标注来源期刊、影响因子及原文链接（单击直接跳转下载文献 PDF）。然后直接聚焦于文献的摘要部分，快速获取关键信息，让文献检索变得既轻松又高效。

用户还可以与 AI 工具进行对话，进一步明确检索需求；工具根据用户反馈实时调整检索策略，提供更符合需求的结果。

最近，AI 检索再升级：出现"推理检索"模型（如 ReasonIR-8B），即 AI 不止查资料，更能"举一反三"。传统的 AI 检索只适合那种"有问必答"的直接问题，如"美国黄石公园名字怎么来的？"找一段直接有答案的文本就行；而推理型检索的难度更大，如"如果公司以'重组'为由裁员，但其实是因为员工举报不正当行为，这在美国法律下算不算违法？"这种问题，不是简单查个定义，而是要综合案例、法规、实际情景，甚至要"旁征博引"。

如今一些经典的文献信息统一检索平台，如 CNKI、万方数据、NSTL、超星发现，都增加了 AI 检索入口。不过，AI 检索虽能带来便利，却存在资源受限、结果不透明、准确性存疑等诸多问题，故目前 AI 检索还不能完全替代传统的文献检索。

7. 其他计算机检索表述

计算机检索除一般检索、高级检索、专家检索、命令检索等常规表述外，还有扩展检索、全文检索、大小写敏感检索、聚类检索等表述。

(1) 扩展检索：检索的一种延伸，可扩大检索范围，提高查全率。扩展检索的类型包括主题词典自动扩展检索、同义词/反义词自动扩展检索、全半角自动扩展检索、中文简繁体扩展检索等多种。

(2) 全文检索：直接在全文中对系统提问的检索词进行检索，通常见于全文数据库以及搜索引擎中，现在就连一些视频数据库（如超星视频的蔚秀报告厅）也具有全文检索功能。它可深入到原文的内容中，扩展了检索面，使用户直接面对文献的内容，检索更直接、更彻底，从而提高查全率，但也会同时检索出很多与查找愿望不相关的结果。

(3) 大小写敏感检索：在一些西文检索系统中区分大小写的检索。它对人名检索、专有名词检索有特殊的功效，可提高查准率。如检索词为"Apple"，首字母为大写 A，则检索结果只能是"苹果"计算机、"苹果"牛仔裤或其他"苹果"品牌。

(4) 聚类检索：对文献进行自动标引的基础上，构造文献的形式化表示——文献向量，然后通过一定的聚类方法，计算出文献与文献之间的相似度，并把相似度较高的文献集中在一起，形成一个个的文献类的检索技术。根据不同的聚类水平的要求，可以形成不同聚类层次的类目体系。在这样的类目体系中，主题相近、内容相关的文献便聚在一起，而相异的则被区分开来。聚类检索的出现，为文献检索尤其是计算机化的信息检索开辟了一个新的天地。文献自动聚类检索系统能够兼有主题检索系统和分类检索系统的优点，同时具备族性检索和特性检索的功能。因此，这种检索方式在文献信息检索中大有用武之地。

第 2 章　文献信息检索工具基础

在当今计算机及其网络的"第五媒体"时代，文献信息检索工具已超越传统的具有末端结点的树状体系，发展成一个多维度、互相联结、没有最终结点的网络，从而为用户提供精准细粒度的知识分享和全方位的知识统合。

2.1　文献信息检索工具概要

2.1.1　文献信息检索工具的概念、特点、分类与结构

1．文献信息检索工具的概念

从广义上讲，文献信息检索工具是指根据需要，以特定的编排方式和检索方法，为人们提供某方面的基本知识或文献线索，专供查阅的书籍、专题数据库或最基础的知识库（即"网络基础设施"）。它可分为两大类：①检索工具，包括目录、题录、索引、文摘、索引，主要提供文献线索；②参考工具，包括字典、词典、百科全书、类书、政书、年鉴、手册、名录、图录、表谱等，主要提供基本知识（事实和数据）。

从狭义上讲，文献信息检索工具主要指目录、题录、文摘、索引等；从参考咨询角度讲，文献信息检索工具被称为"参考信息源"或"参考源"。

2．文献信息检索工具的特点

一般检索工具必须具备四个基本特点：①必须详细记录文献的外部特征和内容特征；②必须具有既定的检索标识，如主题词、分类号、著者姓名和文献序号等；③必须根据标识的顺序，系统地、科学地排列文献，使其成为一个有机的整体；④能够提供多种检索途径。

3．文献信息检索工具的分类

根据不同的分类标准，检索工具有不同的分类方式。

按检索手段，分为手工检索工具和机器检索工具。手工检索工具有卡片式和书本式（包括期刊式、单卷式、附录式）两种；机器检索工具有磁带式、缩微式、穿孔式、光碟式、网络式等五种。按著录方式和内容，分为目录、题录、文摘、索引等几种。按收录范围，分为综合性、专业性、专题性三种。最常见的文献检索工具分类是按著录方式和内容的。

二次文献目录、题录、文摘三个类型是按揭示报道一次文献的程度而划分的，这三种类型的检索工具，其正文后的索引，不管有几种，都是依附于正文并为正文服务的，脱离了正文，就失去了索引的价值和意义。所以，检索工具的索引又称为检索工具的检索工具。因此，可以说掌握利用二次文献的方法，实际上是掌握利用索引的方法。在一定程度上说，没有索引的检索工具，不能称其为真正的检索工具。

4．检索工具的结构

目前，文献信息检索工具主要有传统的手工印刷型检索工具和计算机检索系统。计算机

检索系统的结构在第 1.3 节已经提及，在此不再赘述。手工印刷型检索工具的结构大体上可分为三大部分，即文前栏目、主体部分和书后附属部分。

文前栏目：是工具书主体部分之前的各个组成部分，如普通图书一样，它也有封面、书名页、版权页、献言页、目次、序言/导言/前言等基本组成部分。

主体部分：经过精选和浓缩的信息汇编，由众多格式统一而各自独立的信息单元组成。这些信息单元包括短文条目和描述式款目。

附属部分：为了便于检索，参考工具书通过提供附加材料来保证具有尽可能最大的信息容量和完善的查检途径，大体上可分为附录（有"小工具书"之称）、辅助检索途径。

2.1.2 典型的检索工具介绍

此处所称的"典型的检索工具"是按著录方式和内容划分的检索工具，即目录、题录、文摘和索引。

1. 目录③

目录（Bibliography/Catalogue）又称"书目④""文献目录"，通常以文献的"本""种""件"等为单位，是对一批相关文献外表特征的揭示和报道，是有序的文献清单。目录是目和录的合称，辨其名之谓目，定其次之谓录。目录在我国具有悠久的历史，公元前一世纪刘向、刘歆父子等编撰的目录巨著《别录》和《七略》，就是目与录相结合的最早的典范。

书目种类繁多，划分标准不一。相对而言，古代书目分类较简，如总目、藏目、专目和选目。近代目录学家刘纪泽则将书目分为 14 类：公藏书目、私藏书目、史志书目、题跋书目、考订书目、品类书目、通载书目、知见书目、版刻书目、汇编书目、引用书目、释道书目、书目之书目、丛著书目。现代书目分类更加复杂，大概有以下几种分类方法。

(1) 按照编制目的和社会功能，可分为：登记书目、通报书目、推荐书目、专题书目、书目之书目、出版发行书目等基本类型。

(2) 按照目录收录文献的内容范围，可分为：综合书目、专科/专题书目、地方文献书目、个人著述书目等。

(3) 按照目录反映文献收藏处所，可以分为：私藏目录、馆藏目录和联合目录。

(4) 按照文献的出版时间与书目编制的时间的关系，可以分为：现行书目、回溯书目和预告书目。

(5) 按照目录反映文献的收录类型，可分为：图书目录、期刊目录、地图目录、专利目录、标准目录。

(6) 按照收录文献的编排方式，可分为：分类目录、字顺目录。

现行目录的著录项目一般有：题名、著者/编者、文献出处（包括出版单位名称、出版年等）、编号（科技报告号、专利号等）、描述性注释（原文文别，译文来源，有关会议的名称、届次、会期及地址，文献的页数、价格，参考文献数等）等。

---

③ 目录也有"目次"的含义。目次是在出版物正文之前或之后，将正文中的篇、章、节（或按类别）按顺序排列并注明在正文中开头页码的一览表，它是正文内容的提纲或缩影，可为利用正文提供门径。尽管可将出版物中的目次称作目录，但为避免概念混用，最好用"目次"这种没有歧义的术语。不过，在英文中，目次为"(table of) contents"，目录为"bibliography"或"catalogue"，两者是有严格区别的。

④ 书目的另一种含义是目录、索引、文摘等文献检索工具的统称。

例如，上海交通大学图书馆 OPAC 系统检索的馆藏目录格式为：

系统号- 图书 000455951

ISBN	▧978-7-313-05707-5 (精装) : CNY98.00
作品语种	chi
题名	▧图书情报工作手册/王细荣主编
出版发行	▧上海 : 上海交通大学出版社, 2009
载体形态	483 页 : 图 ; 27cm
丛编项	▧图书馆服务与管理丛书
书目附注	有书目
摘要	本书以图书情报一体化的现代图书馆管理体制为出发点，介绍了当今图书馆情报工作实践与研究的方法、技巧和艺术。其内容几乎涉及 21 世纪图书馆业务工作的所有领域，具体包括：图书馆传统的与现代的服务工作、图书馆用户教育、文献信息检索等。
丛编	▧图书馆服务与管理丛书
主题	▧图书情报工作 - 手册
中图分类号	▧G250-62
个人著者	▧王细荣
索书号	G250-62/2 2009

需要注意的是，对研究者来说，计算机生成的书目固然重要，但那些以图书形式出版的书目也不可忽视，因为它们反映的很多重要研究成果通常是不被计算机数据库所收录的。

2．题录

题录（Title）是在目录的基础上发展起来的一种检索工具，是将图书和报刊中论文的篇目按照一定的排检方法编排，供人们查找篇目出处的工具。它将论文依一定的顺序排列，按"篇"报道，不论是否收藏原文，只要是已出版发行的文献都收录，具有"广""全""快"的特点，但无内容摘要。从揭示程度讲，它比目录更深入了一层。

题录的著录项目主要包括篇名、著者（或含其所在单位）、来源出处（包括出版物名称、卷期、页数、出版年等）等，无内容摘要，如中国境内的《中国社会科学文献题录》《全国报刊索引》、美国的《化学题录》（*Chemical Title*）等。现在一些全文数据库，用户首先访问的只能是其题录信息。例如，用户检索 CNKI《中国学术期刊（网络版）》，首先获得文章的题录信息，其格式如表 2.1 所示（表格右边的被引、下载、预览、分享等栏信息已略去）。

表 2.1　文章的题录信息格式

序号	篇名	作者	刊名	发表时间
1	人工智能时代高校图书馆的建设与管理	钟湘娥	文化产业	2024-09-09
2	智能机器人技术在图书馆中的应用历程与展望	杨倩	大学图书馆学报	2021-11-21

3．文摘

作为一种检索工具的文摘，是在题录的基础上发展起来，以简明的文字摘述文献的主要内容和原始数据，并按一定方式编辑而成的。它以精练的语言把文献的重要内容、学术观点、数据及结构准确地摘录下来，并按一定的著录规则与排列方式进行编排，供读者查阅使用。文摘是随着各种文献的数量急剧增加而产生的，是近现代的产物。它是报道文献发展状况、系统积累情报的重要工具。如《科学文摘》（*Science Abstracts*，SA）、《工程索引》（EI）、《化学文摘》（CA），《新华文摘》《中国学术期刊文摘》《中国社会科学文摘》等都是重要的文摘刊物。

文摘的著录项目除与题录的相同外，还有揭示文献内容的著录项目：文摘正文与文摘员、检索标识（如主题词、关键词等）。

文摘的种类很多。按编写人分为著者文摘、文摘员文摘。著者文摘是由一次文献的作者自己撰写的文摘；文摘员文摘是由一次文献作者以外的人员编写的文摘。按出版形式分为期刊式文摘、单卷式文摘、附录式文摘和卡片式文摘等。

4．索引

索引（Index）有两个概念：一是指检索工具；二是指检索途径。作为检索工具的索引是将文献中有价值的知识单元，如图书的章节、期刊的论文题目、著者、学科主题、重要人名、地名、名词术语、分子式等分别摘录，注明页码，并按照一定的方法排列。英文 Index 原意为"指点"，借用作查阅书刊资料的工具；日本人译之为"索引"。索引又称"引得"，古称"通检""备检"。

索引是对文献内容较深入的揭示，由索引款目、编排方法和出处指引系统三部分构成。它能弥补目录只对文献做整体的宏观著录的不足，满足读者对文献内容单元的微观揭示和检索的要求。随着文献数量的急剧增长，人们越来越重视对索引的利用。索引的著录项目包括标目（标识）/索引词、说明语、存储地址等。

索引的种类繁多，按照索引的对象可分为篇目索引、分类索引、主题索引、著者索引、号码索引、语词索引、引文索引及专用索引（如型号索引、功能索引、分子式索引等）。常用的索引有：篇名索引、主题索引等。

例如，纸质 EI 的著者索引著录格式为：

Ewen-Smith, B. M.	23777
Ewing, M.	20974, 20976
Excell, P. S.	22613

2.1.3　基于计算机技术的新型文献信息检索工具

21 世纪以来，全球图情界一直在努力探索基于网络技术、人工智能等计算机技术自身发展的新路，先后推出了学科导航、信息共享空间、数字人文和智慧空间等，为用户提供了全新的文献信息检索工具。

1．学科导航

学科导航也称学科门户、学科信息门户，是伴随着互联网的发展而出现的一个新名词，指按学科门类将学科信息、学术资源等集中在一起，以实现资源的规范搜集、分类、组织和有序化整理，并能对导航信息进行多途径内容揭示，方便用户按学科查找相关学科信息和学术资源的系统工具[12]。其英文名称有"Subject Information Gateway""Information Gateway""Subject-Based Information Gateway""Net Resources Subject Guide"等多种提法。

1）学科导航的特点

一个完善的学科导航应该具备三个特点：科学性、实用性和合理性。区别于搜索引擎，学科导航具有以下特性：①学科导航的网页收集具有指向性。虽然学科导航与搜索引擎一样，都以量大为重要评价指标，但学科导航只考虑与本学科相关且具有研究价值和学术价值的网站，包括学科概况、专业性相关网站、电子期刊和学术动态等。②学科导航强调知识性。搜索引擎可帮助用户快速定位信息点，而学科导航有一个知识评价和信息过滤的过程，能提炼知识并提供给用户。③学科导航的使用者具有特定性。高校图书馆的学科导航通常与学校的重点学科建设相配套，为相关学科的教师、学生和研究者提供科研服务。④学科导航的资源分类体系具有独特性。组织学科导航的资源要同时兼顾资源类型和资源所承载的知识类别。

2）学科导航系统的意义与国内外学科导航系统举要

目前，我国许多高校图书馆都提供了学科导航服务（或其网站设有学科导航的栏目），包括"学科导航""学科信息导航""学术资源门户""学科网络资源"等多种形式。对于图书馆来说，开展学科导航服务，有助于图书馆进行虚拟馆藏建设，充分发挥图书馆的信息服务功能，提升图书馆现代参考咨询服务的层次。

国内主要导航系统有：中国高等教育文献保障系统（China Academic Library & Information System, CALIS）的《重点学科网络资源导航数据库》；中国科学院文献情报中心的学科信息门户系列，按学科大类组建，包括数理学科信息门户、化学学科信息门户、生命科学信息门户、图书情报信息门户、资源环境信息门户等；NSTL 的重点领域信息门户（portal.nstl.gov.cn），目前有资源与材料、信息与通信等 7 个领域，农业生物安全、数智化图书情报、科技标准等 26 个平台；北京雷速科技有限公司"方略知识管理系统"（www.firstlight.cn）的学科导航；一些大学图书馆（如北京大学图书馆、上海交通大学图书馆等）自制的导航库。

国外代表性的导航系统有：英国 Intute（www.intute.ac.uk）（2011 年 7 月停止更新，但其原有的资源还可访问）；美国加州大学图书馆的 subject-guide（library.ucr.edu/research-services/subject-guide）；澳大利亚的 AGRIGATE（www.agrigate.co.nz）。

国内外主要学科信息门户可浏览在线资源"2.1"。

2. 信息共享空间与创客空间

信息共享空间（Information Commons，IC）是图书馆服务的一种模式，最早出现在 20 世纪 90 年代初的美国大学图书馆，我国 2005 年后才陆续有一些大学图书馆建立了信息共享空间。尽管现在许多学者或专家对 IC 的理解不尽相同，但公认的基本观点是：IC 是一个经过特别设计的一站式服务中心和协同学习环境，通过综合使用方便的互联网、功能完善的计算机软硬件设施和内容丰富的知识库（包括印刷型、数字化和多媒体等各种信息资源），在技能熟练的图书馆参考咨询馆员、计算机专家、多媒体工作者和指导教师的共同支持下，为读者（包括个人、小组或学术团队）的学习、讨论和研究等活动提供一站式服务（自然包括文献信息检索服务），培育读者的信息素养，促进读者学习、交流、协作和研究。后来，IC 逐渐发展为学习共享空间（Learning Commons，LC），如北京大学图书馆就设有几种 LC。

创客空间（Hackspace, Makerspace）是一个供人们分享有关电脑、技术、科学、数字、电子艺术等方面的兴趣，能够让人们聚集在一起合作、动手、创造、设计并完成项目的地方。聚会于创客空间的人们，可以共享资源和知识，以制作或创作他们想要的东西。近年来，境内外一些公共图书馆（如上海图书馆）和高校图书馆，如美国的玛丽·华盛顿大学（University of Mary Washington）图书馆，我国的上海交通大学图书馆、武汉大学图书馆，相继推出创客空间这种服务新举措，在创新图书馆服务的同时，也为用户获取信息和资源提供一种新途径。

3．数字人文项目

数字人文被视为人文学科繁荣发展的下一个未来。数字人文项目既有一般项目的性质，也带有数字人文领域的色彩，更是人们获取相关文献的一条新途径。国内外主要数字人文研究中心及项目可浏览在线资源"2.2"。

4．智慧空间

当前我国不少图书馆尤其是高校图书馆响应时代号召，以智慧化理念为中心，在新服务、新空间、新体验发展理念指导下，采取空间再造、服务创新等方式，通过智慧空间建设，使其成为用户学习、交流以及创新的场所，从而为用户提供高质量的知识服务，并提升用户体验。

2.2 中文综合性检索工具

2.2.1 中文图书检索工具

中文图书检索的主要工具，按年代分有古籍检索工具、民国时期（1912—1949 年）图书检索工具、1949 年以后出版图书的检索工具。

1．古籍检索工具

古籍检索工具从材料方面划分有两种：一是纸质检索工具；二是电子检索工具。纸质检索工具有：古人所著的各种目录学著作，如清朝康熙时期编印的《古今图书集成》等；现当代编纂的各种书目，如《北京图书馆普通古籍总目》《台湾公藏普通本线装书目书名索引》等各图书馆馆藏书目，《中国古籍善本书目》（上海古籍出版社 1989—1996 年陆续出版）等善本书目。电子检索工具有：学苑汲古：高校古文献资源库（rbsc.calis.edu.cn:8086），《中国基本古籍库》（北京爱如生数字化技术研究中心 2001—2005 年制作），《古今图书集成》电子版（深圳市科信源实业发展有限公司 2004 年推出），中国国家图书馆、上海图书馆、天津图书馆、浙江图书馆、云南省图书馆等各馆所藏的特色古籍资源库，以及国家图书馆等馆的联机公共目录检索系统（Online Public Access Catalog，OPAC）。

2．民国时期图书检索工具

民国时期图书的纸质检索工具有：《民国时期总书目（1911—1949）》（北京图书馆编，书目文献出版社 1986—1995 年出版，即中国版本图书馆编纂的原《1911 年至 1949 年 9 月回溯性国家书目》），《全国总书目》（平心编，上海生活书店 1935 年出版），《1937—1945 年抗战时期出版图书书目》（共 2 辑，重庆市图书馆 1957 和 1958 年编印），《中国近代现代丛书目录》（上海图书馆 1979 年编印），《全国公共图书馆缩微文献联合目录·民国编》（全十八册）等。电子检索工具有：国家图书馆出版社建设的"民国时期文献总库·民国图书数据库"（简称"民国图书数据库"）、读秀数据库图书频道、北京瀚文典藏文化有限公司的"瀚文民国书库"等商业数据库，以及大学数字图书馆国际合作计划（China Academic Digital Associative Library，CADAL）、CALIS 的 OPAC 系统、国家图书馆等公共图书馆的 OPAC 系统、孔夫子旧书网（www.kongfz.com）等开放性检索工具。

3．1949 年以后出版图书的检索工具

1949 年以后出版图书的检索工具主要有：《全国总书目》（包括现在的 PDC 平台），《新华书目报》,《中国出版年鉴》,孔夫子旧书网,以及国家图书馆、上海图书馆等馆的 OPAC。

《全国总书目》是我国唯一公开发行的书目信息期刊《全国新书目》的累积本,其按年度汇总全国各出版社正式出版的图书信息,是我国的国家书目。为适应网络化时代对信息服务的需求,《全国新书目》杂志有限责任公司与时俱进,2001—2003 年的卷次随印刷本配送光碟版,2004 年起停出纸质版,改出光碟版,每年一张。2020 年 1 月,该公司经中国版本图书馆(中央宣传部出版物数据中心)授权,推出"PDC 平台"(pdc.capub.cn),为用户提供图书在版编目数据(CIP 数据)和馆藏出版物样本数据(即馆藏数据)的检索、统计分析、排行榜等服务。个人用户可便捷注册,浏览全国最全的书目信息和热门的主题推荐书目;会员用户可享受出版物数据导出、统计分析、排行榜和精编的主题推荐书目服务。

《新华书目报》创办于 1963 年,现系中国出版集团主管、新华书店总店主办的中央级专业图书出版信息类报纸,曾有《社科新书目》《科技新书目》《图书馆报》三大子报,汇总了各类图书、多媒体制品的最新出版信息。目前,《新华书目报》以"科技新书目"等形式,报道境内的各类图书、多媒体制品等的最新出版信息(其书目信息已整合到 PDC 平台)。

2.2.2 中文期刊检索与评价工具

期刊的检索与评价工具是科研人员进行科学研究的重要工具。目前,我国境内主流期刊检索与评价工具有《中文核心期刊要目总览》,《中国科技期刊引证报告(核心版)》,《中国人文社会科学期刊 AMI 综合评价报告》(即中国人文社会科学核心期刊,简称"人文核心期刊",或"社科院核心"),《中国学术期刊评价研究报告》(RCCSE 期刊、武大核心)等。另外,《复印报刊资料》《新华文摘》等,以及将在本书第 5 章《引文索引及其数据库检索》中要介绍的中国科学引文数据库(Chinese Science Citation Database, CSCD),中文社会科学引文索引数据库(Chinese Social Sciences Citation Index, CSSCI)和中国科学引文索引(China Science Citation Index, CSCI)数据库等也是重要的期刊检索与评价工具⑤。上述核心期刊目录可通过"学术进修课堂"平台提供的工具进行查询,具体网址为:www.xsjxkt.com:8086。

1.《中文核心期刊要目总览》

《中文核心期刊要目总览》是由北京大学图书馆联合众多期刊工作者及学术界权威专家参加的中文核心期刊评价研究项目成果,已出了 1992、1996、2000、2004、2008、2011、2014、2017、2020、2023 年版共 10 版,主要是为图书情报部门对中文学术期刊的评估与订购、为读者导读提供参考依据,现已成为具有一定权威性的参考工具书,俗称"北大核心"。《中文核心期刊要目总览》在 2008 年之前每 4 年更新研究和编制出版一次,2008 年之后,改为每 3 年左右更新研究和编制出版一次。现行的 2023 年版即第 10 版由北京大学出版社于 2024 年 3 月出版,其中各中文核心期刊的名可浏览在线资源为"2.3"。

2.《中国科技期刊引证报告(核心版)》

《中国科技期刊引证报告(核心版)》(Chinese S&T Journal Citation Reports, CJCR)由中

---

⑤ 通过基于艾利贝斯有限公司(Ex Libris,总部设在以色列,2013 年被 ProQuest 收购,2021 年 ProQuest 又被 Clarivate 收购)的 SFX 产品开发的核心期刊查询平台"Ex Libris 中外文核心期刊查询系统"(网址为:corejournal.lib.sjtu.edu.cn/findcoreej.htm),可在线浏览、查询《中国科技核心期刊目录》(《中国科技期刊引证报告(核心版)》)、《中文核心期刊要目总览》《中文社会科学引文索引》《中国科学引文数据库》等检索工具收录的期刊及其影响因子链接、投稿指南等相关信息。

所研制，科学技术文献出版社每年出版一次，分为自然科学卷和社会科学卷。CJCR按照科睿唯安JCR的模式，结合中国的具体情况，从万方数据"中国核心期刊遴选数据库"和"中国科技论文与引文数据库"（Chinese Scientific and Technical Papers and Citation Database，CSTPCD）中，经过严格的定量和定性分析，选取中国出版的重要中英文科技期刊作为"中国科技论文统计源期刊"，即"中国科技核心期刊"，并根据来源期刊的引文数据，进行规范化处理，计算总被引频次、影响因子、即年指标、被引半衰期、论文地区分布数、基金论文数和自引总引比等十余项科技期刊评价指标，并按照期刊的所属学科、影响因子、总被引频次和期刊字顺分别进行排序，其中自然科学卷附有上年度《中国科技核心期刊目录》、社会科学卷附有上年度《社会科学领域中国科技核心期刊目录》。其俗称"科技核心""统计源核心"，由于它是中信所评的，故有人称之为"中信所核心"。

3．人大《复印报刊资料》和《新华文摘》

中国人民大学书报资料中心编辑出版的检索与评价性期刊《复印报刊资料》，分为哲学、政法类，经济、管理类，教育类，文史类，综合文萃类五大系列共约120种，其中与人文社会科学有关学科直接相对应的学术专题刊约为90种。各个学术专题刊物转载形式：①全文转载。精选公开发行报刊上的重要论文，全文重新录入排版。筛选原则是内容具有较高的学术价值、应用价值，含有新观点、新材料、新方法或具有一定的代表性，能反映研究或工作的现状、成就及其新发展；因此，人大《复印报刊资料》全文转载的文章被境内不少高校或研究机构列为重要的人文社会科学文献（如上海理工大学将被人大《复印报刊资料》全文转载的文章定为A类论文）。②部分转载（如"论点摘编"），仅摘录核心观点。③索引收录，列入当期期刊的"未转载文献索引"，供研究者参考。

《新华文摘》是人民出版社主办的大型综合性、学术性、资料性的文摘刊物，为半月刊。创刊于1979年，时名为《新华月报·文摘版》，1981年更名为《新华文摘》，2004年改版为半月刊。《新华文摘》选登的文章代表了诸领域的前沿思想，因其具有较高的思想性、权威性、学术性、资料性、可读性、检索性，在学界独树一帜，被境内不少高校或研究机构的科研管理部门定为顶尖级人文社会科学文献的收录刊物（如上海交通大学将《新华文摘》定为文科A类的A3级期刊）。

2.2.3 中文收录性期刊检索工具

中文收录性期刊检索工具主要有纸质《全国报刊索引》及其相应数据库、《1833—1949全国中文期刊联合目录》（包括增订本和补充本）、CALIS联合目录公共检索系统等。

1．纸质《全国报刊索引》及其数据库

纸质《全国报刊索引》由上海图书馆于1955年3月创刊，初期为双月刊，1956年起改名为《全国主要报刊资料索引》，同年下半年起改为月刊，1959年起分成"哲学社会科学版"与"自然科学技术版"两刊，一直出版至1966年9月开始休刊。1973年复刊时正式改名为《全国报刊索引》（月刊）。早期《全国报刊索引》摘录的内容除报纸外，仅限于部分公开发行的期刊。1980年，开始收录部分内部发行的期刊。此后不断改进创新，当前收录境内公开发行的全部报刊，以及经筛选的内部发行的期刊，涉及哲学、社会科学、自然科学以及工程技术领域。《全国报刊索引》已成为高等院校、科研单位和公共图书馆与情报部门必备的检索工具类刊物。

《全国报刊索引》的正文均采用分类编排，早期的分类采用中国人民大学分类法，1992年起采用中国图书资料分类法，2000年起改用中国图书馆分类法。它的著录项目包括篇名、作者、报刊名称、出版年月日、卷期数、页码或版次。1991年排版采用国家标准《检索期刊条目著录规则》（GB/T 3793－83）后，页数改为起始页至终止页，2000年后又增加第一作者的工作单位。目前的《全国报刊索引》正文为分类目次，后附有个人著者索引、团体著者索引、题中人名索引以及收录期刊名录。

《全国报刊索引》由编辑说明、分类目次、正文、作者索引、题中人名索引（1998年第1期起）和"引用报刊一览表"等部分组成。编辑说明简要介绍了出版情况、收录范围、编排结构、使用方法和著录规则及其附表等。分类目次由分类号、类目名称和页码三个部分组成，使用《中图法》标引并由计算机编排。个人作者索引与团体作者索引按汉语拼音排列，其中个人作者最多报道3人。"引用报刊一览表"附于索引之后，各种报刊均按汉语拼音排列。正文部分是该索引的主体，将文献资料的题录按学科分类进行排列。

该索引是参考了国家标准《信息与文献 资源描述》（GB/T 3792-2021）和《信息与文献 期刊描述型元数据元素集》（GB/T 35430-2017），结合了报刊文献的特点；自2000年1月起增加第一作者所属单位（目前如是报纸，"第一作者单位、邮编"不列出）。最新的著录格式如下：

①顺序号②文献题名③/责任者④(第一作者单位, 邮编)⑤//报刊名⑥. - 年,卷(期)或月日⑦. - 页码或版次

顺序号的结构是：年+期+流水号。《全国报刊索引》著录格式举例如下：
(1) 哲学社会科学版。

250400756①辽宁总队推进防治统计造假齐抓共管②/王秋霖③//中国信息报④（北京⑤）. −2025, 2. 27⑥. −1⑦

注：①顺序号；②文献题名；③作者；④报纸名；⑤报纸的出版地；⑥年、月、日；⑦版次
(2) 自然科学技术版。

250412003①面向混合特征数据的粒子群填补方法②/刘艺③（军事科学院④,100091⑤）; 秦伟; 李庚松等⑥//国防科技大学学报⑦（长沙⑧）. −2024, 46(6) ⑨. −107－112⑩

注：①顺序号；②文献题名；③第一著者；④第一著者所在的单位；⑤邮编；⑥其他作者（如果作者多于3位，只列出前3位，且作者之间要用分号隔开）；⑦期刊名；⑧期刊的出版地；⑨年、卷（期）；⑩页码

印刷版《全国报刊索引》可按照分类途径或著者进行检索。具体的检索步骤和实例请浏览/在线资源"2.4"。

"全国报刊索引"数据库的索引库是基于印刷版《全国报刊索引》的产品，但在期刊的收录数量与品种上比印刷版有所扩充（主要体现在早期的数据中）。索引库包括"晚清期刊篇名数据库（1833—1911）""民国时期期刊篇名数据库（1911—1949）""现刊索引数据库（1950至今）"（包括"篇名库"和"目次库"）。"全国报刊索引"的索引库与"全国报刊索引"的"晚清期刊全文数据库（1816—1911）""民国时期期刊全文数据库（1911—1949）""中国近代报纸全文数据库（1850—1951）""中国近代图书全文数据库（1840—1949）"等库都通过"全国

报刊索引"平台实现检索。该平台目前的时间跨度共 200 多年,几乎囊括了所有的中文报刊资源,是当今学者从事学术研究选题、查新,获取文献线索的不二选择。

"全国报刊索引"平台提供包库、镜像两种可供选择的服务方式。其包库服务平台(默认首页见图 2.1)可提供较多的信息服务和普通检索、高级检索、专业检索三种检索方式和文献导航功能。其中的高级检索可检字段包括:题名、作者、作者单位、文献来源、全字段等。字段检索支持模糊和精确检索。关于"全国报刊索引"平台功能与利用的详细指南可浏览在线资源"2.5"。

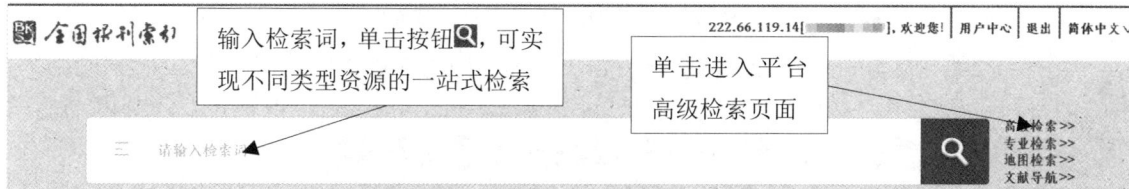

图 2.1 2024 年初升级的新版"全国报刊索引"平台默认的一站式检索界面

2.《1833—1949 全国中文期刊联合目录》与 CALIS 联合目录公共检索系统

1957—2000 年,《1833—1949 全国中文期刊联合目录》出现过内部本、增订本和补充本。其中增订本由全国图书联合目录编辑组编,书目文献出版社 1981 年出版,收录了包括内部本在内的,全国 50 所图书馆在 1957 年底以前所藏的,新中国成立前境内外出版的中文期刊近 2 万种;补充本由国家图书馆、上海图书馆主编,中央民族大学出版社 2000 年出版,补收清末至民国时期刊物 16 400 余种,可与增订本配合使用。

CALIS 联合目录公共检索系统(即 CALIS OPAC 系统,网址为 opac.calis.edu.cn)也是一个理想的检索全国中文期刊目次的工具。该系统默认为"简单检索",不过此项功能可通过其"高级检索"实现(见图 2.2)。

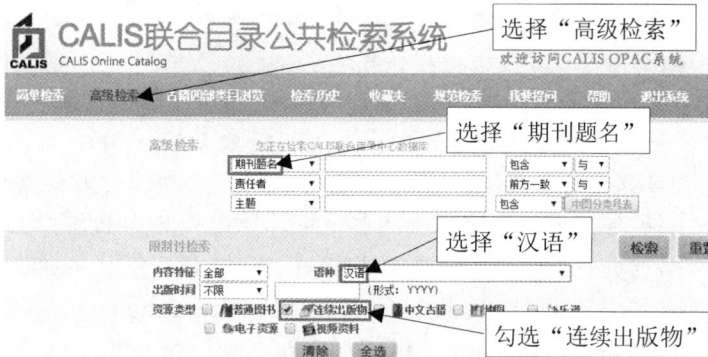

图 2.2 "CALIS 联合目录公共检索系统"的高级检索界面

2.3 境外文献综合性检索工具

2.3.1 境外图书的主要检索工具

查找境外图书书目,除了超星百链(www.blyun.com)的"图书"频道、一些图书馆的 OPAC 系统,用户也可利用中国图书进出口(集团)总公司(简称中图公司)的中图图书采选平台(PSOP,网址:www.cnpbook.com)(见图 2.3)、中国科技资料进出口有限责任公司(简称中科公司,网址:www.ctibooks.com.cn)的"书目采选"栏目、中国教图的图书进口部服务平台(www.cebookss.com)和北京中科进出口有限责任公司的"知源知识服务平台"(www.knowledgesource.cn/#/managerhome)等进行检索与浏览等。

图 2.3　中图图书采选平台检索界面

全球在版书目（Global Books In Print, GBIP）为美国 BOWKER 公司（隶属于 ProQuest）出版的全球权威性图书书目数据库（网址：www.booksinprint.com），也是查找境外图书的一

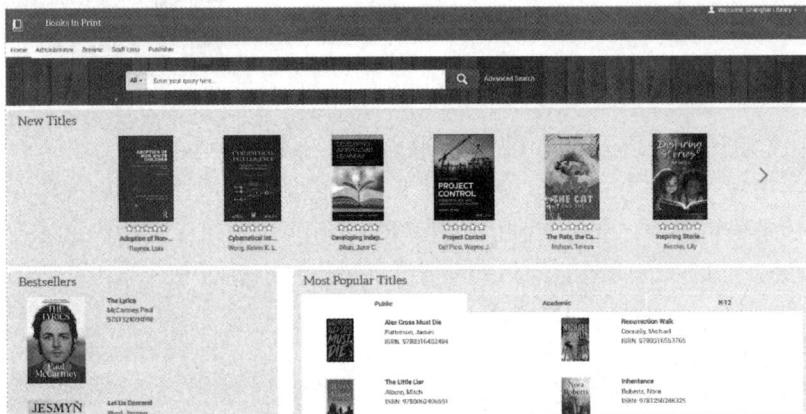

图 2.4　Global Books In Print 默认的检索首页

个重要工具。它收录了来自43个国家超过25万个出版商的书目数据，提供在版、绝版以及即将出版的纸本图书、电子图书、音像以及视频资料的信息。该数据库数据每周更新，提供超过 40个检索条件，可以使用户准确地找到适合的图书，检索结果可制成清单，然后通过电子邮件发送、打印、储存、编辑，方便共享（首页面见图2.4）。

另外，也可浏览国家图书馆推荐境内外热点书刊、工具书等的"书刊推介"栏目（国图网站首页→资源服务→资源推荐→书刊推介）获取文献线索。海外的绝版图书与二手图书的文献线索可通过 Bookfinder（www.bookfinder.com）、Addall（www.addall.com）、Abebooks（www.abebooks.com）等网站获取。

2.3.2　境外报刊的主要检索工具

1. 中图公司编辑出版的各种目录

境内读者检索境外的报刊信息可利用中图公司报刊电子出版物进口中心编辑出版的各种目录。这些目录是根据境外近万家出版社所提供的目录和各种出版信息，经专业人员筛选、翻译、编辑而成的，基本上囊括了全世界各个国家和地区的主要报刊信息。目录的主要内容包括：报刊原文名称、中文译名、内容简介、出版社地址、目录报价等。目前，其目录服务主要通过网上服务方式进行。报刊电子出版物进口中心网站"中图报刊"（网址：periodical.cnpeak.com）的"产品查询"提供国外及我国港澳台地区的报刊（包括印刷版期刊、网络版期刊以及各类期刊数据库等）目录信息。读者可根据刊号（ISSN）、刊名、译名、出版社名称进行精确检索，也可通过类别和刊名首字进行目录导航，还可以了解到一些报刊的变更、合并、停刊等信息，其默认的快速检索界面如图2.5所示。报刊电子出版部在互联网上每月发布一次新编报刊目录信息，每季度更新一次报刊目录网络数据库。

2．CALIS 外文期刊网

CALIS 外文期刊网（ccc.calis.edu.cn）是面向全国高校广大师生的一个外文期刊综合服务平台。它是普通用户获取外文期刊论文的最佳途径，是图书馆馆际互借、文献传递的基础数据源，也是图书馆馆员进行期刊管理的平台。截至 2025 年 4 月，该平台收录近 10 万余种高校收藏的纸本期刊和电子期刊信息，其中有 4 万多种期刊的文章篇名信息周更新，目前期刊文章的篇名目次信息量达 8000 多万条。平台的资源在不断增长中。

图 2.5　中图报刊"产品查询"默认界面

CALIS 外文期刊网需要图书馆与省中心、CALIS 管理中心签署三方协议，成为 CALIS 成员馆后，用户在校园网内才能访问。该平台的详细介绍及使用指南可浏览在线资源"2.6"。

3．华东地区外国和港台期刊联合目录数据库

该数据库（hml.libnet.sh.cn:8080）曾有相应的纸本，由华东六省一市（江苏、江西、浙江、安徽、山东、福建、上海）的科技情报/信息所提供的原始数据加工而成。数据定期更新，收录了从 1989 年至今，华东六省一市各单位预订的外国和港台地区的期刊，主要专业范围有经济、图书情报、自然科学、医药卫生、农业科学和工程技术等，检索途径有刊名、译名、ISSN 等。

4．《乌利希国际期刊指南》及其相应的数据库

《乌利希国际期刊指南》（*Ulrich's Periodicals Directory*）是一部权威的、反映世界各国期刊和报纸出版信息的综合性目录，目前其网络版 Ulrichsweb（www.ulrichsweb.com）是美国 ProQuest 集团 Serials Solutions 公司的一个重要产品，包括 30 万多种各种类型的期刊/系列，如学术期刊、电子期刊、同行评论的标题、流行杂志、报纸、新闻简报等，覆盖 900 多个学科领域，其检索结果记录提供 ISSN、出版商、语言、主题、文摘和索引覆盖、全文数据库覆盖、目录和图书馆员所写评论等数据点。如果用户的组织有支持的链接选项，还可以用 Ulrichsweb 浏览其图书馆目录或图书馆订阅的期刊资源所在的其他位置。

2.3.3　境外特种文献检索工具

查找境外特种文献，除了超星百链（www.blyun.com）的"学位论文""会议论文""专利""标准"等频道外，通过中图公司 PSOP 平台、中国教图的报刊机构用户服务平台和国家图书馆的国际组织与外国政府出版物网络资源整合服务平台也可查找一些境外特种文献。

中图公司图书进口中心经营世界各国和港、澳、台地区出版的会议录、科技报告、标准、专利、年鉴和年度报告、多卷集专题、丛书丛刊、专题报告、专题文献、图谱、手册、工业产品样本、产品目录、政府出版物等特种文献。该公司的图书进口中心根据境外学/协会、研究机构、政府部门、出版社、书商提供的原版目录，按类编辑出版各种目录，并通过中图公司的 PSOP 平台（见图 2.3），实时发布目录，供广大用户在网上查询。另外，通过中国教图的报刊机构用户服务平台（网址：periodical.cepiec.com.cn），除能检索报刊、期刊、杂志外，还可检索会议录、会员刊、年鉴、科技报告、指南、标准、专利等境外特种文献。

国图资源服务的专题服务"国际组织与外国政府出版物网络资源整合服务平台"是为全面系统整合联合国等重要国际组织和外国政府的实体与网络资源而构建的，集资源导航与检索、用户交互于一体的网络服务平台。平台设立的核心栏目"资源库"整合了"国际机构"栏目列出的所有机构所提供的各类型资源，包括实体文献和电子资源，有助于读者了解该领域内的所有可用资源，并根据载体类型从不同的渠道获取信息，同时提供资源检索功能。

2.3.4　易阅通平台的检索

易阅通（CNPeReading，访问网址：www.cnpereading.com）是中图公司于 2013 年推出的数字资源（中外电子图书、电子期刊、有声书等）交易与服务平台，既可为上游出版社提供一体化推广、营销解决方案，也可为图书馆等下游机构和个人用户提供荐购、阅读、管理、整合一站式服务方案。该平台汇聚了来自数百家海内外出版机构的高品质数字资源，其中包括"IGI Global 书刊资源库""Cengage 电子书"等 420 多种专题库，故对一般读者而言，它也是检索境内外图书、期刊的重要工具。

1. 境外电子图书、期刊的检索

在易阅通网站首页（见图 2.6）的检索框内输入一个或多个关键字即可进行快速检索，也可以在搜索框后方选择高级搜索，进行详细的多个检索条件的联合查询。在分类和学科分类导航栏，有专题库、分站链接及友情链接。在高级检索界面，全文、标题、作者、ISBN/ISSN、简介和出版者的搜索。

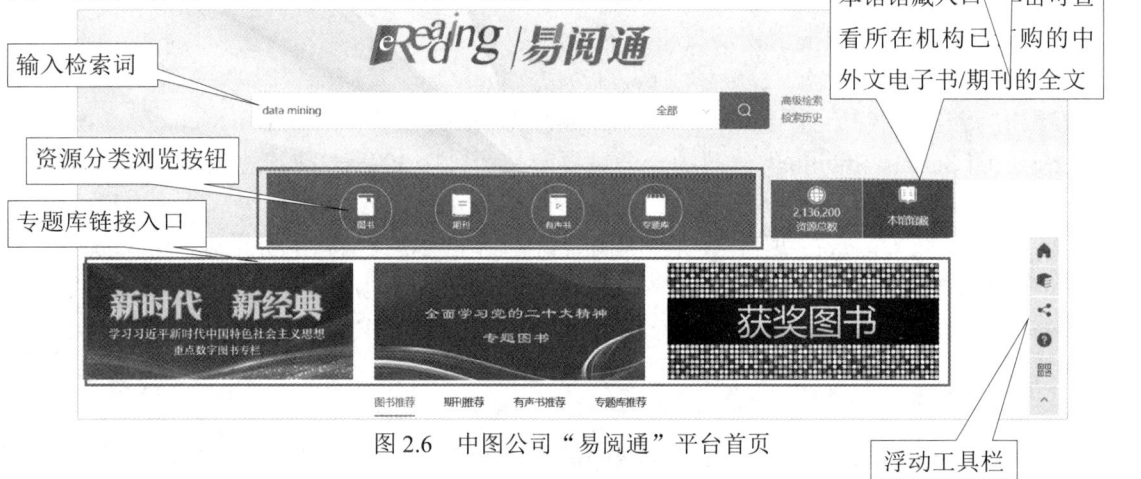

图 2.6　中图公司"易阅通"平台首页

2. 全文资源的获取

在检索结果中，文献标题前如有图标🔓，则表示其为机构订阅的文献，是可以直接在线浏览全文的。另外，在易阅通网站首页单击"本馆馆藏"按钮，即可查看用户所在机构已订购的中外文电子书或电子期刊全文。易阅通的所有免费、OA 资源也可全文浏览。此外的其他文献，用户可通过易阅通进行购买，在选定相关资源后，在线提交订单，并完成线上付款，系统自动处理后会通知用户可以进行线上浏览或下载全文。用户在浏览已订阅的文献时，可利用工具栏的便捷功能，对此资源进行搜索关键字、设置标签和笔记、拷贝、下载和打印。

易阅通使用指南可浏览在线资源"2.7"。

第 3 章　网络信息资源的检索与文献线索的应用

检索网络信息资源，已成为获取文献线索和部分一次文献，有关事实、数据方面信息的重要途径。通过各种途径获取的文献线索，可应用在科研选题、科技查新、获取原文等方面。

3.1　网络信息资源的检索

网络信息资源是指以电子数据的形式存放在非印刷型的介质中，并通过网络通信手段，在计算机等终端上再现的信息的总和。

3.1.1　网络信息资源的类型

按表现形式，网络信息资源可分为：①全文型信息，即直接在网上发行的电子期刊（包括 OA 期刊）、网上报纸、印刷型期刊的电子版、网络学院的各类教材、政府出版物、标准全文等；②事实型信息，天气预报、节目预告、火车车次、飞机航班、城市或景点介绍、工程实况、IP 地址等；③数值型信息，主要是指各种统计数据；④数据库类信息，包括传统数据库的网络化，如 DIALOG、万方系列数据库等；⑤微内容，具有交互性等特征，如微信、微博、博客、播客、BBS、聊天、邮件讨论组、网络新闻组等；⑥其他类型，如投资行情和分析、图形图像、影视广告等。

按所采用的网络传输协议，网络信息资源可分为：①WWW 网络资源，即 Web 资源，使用 http 或 https 协议，使用简单，功能强大，能方便迅速地浏览和传递网络上各处的文字、图像、声音和多媒体超文本信息；②FTP 信息资源，使用 FTP 协议，该协议主要用于联网计算机之间传输文件，相当于在网络上的两个主机之间复制文件，目前仍是发布、传递软件和长文件的主要方法；③TELNET（远程登录协议）信息资源，包括硬件资源和软件资源，许多机构都提供远程登录的信息系统，如图书馆的公共目录系统、信息服务机构的综合信息系统等；④用户服务组资源，包括新闻组、电子邮件组等，它们所传递和交流的信息资源是网络上最自由、最具有开放性的资源。其中 Web 资源是人们常见和常用的网络信息资源。

3.1.2　网络信息资源的特点与评估

网络信息资源是信息的巨大宝库，具有大数量、多类型、多媒体、非规范、跨时间、跨地域、跨行业、多语种、低使用成本、高共享程度等特点。

在很大程度上网络的增长和信息资源的动态快速增加是由用户驱动的，但缺乏有效的统一管理机制，因而，网络信息的安全性和质量是不均衡的。网络信息缺乏结构和组织，信息源不仅分散无序，而且其更迭和消亡也往往无法预测，因此增大了信息资源管理和利用的难度。由于缺乏必要的过滤、质量控制和管理机制，网络信息的发布具有很大的自由性和任意性，隐私型信息会进入公共信息传播渠道，导致学术信息、商业信息、政府信息、个人信息、不合适（反动、黄色）的信息混为一体，质量也是良莠不齐，这就增加了信息识别和利用的难度[11]。不过，对于 Web 资源而言，可根据其网址的后缀来判别它是哪一种性质的资源。例如，.edu 表示该网站为教育学术机构的网站，.gov 代表官方政府单位，.net 代表网络管理或服务机构，.org 代表财团法人或基金会等非官方的一般机构，.int 表示国际性组织，.com 代表商业企业团体与组织，.ac.cn 表示中国科学研究机构等。

至于鱼龙混杂的网络资源的识别，可根据美国加州大学洛杉矶分校（University of California, Los Angeles）格拉西安（Grassian）和兹韦默（Zwemer）所提出的如下六项准则进行。

①权威性（authority）：看看网页上的信息是由谁放上去的；网页作者的身份背景、学经资历、以及在此学科方面的权威性如何。②正确性（accuracy）：是否有提供一种查证渠道，可验证网页上所提供的信息。③观点立场（advocacy）：网页的作者所提供的信息是事实，还是个人意见，抑或是揣测之词。④客观性（objectivity）：提供论点或意见是以中立者的角度来叙述或是以主观者的角度在评论，是否具有相当的客观性；网页内容的观点和立场是否与常理相违背，抑或是谬论。⑤时效（currency）：网页内容是否实时更新或定期更新，并且有没有把更新日期标示出来；注意网页信息是不是最新的，或是已过时的。⑥范围（coverage）：网页内容是否完整涵盖了主要的范围，与主题相关的资料是断章取义还是搜集完备。

3.1.3　开放的网络信息检索工具

开放的网络信息资源的访问方式有两种：当已经知道网址时，可以直接通过网址访问（一些开放站点的详细信息可浏览在线资源"3.1"）；当不知道网址时，需要借助网络信息检索工具。这些工具主要有搜索引擎、网络资源目录、隐形网站和搜索软件等。

1．搜索引擎

搜索引擎指自动从互联网搜集信息，经过一定的整理或计算以后，提供给用户进行查询或浏览的系统，是一个可供用户在网上查找相关信息的机制。

1）水平门户——综合搜索引擎

(1) 境内常用搜索引擎：百度（www.baidu.com）；搜狗搜索（www.sogou.com）。

(2) 境外常用搜索引擎：谷歌（www.google.com），以搜索精度高、速度快成为最受欢迎的搜索引擎，是目前搜索界的领军者；必应（Bing，微软旗下的搜索引擎，前身为 MSN 搜索，有国际版和国内版）（www.bing.com）；雅虎（Yahoo）（www.yahoo.com）。

(3) 专门搜索引擎：现在，一些综合搜索引擎有专门化的趋势。例如，搜狗搜索可用来检索微信、知乎、购物、图片、视频、地图、学术、明医等。百度汉语（dict.baidu.com）、必应（Bing）地图（cn.bing.com/ditu）、QQ 音乐搜索（y.qq.com）、爱奇艺搜索（so.iqiyi.com）等都属于专门搜索引擎。

2）垂直搜索引擎

垂直搜索引擎即专业或专用搜索引擎，主要用于检索某一主题范围或某一类型信息，追求专业性与服务深度是它的特点。垂直搜索引擎不但可全面收录与及时更新此领域信息，其检索深度和分类细化也远远优于综合搜索引擎。垂直搜索引擎的检出结果虽可能较综合搜索引擎少，但检出结果重复率低、相关性强、查准率高，适合于较具体的、针对性强的检索要求。目前已经涉及购物、旅游、汽车、工作、房产、交友等行业。

常用垂直搜索引擎有：招聘信息搜索引擎，如 Jooble（cn.jooble.org）；博客、微博搜索引擎，如新浪微博搜索（s.weibo.com）；学术搜索引擎，如 BASE（www.base-search.net）；图书搜索引擎,如书问(search.bookask.com);字典、词典搜索引擎,如有道词典搜索(www.youdao.com)。

3）元搜索引擎

元搜索引擎（matesearch）又称集合型搜索引擎,是将多个单一搜索引擎集成在一起,提供统一的检索界面,一次搜索多个搜索引擎,并将结果返回给用户。有的则按自定的规则将结果重新排列组合,即内容整合,如 360 搜索（www.so.com）。有的直接按来源引擎排列搜索结果,即界面整合,如 Jopee 元搜索（www.zxsou.com/?webmaster=jopee）、搜搜（www.soso.com）;其优点是能同时搜索多个搜索引擎,在一定程度上提高查询的广度;其缺点为有时会漏掉一些重要信息（因为有时并不能对一个搜索引擎全部查完）。

不过,元搜索引擎用的人极少,消亡得也很快,其中不少已是明日黄花,如酷爱搜索。

4）后搜索引擎

后搜索引擎会对众多流行搜索引擎的搜索结果进行归纳整理。Ixquick（2016 年与旗下的 Startpage 合并为 Startpage）曾为全球最大的中介搜索引擎,最先提出了一种所谓"后"搜索引擎的概念。当用户在 Ixquick 上搜索关键词时,实际上是在同时利用许多流行的搜索引擎展开搜索,因此被认为是连接各搜索引擎和网络用户的信息立交桥。Ixquick 可针对不同的搜索引擎所支持的不同搜索方法,进行分析和整合,并将这些不同的搜索语法归纳到 Ixquicks 强力搜索和专家搜索中,因此用户无需掌握各个搜索引擎的复杂语法,即可直接使用 Ixquicks 强力搜索和专家搜索找到自己想要的内容（Ixquick 有一些独特的功能,如搜索数据库密码）。Ixquick 也是一个注重隐私保护的搜索引擎,它为用户提供了一个可信赖的搜索环境,如在 48 小时内删除用户 IP 地址等隐私信息。它不仅提供匿名搜索功能,还通过与知名的出版商合作,为用户提供高品质的内容。2008 年 7 月 14 日,Ixquick 被欧洲的联盟隐私倡议机构 EuroPriSe 授予第一个欧洲隐私认证。

目前,Ixquick 的承继者 Startpage（www.startpg.com）支持包括汉语、日语和朝鲜语在内的 18 种语言,并提供强大的个性化定制服务,用户可以对 Startpage 主页进行自由设置。Startpage 号称是世界上最安全的保密型搜索引擎,因此于 2019 年 3 月被德国商品测评基金会 Stiftung Warentest 评为世界上"最佳搜索引擎"。

另外,Startpage 被认为是谷歌、必应和百度都无法替代的 10 大深网（主要包括那些需要注册、付费等条件才能访问的网络信息）搜索引擎之一。

5）智能搜索引擎与计算型搜索引擎

智能搜索引擎是结合了 AI 技术的新一代搜索引擎,如 Perplexity AI、秘塔 AI 搜索、360 AI 搜索。它除了具有传统的快速检索、相关度排序等功能外,还能提供用户角色登记、用户兴趣自动识别、内容的语义理解、智能信息化过滤和推送等服务。严格来说,它不算是一种搜索引擎,但它比传统的搜索引擎更方便。计算型搜索引擎（Computational Knowledge Engine）是一种智能搜索引擎,即利用自然语言检索技术的搜索引擎。例如,2009 年 5 月 15 日由美国计算机科学家史蒂芬·沃尔弗拉姆（Stephen Wolfram）开发的 WolframAlpha（2025 年 4 月 23 日,继韩语、日语、西班牙语和英语之后,WolframAlpha 简体中文版正式上线）。

更多的各类搜索引擎可浏览教你搜（原搜网,www.sowang.com）的"搜索引擎大全"频道（www.sowang.com/link.htm）。不过,由于各种搜索引擎处于不断的调整之中,它们的 URL 地址经常变化,用户可通过它们的名称短语（加半角引号）在谷歌或百度上搜索到它们的新网址。

2．网络资源目录

网络资源目录又称网络指南，指的是人工采集网上信息，然后按照一定的分类标准（如学科类型、主题等），建立网站分类目录，并将筛选后的信息分门别类地放入各类目中供用户浏览。与利用搜索引擎相比，从网络资源目录入手，效率或许会更高一些。

使用网络资源目录的情形主要有：①当检索一个范围较广的题目，并希望了解与该题目相关的信息时；②当没有明确的信息需求，仅仅想在网络上"溜达"时；③仅仅想浏览某一方面的消息和动态信息时，并不严格限于某几个检索词；④当信息需求更专一时。

网络资源目录的类型主要有：①搜索引擎目录（目录索引），如新浪目录、网易目录；②开放目录，如 IPL（www.ipl.org）、中国艺术开放目录（www.aod.org.cn）；③专题网址，如中国学术网（www.cnxueshu.cn）的各类学术网站列表。

3．隐形网站

隐形网站（Invisible Web, Deep Web, Hidden Web）也称为"看不见的网站"或"隐蔽网络"，指的是可以免费进入，但其内容没有被传统的搜索引擎有效覆盖，甚至根本未被覆盖的网站。

随着信息技术的发展和社会观念的演变，隐形网站的内容不断变化。某些看不见的网页可能隔天就成为看得见的网页，而某些看得见的网页可能下一刻就"看不见了"。隐形网站的类型有：①未被链接的网页；②动态生成的网页；③实时信息；④部分非 HTML 格式文件；⑤需要密码或注册的网站；⑥其他难以搜索的内容。

用户使用隐形网站的情形主要有：①对某个主题领域非常了解；②熟悉某些特定的检索工具；③想查找某一问题的简单答案（如需查找电话号码、名称、书目档案等）；④需要更具权威性的详尽结果时；⑤需要及时性较强的信息内容时。

用户可利用网络资源目录、搜索"隐形网站"的网站（如 GeniusFind、Invisible-Web）、隐形网站数据库（如 PubMed 等 OA 资源数据库）、搜索引擎等途径找到隐形网站。

4．搜索软件/工具

搜索软件/工具指可下载并安装在本地计算机上或在其他客户端运行，其能够启动互联网上的一个或多个搜索引擎，并且具有较强的后期处理功能。如中华搜索宝（CHINASSB）2005b，为一款专为中国用户编写的互联网信息搜索工具。

3.1.4　事实、数据信息的网络检索

要进行事实和数据的检索，首先必须熟悉各种信息源，其次要了解各信息源的内容特征并掌握检索的具体方法。检索网络事实、数据主要采用的途径有：①事实和数值型数据库；②网络工具书；③网络资源目录、大数据导航；④搜索引擎；⑤网络采集器、网络爬虫。

1．通过事实和数值型数据库进行检索

事实和数值型数据库指包含大量数据、事实，直接提供原始资料的数据库，其相当于印刷型文献中的字典、辞典、手册、年鉴、百科全书、组织机构指南、人名录、公式与数表、图册/集等，分为数值数据库、指南数据库、术语数据库等[13]。

1）英文商业经济类事实和数值型数据库举要

(1) BvD 数据库：BvD 是 Bureau van Dijk 的简称，其总部位于瑞士日内瓦的全球金融与企业资信分析数据库商，BvD 数据库提供 BankFocus（全球银行与金融机构分析库）、ORBIS

（全球企业数据库）、Osiris（全球上市公司分析库）等涉及全球金融、财务分析、各国宏观经济指标的专业子库，包括当前数据和历史数据，信息量庞大，并保证所提供数据的合法性。

（2）EMIS（Emerging Markets Information Service，全球新兴市场商业资讯）数据库：EMIS于1994年在纽约创立，2020年年底Montagu Private Equity收购EMIS及其姊妹公司CEIC。该库整合了超过4500个国内外信息提供商、12000多份刊物，覆盖全球超过190个国家与地区。该数据库的介绍与利用指南可浏览在线资源"3.2"。

（3）Euromonitor数据库：该库由1972年创建于英国伦敦的欧睿国际（Euromonitor international，网址：www.euromonitor.com）提供，其中包括Passport、Via等商业性平台。

（4）IMF数据库：IMF即国际货币基金组织（International Monetary Fund）的简称。该库提供宏观经济的权威数据，分为IMF eLibrary和IMF DATA两部分，2020年起免费向公众开放。其详细介绍与利用指南可浏览在线资源"3.3"。

（5）World Bank系列数据库：世界银行提供的开放库，如Open Knowledge Repository（世界银行开放知识库，网址：openknowledge.worldbank.org）可查询世界银行出版物等信息；Open Data（世界银行公开数据，网址：data.worldbank.org）可查询世界各国的发展数据等。

（6）OECD知识库（www.oecd-ilibrary.org）：OECD即经济合作与发展组织（Organization for Economic Co-operation and Development）的简称。该库可提供自1998年以来该组织的电子出版物（包括图书、报告、期刊），以及统计数据。

2）英文科技类事实和数值型数据库举要

（1）Reaxys数据库：由爱思唯尔（Elsevier）出品，是辅助化学研发的在线工具，它将著名的CrossFire Beilstein、Gmelin、Patent Chemistry数据库进行整合，现还可以直接链接到期刊文章和专利文献，查看文章的被引用情况。

（2）原InCites平台数据库：InCites平台原有InCites: Benchmarking & Analytics（简称InCites: B&A，网址：incites.clarivate.com），ESI（网址：esi.clarivate.com）和JCR（网址：jcr.clarivate.com）。这些数据库的详细介绍可浏览在线资源"3.4"。

（3）Springer实验室指南（Springer Protocols）：可查询生物化学、分子生物学、生物医学等学科详细、精确的实验操作记录，包括实验操作步骤、必需的原材料清单（原材料包括化学成分、硬件、软件等），也包括注释和提醒。它是一种标准化的、并可在实验室再现的"配方"或"方法"。该数据库基于Springer Nature Link，或Springer Nature Experiments平台。

3）英文人文社科类事实和数值型数据库举要

（1）Gale系列数据库：Gale隶属于圣智学习（Cengage Learning），全球著名的人文与社科工具书出版商。Gale数据库的核心内容来自Gale出版的众多参考书。这些资料被公认为世界上相应学科领域（文学、历史、商业、人物传记等）中最权威、最全面的，并且为Gale公司独家拥有，无法通过其他同类数据库查到。Gale系列数据库包括Gale World History in Context等多个专题库，其详细介绍可浏览在线资源"3.5"。

（2）《不列颠百科全书》网络版（Encyclopedia Britannica Online，EB Online）：纸本《不列颠百科全书》于1768年首次出版，250多年来不断修订、再版。EB Online于1994年正式发布，是第一部互联网上的百科全书，除包括印本的全部内容外，还整合了其他多种资源的信息。目前，EB Online的内容可通过不列颠百科学术版（academic.eb.com）进行查询、浏览。

4）中文商业经济类事实和数值型数据库举要

(1) 搜数网（SOSHOO）：网址为 www.soshoo.com.cn 或 www.soshoo.com，是 2006 年 8 月推出、2010 年 10 月 20 日改版的面向专业数据的垂直搜索网站，汇集了中国资讯行自 1992 年以来收集的所有统计和调查数据，内容全面、权威，提供了多样化的搜索服务，增强了数据的全面性和准确性，方便用户及时查找数据信息。改版的搜数网站用户使用说明书可浏览在线资源"3.6"。

(2) 中国经济信息网（中经网）及中经网统计数据库：可从宏观、行业、区域等角度，监测和诠释经济运行态势，为政府、企事业单位、学校等机构把握经济形势、实现科学决策，提供持续的信息服务，网址为 www.cei.gov.cn。其中的"中经数据"是一款将经济社会各领域的统计数据整合为一体的门户网站，内容包括经济统计库、产业数据库、世界经济库、"一带一路"库、重点区域数据库、专题数据库、微观数据库七大数据库，可为用户提供全面、权威、及时、准确的数据信息。

(3) 中国宏观经济信息网（中宏网）及其中宏数据库：中宏网隶属国家发展改革委中国宏观经济学会，是具有政府背景和研究背景的权威专业网站，涵盖了 20 世纪 90 年代以来宏观经济、区域经济、产业经济、金融保险、投资消费、世界经济、政策法规、统计数字、研究报告等方面的详尽内容，网址为 www.macrochina.com.cn。中宏数据库借助于中宏强大的线上、线下网络，实现了经济信息的有效整合与集成，成为拥有海量信息且门类齐全、分类精细的专业经济数据库（网址：edu.macrochina.com.cn）。

(4) 巨灵金融数据库（简称"巨灵数据库"）：在中国证券监督管理委员会信息中心组织下由深圳巨灵信息技术有限公司承建的一套以金融证券期货类报刊为主的系统。数据库主要涉及资讯、量化数据和行情服务三大部分内容，包括资讯精编、法律法规、股票、基金、理财、现货期货、债券、宏观指标、行业指标、资金流向等 10 多个子库，网址为 www.genius.com.cn。

(5) 万得（wind）金融终端与经济数据库：由万得信息技术股份有限公司（简称wind，公司网址：www.wind.com.cn）开发。Wind 金融终端，内容包括股票、债券、期货、外汇、基金、指数、权证、宏观行业等多项品种，可不间断地提供准确、及时、完整的金融数据信息；Wind 经济数据库是全球宏观及行业经济大数据平台，数据全面、及时、准确，颗粒度更细，配备强大的智能搜索等功能。Wind 金融终端有 Windows 版、Mac 版、Linux 版和移动版，其中 Windows 版使用指南可浏览在线资源"3.7"。

(6) 国家数据：数据来源于国家统计局，包含了经济民生等多个方面的月度、季度、年度数据，较为全面和权威，对于社会科学的研究很有帮助。最关键的是，网站简洁美观，还有专门的可视化读物。网址为 data.stats.gov.cn。

(7) CEIC 数据：能够精确查找 210 多个国家和地区的 GDP、CPI、进口、出口、外资直接投资、零售、销售，以及国际利率等深度数据。其中的中国经济数据库有中、英文两个版本，可在线通过 CDMNext 访问，涵盖 42 万多条宏观经济数据、行业数据以及业务信息的时间序列数据。CEIC 网站中文版网址为 www.ceicdata.com/zh-hans。

(8) 中国统计信息网：国家统计局对外发布信息、服务社会公众的网络窗口，汇集了海量全国各级政府各年度有关国民经济和社会发展的统计信息，以统计公报为主，涵盖统计年鉴、阶段发展数据、统计分析、经济新闻、主要统计指标排行等。网址为 www.tjcn.org。

5）其他中文事实数值数据库

(1) 中国科学院的科学数据银行与科学数据中心：科学数据银行（Science Data Bank，

ScienceDB，网址：www.scidb.cn）与科学数据中心（网址：www.csdb.cn）均由中国科学院计算机网络信息中心大数据部研发、提供。前者是一个公共的通用型科学数据存储库、具有国际化服务能力的论文关联数据存储库平台；后者为中国科学院科学数据中心体系的总门户，可统一发现相关各类资源，实现全院科学数据资源的一体化。

（2）术语在线（www.termonline.cn）：该库是全国科学技术名词审定委员会推出的术语知识服务平台，聚合了该委审定发布的规范名词数据库、两岸对照名词数据库，以及权威工具书数据库等资源，范围覆盖自然科学、工程与技术科学、医学与生命科学、人文社科、军事科学等学科领域，收录年限自 1985 年起。

（3）辞海在线（www.cihai.com.cn）：上海辞书出版社开发建设的辞海网络版，2021 年 5 月 27 日上线。它以纸质《辞海》（第七版）13 万词条、2350 万字内容为基础，补充了必要的多媒体内容，结构、功能充分体现数字产品的特点和优势；支持多种检索方式，用户可以选择在手机、计算机、平板、微信小程序等不同终端使用，真正实现随时、随地、随手查阅。

（4）国家图书馆"数值事实"列表：国家图书馆网站的"中文数据库""外文数据库"栏目下均有"数值事实"列表（dportal.nlc.cn:8332/zylb/zylb.htm#），其中有"中国历史人物传记资源数据库""一带一路数据库""北大法意数据库""中国学汉学家""World Trials Library（世界审判文库）""世界历史文化原始资料数据库集成"等中外数值事实数据库的链接。其中"国别区域与全球治理数据平台"（简称 CRGG 数据平台）是学术型数据库，充分对接国别区域这一重点新兴学科，围绕国别研究、区域研究、国际组织研究、全球智库研究等领域，全方位整合基础信息、一手资料、科研成果，旨在提升学科发展水平、助力新型智库建设、服务国家对外战略。

（5）上海图书馆"中国家谱知识服务平台"（jiapu.library.sh.cn）：收录了全球一些家谱收藏机构以及民间团体和个人收藏的家谱，可查询中国家谱的各种内容，如姓氏统计、地理分布、家谱文化、家规家训，并可全文浏览的上海图书馆馆藏的家谱全文影像等。

（6）近年出现的一些微信公众号也提供事实数值，如微信公众号"民国老报纸"。

6）大数据类数据库与数据开放平台

（1）上海图书馆开放数据平台：以关联数据（Linked Data）的方式向互联网公开发布上图数字人文项目所用的基础知识库（人、地、时、事、物），文献知识库（家谱、手稿档案、古籍等），本体词表，各种数据清洗和转换工具，以及项目组发表的相关论文、课件等研究资料，并以 REST API、Sparql Endpoint、内容协商（Content Negotiation）等方式提供各种数据消费接口供开发人员调用，以促进数据的开发获取、共享和重用。网址为 data.library.sh.cn。

（2）figshare：在线数字数据存储和研究成果共享平台。figshare（网址：figshare.com）的详细介绍与使用指南可浏览在线资源"3.8"。

（3）github 上的"Awesome Public Datasets"：github 上的"大神"们手工收集整理的各种公开数据集（可不断补充完善），覆盖自然科学和社会科学，包含各个细分领域的数据库资源，是进行数据分析和研究的利器。网址为 github.com/awesomedata/awesome-public-datasets。

（4）数易：前身为国信优易数据有限公司开发的"优易数据"，是拥有国家级信息资源的数据平台，国内领先的数据交易平台，有 B2B、B2C 两种交易模式，包含政务、社会、社交、教育、消费、交通、能源、金融、健康等多个领域的数据资源。网址为 www.youedata.com。

（5）数据堂：专注于人工智能数据服务，包含生物识别、语音识别、自动驾驶、智能家居、智能制造、OCR 场景等多场景下的语音、图像、视频、文本等全类型数据，数据采集范围遍及全球 30 多个国家，被百度、微软等中外名企采用。网址为 www.datatang.com。

（6）AMiner（科技情报大数据挖掘与服务系统）：为清华大学唐杰教授率领团队建立的科技情报大数据挖掘与服务系统平台，有检索、AI 对话、开放平台等功能，网址为 www.aminer.cn。

2．通过网络资源目录、大数据导航来查找

网络资源目录是基于对网络信息资源的产生、传递与利用机制的广泛了解，对网络信息资源分布状况的熟悉，以及对各种网络信息资源的采集、组织、评价、过滤、控制、检索等手段的全面把握而开发出的。像早期著名的雅虎，后来崛起的中文搜狐，这类主题指南对有目的的网络信息发现具有重要的指导作用。大数据导航是大数据时代人们收集数据的重要渠道，也是提升数据收集能力的一种方式。

1）中文网络资源目录举隅

（1）百度旗下网站 hao123 分类目录：www.hao123.com。

（2）DMOZ 中文网站目录：www.webdmoz.org。

2）外文网络资源目录举隅

（1）万维网虚拟图书馆（The WWW Virtual Library）：网址为 www.vlib.org，是最古老的网络目录，由 W3C 组织协会编辑，现还提供繁体中文版。

（2）DMOZ 开放分类目录：原站点已关闭，镜像站点网址为 dmoztools.net，原称为 Dmoz，是网景公司（Netscape Communications Corporation）所主持的一项大型公共网页目录。

（3）Academic Info 教育主题目录：网址为 www.academicinfo.net，是一个可检索的详细主题指南目录，1998 年创建，目的是为用户提供各学科领域以主题目录的形式组织的在线教育资源。

3）大数据导航举隅

（1）大数据导航：网址为 hao.199it.com，可链接到其数据搜索页（search.199it.com）。

（2）数据分析网：网址为 www.afenxi.com/hao，提供国内大数据门户、论坛社区、专家博客、数据中心、大数据工具、大数据资料、大数据公司的导航。

（3）大数据人：一个专注大数据、大数据技术、大数据应用案例和数据可视化的社区型网站，可提供一些大数据网站的导航，其网址为 hao.bigdata.ren。

3．利用搜索引擎进行检索

一般的搜索引擎（如百度、谷歌、雅虎等）都可检索事实、数据信息。不过，面对互联网上众多的搜索引擎，要根据查全率（搜索范围）、搜索速度、查准率、更新速度、死链接、易用性、稳定性、对高级搜索的支持能力等标准选择合适的搜索引擎去检索。对于一些特殊的信息，如图片，也可选择一些专门的图片搜索引擎，如搜图神器。

如果是网络指数，可选择专门的指数查询平台，如百度指数（index.baidu.com）。

4．利用网络工具书进行检索

1）访问出版网络工具书的出版机构

具体步骤为：①根据出版社的声誉、规模等情况，大致确定所需要查询的工具书是否有网络版；②确定该出版社的网址；③根据该网址直接进行访问和检索。

2）通过使用搜索引擎来查找网络型工具书

选择和使用搜索引擎查找网络工具书的策略：①选择使用专题搜索引擎。例如，利用搜

索引擎百度等可以查询地址、电话、电子邮件及相关信息；利用地图搜索引擎 Bing Maps 可以查询地图和地区信息。②选择使用多元的搜索引擎。

3）利用免费的工具书网站进行检索

尽管一些权威的网络型工具书往往需要收费，但目前也有一些免费的网络工具书网站，如 CNKI 工具书总库、国家图书馆外购资源的一些工具书库。一些主要的免费网络型工具书介绍可浏览在线资源"3.9"。

5．利用网络采集器、网络爬虫等软件获取

网络采集器指的是通过软件简单快捷地采集网络上分散的内容，具有很好的内容收集作用，而且不需要技术成本，被很多用户作为初级的采集工具。目前，常用的网络采集器有：火车采集器（www.locoy.com）、八爪鱼（www.bazhuayu.com）、简数采集器（www.keydatas.com）、集搜客（GooSeeker）（www.jisouke.com）。

网络"爬虫"则具有自由性、自主性的特点，可用于获取一些从其他渠道获取不到的数据资源，为"极客们"所青睐，但精通 Python 等语言是必要的前提。例如，利用"爬虫""爬取"网络图片、高质量资源；利用"爬虫"获取舆情数据。

3.2 学术搜索引擎

学术搜索引擎是以学术资源为索引对象的网络学术文献检索工具，是为增强学术隐蔽网络（Academic Invisible Web, AIW）的存取能力而出现的。其通过对这类资源的"爬行"、抓取、索引，以统一的接口向用户提供服务，检索的资源既涵盖互联网上的免费学术资源，也包括以隐蔽网页形式存在的学术资源。学术搜索引擎按照覆盖范围，有综合性和专业性两类：前者面向各种类型的学术资源，后者则专门针对某类学术资源。

学术搜索引擎为提高检索结果的相关性和针对性，一般都与数据库商之间建立了合作伙伴关系，具有跨平台工作整合资源、独特的排序功能和先进的设计理念，能满足个性化检索需要。学术搜索引擎的用途广泛，可帮助用户获取学术文献信息，了解有关研究领域的概况，同时具有学术评价作用，可发挥引文索引的功能，提供友好的学术探讨环境。

3.2.1 超星系列搜索引擎

超星系列搜索引擎包括读秀、超星期刊、百链、超星发现等。这些搜索系统具有统一的身份认证功能（如统一的假期账号、统一的机构用户 IP 登录）。

1．读秀与超星期刊

北京超星公司研发的读秀（www.duxiu.com）是学术图书服务系统，可提供海量中文图书深入到章节的搜索服务、封面及数页的试读服务、在海量图书资料中查找一句话的全文搜索服务，以及为学术研究而获取微量内容的文献传递服务，目前为 2024 年 9 月 10 日升级的 V6.0。

读秀可提供知识、图书、插图、期刊、学位论文、会议论文、报纸、音视频等十多个检索频道（见图 3.1，其中期刊等 12 个频道可跳转到"超星发现"），其默认的检索页面为知识频道（即"全文检索"）。所谓知识检索，就是将数百万种图书等学术文献资料打散为数十亿页资料，当读者输入一个检索词，如"核辐射"，单击"检索"，读者就可以获得数十亿页资料中所有包含"核辐射"这个关键词的章节等，并且可以对任一条目进行页数不等的阅读（见

图3.1至图3.4）。读秀提供的文献类型主要为中文图书，故通过读秀的知识搜索，可以找到出自某书的某一页的任何一句话/诗词、任何一幅插图/图表。读秀的知识搜索是基于全文搜索技术的知识点搜索，建议同时使用两个以上或较长的搜索词/句，以便快速准确地命中所需结果。因为搜索词太短、太普通，命中结果太多，会造成无意义的检索。

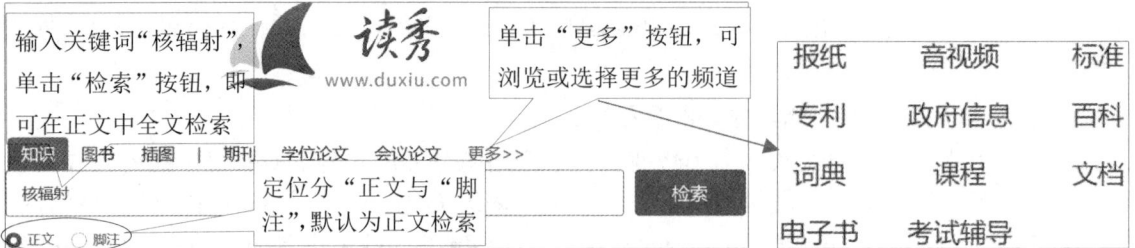

图 3.1　读秀（V6.0）默认的知识检索页面

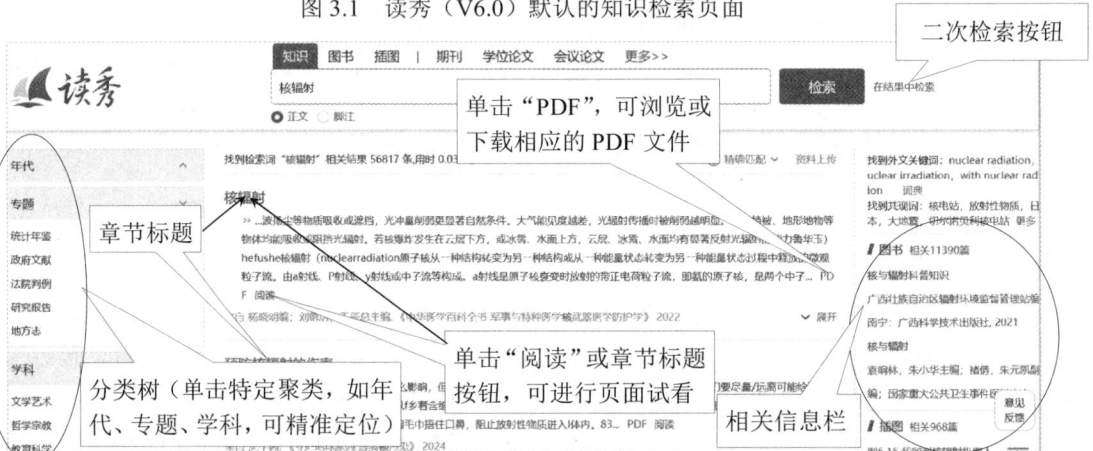

图 3.2　知识检索结果页面

图 3.3　二次检索结果页面

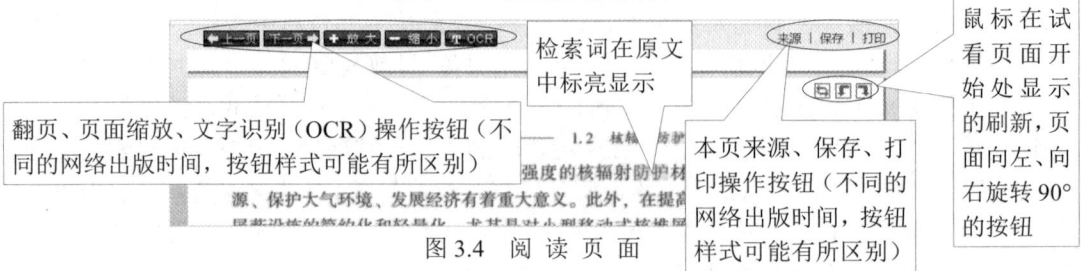

图 3.4　阅 读 页 面

缩小检索范围的方法有二次检索、书名参与定位、检索语法（如 time:、减号、双引号）以及利用页面左上方的分类树（包括年代、专题和学科聚类）。当检索到的结果太少甚至为 0 时，需要扩大检索范围，具体可采用的方法有：①充分利用右侧相关文献，看其他类型的文献是否命中；②利用提示的外文关键词、近义词、共现词，以便调整关键词再进行检索；③匹配方式选项改为"模糊"（默认是"精确"）；④手工处理分词，去掉一两个字，或加空格，例如，用"中共三代领导教育思想论析"这个完整的课题名称去检索，命中结果为 0，但使用"三代领导　教育"两词检索，仅在标题中命中的就有几十篇。获得读秀的使用指南可通过其首页上的"使用帮助"，或单击其首页上的"联系我们"，通过其提供的电话、微信号等联系工作人员。读秀 V5.0 用户使用手册可浏览在线资源"3.10"。

上述的读秀"图书""期刊"频道，检索的数据包含超星的电子图书和"超星期刊"数据库，其中前者在本书 7.1.2 节中进行了详细介绍。输入网址 qikan.chaoxing.com 即可进入"超星期刊"数据库检索界面，其详细介绍可浏览在线资源"3.11"。

2．百链

百链是资源补缺型服务产品，可实现中外文数据库系统集成，当前版本为 V2.0。用户利用百链云服务可以获取到中外一些图书馆几乎所有的文献资料，为读者提供更加方便、全面的资源获取服务。利用百链不仅可以获取到图书馆所有的文献资料，包括纸本和电子资源，例如中外文图书、期刊、论文，标准，专利和报纸等，还可以通过文献传递方式获取到图书馆中没有的文献资料。中文资源的文献传递满足率可以达到 96%，外文资源的文献传递满足率可以达到 90%。百链的网址为：www.blyun.com。百链与读秀一样，用户也可单击首页的"学习空间"按钮登录自己的学习空间。

百链可实现各类型资源的一站式检索，可以对文献资源及其全文内容进行深度检索并提供文献传递服务。它将电子图书、期刊、论文等各种类型资料整合于同一平台，集文献搜索、试读、传递为一体，突破了简单的元数据检索模式，实现了基于内容的检索，使检索深入章节和全文。它的文献传递系统，目前与许多家图书馆 OPAC 系统、电子书系统、中文期刊、外文期刊、外文数据库系统集成，用户可直接在网上提交文献传递申请，并且可以实时查询申请处理情况，从而获取文献传递网成员单位图书馆的电子文献资源。百链详细使用方法可浏览其首页中的"使用帮助"页面，或浏览在线资源"3.12"。

3．超星发现

超星发现（www.zhizhen.com）基于十多亿各类文献及网络学术资源元数据，充分利用数据仓储、资源整合、知识关联、文献统计模型等相关技术，通过引文分析、分面筛选、可视化图谱等手段，为读者从整体上掌握学术发展趋势，洞察知识之间错综复杂的交叉、支撑关系，发现高价值学术文献，提供便捷、高效而权威的学习、研究工具。当前版本为 V4.0。它除了具有一般搜索引擎的文献信息检索功能外，还具有深达知识内在关系的强大知识挖掘和情报分析功能。用户通过它可实现快速检索、资源整合、检索结果聚合、多种方式获取全文、保存检索结果等。2024 年底，超星发现 AI 检索上线。2025 年 3 月，其 AI 检索接入 DeepSeek 大模型。超星发现的详细使用方法可浏览其首页中的"帮助"页面；超星发现的简介与升级后使用指南可浏览在线资源"3.13"。

3.2.2 其他学术搜索引擎

1. 境外主要学术搜索引擎

1）谷歌学术搜索（scholar.google.com）

谷歌学术搜索是谷歌于 2004 年底推出的专门面向学术资源的免费搜索工具，能够帮助用户查找来自学术著作出版商、专业性社团、预印本、各大学及其他学术组织的经同行评论的文章、论文、图书、摘要和文章。2006 年 1 月 11 日，谷歌公司宣布将谷歌学术搜索扩展至中文学术文献领域，信息来源包括北京万方、重庆维普、台湾华艺数位等数据库商的电子期刊，主要大学发表的学术期刊，公开的学术期刊，中国大学的论文以及网上可以搜索到的各类文章。不过，谷歌学术搜索目前主要还是作为一个资源发现工具，而不是全文获取的工具。但可以肯定的是，将来用户通过它可获取更多高质量的学术信息资源。

2）亚马逊搜索（www.amazon.com）

亚马逊搜索是一个与谷歌在同一水平的搜索引擎。因网页内容部分是基于谷歌的，所以保证了和谷歌在同一水平。另外增加了在书本内搜索的功能和个性化功能（主要是可以记录用户的搜索历史）。

3）BASE 搜索引擎（www.base-search.net）

BASE（Bielefeld Academic Search Engine）是德国比勒费尔德（Bielefeld）大学图书馆开发的一个多学科的学术搜索引擎，采用挪威公司的 FAST 搜索和传递技术，提供对全球异构学术资源的集成检索服务，有简体中文界面。BASE 符合 OAI 协议，目前提供来自 1.14 万多家内容提供商的超过 3.9 亿份文档。用户可免费访问大约 60% 的索引文档的全文。

另外，现有的免费学术搜索引擎还有 Vascoda（www.vascoda.de）、Highwire（www.highwirepress.com）、sciseek（www.sciseek.com）、CiteSeer（citeseer.ist.psu.edu）、IntechOpen（www.intechopen.com）、Semantic Scholar（www.semanticscholar.org）等。

2. 境内主要学术搜索引擎

1）CALIS 学术搜索引擎"开元知海·e 读"（www.yidu.edu.cn）

"开元知海·e 读"集成了我国高校所有图书馆资源，包括纸本馆藏、电子馆藏和相关网络资源，可让读者在海量的图书馆资源中通过一站式检索，查找所需文献，并获取全文。

2）CNKI 搜索（search.cnki.com.cn）

由中国知网依托自己的资源开发，搜索对象包括数值知识元、学术定义、翻译助手、图形、表格、新概念等。内容包含期刊，博、硕士学位论文，学术会议论文，报纸文章等。其数据涵盖自然科学、工程技术、文史哲、政治等多个学科领域的最新文献资料，且实时更新。

3）百度文库（wenku.baidu.com）

百度文库可以查找以 Word、PowerPoint、PDF 等格式存在的研究报告、论文、课件等各类文件。其详情介绍可浏览网页：wenku.baidu.com/portal/browse/help。

4）期刊界（www.alljournals.cn）

期刊界是北京勤云科技发展有限公司开发的期刊垂直搜索网站，旨在将分散在互联网上的期刊数据集中搜索，从而带给用户轻松的文献查询体验。期刊界搜索的数据基本涵盖了境内主流数据库。

5）OALib 免费论文搜索引擎（www.oalib.com）

OALib 全称为 Open Access Library，为一个学术论文网站，其中包含一个基于开放存取的元数据库的搜索引擎，涵盖所有学科，其中的文章（目前为 5759773 篇）均可免费下载。

另外，现在一些高校图书馆也基于一些商业搜索系统，在其主页上嵌入学术搜索引擎，如北京大学图书馆的"未名学术搜索"、上海理工大学图书馆的"思学探知（超星发现）"。

3.2.3　数字图书搜索

图书搜索引擎搜索到的图书，通常可以浏览全书约 20%的内容。如果要阅读全文，则需要购买。但是属于公共领域（Public Domain）资源⑥的公版书却可以阅读全文。目前，主要的图书搜索引擎如下。

(1) HathiTrust 数字图书馆（www.hathitrust.org）：HathiTrust 是美国高校图书馆于 2008 年建立的一个旨在将其成员馆所收藏的纸质文献进行数字化存储，为用户提供数字服务的数字图书馆公益项目。它是一个大规模的研究型图书馆数字内容协作存储库，包括 Google Books 项目和 Internet Archive 数字化计划等的内容，以及图书馆在本地数字化的内容。纸本文献（包括中文文献）数字化是 HathiTrust 项目的主要目标和任务，为了满足成员馆用户日益增长的电子文献需求，HathiTrust 项目每年都要更新自身的数据库资源并且逐渐增加开放获取的数字资源。

(2) 开放图书馆（Open Library）：位于美国的非营利组织互联网档案馆（Internet Archive 网址：www.archive.org）于 2007 年 11 月启动的一项倡议，其目标是提供全世界所有书籍的书目信息。在其开放图书馆网页，用户可浏览书籍的扫描版或检索所有图书，曾是互联网上名副其实的公共领域图书搜索引擎。关于在互联网档案馆下载电子书的方法可浏览在线资源"3.14"。

(3) 古腾堡工程（Project Gutenberg）：又译为"古腾堡计划"，简称 PG，网址：www.gutenberg.org，1971 年 7 月由迈克尔·哈特（Micthael Stern Hart）发起，是一个以自由和电子化的形式提供大量版权过期而进入不保留任何权利的公共领域的书籍的协作计划。目前的数据分为三类：休闲文学、经典文学和参考工具书，其中主要是英文作品，但也有相当数量的德语、法语、意大利语、西班牙语、荷兰语和中文等不同语言的著作。

(4) ebookee 电子图书搜索引擎（网址：ebookee.us）：ebookee 是免费电子图书搜索引擎，收录的各种图书符合《数字千年版权法案》（*Digital Millennium Copyright Act*，DMCA）。

关于更多的免费外文原版书在线资源信息，可浏览在线资源"3.15"。

3.3　"数智时代"的世界图书馆及其服务

在"数智时代"，古老的"世界图书馆"观念有了新的内涵。而这种新的世界图书馆与一些传统图书馆服务的深度融合，便催生出开放式 URL、全文传递、推送等服务的新形态。

3.3.1　"数智时代"的世界图书馆

根据维基百科英文版，"世界图书馆"（Universal Library，或译为"寰宇图书馆""普世图

---

⑥　"公共领域"与"公共（领域）资源"都是法律概念，指一系列不再受版权法保护的作品，原因可以是有关作品的版权保护期限已过（如《伯尔尼公约》规定：一般作品的著作权保护期限为作者的有生期加去世后的 50 年），创作人过去并没有遵从不同的正式要求，或是作者故意将本应维护的权利捐赠予公众。

书馆")指的是具有广泛收藏的图书馆,即包含一切存在的信息、有用的信息、所有图书、所有作品(不论格式)乃至所有潜在作品的图书馆。作为术语,"世界图书馆"可以追溯到近代动物学和目录学的奠基人之一、瑞士苏黎世大学生物学教授康拉德·格斯纳(Conrad Gesner)于 1545 年出版的《世界总书目:拉丁文、希腊文、希伯来文全部书籍目录》。不过,人类历史上世界图书馆的最早范例,则一般认为是建造于公元前 3 世纪的古亚历山大图书馆(Library of Alexandria)。

"数智"的本质内涵就是对数字化数据和信息进行分析、解释和利用,从中获取见解、指导决策或创新业务模式,"智慧图书馆"便是其战略之一。21 世纪以来,互联网与图书馆的深度融合,相继产生了一些"世界图书馆"的新项目,如百万图书工程、世界数字图书馆(World Digital Library)、开放内容联盟、维基工程(Wiki Projects)、古腾堡工程、欧洲图书馆(The European Library),以及境内的百链、超星发现等。这些项目均力求将人类任何语言的知识片段连接在一起,并储存在一个数据库中,通过互联网在任何时间向世界上任何地方的任何人开放(包括传统的关键词检索和当今的 AI 检索)。即便是一些受 IP 限制的项目(如谷歌图书搜索等),也可用 VPN 等"科学上网"技术加以解决。这种跨越时空的世界图书馆要完全实现,还存在一些技术、法律等方面的问题,如版权、图书审查制度、未出版的原稿等。尽管目前也有一些举措,如各国版权法规定文献可以合理使用,图书情报界倡导作者执行以知识共享协议、科学共享协议等为代表的通用许可协议(Common-Use Licensing),图书情报界携手出版界、作者等共同推行针对版权保护的开放获取运动,但要真正实现世界图书馆的愿景,图情界还有较长的路要走,甚至为之要不惜抗争。当今基于"数智时代"的世界图书馆,由于计算机病毒、火灾和一些尚不可预测的因素的存在,也可能会像古亚历山大图书馆一样的脆弱,在一瞬间神秘地消亡,正如乔恩·蒂姆(Jon Thiem)在 "Myths of the Universal Library" 一文中所猜想那样:"电子世界图书馆中的数据几乎全部被抹去,其未来的一切情况都不明朗,但唯一可以确定的是,它的持久性和可靠性已经受到挑战。"[14] 因此,人们在极力实现这种跨越时空的电子世界图书馆时,也不能过度将其神化。

3.3.2　开放式 URL

开放式 URL 的发展为用户提供了基于互联网的学术信息服务,使用户可以链接到最准确的带有扩展资源的资料。扩展资源可能来自一篇期刊文章的一则引文中包含的链接(如基于 CrossRef 的引文链接),基于某一元数据标准的全文链接(如 Web of Science、Engineering Village 等二次文献检索系统的全文链接),期刊名包含的链接,ABI/INFORM 数据库中的某项记录上的股票买卖代号所包含的链接,一篇学术论文中的题名关键字或主题标目所包含的链接。

开放式 URL 框架的重点是满足用户/图书馆对链接地址的需求,并允许用户添加某些处于特殊位置的与上下文相关的链接。例如,图书管理员可直接从一则引文,链接到电子期刊的全文或能够显示该印刷品馆藏详情的图书馆目录,至于链接到何处,取决于当时的具体情况。现在大多数文献数据库都建有开放 URL。除了研究者会因此大大受益外,使用开放式 URL,会对无缝链接和在信息环境中改善资源发现有所促进[4](215)。

3.3.3　全文传递

全文传递即二次文献数据库进行网上检索并发送原文传递请求的服务,用户检索到所需文献后，单击原文传递按钮，将索要全文的请求直接发送给数据库提供商，提供商或提供商委托的文献提供单位为用户提供原文传递服务。目前提供这项服务的系统有：读秀、百链、维普中文期刊服务平台、全国图书馆参考咨询联盟平台（该平台的简介与使用指南可浏览在线资源"3.16"）等。

3.3.4　智慧图书馆服务

尽管"智慧图书馆"没有一个标准的定义，但随着科技发展和社会需求的变化，确实有越来越多的图书馆开始向智慧化转型，逐步引入数字化、智能化的管理和服务方式，以满足读者的多样化需求。下面介绍智慧图书馆服务的个性化信息推送、移动化应用与智能化咨询。

1．个性化信息推送

个性化信息推送服务是指图书馆通过分析用户的阅读偏好、使用习惯、借阅历史等个人信息，将与用户兴趣相关的信息推送给用户，以提高用户体验、促进用户参与图书馆活动的服务模式。这种服务可满足用户的个性化需求，主要方式有网上订阅，博客、微博和微信推送。

网上订阅：文献信息服务者通过网页向用户提供直接订阅、直接浏览信息的服务。它颠覆了传统的以搜索为主的信息获取模式，用户只需通过网络即可订阅相关信息（有的要在网上支付相关费用），其方式有电子邮件发送、RSS 推送，而尤以后者最受青睐。RSS 是英文术语"Really Simple Syndication"（真正简易聚合）的缩写，是一种描述和同步网页内容的 XML 格式，具有强大的聚合与推送功能。提供 RSS 输出的网站，支持在不打开页面的情况下阅读内容，有利于用户获取最新更新的网站内容。用户首先需要下载和安装一个 RSS 阅读器，然后从具有 RSS订阅、 RSS 或等标志的 RSS 源订阅感兴趣的内容。现在，图书馆等许多文献信息机构的网站都提供这种服务。此外，RSS 订阅方式还有：①一键订阅，单击网页上的 订阅到 Bloglines、 订阅到 飞鸽 等在线 RSS 阅读器图标即可；②浏览器订阅，只要浏览器（如 IE7.0 以上版本、Firefox 等）自带 RSS 阅读功能即可；③Notefirst 文献管理软件订阅，Notefirst 文献管理软件中，有 RSS 订阅功能，其详细介绍可浏览在线资源"3.17"。

博客、微博：目前，一些文献数据库商也开通博客服务（如 Natrue 平台的"blogs"服务）或利用微博工具，推送其服务，或与用户互动。

微信推送：通过公众号、视频号推送一些消息，现在中国的图书情报机构一般都有自己的微信公众号、视频号，让关注此公众号、视频号的用户都能看到消息，并进行留言、互动。

2．移动化应用

移动化应用服务是指通过开发移动端应用，提供图书检索、借阅、续借、预约等功能，实现用户的移动化访问和服务。

3．智能化咨询

智能化咨询服务是指通过引入智能客服系统或聊天机器人，为用户提供 24 小时在线的咨询服务，解答图书馆使用和借阅等相关问题。例如，有图书馆在书架上安装了杭州知书科技有限公司的智能书架屏，读者遇到问题，可一键呼叫馆员，无需跑服务台，享受个性化的咨询服务和帮助。

3.4 基于文献检索的科技查新

3.4.1 查新的概念与特点

1. 查新简介

取代原规范性文件《科技查新规范》（国科发计字〔2000〕544 号，2003 年已作废）的国家标准《科技查新技术规范》（GB/T 32003－2015）于 2015 年 9 月 11 日发布、2016 年 4 月 1 日实施。据此国家标准，"查新"即"科技查新"，是以反映查新项目主题内容的查新点为依据，以计算机检索为主要手段，以获取密切相关文献为检索目标，运用综合分析和对比的方法，对查新项目的新颖性做出文献评价的情报咨询服务。

查新是文献检索和情报调研相结合的信息研究工作，已渗透到社会科技发展、技术创新的各个层面，成为博士论文开题和新产品鉴定、成果转化、科技进步奖申报、创新基金申请、专利申请和科研立项等的重要环节。现在，科技查新工作已成为图书馆或情报信息机构提供的一项重要的科技信息咨询与服务项目，并已推向市场。

2. 查新的基本术语

根据国标《科技查新技术规范》，下面对几个基本术语进行介绍。

（1）查新点：需要查证的科学技术要点，能够体现查新项目新颖性和先进性的特征点。每个查新点应清楚、准确，突出一个技术主题或技术特征。

（2）科学技术要点：查新项目的主要技术内容，包括所属科学技术领域、研究目的、技术方案和技术效果。科学技术要点须包含查新项目的查新点。

（3）新颖性：在查新委托日或指定日前查新点未在境内或境外公开出版物上发表过。专利还包括在提出申请日之前，由他人提出过申请，并在申请日之后公布的专利。

（4）查新范围：查新的专业范围、地域范围和时间范围。

3.4.2 查新的性质、应用与在线查新

1. 与文献检索、专家评审的区别

据目前大家都默认的科技查新规范，查新只对项目的新颖性进行审查，具有科学性、技术性和政策性的特点，有别于文献检索与专家评审。

文献检索主要针对具体课题的需要，仅提供文献线索和相关文献，对课题不进行分析和评价，侧重于相关文献的查全率。查新是文献检索和情报调研相结合的情报研究工作，它以文献为基础，以文献检索和情报调研为手段，以检出结果为依据，通过综合分析，对查新项目的新颖性进行情报学审查，写出有依据、有分析、有对比、有结论的查新报告。因此，查新有较严格的年限、范围和程序规定，有查全尤其是查准率的严格要求，要求给出明确的、具有鉴证性的结论。

专家评审主要是依据专家本人的专业知识、实践经验以及所了解的专业信息，对被评对象的创造性、先进性、新颖性、实用性等做出评价。由此可见，查新和专家评审所依据的基础不同，评价的内容也是有差异的。同时两者各有优缺点。评审专家丰富的专业理论知识、实践经验以及对事物的综合分析能力，是一般科技情报人员难以具备和无法代替的；反之，

信息机构所具有的丰富的文献信息资源和现代化检索系统，情报专业人员所具有的一定学术水平、较宽的知识面和丰富的文献情报工作经验等优势，也是评审专家难以取代查新机构的原因。有必要指出，查新机构提供的查新结论只是文献检索、情报调研等方面的结论，只是较系统、较准确的客观依据和情报学评价，而不是全面的成果评审结论。

2．查新的具体应用

现在的科技查新工作已由传统的新颖性查新，发展到针对不同需求的水平查新、专利侵权查新、引文查新、知识产权状况分析等多种类型，具体的应用包括博士论文开题、评审，科技立项，科研成果鉴定，申请专利，奖励申报，新产品开发，引进技术项目论证等。

(1) 博士论文开题查新：随着我国研究生教育的不断发展，博士生教育在大学教育中的比重和力度逐年增大，而博士生教育的成果集中体现在博士学位论文的学术水平上。开拓性和新颖性是优秀博士学位论文的第一要素，因此，开题查新是必不可少的重要步骤。另外，由于博士学位论文目前实行匿名评审制，博士学位论文须具有真正的新颖性和创造性才能通过匿名评审，这也要求博士论文开题前必须经过查新的程序。

(2) 科技立项查新：科技立项查新是为确定某一课题的必要性、可行性、新颖性而提供的一种客观评价依据。立项查新需要对课题的过去和现在进行调查，弄清境内和境外、前人和他人已经做了哪些工作，取得了哪些成就，最新进展情况如何，存在哪些问题，发展前景如何等，其目的是帮助科研人员认准方向，摸清现有水平，正确立题，正确地制订科研目标和规划，以避免或减少重复劳动，提高选题的针对性，增加成功的机会。

(3) 科研成果鉴定查新：为评价某一科研课题的新颖性、先进性、实用性而向评审专家提供的一种事实依据，目的在于帮助专家公正、客观地评价研究成果，减少失误，保证质量，增强严肃性，实事求是地反映科研水平。

(4) 申请专利查新：主要是针对新颖性的查新。这种查新要根据世界知识产权组织（World Intellectual Property Organization，WIPO）的规定，对美、英、德、法、日、俄、瑞等七国和"国际专利合作组织条约"及"欧洲专利公约"两个组织公布的专利进行检查。此外，还要检索本国的专利及非专利文献。这是最典型的查新检索工作。

(5) 新产品开发、引进技术项目论证：除了对新产品的新颖性进行评审外，更要对其实用性、先进性进行评审，以保证其市场前景。对引进技术项目，查新有助于确定其可靠性及引进后的使用和开发程度。

3．在线查新

目前，除直接委托查询机构外，查新委托也可通过在线平台，如中科院文献情报中心科技查新平台、中信所科技查新分析业务工作平台、科技部西南信息中心科技查新业务平台实现。

3.5　文献原文的获取

通过传统的手工检索工具、联机检索系统、光碟检索、数据库检索等查找文献时，用户一般只能获得一些文献线索，如文献名、著者（编者）、卷、期、文摘等，相对应的原文还须通过其他途径获取。

3.5.1　文献原文获取的途径

在网络环境下，读者不仅可通过所在图书馆的纸质型文献，还可通过所在图书馆的电子全文数据库或互联网上的免费电子资源，数据库商或图书馆提供的文献传递与馆际互借服务，以及机构提供的绝版书或断版书按需出版（Print on Demand，POD）等来获取所需文献的原文。

1．首选本地资源

图书馆、信息中心、资料室等是获取原文的首选，因为用户对自己的馆藏纸质文献或全文数据库更熟悉、更了解，使用起来方便、耗时少、成本低。但在实际过程中由于经费、专业类别等的限制，本地资源的文献保障率不是很高，还需要通过其他手段进行补充。

2．公益性数字图书馆或文献平台

一些公益性数字图书馆，或公益性文献平台，都免费向用户提供原文获取服务。

国家图书馆的"读者云门户网站"汇聚了国家图书馆自建资源、商购资源以及与地方图书馆联合建设和合作建设的资源，内容涵盖图书、古籍、论文、期刊等。网站不仅提供数字化资源的在线阅读/播放服务，还提供特色资源检索、文津搜索、OPAC 检索三大检索的一站式访问。该网站使用指南可浏览在线资源"3.18"。公益性文献平台"抗日战争与近代中日关系文献数据平台""SCI-Hub""Library Genesis"等的介绍与使用指南可浏览在线资源"3.19"。

3．数据库自带的文献传递功能

一些数据库（如读秀、维普的"中文科技期刊数据库"）所附带的文献传递功能，是订购该数据库的读者免费获取非本地文献信息资源的重要途径。目前，这些数据库的传递功能有的是通过机器自动进行的，有的为人工传递，但均为免费的，且没有时间、空间的限制。尽管目前还不能确保 100%获得全文，但随着时间的推移，获得率会越来越高。

4．图书馆的文献传递与馆际互借服务

近年来，图书馆提供的文献传递与馆际互借服务，拓展了文献资源共享的范围，提高了文献尤其是外文原文的保障能力和馆藏利用率，如中国科学院文献情报中心原文传递服务中心的国际文献获取渠道 RapidILL 平台。各文献服务机构均编制了一些联合目录或馆藏目录，如 CALIS 联机公共书目、国家图书馆联机公共目录、北京大学图书馆馆藏目录等，利用这些联合目录或馆藏目录，可了解所需文献原文的收藏单位，然后进行原文索取。这种途径的缺陷是受制于馆藏单位的相关规定、服务时间及服务费用，获得的文献时效性差。另外，联合目录和馆藏目录的信息不完整和不准确，也影响了文献传递服务的效率。

5．特定的文献保障系统

使用特定的文献保障系统进行原文传递目前看来是一种较好的办法，这些由国家或教育系统牵头组建的文献保障机构，起点高、实力雄厚、文献保障数目多、范围广、传送系统安全可靠，能够提供很好的原文保障。如 NSTL、CALIS、CASHL、上海研发公共服务平台等。

通过 NSTL 系统（www.nstl.gov.cn），用户可免费检索题录文摘、有偿提供原文（文献传递）。另外，NSTL 购买的一些网络版期刊和数据库对境内学术型机构免费开放，用户通过机构 IP 登录期刊网站即可查看资源的原文。用户进入 NSTL 网站"全文文献"栏目"全国开通文献"，可获取 NSTL 为全国学术机构免费开通的全部电子期刊列表、各刊的介绍及登录网址。通过 CALIS 的全文获取平台"开元知海•e 读"（www.yidu.edu.cn），或通过其嵌入 NSTL 的"e

得（www.yide.calis.edu.cn）"，可在全国乃至全世界范围查找并索取各种类型的电子或纸本资源全文。交叉使用 NSTL、CALIS、CASHL 等特定的文献保障系统，用户可以很好地获取中外文原文文献。通过上海研发公共服务平台，用户可以免费获取限额的中文文献，进入平台的"求助"栏目，可获取外文文献。

6. 直接与文章作者联系

用户即使不能直接得到期刊原文，但是往往还是能查到作者的相关联系方式（如电子邮箱）。读者可以向作者发电子邮件直接索取原文，不要怕得不到回复，一般来说作者都是很乐意把原文传给求助者的，因为这样又增加了他的文章被引用的概率。

7. 一次文献出版商、商业数字图书馆或按需出版商

目前不少一次文献数据库出版商在开发系统时，增设了为用户提供原文的服务，读者付费即可享受此种服务。另外，还可以通过像蚂蚁图书馆等商业数字图书馆获取原文。蚂蚁图书馆（网址：lib.mayiso.com）含有各种中、西文数据库等资源，并提供境内外一些著名高校图书馆的准入通道，如中国的北京大学、清华大学、台湾大学、香港大学、中国人民大学、华东师范大学，美国的哈佛大学，日本的早稻田大学等。使用方法是：用户先进入蚂蚁图书馆主页，注册一个用户名，登录后选择左侧的"在线购买"，选择会员卡类型，完成支付后即可使用其资源。

8. 论坛、QQ 群、微信群、微信朋友圈、个人微博

现在有很多文献求助专业论坛（如读秀数据库提供的"文献互助"平台），文献求助 QQ 群、微信群，推助学术资源共享者（如洛阳师范学院历史系教师、新浪微博名为"陆浑戎"、被誉为"资源帝"、网络界"雷锋"的王国强博士），如果有找不到的文献也可以到那里求助。

9. OA 资源等免费途径

OA 数字资源是网络上重要的共享学术文献信息资源，是获取学术文献信息原文的一种新模式。OA 的出版模式为：科学家投稿（一般需支付审稿费）→"开放获取"期刊（审稿、组织同行评议）→网络传播→读者（免费）。它与传统出版模式：科学家投稿（一般不支付审稿费）→学术刊物（审稿、组织同行评议）→出版、印刷、渠道→读者（订阅），形成鲜明的对比。国外的一些研究表明，在很多学科领域，OA 文章比非 OA 文章具有更大的学术影响力[5]。文献原文开放获取的途径主要有：OA 期刊、OA 仓储、个人网页、公共信息开放使用（如专利、标准）等。一些典型的 OA 期刊、OA 仓储和免费网站介绍可浏览在线资源"3.20"。

另外，通过一些微信公众号（如"民国老报纸"），也可获取免费的电子资源。

3.5.2 文献原文获取的技巧

1. 文献类型和著录⑦款目的识别

识别出文献的类型、看懂文献著录款目，是查找原始文献时应掌握的最基本技能。经常可以这样来确定文献类型：凡有年份、卷、期号者可初步定为期刊，凡有书名加出版年、出版地、出版商名的可初步定为图书；凡有各国专利号数字的可初步定为专利文献；凡有机构或报告代号加数字者可初定为科技报告；凡有各种标准代号加数字的可初步定为标准；凡有

---

⑦ 著录就是把文献信息的各种内部、外部特征记录下来的过程，其结果就是形成一条目录信息。文献信息被著录后有利于被识别、交流和传播。通过著录的目录信息，用户能方便地获取文献原始信息。

"会议"字样及开会年、月、日者可初步确定为会议录等。

此外，还应明确各种检索刊物收录的文献类型的标准著录格式和著录款项，如著者姓名、文献题名、文献来源出处（刊名、年、卷、期、起讫页码）等项目的位置。

2．国外著者及其地址的查找

《科学引文索引》（*Science Citation Index*, SCI），《化学文摘》（*Chemical Abstracts*, CA），《生物学文摘》（*BiologicalAbstracts*, BA）等检索工具对应的网络数据库的著录格式中均著录了论文第一/通信著者的详细机构及地址。另外，目前很多出版物及数据库都在著者文章后面或题录中的著者地址栏中，著录了著者的电子邮件地址，便于著者与读者在网上快速交流。此外互联网上有很多搜索引擎都为用户提供 People Find 服务，通过该项服务，用户可以查到已上网著者的邮件地址，也可根据著者的单位查找邮件地址。

3.5.3　缩写刊名和拉译刊名的还原

在获取原始文献时，必须先将缩写刊名恢复全称，或将拉译刊名还原，然后才能利用各种书刊目录查找馆藏单位。

1．西文刊名缩写及其还原途径

大部分传统的西文纸本检索工具为了压缩篇幅，在文献线索中著录的刊名一般采用缩写名称。因此，在索取原文时，还必须将缩写还原成全称。解决方法有：

（1）掌握刊名缩写规则，按外文缩写习惯解决，例如：*Mech Eng* 是 *Mechanical Engineering* 的缩写。可参照国际标准 ISO 4:1997(E): *Information and documentation—Rules for the abbreviation of title words and titles of publications*（《信息和文献工作——出版物标题和标题字缩写规则》）。

（2）利用文摘索引数据库或纸质检索工具附录的"文献来源表"或"期刊索引表"，查获刊名缩写的全称。例如，在"Web of Science 核心合集"数据库的"被引参考文献"检索界面，单击"被引著作"检索框后面的"在索引中选择"按钮，再单击"查看缩写列表"（View abbreviation list）超链接（见图 5.3）可获取刊名缩写的全名；在《工程索引》中查到"Arch Ration Mech Anal"时，可利用工程索引的"出版物目录"（Publication List）查出刊名全称为"*Archive for Rational Mechanics & Analysis*"。

（3）查阅有关工具书，如黄家秀主编的《国外科技期刊刊名缩略语辞典（西文部分）》（科学技术文献出版社，1990 版），Gale 公司出版的 *Periodical Title Abbreviations*（《刊名缩写表》，最新版本为 2007 年第 17 版）。

非英语的其他拉丁语系，如德国、法国、丹麦和挪威等国的文字虽属拉丁语系，但个别字母与拉丁字母有差别，如"ä""ö""ü"和"φ"，分别译为"ae""oe""ue"和"oe"。例如，Bähr, G 译为 Baehr G.。

2．非拉丁语系文字音译的识别与还原

欧美等国出版的文献检索工具，为提高排印速度，一般都将非拉丁语系国家（如中国、日本、俄罗斯等国）的出版物名称和著者一律用音译法转换成拉丁化形式。因此，检索出文献线索后，需将音译的拉丁化名称还原成原文名称。

1）中文

根据 2015 年 12 月 15 日颁布的国际标准 ISO 7098:2015(E): *Information and documentation—*

Romanization of Chinese（《信息与文献工作——中文罗马字母拼写法》），中文的出版物名称和著者姓名，一般可按汉语拼音字母读音（刊名按词连写）直接将拉丁字母音译为中文名。但也有采用其他方式的，如威妥玛拼音、邮政式拼音、英文意译、拉丁文等。

威妥玛拼音由威妥玛⑧于 1859 年创制，后来翟理斯（Herbert Allen Giles）加以改良，所以又称威妥玛–翟理斯式拼音（Wade-Giles Spelling System），简称"威氏拼音"。1906 年，基于威氏拼音的中国地名拉丁化拼写系统"邮政式拼音"被推行。威氏拼音、邮政式拼音是清末至 1958 年《汉语拼音方案》公布前，中国和国际上流行的中文拼音方案。威氏拼音历史悠久，符号音值合乎西方人的语感，拼法接近英文，但没有充分考虑汉语的语音特点，沿袭了前人使用送气符号来表示声母的办法；在实际应用中，送气符号常常被省略，因而造成很大的混乱。自 1958 年第一届全国人民代表大会第五次会议正式批准《汉语拼音方案》，尤其是 1978 年《国务院批转关于改用汉语拼音方案作为我国人名地名罗马字母拼写法的统一规范的报告》发布后，威氏拼音、邮政式拼音在中国大陆已被停止使用。1977 年联合国地名标准化会议决定采用《汉语拼音方案》作为拼写中国地名的国际标准，1979 年联合国秘书处决定采用汉语拼音作为在各种罗马字母文字中转写中国人名和地名的标准，1982 年，ISO 颁布 ISO 7098:1982：*Documentation—Romanization of Chinese*（《文献工作——中文罗马字母拼写法》）。这些国际标准的颁布与施行，使汉语拼音在国际上的影响不断扩大，已成为汉字注音拉丁化方案的公认标准。但在英语国家、港台地区⑨、甚至中国大陆，一些约定俗成并在国际上有影响的中国地名、人名和一些机构名、商标名等，则仍使用威氏拼音或邮政式拼音，如香港（Hong Kong）、孟子（Mencius）、北京大学（Peking University）、茅台（Moutai）、太极（Tai-chi）。另外，个别的大陆中文出版物由于已经习惯或为了便于交流也仍采用威氏拼音法音译，如 EI 中的《电子学报》（*Tien Tzu Hsueh Pao*）、《工程热物理学报》（*Kung Cheng Je Wu Li Hsueh Pao*）、《硅酸盐学报》（*Kuei Suan Jen Hsueh Pao*）。威氏拼音和汉语拼音对照表及检索实例可浏览在线资源"3.21"。

2）日文

日文的出版物名称和著者姓名，可用国际标准 ISO 3602:1989(E)：*Documentation—Romanization of Japanese（kana script）*（《文献工作——日文罗马化（假名手写体）》，该标准的详情可参看在线资源"3.22"）逐个字母对译，还原为日文假名。亦可用工具书，如《日本常用姓名地名译名辞典》（南京大学出版社 2007 年版）、《拉丁文音译日文：科技期刊与连续出版物名称对照手册》（书目文献出版社 1982 年版）。前者为查找日本姓名拉丁字母与汉字对照的手册，用户据此可把日本作者的拉丁字母拼音转译为日文作者的姓名；后者为查找日本期刊与连续出版物的拉丁字母刊名与日本刊名对照的手册，用户据此可方便地把日文的期刊与连续出版物的拉丁字母刊名转译为日文刊名。另外，用户还可根据日语假名的罗马字拼写法（如参考商务印书馆 2007 年出版的《实用日汉科技词典（新版）》附录三《罗马字拼写法表》）还

---

⑧ 威妥玛（Thomas Francis Wade），英国人，主要从事外交工作，自 1841 年跟随英军入侵中国后，在中国工作长达 43 年之久。1854 年英、美、法侵略军掠夺上海海关管理权后，任上海江海关首任税务司。1871 年任英国驻华公使。1876 年借口马嘉理案强迫中国清政府签订《烟台条约》，扩大英国在华的侵略特权。1883 年返回英国，1888 年起在剑桥大学任教授，讲授汉语，直至 1895 年逝世。威妥玛在华期间，编写汉语课本《语言自迩集》时创造了以拉丁字母拼写与拼读汉字的方法，即威妥玛拼音。

⑨ 2002 年，中国台湾地区当局出于某种政治目的开始推行以"通用拼音"为基础的统一译音政策，但并未强制要求使用。2008 年 9 月，台湾当局确定中文译音政策由"通用拼音"改为采用"汉语拼音"。

原，但最后还需用其他途径核实。

实例：如何根据英文参考文献获取日文原始文献。其具体案例与检索方法可浏览在线资源"3.23"。

3）俄文

俄文书报刊的刊名如果不用俄文字母（西里尔字母）排印，往往需要用拉丁字母转写，各国的转写方法不同（据统计大约有 20 种）。其中美国、英国、俄罗斯和 ISO 的转写标准的影响较大，各有特点和适用范围，表 3.1 为国际标准 ISO 9:1995(E)中 33 个印刷体小写俄文字母相对应的拉丁字母。

表 3.1　国际标准 ISO 9:1995(E)中俄文字母与对应的拉丁字母

俄文字母	а	б	в	г	д	е	ё	ж	з	и	й	к	л	м	н	о	п
拉丁字母	a	b	v	g	d	e	ë	ž	z	i	j	k	l	m	n	o	p
俄文字母	р	с	т	у	ф	х	ц	ч	ш	щ	ъ	ы	ь	э	ю	я	
拉丁字母	r	s	t	u	f	h	c	č	š	ŝ	″	y	′	è	û	â	

国际标准 ISO 9:1995(E): *Information and documentation—Transliteration of Cyrillic characters into Latin characters—Slavic and non-Slavic languages*（《信息与文献工作：西里尔字母拉丁化转写规则——斯拉夫语和非斯拉夫语》）中的斯拉夫语包括俄语、保加利亚语、白俄罗斯语、马其顿语、塞尔维亚-克罗地亚语、乌克兰语。该标准的表 1（斯拉夫语西里尔字母转写表）中使用了 č、š、ž、ŝ、ë、è、û、â 等加符拉丁字母，从而使其每个字母都有特定的拉丁字母单字母与其对应，其详情可浏览在线资源"3.24"。此外，利用《俄文音译日文 拉丁文音译俄文：科技期刊与连续出版物名称对照手册》（书目文献出版社 1980 年版）可解决俄文工具书中的日文期刊的识别，以及英文工具书中的俄文期刊的识别。

实例：利用 Yandex 搜索引擎查找俄文文献。该搜索引擎简介与利用指南可浏览在线资源"3.25"。

第 4 章　EV 平台与 EI 的检索

EV 平台即 Engineering Village；EI 包括《工程索引》（*Engineering Index*）及其数据库。

4.1　EI 与 EV 平台简介

4.1.1　EI 简介

EI 的全称为 *Engineering Index*，由美国的爱思唯尔工程信息公司（Elsevier Engineering Information Inc.，Ei 公司）编辑出版，其历史可追溯至华盛顿大学的土木工程教授博特勒·约翰逊（John Butler Johnson）博士于 1884 年 10 月编写的工程技术方面的索引 "Index Notes"（索引札记）。这种起初作为美国《工程师学会联合会会刊》（*Journal of the Association of Engineering Societies*）中的一个专栏，现已成为世界上著名的、最完整的工程技术类综合性、评价性文摘型检索工具，其产品 Compendex 也已成为重要的二次文献数据库。

4.1.2　EI 与 EV 的发展

1884 年，EI 前身 "Index Notes" 专栏出版；1892 年，《近期工程文献叙述索引》（*Descriptive Index, Current Engineering Literature*）出版，这就是 EI 的第 1 卷；1896 年，1892—1895 年的累积本出版，且刊名正式改为 *Engineering Index*，这是 EI 的第 2 卷，接着出版了第 3 卷（1896—1900 年的累积本）和第 4 卷（1901—1905 年的累积本）；1906 年，美国工程杂志社承接了出版业务，将 EI 脱离汇刊，单独出版，改为年刊，刊名相应改为《工程索引年刊》（*Engineering Index Annual*）；1918 年，美国机械工程师学会（American Society of Mechanical Engineers，ASME）购买了 EI 的所有权，与工程科学图书馆协作，每年以该馆定期收到的工程技术出版物作为报道来源，加工出版，并在原刊名前加上 "The"，正式定名为 *The Engineering Index Annual*；1928 年《工程索引》卡片（Card-A-Lert）出版；随着工程文献的不断增加，1934 年，专门成立了工程索引公司（Engineering Index Inc.），负责《工程索引》的编辑出版；1962 年，《工程索引简报》（*The Engineering Index Bulletin*）开始出版；1967 年，首种 EI 数字化出版物工程索引磁带（Current Information Tape for Engineers，CITE）发行；1968 年，《工程索引简报》改名为《工程索引月刊》（*The Engineering Index Monthly*）；1969 年，CITE 发展为 COMPuterized ENgineering inDEX（Compendex）；1970 年，工程索引缩微胶卷（The Engineering Index Microfilm）开始发行；1975 年，应用于 DIALOG 系统的国际联机检索数据库 Compendex 创建；1981 年，工程索引公司更名为工程情报/信息有限公司（Engineering Information Inc.）。1984 年，EI 只读光碟 Compendex（与印刷版 EI 的内容一致）出版；1985 年，《工程会议索引》（Engineering Conference Index，ECI）出版；20 世纪 90 年代后，EI 只读光碟扩充版 Ei Page One 光碟数据库问世；1992 年，EI 开始收录中国期刊；1995 年，建立基于互联网的工程信息村（Engineering Information Village，Ei Village），同时出版互联网数据库 Ei Compendex Web（由

Compendex 光碟数据库与 Ei Page One 光碟数据库合并而成）；1998 年，Ei 公司由爱思唯尔公司控股，更名为 Elsevier Engineering Information Inc.；2000 年，Ei Village 改称 Ei Engineering Village，2001 年由于系统改版，更名为 Ei Engineering Village 2（简称 EV2），2007 年又改名为 Engineering Village（简称 EV）。2003 年，EI 期刊回溯数据库（1884—1969）问世。2006 年起，Compendex 光碟版停止出版。2007 年，EnCompassLIT & PAT、Chimica & CBNB 和 PaperChem 数据库移到 EV 平台。2012 年 7 月 18 日，EV 平台升级。2015 年，增加博士学位论文（Dissertation）数据。2017 年，增加了图书和标准数据，同年 8 月，一框式检索的 EV 新界面启用。

1992 年，Ei 公司中国信息部（办公地点设在机械工业信息研究院）成立；1998 年 11 月，Ei 公司在我国清华大学图书馆建立的 Ei 工程信息村中国镜像站正式对外服务；2003 年 1 月 1 日，Ei 中国官方网站（www.ei.org.cn）正式开始运行（现已改为非 EI 中国官方网站"EI 学术科研网"）；2010 年 5 月 5 日，清华镜像站点停止使用，中国用户全部通过国际站点（www.engineeringvillage.com）访问 EV。2021 年 6 月 17 日，民营企业郑州卓青睿科技有限公司注册微信公众号"Compendex 工程索引"（2021 年 9 月 18 日改名为"工程索引"）。

4.1.3　EV 平台——Ei 工程信息村

1．概述

随着互联网的不断普及，为了及时提供周到的在线服务，使读者通过互联网使用 EI 和其他科技信息资源，Ei 公司于 1995 年建立了基于互联网的 Ei Village。Ei Village 目前使用的是 2017 年启用的 EV（一框式检索界面）。

2．EV 的特色

EV 是 Ei 公司开发的互联网工程信息服务系统，是一个以 Compendex（即"EI 数据库"）为核心的、集多种数据库检索、多种信息服务为一体的基于互联网的大型信息检索集成系统。该系统通过综合数据库将工程研究提升到一个更高的层次；其数据库收录权威的可用工程资源，能够回答与时俱进的问题，涵盖从理论到应用、从基础到复杂的方方面面。作为一款检索利器的 EV，其特色主要体现在：①有效筛选和分析，即提供多种字段，支持精确检索，并可做成图表；②通过叙词表及检索可获取知识图谱；③为工程科研人员提供优化的数值检索功能；④工程研究档案（Engineering Research Profile，ERP）可一键获取机构 EI 收录概览。

3．检索会话

在一段检索会话（Search session）期内，EV 将持续跟踪并暂存用户在检索中输入的检索式，用户可在此段检索会话期内查看检索历史和检索结果。检索结束后，用户如想保存检索式和检索结果，则必须将其保存在个人的账户中，否则，本段检索会话期间的检索式和检索结果都将丢失。用户可以在屏幕上方"Search history"下拉框中单击"View all results"进行操作。如果匿名用户一次检索处于非激活状态超过 30 分钟，此段检索会话将自动结束。

4．EV 的主要服务与功能

EV 上有一些对于工程技术人员来说极有价值的网址及其链接，在世界范围内收集、筛选、组织工程类型的网络信息资源，使大量无序的信息增值后成为产品，向用户提供便捷式服务。其主要服务与功能包括：

（1）数据库检索服务。目前系统提供 Ei Compendex（含 Ei Backfile）、US Patents、GeoRef、

INSPEC®（含 Inspec Archive）等 10 多种工程文献和专利数据库（须另外订购）的跨库检索服务。这些数据库的简介可浏览在线资源"4.1"。

（2）个人化功能（My profile）与文件夹（Folders）。EV 支持用户注册个人账号。登录个人账号后，用户可进行个性化功能设定，如修改个人资料、更改密码、查看/更新已储存的检索结果及邮件提醒（每个账号一次可储存 260 个保存的检索及邮件提醒；提醒可选择仅限最近出版、每周或每 4 周的频率接收）、查看/更新/移除文件夹。在文件夹中，可查看文件夹内的文章、编辑文件夹名称或删除文件夹；每个账号可建 10 个文件夹，每个文件夹可储存 100 笔记录。

（3）原文服务。EV 提供全文链接（需有该文的访问权）、馆藏链接（需申请添加）的功能。

（4）RSS 订阅功能。输入自订的检索条件后，在检索结果页面单击"RSS Feed"按钮就可在 RSS 阅读器中取得每周更新的检索结果，每次更新将提供多达 400 条文献。

（5）分享功能。在检索结果页面和单笔全记录页面中，均可以看到分享（Share）按钮，单击它可以分别复制检索结果或所选文献的链接，将所选文献发送到指定的电子邮箱中。

（6）对检索结果进行去重。如果在检索中选择了多个数据库，EV 可能会从它们中检索出相同记录；EV 的"去重（Remove duplicates）"功能（仅适用于 Compendex、Inspec、GEOBASE、Chimica、GeoRef 和 PaperChem），将从结果的前 1000 条记录中删除重复记录，避免多次操作。

（7）在线咨询。单击系统中 ⑦ ∨ 按钮，在展开下拉菜单中单击"Contact Us"，可通过电子邮件、聊天、电话等方式向图书馆员、EV 产品专员等询问相关问题。

EV 平台的详细介绍可浏览在线资源"4.2"。

4.2 Ei 系列文献概要

4.2.1 Ei 产品的出版类型

目前，Ei 产品的形式有：Compendex 数据库、检索辅助工具、最新文献报道数据库等基于 EV 平台的产品。曾有印刷版和机读版两类，其中前者包括《工程索引年刊》（*The Engineering Index Annual*，2008 年起以 DVD 形式出版），《工程索引月刊》（*The Engineering Index Monthly*，2009 年起以 DVD 形式出版），每 3 年一次的累积索引，《工程信息叙词表》（*Ei Thesaurus*）等。

4.2.2 EI 来源期刊简介

2009 年之前，EI 来源期刊分为全选刊、选择刊和扩充收录刊；原印刷版或 DVD 版 EI 的内容为全选期刊和选择期刊（即"Ei 核心期刊"），而 Compendex 则包括上述三个层次的全部期刊：① 全选期刊：当时 Ei 公司副总裁彼得·卡茨（Peter Katz）认为："这些（主要是化学工程，土木工程，电子/电气工程，机械工程，冶金、矿业、石油工程，计算机工程和软件等工程学科）是 Compendex 数据库的'核心'领域。"全选期刊每期所有论文均被录入原印刷版或 DVD 版 EI、Compendex 数据库。境内的《金属学报》《清华大学学报》等为全选期刊。② 选择期刊：印刷版或 DVD 版 EI、Compendex 数据库选择性收录的学科有农业工程、工业工程、纺织工程、应用化学、应用数学、应用力学、大气科学、造纸化学和技术、人类工程

---

⑩ INSPEC 数据库对应的传统文献为印刷版 *Science Abstract*（《科学文摘》）。该数据库也可通过专用平台 Inspec Direct 或 Web of Science 平台和 EBSCOhost 平台访问。

学、工程管理学、高等学校工程类学报等，EI 只选择与其主题范围有关的文章。中国以上学科的期刊大多数为选择期刊，故发表在 EI 来源期刊的论文不一定会被 EI 收录。③ 扩充期刊：只以数字形式收录于 Compendex 数据库的期刊。开始时只收录题录信息，后来也给出文摘，但数据标引格式与 EI 收录的全选和选择期刊有所区别。不过，扩充期刊也会进行分化，少数提升为选择期刊，部分被淘汰。2009 年起，扩充期刊不再被收录，如《上海理工大学学报》。

4.3 EI 数据库检索

4.3.1 EI 数据库的发展

自 1884 年至 2010 年，EI 均按时出版印刷版/DVD 版月刊及年刊。随着计算机技术的发展，20 世纪 60 年代末，开始出版磁带版 Compendex 电子数据库，并可通过 DIALOG、DATA-STAR、ESA-IRS、OCLC 等大型联机系统提供检索服务。20 世纪 80 年代，开始出版光碟版 Compendex 电子数据库；1995 年以来，提供网络版电子数据库 Compendex，同时开始研究基于互联网环境下的集成信息服务模式，即推出了综合性项目 EV。1998 年 11 月—2010年 5 月，Ei 公司在我国清华大学图书馆建立了 EV 中国镜像站；2010 年 5 月，EV 中国镜像站关闭，中国用户全部通过 EV 国际站点访问 EI 数据库。

4.3.2 EI 数据库简介及其核心与非核心文献的识别

1. EI 数据库——Compendex 简介

EV 系统中，检索 EI 文献线索的数据库为 Compendex。其前身为 Ei Compendex Web（2003年以前的 EI 网络版），由 Ei Compendex 光碟数据库和 Ei Page One 光碟数据库合并而成。Ei Compendex Web 包括起始自 1969 年的 Ei Compendex 数据和起始自 1990 年的 Ei Page One 数据，其数据来自 5100 多种工程期刊、会议论文集和技术报告，其中约 2600 种为 Ei 核心期刊（Ei Compendex 光碟版部分）。20 世纪 90 年代以后，该数据库又新增了 2500 多种 EI 非核心（外围）文献来源（Ei Page One 部分）。2000 年，Ei Village 升级为 Ei Village 2。2003 年，Ei Village 2 检索平台中的 EI 网络版数据库——Compendex，集成了 Ei Compendex 光碟数据库和 Ei Page One 数据库的资源，为用户提供功能更强大的工程信息检索服务。

目前，EI 数据库（含 Ei Backfile）侧重提供应用科学和工程领域的文摘索引信息，已没有核心和非核心文献之分，但有主体收录（即连续出版物，SERIALS）和非主体收录（即非连续出版物，NON-SERIALS）之分。主体收录出版物分为期刊（Journal）、会议刊物/论文集（Proceeding）、图书/丛书系列（Book Series）、行业期刊（Trade Journal），非主体收录包括会议论文集（Proceeding）和图书（Book）；其目录列表查看，可单击 EV 平台首页下方的"About Engineering Village"链接进入"EV"页面，单击该页"Inside Engineering Village"下的"Compendex"链接，单击"What does Compendex cover?"下的"View source list"链接即可获取 Excel 目录文件（或关注"工程索引"微信公众号并在后台发送信息"EI"）。此 Excel表中含有 SERIALS，CHINESE JRS on SERIALS LIST（国产 EI 期刊，如截至 2025 年 4 月 2日 EI 数据库收录的国产 EI 期刊为 365 种），以及 NON-SERIALS 等工作表。Compendex 收录的国产期刊，也可通过"维普中文期刊服务平台"（lib.cqvip.com 或 qikan.cqvip.com）浏览或查询。具体步骤为：登录平台→期刊导航→国内外数据库收录→工程索引。EI 数据库收录的文献主要有 2 种类型：期刊论文（简称 JA，多用于研究生毕业、评职称和项目结项）和会议论文（简称 CA，出版检索时间比较快），也有科技报告、学术专著、学位论文、标准，但无专利文献。

EI 数据库主体收录的期刊、会议论文集等都经过严格挑选，以保证 EI 的质量，现已成为国际上评价大学和科研机构学术水平及科研能力的重要指标之一。其期刊、会议论文集收录标准的详细信息可浏览在线资源"4.3"。

2．EI 数据库中核心文献和非核心文献的区分

EI 数据库的数据曾经有核心文献（相当于原纸质/DVD 版 EI）和非核心文献（对应于 EI 扩充期刊）之分。

1）核心文献

EI 数据库核心文献的数据内容全面，有索引（Indexing）项（即 2023 年新增的目录功能）；主要包括：分类码（Classification codes），主标题词（Main heading），受控词（Controlled terms），非受控词（Uncontrolled terms，即"自由词"）等。其中，分类码、主标题词、受控词等需要专业人员单独给出，即核心部分的所有文献都经过标引人员的深加工。

2）非核心文献

非核心文献是 EI 数据库于 2009 年之前收录的，记录中没有索引（Indexing）项，即没有主标题词、受控词和分类码；部分数据带有英文文摘和第一作者单位（First author affiliation）。此类文献不需要任何专业人员再做工作。

3）EI 数据库中核心文献和非核心文献的识别准则

对 EI 数据库的检索结果，核心和非核心文献的主要区别在于：检索结果数据中是否有索引（Indexing）项，即是否有主标题词（Main heading）、分类码（Classification code）、受控词（Controlled terms）等；有索引项内容的数据是核心文献，反之是非核心文献。

4）EI 数据库的核心文献、非核心文献示例与 EI 文章检索号的查询

下列论文为已整合摘要页面和详情页面的 EI 核心文献：

71

新增的目录栏，以便用户快速概览并准确定位信息

EI 核心文献记录的 Indexing 项显示经过标引人员深加工的 Main heading、Controlled terms 和 Classification codes 等

下例论文为已整合摘要页面和详情页面的 EI 非核心文献：

论文类型

（新增的）目录栏

编录号（指定给 Compendex 数据库每个记录的唯一号码，其中左起的 1—4 位数代表出版年份，5—6 位数代表出版月份），亦即通常所说的"EI 文章检索号"

4.3.3　EI 数据库的检索方法

EI 数据库（即 Compendex）的用户，可通过"机构登录""IP 登录"或"CARSI 服务"进行使用。对于中国用户，通过"机构登录"或"CARSI 服务"访问时可使用中文或英文检索到相关的机构名称，通过个人用户在该机构中拥有的用户名进行账号登录，使用数据库。用户需注意，目前 EI 库数据更新时，个别被剔除的期刊一同消失的还有最近几期的发文数据。

1. 检索方法

基于 EV 平台的 EI 数据库至少有六种检索方法：快速（Quick）检索、专家（Expert）检索、叙词（Thesaurus）检索、作者（Author）检索、机构（Affiliation）检索和会议（Conference series）检索（测试版）（见图 4.1），其中后者为 2023 年 10 月新增。另外，2018 年新增的 EI

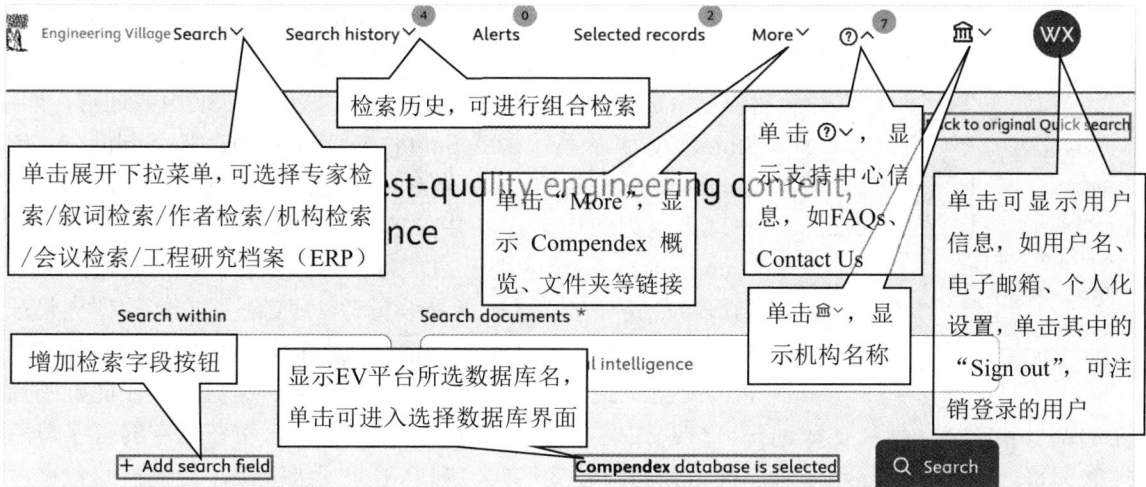

图 4.1　用户登录下的 EI 数据库默认检索界面

"工程研究档案"（Engineering Research Profile，原为 Engineering School Profile），可查询某研究机构的基金来源、出版去向、杰出作者、最强学科等，从而为机构管理者、研究者、学生提供相关信息，其详情可浏览在线资源"4.4"。

1）快速检索

EI 数据库默认的界面即为加强版快速检索界面（2024 年 5 月上线），单击其中的"Back to original Quick search"即切换到之前的快速检索界面（见图 4.2）。。

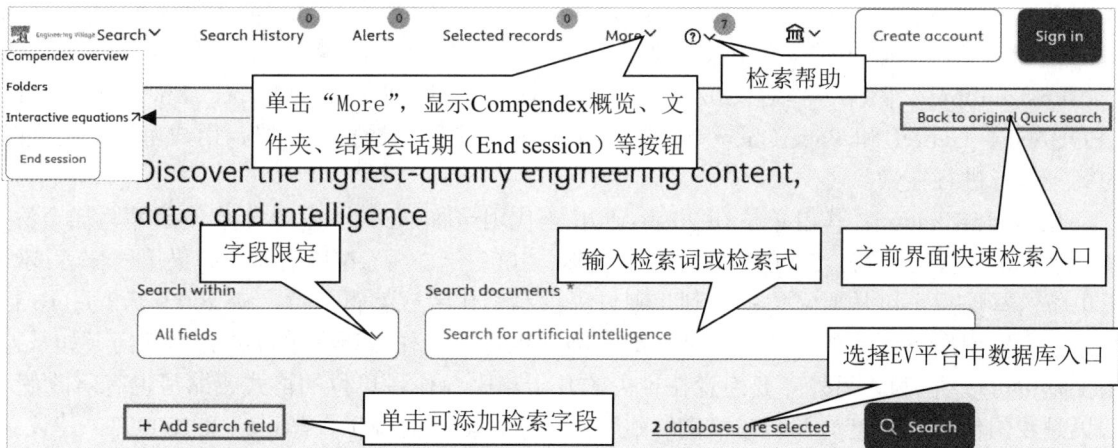

图 4.2　匿名用户的加强版快速检索界面

快速检索方式允许用户选择字段后键入检索词或检索式，还可以添加检索字段，并可进行组配检索，即用户可以选择 AND、OR 或 NOT 逻辑算符连接快速检索界面的多个检索字段。

（1）检索字段。用户可在 Abstract、Author、Title 等 23 个字段中选择一个字段（见图 4.3）。

All fields：EV 系统中 Compendex 全部著录项目，为默认字段。

Subject/Title/Abstract：检索将在文摘、标题、标题译文、主题词表、标引词、关键词等字段中进行；检索词可为词、词组或短语。

图 4.3　检索字段

Author：论文原文作者，输入时姓在前，接着是逗号，然后是名（不包括头衔，如 Sir 、Mister 或学位等）；1976 年以后，如果文档中没有个人作者名，则将单位作者名放入作者单位栏，而在作者栏显示 Anon；作者名后可以使用截词符，如：Smith, A*表示系统将就 Smith, a., Smith, A. A., Smith, A. B, Smith, Aarom, Smith, Aaron C 等作者进行检索。另外，编辑或整理人也列在作者栏，并在名字后用带括号的符号（ed.）或（compiler）以示区别于通常意义上的作者；如果要检索的姓名既可能是作者，又可能是编辑者，或者是某文档的搜集整理人，只需在已知姓名部分后面加上截词符号（ed.）或（compiler）。如作者的姓为复姓，须在此姓的后面加逗号和空格，然后加截词符"*"；如果希望检索的结果更加精确，可在名字的首字母后加截词符。如果记录显示作者的姓名为超级链接形式，则单击此超级链接，将检索此数据库中该作者的所有文献。用作者字段检索时可参考索引表。但是，在检索中国作者时，为了查阅某作者全部的文献线索，往往要输入作者姓名所有可能的著录形式。例如，作者"张文豪"可能的著录形式有：zhang, wenhao（一般）；zhang, wen-hao；zhang, wen hao；zhang, wenhao；zhang, w.h.；zhang, w. h.；zhang, w.；wenhao zhang（较少）；wen-hao zhang；wen-hao z.；wenhao z.；zhang wenhao；zhang wh；zhang w-h。作者"李岩"可能的著录形式有：li, yan（一般）；yan, li；li, y；yan, l（较少）等。若要检索张文豪发表的论文被 EI 收录情况，可编辑如下两种检索式：①zhang w* or wenhao z* or wen hao z*（全面，但检索结果范围较大，会出现大量无关作者）；②zhang wenhao or zhang wen hao or zhang wen-hao or zhang w h or zhang wh or wenhao z* or wen-hao z*（检索结果准确度较高，但有可能会出现漏检）。

First author：文献第一作者。2021 年 12 月新增字段，EV 平台上的 Inspec、EnCompassLIT、GEOBASE、Georef 和 PaperChem 数据库也新增了该字段。选择该字段，用户可以限定文献的第一作者进行搜索。

Author affiliation：作者单位在 20 世纪 70 年代用全称，20 世纪 80 年代使用缩写加全称，20 世纪 90 年代用缩写，2000 年后大多用全称。2009 年 3 月 16 日以前，如果第一作者或编辑单位这些信息可以从原文件中得到，则只提供第一作者或编辑单位；从 2009 年 3 月 16 日开始，则给出所有作者的单位。此外，如可能，也将给出作者所在单位的具体部门（如从原始文献中可以得到）。另外，要注意在过去的几十年中，作者单位的格式或缩写也有所改变。如果是我国作者，也可输入所在单位的邮编来检索，如上海理工大学可输入 200093。建议采用检索式，仍以上海理工大学为例："univ* of shanghai for science and technology" or 200093。2024 年 5 月新上线的加强版有单独的机构组合检索功能。

Publisher：可以确定出版商或搜索某一出版商所出版的期刊。但注意查找出要检索的出版商名称所有的不同形式（可以参考"浏览索引"中的出版商索引）。

Source title：可以确定出自用户研究领域中的书刊名，如期刊、专著或会议论文集。如要检索某特定的书刊，用引号把其名引起来。有时书刊名可能会有所变化，此时最好使用"浏览索引"中的书刊名索引。

Title：文献的标题。检索时可以输入词、词组或短语，例如，radio frequency；如果标题是其他语种，须译成英文；若使用其他语种进行检索，则会出现漏检现象。

Controlled term：受控词。来自 Ei 叙词表，它从专业的角度将同一概念的主题进行归类，因此使用受控词检索比较准确。

Un-controlled term：非受控词，即"自由词"。

Country of origin：可以用来限定出版物或专利的来源国家或地区。

（2）浏览索引（Browse Indexes）。

在以前和题录检索结果界面，可提供"作者（Author）""作者单位（Author affiliation）""受控词（Controlled term）"和"书刊名（Source title）"等 7 个索引词表，选中一个，单击后便可到相应的索引词表中查看，然后点选索引词，将其粘贴到检索窗口进行检索。粘贴到检索窗口内的检索词默认用 OR 连接，也可人工把 OR 编辑成 AND 或 NOT。

（3）检索规则。

输入规则：检索词书写大小写均可，输入框按顺序键入。

逻辑算符：逻辑算符用 AND、OR、NOT 表示。

词根检索：在快速检索中，系统自动执行词根检索（作者字段除外）。如输入 management 后，系统会将 managing、manager、manage、managers 等检出（见图 4.4）；取消该功能，需在之前界面或检索结果界面中选取"Autostemming off"，则检索结果会减少（见图 4.5）。

图 4.4　使用词根检索功能

图 4.5　取消词根检索功能

截词符：用星号"*"表示，放置在词尾，如：comput*可以将 computer、computerized、computation、computational、computability 等作为检索词。

精确检索：做精确检索时，词组或短语需用半角引号或大括号括起（见图 4.6）。

特殊字符：除了 a–z, A–Z, 0–9, ?, *, #, ( ) 或 { } 等符号外，其他符号均视为特殊符号，检索时将被忽略，除非用引号或大括号将其标示出来，如：{n<7}。

停用词：如果用短语检索时，允许句中使用停用词（and、or、not）。但该语句必须用半角引号或大括号标示出来。如：{block and tackle}，"water craff parts and equipment"。

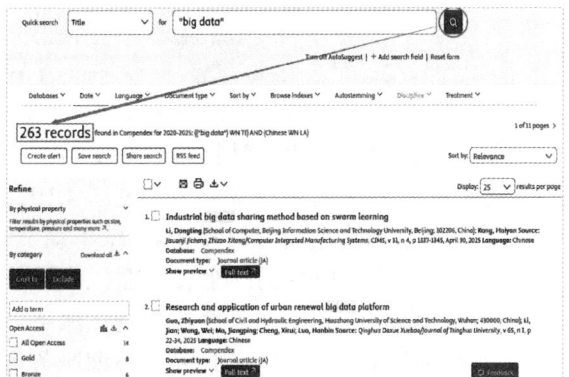

图 4.6　精确检索功能

(4) 检索实例。

例如：检索 carbon nanotubes。

第一步：输入检索词"carbon nanotubes"（见图 4.7）；

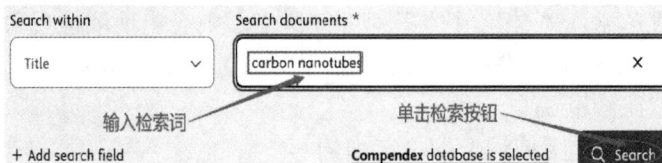

图 4.7　检索实例（匿名用户）

第二步：单击检索按钮，出现题录（Citation）检索结果的浏览界面（见图 4.8）；

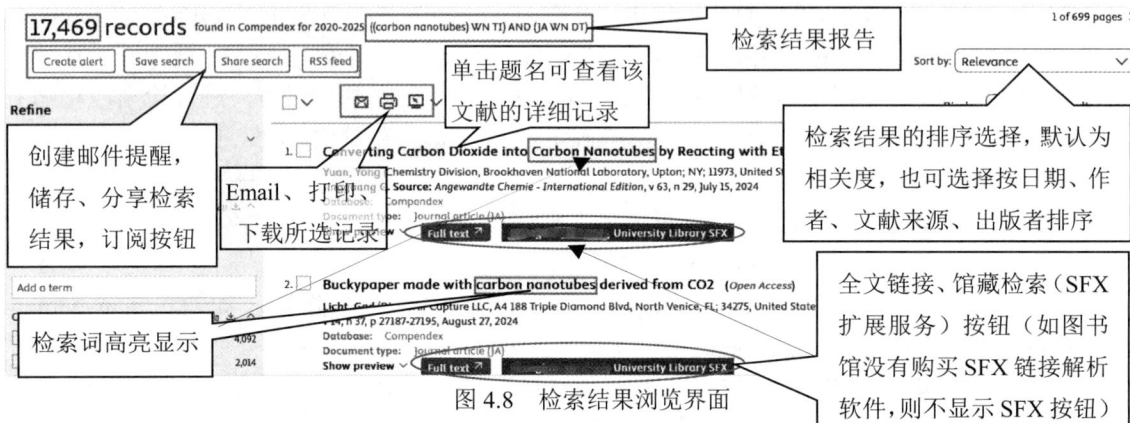

图 4.8　检索结果浏览界面

如果需要打印某文献的详细记录，只需在题录检索结果页面选中目标文献，单击 🖶，出现"Print records"对话框后选"Detailed record"即可（见图 4.9）；如果是选"Abstract"，则打印摘要记录；如果是选"Citation"，则打印引用文献记录。

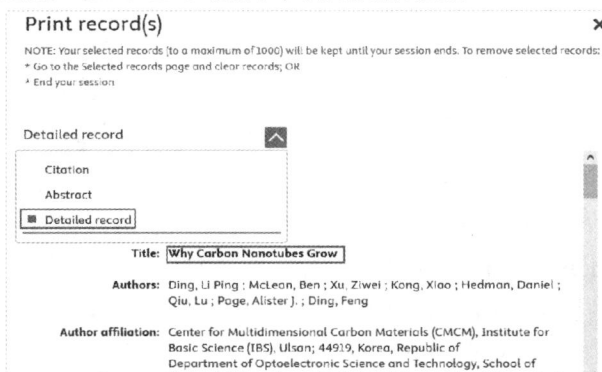

图 4.9　所选文献的打印详细记录页面

第三步：单击某"文献标题"超链接，可跳转到该文献的全记录页面（有折叠面板，整合了之前的文献摘要和详情页面，见图 4.10）。

单击检索结果页面（见图 4.8）或单篇文献全记录页面（见图 4.10）中的"Full text"按钮，可链接到用户所订阅的全文页面。如果单击 SFX 按钮，可连接到图书馆的 SFX 服务器，将提供和这条记录相关的最合适的链接服务，比如全文服务、查看期刊影响因子、查看同一作者的其他论文、文献传递服务、咨询服务等。如果 Full text 不能获取全文，可通过 SFX 查看是否可获得全文，该服务不仅可链接到图书馆订购的期刊出版商的全文，还可以链接到图书馆订购的其他全文数据库（比如 EBSCO、ProQuest）平台所提供的全文，所以提供的全文比 Full text 更多。

图 4.10　文献的全记录显示页面

2）专家检索

专家检索（即高级检索）允许用户将检索词限定在某一特定字段进行，同时可以使用逻辑算符、括号、位置算符、截词符和词根符等；也允许用户使用逻辑算符同时在多个字段中进行检索。系统将严格地按输入的检索式进行检索，不自动进行词根运算。

（1）检索规则。

简单检索中的规则适用于专家检索。使用专家检索时，应在检索词后加入字段说明，否则系统默认在全字段检索。专家检索输入格式举例：

"linear induction motors" wn KY；(Bers D*) wn AU；{X-ray spectrometry} wn ST。

注意，wn 表示检索词限定在一个字段内。

检索式中，可以同时完成各种限定。例如，diodes wn TI and ca wn DT，"international space station" wn TI and French wn LA，Apr 13 1992 wn CF。

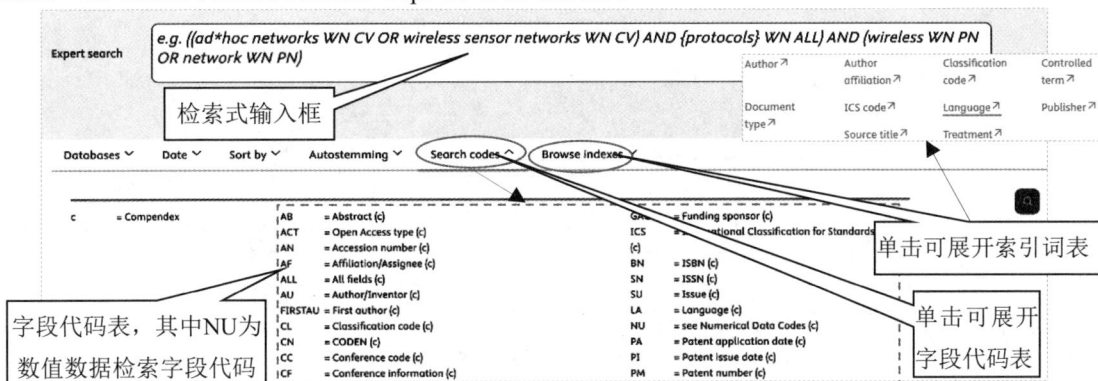

图 4.11　专家检索界面

（2）浏览索引。提供的词表包含"作者（Author）""作者单位（Author affiliation）""受控词（Controlled term）""书刊名（Source title）""国际标准分类码"（ICS code）等 10 个词。

（3）OA 文献的查找。

2021 年 6 月起，通过原"Access type"（文献获取类型）的字段代码"ACT"构建检索式，可以检索特定类型的开放获取文献（也可以使用检索结果界面的筛选功能，查找开放获取文献，具体操作步骤参见在线资源"4.5"）。其具体搜索字段值及示例见表 4.1。

表 4.1　各种类型 OA 文献检索字段与对应的检索式示例

检索字段值	细分值	检索式示例
all	所有 OA	(OA wn ACT)
publisherfullgold	Gold（金色）	("black holes" and publisherfullgold wn ACT)
publisherhybridgold	Hybrid gold（混合金色）	(publisherhybridgold wn ACT) and ("vaccine efficacy" in AB)
publisherfree2read	Bronze（青铜）	{wireless charging system} wn TI and (publisherfree2read or publisherfullgold wn ACT)
repository	Green（绿色）	{grid integration} wn TI and (repository or publisherfullgold or publisherhybrid gold wn ACT)
repositoryam	Green（绿色）	(repositoryam wn ACT and "algorithm complexities" wn TI)(("intelligent optimization" wn FL) and (repositoryam or repositoryvor wn ACT))
repositoryvor	Green（绿色）	(repositoryvor wn ACT and "collision prevention" wn TI)

（4）检索实例。例如，检索标题中含有"electromagnetic wave absorption"，2020—2023 年间的所有非优先出版文献。

第一步：确定检索式为"electromagnetic wave absorption" wn TI not {ip} wn DT；

第二步：在检索框中输入检索式，选定时间段，然后单击任一检索按钮（见图 4.12）；

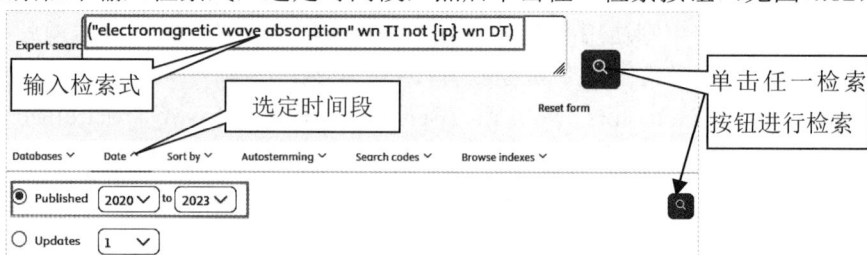

图 4.12　专家检索实例

第三步：在显示的检索记录中选择要浏览的记录（见图 4.13）；

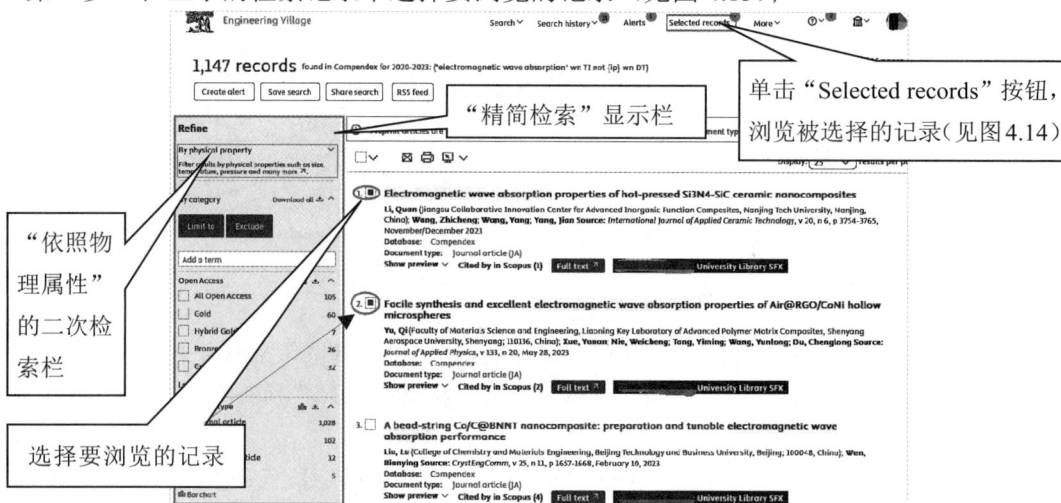

图 4.13　实例检索结果

第四步：单击"Selected records"按钮，浏览被选择的记录（见图 4.14）。

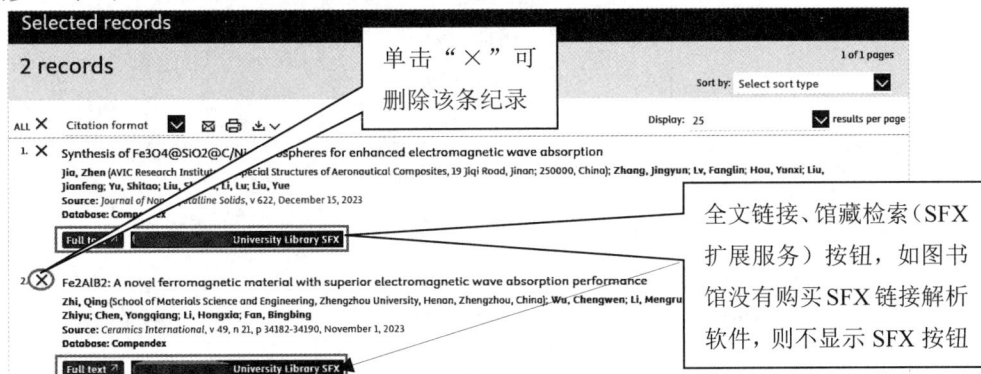

图 4.14　浏览被选择的记录

上述两种检索的详细说明可浏览在线资源"4.6"。

3）叙词检索

叙词检索是用 EI 规范化的词或词组，在主标题词与受控词字段执行检索。EI 主题词选自 Ei 公司编辑出版的《EI 主题词表》，它是规范的工程术语汇编，检索时选用词表中的规范词，检索到的文献针对性比较强，因此，它已成为检索 EI 工具之工具。《EI 主题词表》现在使用的是《工程信息叙词表》（*EI Thesaurus,* EIT）。单击"Search"菜单中的"Thesaurus"标签即可进入叙词检索界面。然后从"Select database"下方选择 Compendex 数据库（词表检索可用于 Compendex、INSPEC、GeoRef 和 GEOBASE 四种数据库。如用户所在的机构只订购 Compendex，系统只会显示 Compendex）。

在输入框中输入想要查询的词，然后选择"Vocabulary search"（词语查询）、"Exact term"（精确词汇）或"Browse"（浏览），单击按钮即可进行相关操作。

（1）词语查询。

查询功能会将输入的词在叙词表中的上位词（Broader Terms）、下位词（Narrower Terms）和相关词（Related Terms）进行查找。词汇将依字母顺序排列。如果输入的词不在词表中，系统会建议使用另外的拼法。在建议的词汇清单中若找到所查询的词，单击词汇前的方框，按下按钮，系统会在词表中开始查找。也可以单击每个词汇的超链接，查看词表中有关该词汇的信息。

（2）精确词汇。

如果知道某个控制词而想要查询该词的上位词、下位词或相关词时，请使用"精确词汇"功能。这个检索功能将直接检索词汇的主要信息。有些下位词和相关词也会有下位词。如果想对某个主题进行广泛的检索，尽可能探索所有可能的途径。例如，对于二极真空管（diodes）的综合研究应包含所有的下位词，而且每个下位词都应该要进一步探究。Semiconductor diodes 的下位词有：Avalanche diodes、Gunn diodes、Light emitting diodes、Photodiodes、PIN diodes、Power semiconductor diodes、Tunnel diodes、Varactors 和 Zener diodes。从 diodes 的记录中无法找到这几个词，必须单击 Semiconductor diodes 一词的超链接，才能够找到并选取这几个词（见图 4.15）。上位词也应选取以便广泛地检索。若利用"精确词汇"查询不在词表中的词，系统会建议使用其他拼写词。单击任一建议词的链接可直接进到词表中的信息。另外，每个词条旁边都有词条释义按钮，通过它可了解该词条进入叙词表的时间、相关分类码和它的释义。

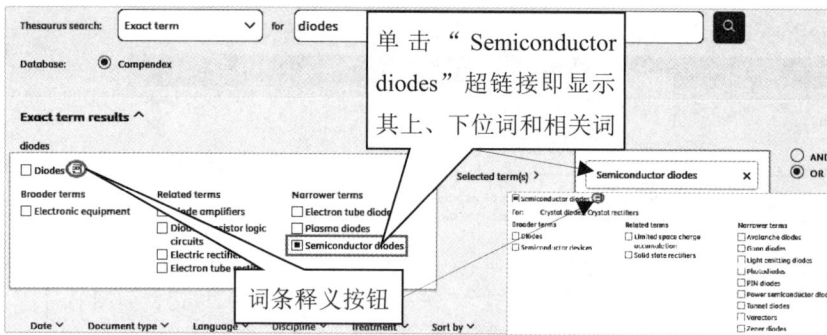

图 4.15 Compendex 叙词精确检索

"Previous"或"Next"可以查看词表中的其他词。

叙词检索的详情可浏览在线资源"4.7"。

4）作者检索与机构检索

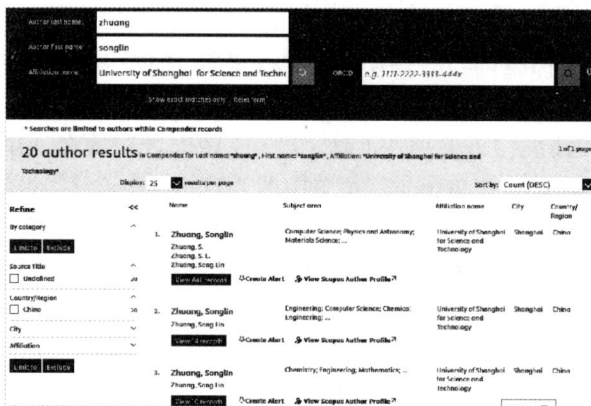

图 4.16 作者检索结果页面

（3）浏览。

浏览指令就好像使用纸本的叙词表。使用浏览功能可看到词汇在词表中依字母顺序排列的位置。例如，在 Compendex 词表中浏览 ships 一词时，可以看到其他词汇。使用

2020 年，EI 数据库推出作者检索和作者隶属机构检索的功能。用户可使用经过标准化/消歧处理的作者、机构记录（即作者索引和机构索引中已有的记录），再利用作者 ORCID 和机构 Institution ID 的限定查询作者和机构信息，进而更精确、更迅速地得到作者和机构的信息。

2023 年 9 月，EI 数据库在机构检索结果页面增加了复选框，用户可合并不存在隶属关系的机构，系统将呈现合并后的文献结果。用户最多可以选择 50 个机构，选中后单击上方"合并机构"（Combine affiliations）按钮，进入专家检索结果列表界面（见图 4.17），合并文献将全部呈现在结果列表中。

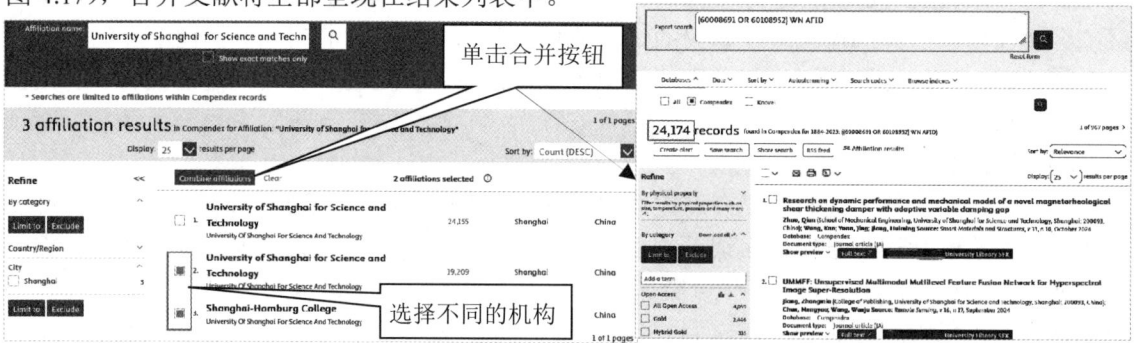

图 4.17 机构检索结果页面

5）会议检索（测试版）

2023 年 10 月，EI 数据库推出该检索功能，目前还在测试阶段，故包含的会议较少。据此，用户可高效、有序地检索某会议活动，并可直接获得该会议的历年举办信息及收录的论文和论文集。进入检索界面后，用户可直接按字母顺序浏览系列会议，也可通过页面顶部的文本框输入标题或缩略语进行检索，或按不同主题缩小检索结果（见图 4.18）。

图 4.18　会议检索界面

2．检索结果处理

1）限制检索

EI 数据库的快速检索和专家检索均提供限制检索的功能，一共有四种限制选项，分别是："文献类型"（Document Type），"处理类型"（Treatment，用于说明文献的倾向性、定位或研究方法及所探讨主题的观点），"语种"（Language）和"年代"（Date）。

快速检索界面的"文献类型"提供"Journal article"（期刊论文），"Conference article"（会议论文），"Dissertation"（学位论文），"Article in press"（待刊论文，即优先出版文章），"Preprint"（预印本，目前 Compendex 中的预印本来自 arXiv、Research Square、TechRxiv 以及 SSRN 的"Applied Sciences and Physical Sciences"合集）等 16 个选项（见图 4.19）；关于 EI 数据库文献类型的详细解读可浏览在线资源"4.8"如要进行"文献类型"的其他限制检索，需在专家检索界面进行。"处理类型"提供"Applications""General review"等 10 个选项（见图 4.20）；"语种"提供英文、中文、德文等 8 个选项（见图 4.21）；"年代"选项可提供自 1884 年至今的任意年代范围的选择。例如，检索上海理工大学黄远东教授 2006—2019 年被 EI 收录的所有第一作者、受中国国家自然科学基金委员会资助的文献。尽管前面提到该数据库的作者有多种写法，但可采用截词符"*"，以三种形式来代替，并用作者单位检索字段来限制，提高查准率：((((Huang Y*) wn FIRSTAU) or ((Yuandong H*) wn FIRSTAU)) and (("University of Shanghai for Science and Technology" or 200093) wn AF) and (national natural science foundation of china) wn GAG)。该例的限制检索步骤如图 4.22 所示，其题录（Citation）浏览页面及对记录进行标记如图 4.23 所示。对标记过的记录，可整页清除或全部清除。

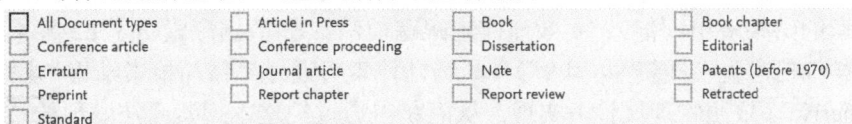

图 4.19　文献类型选项

图 4.20　处理类型选项

图 4.21　语 言 选 项

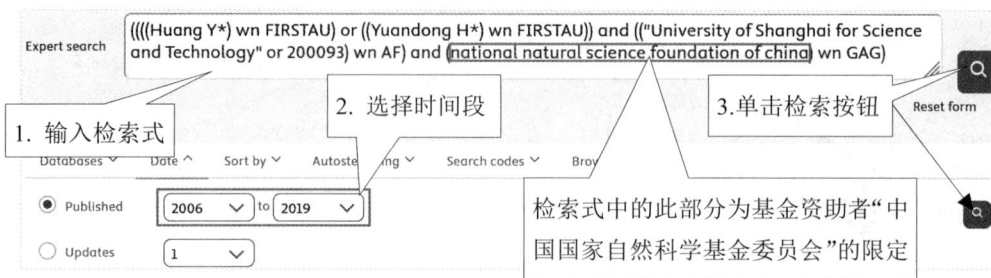

图 4.22　限制检索实例（专家检索）

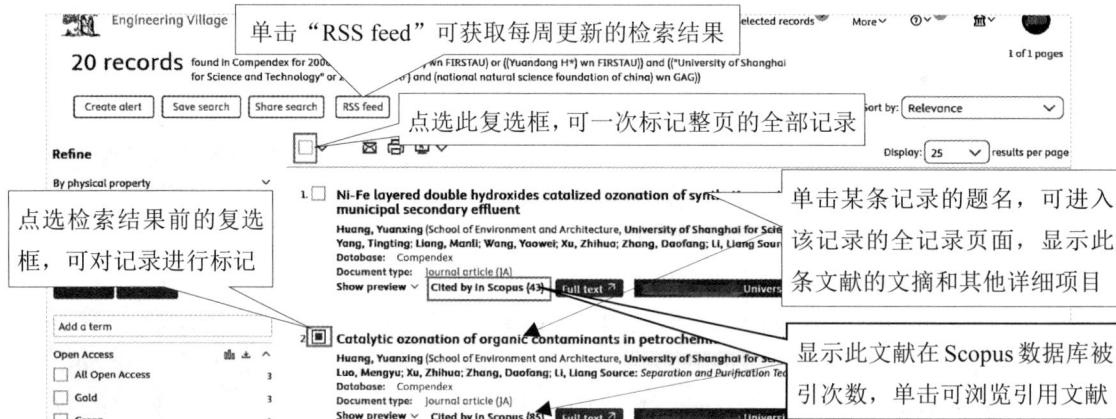

图 4.23　限制检索结果的题录浏览页面

2）精简检索

检索结果页面左边的"Refine"（精简检索结果）栏，可提供二次检索的功能。系统将检索结果依照"类别"（Category）划分为开放存取类型、文献类型、受控词、作者、作者单位、分类码、国家/地区、语言、出版年、来源出版物、出版者、基金资助者等进行分析。用户可通过勾选分析项目或自行输入检索词进行二次检索（见图4.24）；"Limit to"表示限制结果在有勾选的字段，"Exclude"表示排除有勾选的字段。

3）物性检索（Refine by physical property）

数值数据通常为工程文献中最重要的内容。2019 年，EV 平台新增一种特殊功能——数值检索（支持 Compendex 和 Inspec 数据库）。其优势为打破计量单位限制，提高查全率（相比关键词检索的结果多出一倍），高效便捷地跟踪前沿。EI 数据库索引了 62 种不同的物理和化学性质（详细信息见在线资源"4.9"）；其物性检索可通过"精简检索结果"栏上边的"By Physical property"（依照物理属性）实现，从而获得通过纯文本搜索无法发现的文献，助力科学前沿跟踪。例如，想了解当前 7nm 以下的 CMOS（互补金属氧化物半导体）的研究进展情况，可利用此功能实现。具体操作步骤为：①键入关键词"CMOS"，单击检索；②进入检索结果界面，在左边"Refine"中展开"By physical property"，选择"size"，"<="，"7"和"nm"，单击"Refine"按钮，得到的页面如图 4.25 所示；③浏览检索结果，以精准定位所有 CMOS

且小于或等于 7 纳米的研究信息。

图 4.24　精简检索结果页面

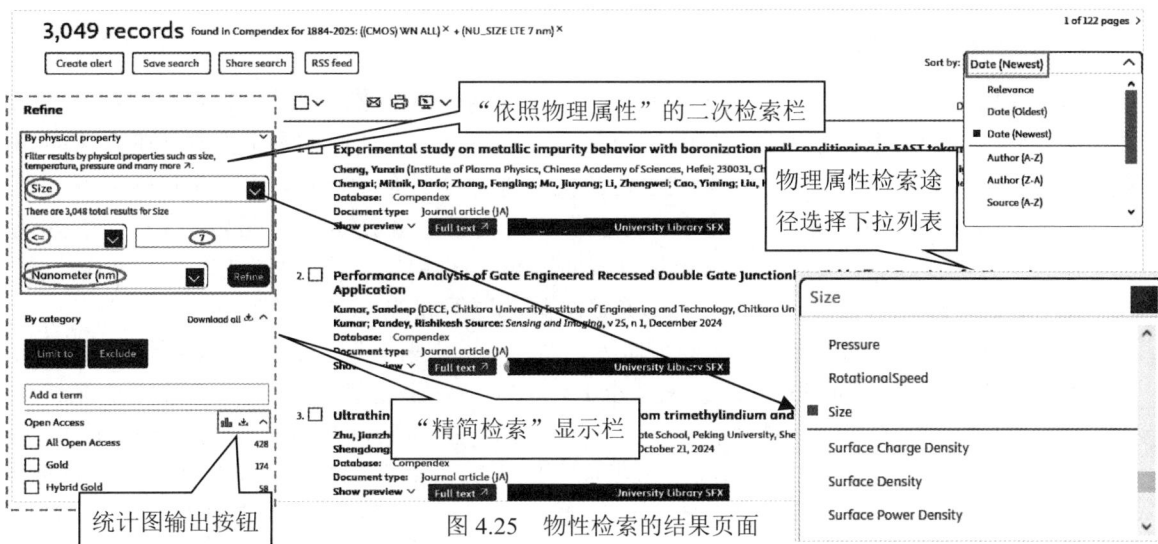

图 4.25　物性检索的结果页面

4）利用检索结果获取某一课题的信息

EI 数据库资源丰富、及时、全面、准确。利用图 4.13 或图 4.24 左边"精简检索结果"栏内的开放获取（Open access）、作者（Author）、作者单位（Author affiliation）、出版年（Year）、书刊名（Source title）等信息可浏览关于它们的柱形图表、下载其数据表格。这些资源可以帮助用户进行论文选题、写作与发表，选择发表的刊物或出版机构；可以判断某项研究在我国的状况，使作者撰写高水平的论文，节省时间，少走弯路，从而提高科研产出。

5）单篇文献的处理

单篇文献的全记录页面（见图 4.10）的上方有 ⇄、⬇、🖶、❞ 和 🗂 按钮，可分别对此篇文献进行分享、输出（可选择本机、Dropbox 等存放位置，可选择 EndNote、CSV、Excel、PDF、RTF、TXT 等多种输出格式）、打印（可选择题录、摘要、全记录等格式）、引用（可选择 Mendeley、EndNote、BibTeX、APA 等格式）和保存到登录用户的文件夹中。

关于 EI 数据库的详细信息、检索结果管理、个人化功能、特殊功能（包括数值检索）等，可浏览在线资源"4.10"。

第 5 章　引文索引及其数据库检索

引文索引不同于一般意义上的索引，它们在编制原理、体例结构和检索方法上都不一样。

5.1　引文索引概述

最早的引文索引可追溯到美国律师谢泼德（Frank Shepard）1873 年编制出版的供律师和法学家查阅法律判例及其引用情况的检索工具《谢泼德引文》（*Shepard's Citations*）。20 世纪 50 年代，美国尤金·加菲尔德（Eugene Garfield）博士从中受到启发，研制出用计算机辅助编制的引文索引，从而使引文索引成为一项全新的文献信息查询、分析和评价工具。

5.1.1　引文索引的概念

引文索引是根据文献之间的引证关系按一定的规则组织起来的一种检索系统，是一种以期刊、专利、专题丛书、技术报告等文献资料所发表的论文后所附的参考文献（引文）的作者、题目、出处等项目，按照引证与被引证的关系进行排列而编制的索引，是反映文献之间引用和被引用关系及规律的一种新型的索引工具。根据引文索引，可以作者姓名（被引作者或引文作者）为检索起点，查找该作者历年发表的论文曾被哪些人（施引作者或引用作者）、哪些文章（来源文献）引用过，并查出这些来源文献的题录和施引作者所在的单位。

目前，国外最著名的引文索引是科睿唯安的"科学引文索引"（Science Citation Index, SCI, 或 SCI 扩展版：Science Citation Index Expanded），"社会科学引文索引"（Social Sciences Citation Index, SSCI）和"艺术与人文科学引文索引"（Arts & Humanities Citation Index, A&HCI）三大多学科引文索引和爱思唯尔的 Scopus 数据库；国内的引文索引有"中国科学引文数据库"（CSCD）、"中文社会科学引文索引"数据库（CSSCI）、"中国科学引文索引"库（CSCI）、武书连的"科学引文数据库"（Science Citation Database, SCD）和 CNKI 的"中国引文数据库"。

5.1.2　引文索引的编制原理

一篇文献 A，发表在先，在其后发表的 B 文献引用了 A 文献，即 B 文献以 A 文献为"参考文献"，那么，称 A 文献为 B 文献的"参考文献"，或为"被引文献"，或简称"引文"（Citation）。A 文献作者为"引文作者"（Cited Author）；称 B 文献为"引用文献"，或称"施引文献""来源文献"，称 B 文献作者为"引用作者"（Citing Author），刊载来源文献的期刊或专著丛书等称为来源出版物（Source Publications）。如果 B 文献引用了 A 文献，D 文献也引用了 A 文献，则 B 文献与 D 文献的论题应该是相同或相近的，这时称 B 文献和 D 文献互为"相关文献"，或称"相关记录"（Related Records），它们引用的相同的参考文献 A 称为 B 文献和 D 文献的"共享参考文献"（Shared Reference），显然，如果两篇文献所引用的参考文献相同得越多，说明两篇文献间的相关性越密切。

引文索引中的每一篇论文都有被引用的详细资料，即将某篇文献的参考文献、相关文献、共享参考文献都显示给读者。由于这些文献可能讨论的都是一个主题，因此，引文索引大多是从主题相关的角度来编排索引与检索系统的。引文索引是从文献是否被他人引用及引用率的角度来考虑其收录的期刊范围的。近几年来，《科学引文索引》等中的论文数越来越成为高等院校和研究单位的声誉、研究基金申请、人才引进的一项指标，占有举足轻重的地位。

5.1.3 引文索引的作用和意义

文献之间的引用和被引用关系体现了学术上的相关性、横向上的对应性、纵向上的继承性，从而在"引文"和"来源文献"之间形成一种链接。随着时间的推移，该论文也可能被另外的论文所引用，而成为其他"来源文献"的"引文"，从而完成下一时段的链接。久而久之，引用和被引用就构成了一个网络。引文索引就是在一定时段，向读者展示这种链接的关系。因此，引文索引的主要作用是：①文献线索获取，不仅提供一般的数据库检索功能，还可以通过引文途径获得文献线索；②科研管理与研究预测，通过文献间的引用和被引用关系，了解某一学术问题或观点的起源、发展、修正，以及最新的研究进展；③分析评价，评价科学文献、学术期刊和专著的学术水平，一般来说，高质量的学术期刊的被引频次较高。根据引文索引提供的引证数据有助于评价科技期刊的质量，确定某个学科的核心期刊；④资源整合，基于引文索引数据库的开放链接机制（Open URL），即引文与原文之间的全文链接，对图书馆期刊馆藏的揭示，对未提供全文链接的文献进行传递服务等。

5.2 SCI、SSCI 等引文索引的检索

5.2.1 概述

SCI、SSCI 等引文索引的创始人是美国的信息科学家加菲尔德博士。他于 1957 年创立了科学信息研究所（Institute for Scientific Information，ISI），并于 1964 年创办了 SCI（后发展成 SCI 网络版数据库，即 SCIE），而又在 1973 年、1978 年创办了具有强烈科学主义倾向的 SSCI 和 A&HCI，从而使他自己由"一位图书馆管理者"成为"一位盈利数百万的企业家"。1992 年，ISI 被加拿大媒体巨头汤姆森集团收购，2008 年，汤姆森集团与英国路透集团合并，新公司命名为汤森路透（Thomson-Reuters），ISI 成为该公司下设的"知识产权与科技事业部"（Intellectual Property and Science Division）。2016 年 10 月，该部被奥奈克斯公司（Onex Corporation）与霸菱亚洲投资有限公司（Baring Private Equity Asia）收购后独立，命名为科睿唯安（Clarivate Analytics）。

1. SCI 简介

SCI 于 1964 年创刊，当时为年刊。1966 年改为季刊，1979 年至今为双月刊，同时出版年度累积索引。1988 年起新增光碟版引文索引；1997 年，SCI 网络版数据库 SCI 扩展（Science Citation Index Expanded，SCIE）发布。SCI 目前有印刷版（2008 年起已没有中国用户）、光碟版和带文摘的光碟、磁带版、联机数据库版、通过 Web 站点访问的 SCIE 等几种形式。SCI 作为主要科学引文数据库的地位已经逐渐被 SCIE 替代。特别是在近些年，SCIE 扩充了自己的收录范围，包括了更多高质量的区域性期刊，SCI 期刊的覆盖面则相对变化较小，所以 SCIE 和 SCI 收录期刊数量的差距开始扩大。

SCIE 所收录期刊的内容主要涉及数、理、化、农、林、医、生物等基础科学研究领域，选用刊物来源于 40 多个国家或地区、涉及 50 多种文字，其中主要的国家或地区有美国、英国、荷兰、德国、俄罗斯、法国、日本、加拿大等，也收录部分中国（包括港澳台）刊物。

SCIE 由于不受存储容量的限制，故可包括更多的各领域符合收录标准的期刊，并通过 WoS 平台全部呈现出来，以供读者进行检索和文献计量分析。此外，JCR、ESI、InCites 等分析型数据库，均将 SCIE 中收录的文章作为数据源进行分析统计。2020 年 1 月，考虑到 SCI 和 SCIE 在选刊标准上已没有区别，为了减少重复和不必要误解，科睿唯安决定不再使用 SCI 的叫法，统一称为 SCIE 收录文章。

2. SSCI 简介

ISI 于 1969 年开始收集社会科学出版物；1973 年，开始编辑出版《社会科学引文索引》（SSCI）。目前，SSCI 收录人类学、历史、信息科学与图书馆学、法律、语言学、哲学、政治科学、公共卫生学等 58 个学科领域的 3500 多种社会科学权威学术期刊论文。国内目前相当热门的经济、金融、管理、法律和许多交叉学科等都在其收录范围中，同时该范围也包括了许多较为经典但目前在国内较为冷门的学科，以及一些国际上刚刚开始形成但国内可能还没有太多研究的学科和领域。由于学科交叉，SSCI 收录的部分文章与 SCIE、A&HCI 收录的文章是重叠的（目前已经停止了这个收录规则，以后的不会有这种单篇文章双收录的情况了）。与 SCI 一样，SSCI 的出版类型有印刷版、联机版、光碟版、网络数据库等，不同的是，SSCI 印刷版、网络版等类型的内容是一致的。

近年来，国内外学者在 SSCI 中发表了大量关于中国问题的研究论文，主要涉及区域问题、经济、国际关系、政治、历史、商业等领域。通过检索 SSCI，国内研究人员可发现国内外同行权威所关注的研究方向、更好地把握相关课题，寻求研究的突破与创新点。

3. A&HCI 简介

A&HCI 始创于 1976 年，先后经历了印刷版、联机、光碟和网络数据库等出版和服务过程。A&HCI 数据库收录数据从 1975 年至今。数据覆盖了考古学、建筑学、艺术、文学、哲学、宗教、历史等 28 个人文艺术领域学科。

4. SCIE 等引文索引来源刊的查询与浏览

目前，SCIE、SSCI 和 A&HCI 等 WoS 平台中的引文索引来源刊至少每月（每个自然月的第三个周二）更新一次，可通过科睿唯安的主期刊列表（Master Journal List，网址：mjl.clarivate.com）免费查询。如果要下载某来源刊目录，用户需要登录才能进行。如果是机构用户，通过 WoS 平台界面右上方"产品"（Products）可进入"Master Journal List"。搜索到某期刊后，可直接链接到该期刊和其出版机构的网站（方便获取投稿指南）。通过"ExLibris 中外文核心期刊查询系统"，也可在线查询 SCIE、SSCI 和 A&HCI 的来源刊。

SCIE 收录的中国期刊，可通过"维普中文期刊服务平台"（lib.cqvip.com 或 qikan.cqvip.com）或万方数据知识服务平台（www.wanfangdata.com.cn）浏览或查询。前者的具体步骤为：登录平台→期刊导航→国内外数据库收录→科学引文索引 SCIE，或通过 JCR 数据库"Browse journals"栏目，通过"Country/Territory"途径查询；后者的具体步骤可阅读本书的第 6 章第 6.2.4 小节中的"中国学术期刊浏览"。

SCIE、SSCI 和 A&HCI 遴选期刊有严格的标准（其详情可浏览在线资源"5.1"），故其来源刊是动态变化的（剔除、新增或更名）。

上述信息也可在中文版"Web of Science 学习中心"（clarivate.libguides.com/china）查询。

5.2.2 印刷版 SCI 与 SSCI 的编排结构与检索方法

印刷版 SCI 与 SSCI 的内容编排格式与其他检索刊物有所不同，不是以分类法或主题词排列，而主要是以引用文献作者和被引用作者的姓名字顺排列，主要有：①引文索引（Citation Index），SCI 分为三册，SCI 编号依次为 A、B、C；②来源索引（Source Index），附有团体索引（Corporate Index），SCI 单独成册，SCI 编号为 D；③轮排主题索引（Permuterm Subject Index），SCI 分为两册，编号为 E、F，其中引文索引是主体，来源索引是关键。

印刷版 SCI 和 SSCI 的引文索引、来源索引、轮排主题索引等的编排结构与检索方法可浏览在线资源"5.2"。

5.2.3 Web of Science 核心合集数据库的检索

1. Web of Science 平台

1）平台的登录与资源检索

2022 年 1 月初全面启用的新 Web of Science（WoS）平台是一站式发现检索分析系统，可为科研共同体中的基础研究与高影响力研究提供强大的、多学科的数据资源。2024 年 8 月，WoS 平台又默认启用新界面（见图 5.1）。读者可通过用户名、密码，IP 身份验证（所在机构已订购）登录，也可通过 CARSI 访问 WoS 平台（利用指南可浏览在线资源"5.3"）。该平台除传统的英文等界面外，也可提供简体中文、繁体中文等界面，其资源整合了科睿唯安提供的多类数据库产品：Web of Science 核心合集数据库，中国科学引文数据库（CSCD）等区域性引文索引数据库，德温特创新索引（Derwent Innovations Index，DII）数据库、Inspec、MEDLINE、Preprint Citation Index、ProQuest Dissertations & Theses Citation Index 等数据库，既可进行单库检索，也可进行跨库检索。平台默认的 WoS 平台首页是跨库检索界面。

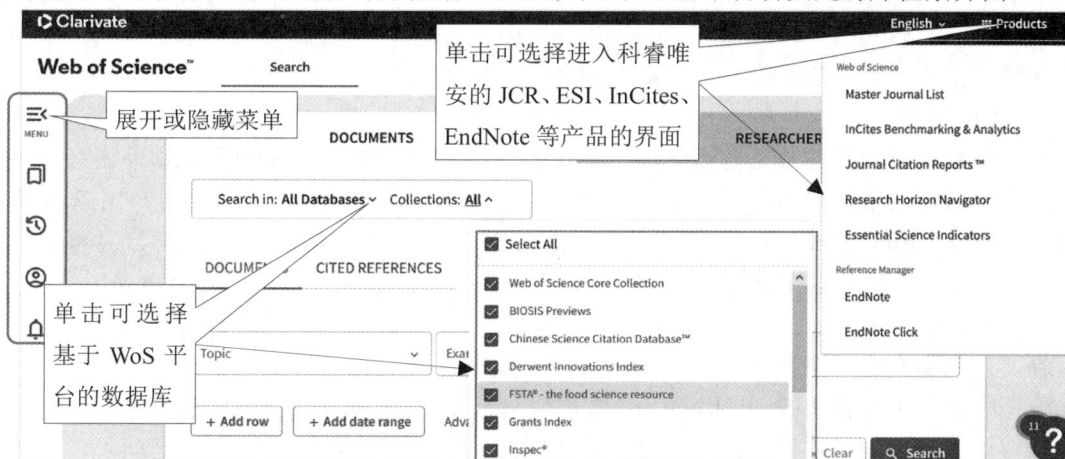

图 5.1 2024 年 8 月起，WoS 平台默认的新界面

另外，平台中的文献管理与论文写作工具 EndNote 网络版，可让用户直接从数百个文献数据库存取参考文献，建立自己专业方向的个人图书馆，在 Word 文档中直接使用"边写作边

引用"功能，省去写作后手动录入参考文献的步骤。

2）检索规则

与绝大多数机检系统一样，WoS 也提供逻辑"与""或""非"等的检索。WoS 的截词检索允许左、中、右截断，"*"为无限截断符，表示零至任意数的字符截断，如 SUL*UR*，可表示 sulfur, sulphur, sulphuric, sulphurous；"？"为有限截断符，一个"？"表示一个字符截断，两个"？"则表示两个字符截断。可用半角引号对一个特定的短语进行检索，如"Heart Attack"，这样可以精简检索结果。如果不使用引号，系统会按照 Heart AND Attack 的方式进行检索。WoS 系统检索不区分大小写。当两个检索词之间无算符连接时，系统默认为"逻辑与"检索。

3）个性化服务和跟踪服务

WoS 为用户提供了个性化服务和跟踪服务功能，但用户须在系统主页上注册并设置自己的密码，然后每次登录后才可利用这些服务。例如，在检索结果概览页面（见图 5.6），用户可选择感兴趣的记录输出，保存到自己的 EndNote 单机版或网络版个人图书馆；如属本人论文，可单击"添加到我的研究人员个人信息"将该文添加至个人账号中，以便集中管理自己的文献。在检索结果全记录页面，可创建引文跟踪服务以了解今后该论文的被引用情况；可通过多种方式下载该文献记录以及将该记录保存到 EndNote 单机版或网络版个人图书馆。登录的用户可将每一次操作记录在"历史"中，通过检索历史重新编辑和组合检索式，可通过"跟踪服务"，利用邮件自动推送了解课题最新进展。

4）参考文献、被引文献与相关记录

在 WoS 平台的检索结果概览（即文献列表）界面（见图 5.6）和检索结果全记录界面（见图 5.7），每篇文献均有参考文献、被引文献与相关记录的显示。一是被引频次（Citations），首先显示这篇来源文献被引用的总数，单击这一链接，可得到这篇文章被别人引用的相关文献的著录。若其相关文献同时是 WoS 来源文献库中的记录，则可检索到该文献的详细记录。二是引用的参考文献（References），单击这一链接，可得到来源文献的著者撰写论文时所列的所有参考文献的著录，如果所检索的数据库没有包括全部的回溯年代，因此缺省年代的那部分被引文献便不能显示，但可以在这一链接中得知被引用次数，这是光碟版和印刷版都不能提供的。三是相关记录（Related Records），单击该链接可找到在不同年份中共同引用某些参考文献的相关文献，这些按文献同被引的数量降序排列。

5）数据管理

除一般数据库提供的数据管理功能（如检索式保留等）外，WoS 的数据管理还有一些别致的地方，如对检索结果的处理包括多种排序，还提供多元的导出选项，如可导出 RIS 格式（与 EndNote、Mendeley、Zotero、Papers、RefWorks 等参考文献管理器兼容），并可灵活自定义导出字段。相比之前单次最大导出 500 条，WoS 可一次最多批量导出 1000 条。

6）增补关键词

在文献的检索结果全记录界面，WoS 中的关键词是原文作者提供的关键词，而数据库编辑在处理时加上了增补关键词（Keyword Plus）字段。增补的关键词从原文的参考文献的篇名中选择有检索意义的词和短语，与作者自己的关键词对照后，将缺少的关键词列入。增补关键是对传统的关键字或标题检索的增强，可以有效提高文献检索的查全率。

7）检索结果排序

WoS 平台对检索结果的排序方式包括：相关性、日期、被引频次、使用次数、最近添加

（即"入库时间"）、会议名称、第一作者姓名、出版物标题等。这些排列方式对于检索结果的多重分析或归类整理统计都是很有意义的。

8）链接功能

通过 WoS 平台附加的链接功能，可自动找到和下载全文（需要相关期刊的访问权限，如"开放获取文献"或"出版商处的全文"），获得该文献在本机构 OPAC 馆藏链接（需申请添加）或其他机构 OPAC 馆藏情况，或在谷歌学术搜索中找到全文。

WoS 新平台的详细介绍可浏览在线资源"5.4"。

2. Web of Science 核心合集数据库简介

Web of Science 核心合集（Web of Science Core Collection，WoS Core Collection）即 1997 年创建的 Web of Science 数据库，是基于 WoS 平台的有影响、综合性的学术文摘索引数据库，主要分为期刊、会议、图书以及化学库几个部分。基于它，一款生成式 AI 工具"Web of Science 研究助手"（其利用指南可参考在线资源"5.5"），可帮助用户解读并探索文献资料、设计研究路径，完成复杂的研究任务。目前，Web of Science 核心合集包括以下几个引文数据库。

(1) Science Citation Index Expanded：收录涉及约 178 个自然科学学科的期刊，提供 1900 年以来的数据。截至 2025 年 4 月，SCIE 收录的期刊数量为 9450 种（其中包括"on hold"期刊，关于 on hold 期刊的介绍可浏览在线资源"5.6"）。

(2) Social Sciences Citation Index：收录社会科学核心期刊，也从世界一流科技期刊中挑选相关数据收录，涵盖 58 个社会科学学科，与印刷版的 SSCI 内容一致，提供 1900 年以来的数据。截至 2025 年 4 月，SSCI 收录期刊 3542 种。

(3) Arts & Humanities Citation Index：收录艺术与人文类核心期刊，也从主要自然科学和社会科学类期刊中挑选相关数据收录，主题涉及艺术评论、戏剧音乐及舞蹈表演、电视广播等 28 个，提供 1975 年以来的数据。截至 2025 年 4 月，A&HCI 收录期刊 1811 种。

(4) Conference Proceedings Citation Indexes：即原 ISI Proceedings 数据库，简称"CPCI"数据库，涉及 250 多个学科，30 万多种会议记录，分为自然科学版（CPCI-S）和人文社会科学版（CPCI-SSH），提供 1990 年以来的数据。

(5) Emerging Sources Citation Index：新兴资源引文索引，简称 ESCI，是 Web of Science 核心合集数据库于 2015 年 11 月新增的一个品种，主要定位于拥有活力和潜力，且在学术界已经产生"地区"影响力的新刊，可视为 SCIE 的"后备军"。其目的在于补充 SCIE、SSCI 和 A & HCI，扩大 Web of Science 核心合集的收录和评价范围，提供 250 多个学科、2005 年以来的数据。截至 2025 年 4 月，ESCI 收录期刊 8962 种。

(6) Book Citation Index：简称 BKCI，分自然科学版（BKCI-S）和社会科学与人文版（BKCI-SSH），收录 13.9 万多种学术专著（每年新增 1 万种左右），提供 2005 年以来的数据。

另外还有两个化学信息数据库：Index Chemicus 和 Chemical Reactions。前者简称 IC，可检索 1993 年以来新化合物，截至 2025 年 4 月收录期刊量为 82 种；后者即原 Current Chemical Reactions（简称 CCR，检索 1985 年以来新奇的化学反应）及其扩展数据（来自 NPI 的化学结构数据，可回溯至 1840 年，简称 CCR-EXPANDED），截至 2025 年 4 月收录期刊量为 80 种。

Web of Science 核心合集的各个数据库既可以独立使用，也可以综合起来进行检索。

3．Web of Science 核心合集数据库的检索

Web of Science 核心合集数据库默认的界面为"文献"（Documents）检索（即基本检索）界面（见图 5.2）。另外，系统还提供"被引参考文献"（Cited reference）检索（又称"引文检索"）、"高级检索"（Advanced search）、"研究人员"（Researchers）检索（即作者检索）等检索方式链接。

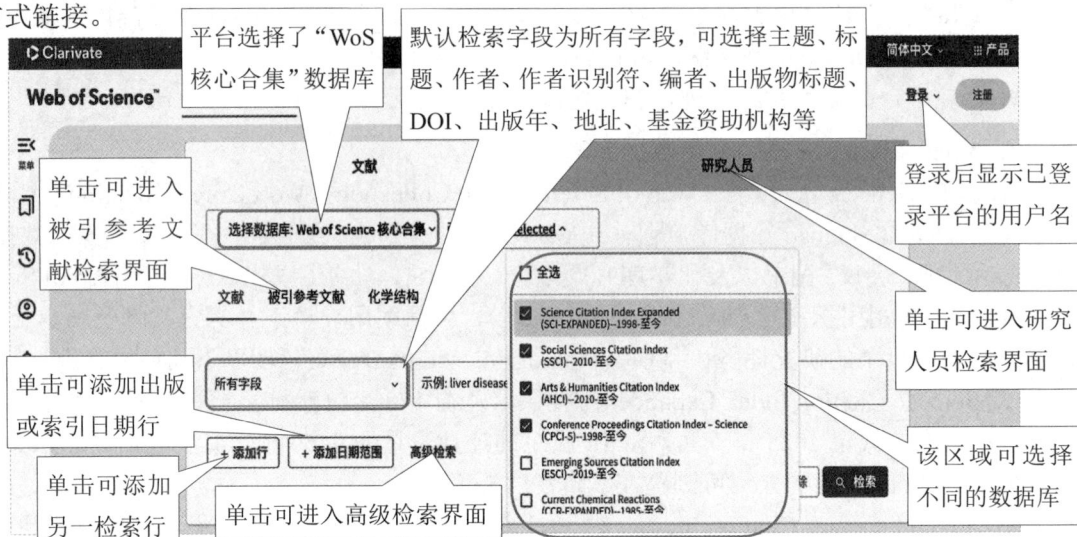

图 5.2 "文献"检索（基本检索）界面

1）文献检索

文献检索可检索特定的研究主题、某个作者发表的论文、某个机构发表的文献、特定期刊于特定日期发表的文献等。例如，检索 2000—2005 年有关碳纳米管的研究论文，可进行如下操作：①选择检索字段"主题"；②在检索框输入"carbon nanotube*"；③增加出版日期字段，限制 2000.01.01—2005.12.31；④在下拉菜单调整检索设置：可选择核心合集中的子库，如 SCIE/SSCI/AHCI/CPCI 等；⑤界面语种切换；⑥单击"检索"按钮。

选择一个检索字段时，平台会给出该字段的检索说明与实际举例，方便用户操作；部分检索字段可以自定义，如出版日期和索引日期均可以精确到年月日。选择检索字段"Affiliation"（所属机构）时，平台的输入联想功能，可根据输入内容推荐提示归并后的机构，并支持从索引中搜索和添加。平台支持一串 DOI、入藏号、PubMed ID 检索，中间无须使用布尔逻辑运算符连接，即默认为 OR 运算。

2）被引参考文献检索

被引参考文献检索一般用于检索论文被引用的情况，包括一篇文献被多少人引用，被引次数等相关记录。可从文献检索页面上单击"被引参考文献"（Cited references）按钮，进入被引参考文献检索界面（见图 5.3）。输入检索词时需注意缩写情况（如人名：姓是全拼，而名是首字母缩写）。

当被引文章在所订购的数据库中也作为来源文献而存在时，第二被引作者也可被检索。但是，如果想检索到所有内容，必须用第一作者进行参考文献检索。

当只有一篇文章、一个专利号、一本书或者一篇会议论文，如何了解该研究领域的最新进展？如何了解某位作者发表文献的被引用情况？可通过 Web of Science 核心合集的被引参考文献检索实现。例，想了解作者侯建国 1999 年在 *Physical Review Letters* 期刊发表有关硅表

面碳 60 晶格取向的研究之后该领域的最新进展，则可以进行如下操作：①输入被引作者信息：Hou JG；②输入被引著作名称：Phy* Rev* Lett*；③输入被引著作发表年份：1999（也可输入被引著作的标题、卷号、期号以及页码）；④单击"检索"按钮，查找列表；⑤从检索结果列表中选择并标记需要的文献记录；⑥单击"查看结果"，页面显示的将是所有引用了该研究论文的文章列表。

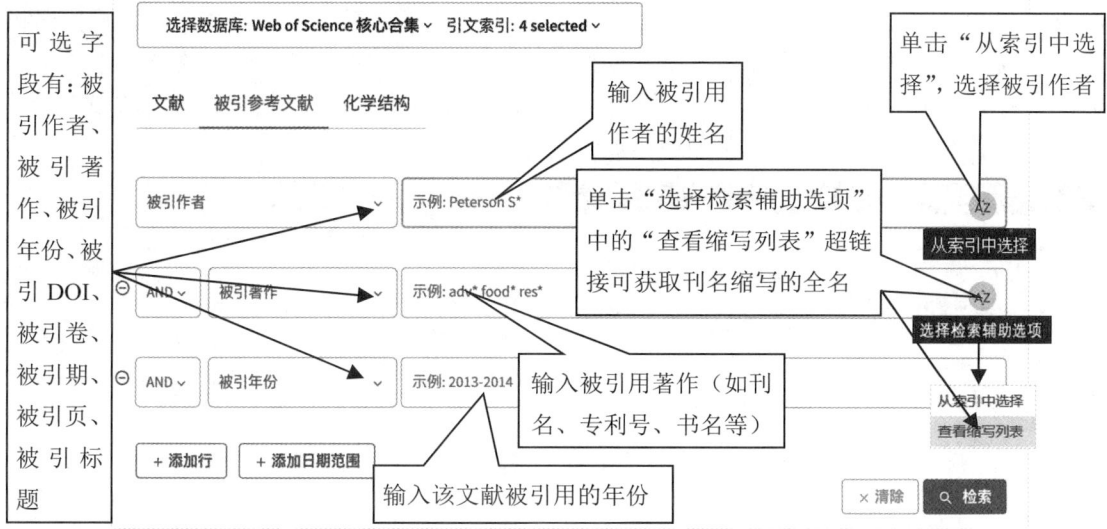

图 5.3 "被引参考文献"检索界面

3）高级检索

高级检索是利用两个字母的字段标识符和检索集合号进行组配，创建复杂的检索式进行的检索。但不要在一个检索式中混合使用检索集合号和字段标识符。单击 Web of Science 核心合集默认首页中的"高级检索"按钮，即进入高级检索界面（见图5.4），可自动构建检索

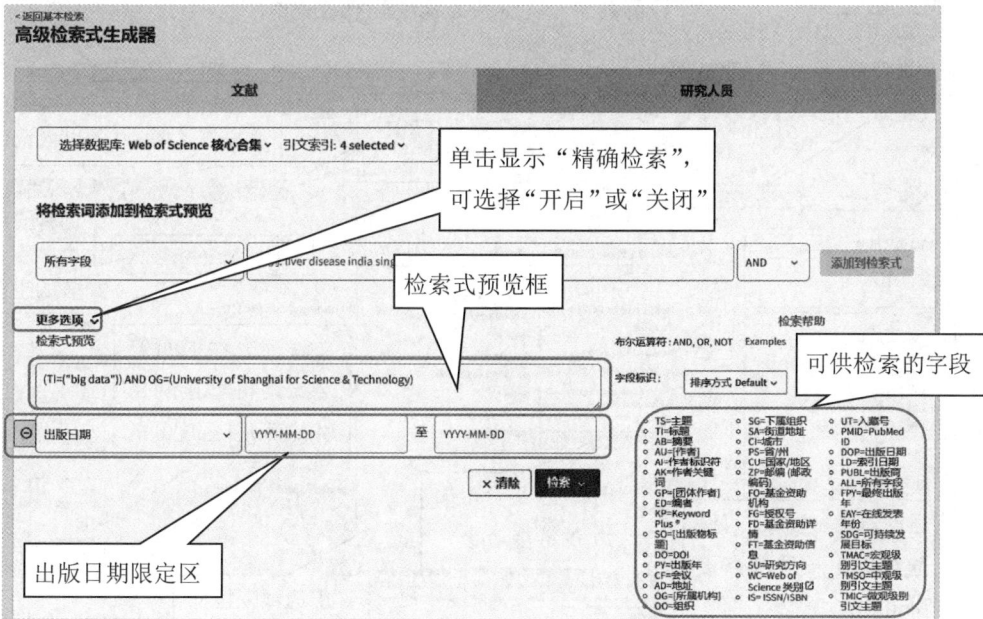

图 5.4 高级检索界面

式，使用多种方式组合检索式，新 WoS 平台增加字段 LD（索引日期）、EAY（在线发表年份）、SDG（可持续发展目标）等选项。具体检索步骤为：①选择数据库（如 SCIE）；②设计检索式；③把检索式添加至检索式预览框；④单击"检索"按钮开始检索。

4）研究人员检索

研究人员检索即作者检索（见图 5.5），可通过作者姓名（包括曾用名及姓名变体）或作者的 ResearcherID 或 ORCID ID 查找作者记录、作者个人学术档案，可通过作者影响力射束图、出版物、引文网络、作者位置、合作网络等信息全方位了解和展示作者的学术成果及影响力。当检索结果过多时，WoS 平台不强制用户填写"国家"与"机构"信息，增加"合并记录"等功能，在检索结果页面左侧还增加了精炼选项。

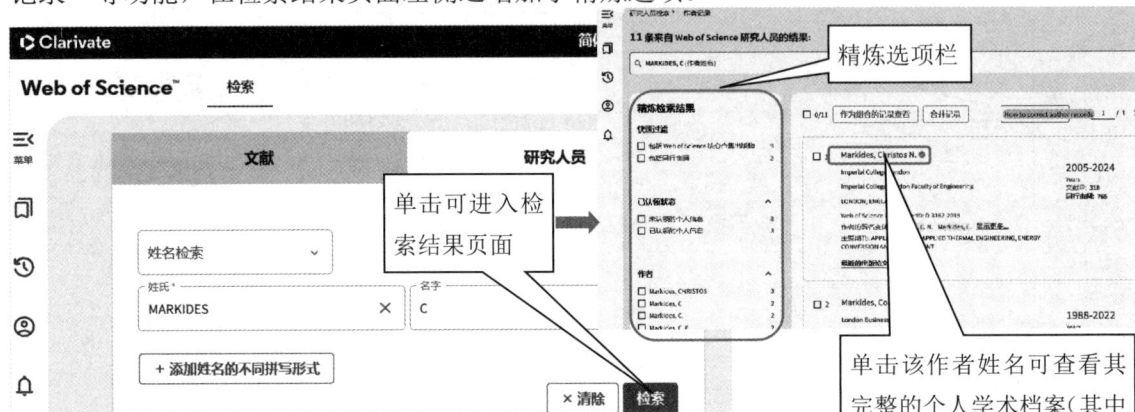

图 5.5　研究人员检索及其检索结果页面

4. 检索结果概要页面

检索结果概要页面（见图 5.6）以简短的记录格式显示检索结果。页面左上角和检索框中

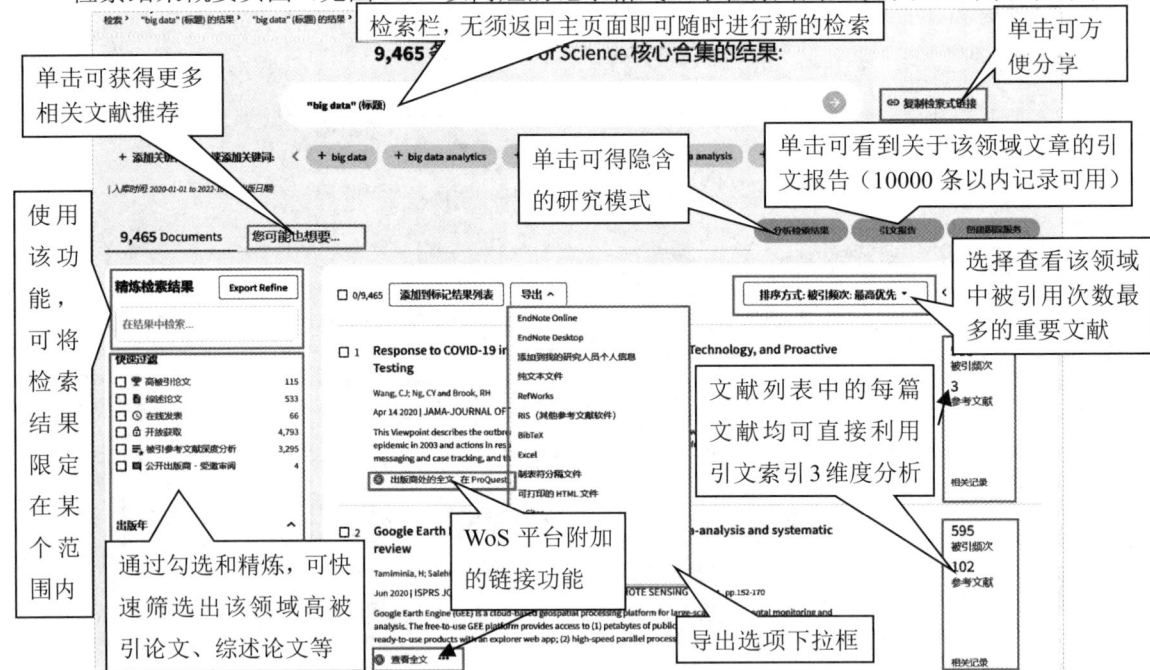

图 5.6　检索结果概览页面

显示检索出这些结果的检索式，同时还会显示检索出的结果数量。检索结果概要页面上的所有题录记录都是来源文献记录，单击来源刊链接，可查看该刊的 JCR 分区等信息。这些来源文献记录来自收录在产品索引中的项目（如期刊、书籍、会议和专利）。每篇来源文献记录都有可以访问的"全记录"。此外，用户还可以将来源文献记录添加到自己的标记结果列表，如果属本人论文，可在"导出"下拉菜单中单击"添加到我的研究人员个人信息"将该文添加至个人账号中，以便集中管理自己的文献（免费注册后使用）。

另外，在检索结果概要页面，用户可选择多种方式对检索结果进行精炼，如按照快速过滤（高被引论文、热点论文、综述论文、在线发表、开放获取等）、出版年、文献类型、研究人员个人信息、所属机构、出版物标题、语种、国家/地区、出版商、研究方向、会议名称等。

5．检索结果全记录页面

单击某一条记录，可进入其全记录页面（见图 5.7）。全记录中的字段有：标题（Title）、作者（Author）、来源出版物（Source Title）、出版时间（Published）、文献类型（Document Type）、参考文献（Cited References）、被引次数（Times Cited）、相关记录（Related Records）、摘要（Abstracts）、作者关键词（Author Keywords）、增补关键词（Keywords Plus）、通信作者地址（Reprint Address）、电子邮件地址（E-mail Address），以及入藏号（Accession Number）、IDS 号（IDS Number）等。同时，应了解以下几个概念：

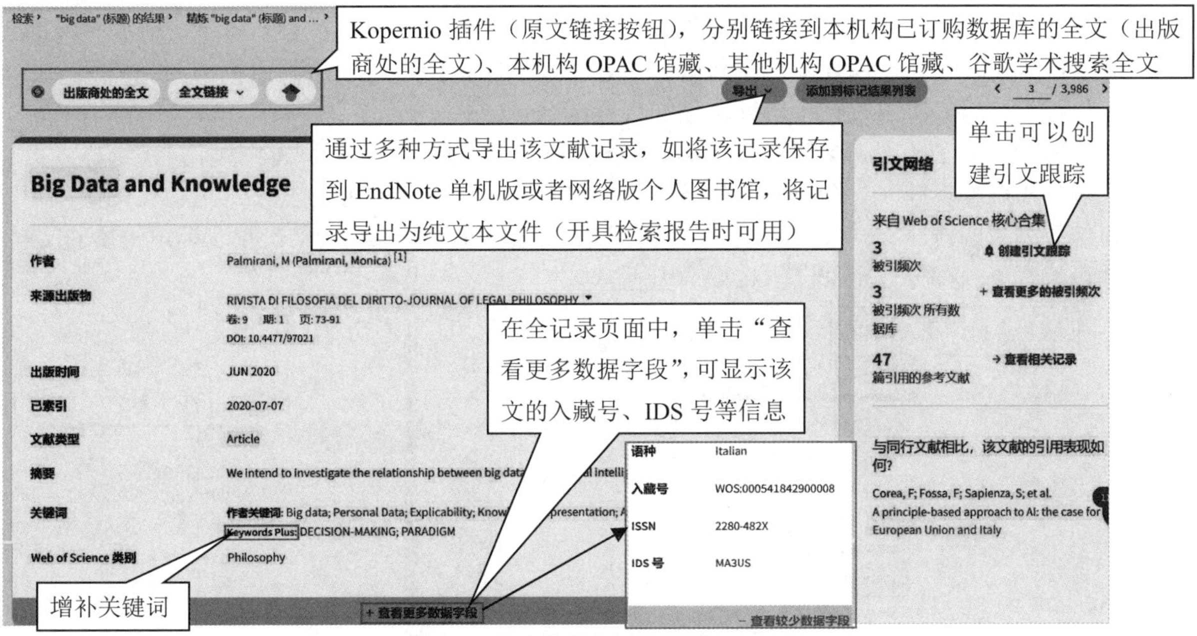

图 5.7　检索结果全记录页面

（1）通信作者（Corresponding Author）：一般指整个课题的联络人，主要承担课题的设计、文章的书写等；通信作者可帮助读者获取该文献，通常原文中的通信作者为 Reprint Author。

（2）IDS 号：即文章检索号（Document Solution Number），可唯一确定某期刊的某一期，因此，每种期刊每一期上的文献 IDS 号都相同。如订购文章的全文时，需要提供 IDS 号。

（3）入藏号（Accession Number）：入藏号的阿拉伯数字即为该文的 WoS 核心合集收录号，即所谓的"SCI 收录号、SSCI 收录号"。SCIE、SSCI 等收录的文章被评价时，一般要提供其入藏号，而不是 IDS 号。2011 年 12 月推出的 WoK5.5（WoS 的前身）在检索结果全记录页面开始增加入藏号，过去只能在某文章的全记录页面中的"输出记录"（Output This Record）的 HTML 格式文档（默认文件名为"savedrecs.html"）中才能查到。

在全记录页面中，①文章被引频次背后的施引文献可以展现未来，用户据此可了解该研究的最新进展，发现该文对当今研究的影响；②通过参考文献，可了解该文的研究依据和课题起源；③相关记录有助于扩展视野，找到更多相关的文献（具有共被引参考文献的文章），将结果越查越广；④通过"您可能也想要"可获取更多相关文献推荐；⑤创建引文跟踪服务，可了解今后该论文的被引用情况；⑥ EndNote 网络版免费插件可通过右上角"产品"菜单链接下载；⑦可通过多种方式下载该文献记录以及将该记录保存到 EndNote 单机版或者网络版个人图书馆；⑧在"期刊信息"中可查看期刊影响力、当前出版商、ISSN、eISSN 等信息。

6. 检索结果分析

分析功能可用于任何结果概要页面，因此除了分析检索结果外，也可以分析相关记录（Related Records）和施引文献（Citing Articles）。用户可按多种字段对检索记录进行分析，如类别或文献类型、出版物标题、作者、出版年、所属机构等（见图 5.8）。各字段的功能为：①按"文献类型"或"Web of Science 类别"进行分析，可了解某个课题的学科交叉情况或者所涉及的学科范围；②按"出版物标题"进行分析，可关注该领域的研究论文都发表在哪些期刊上，以便将来找到合适的发表途径；③按"作者"进行分析，可了解某个研究领域的主要研究人员；④按"所属机构"进行分析，可了解从事同一研究的其他机构；⑤按照"出版年"进行分析，可了解某个研究领域的进展情况。

例如，为了解"大数据"（Big Data）研究的期刊分布，可进行以下操作：①选择分析的字段：出版物标题（见图 5.8）；②选择可视化图像及显示结果数；③下载可视化图像；④设置结果列表的排序方式及显示选项；⑤勾选标记感兴趣的记录；⑥单击查看标记结果的文献；⑦可选择下载部分或全部分析结果。

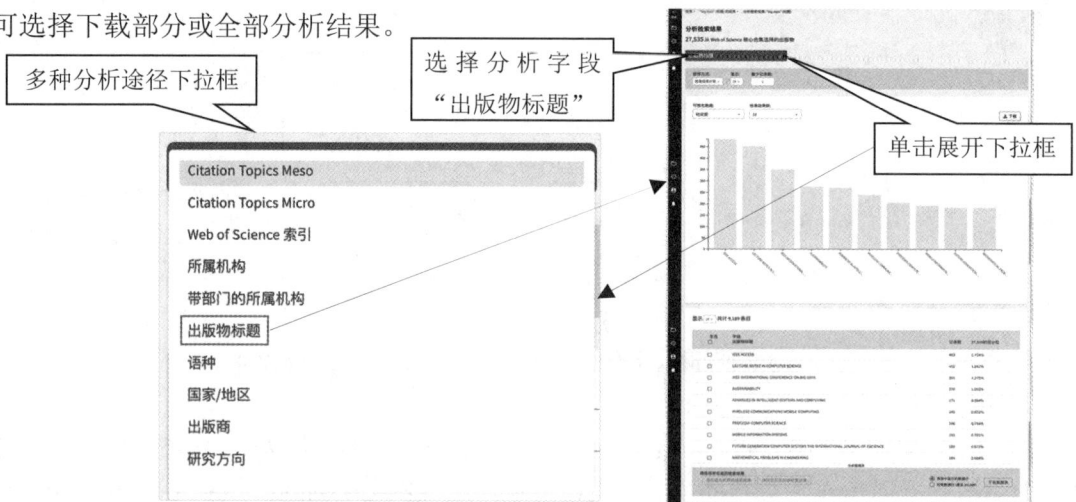

图 5.8 "出版物标题"字段的结果分析页面

用户也可以先对检索结果按照被引用次数排序后再进行分析而得到更有意义的结果。在浏览分析结果的同时，还可以在该页面上对分析结果进行再次分析。

基于新版 WoS 平台的 Web of Science 核心合集更多的检索指南信息，可单击其主页面的

"培训门户"按钮，或浏览在线资源"5.7"。

5.3 Scopus 数据库简介与利用

5.3.1 概述

Scopus 是爱思唯尔于 2004 年 11 月推出的摘要和引文数据库，涵盖生命科学、社会科学与人文艺术、自然科学和医学四大门类 27 个学科领域，每日更新，年均数据增长率约为 8%。该库收录了来自 150 多个国家或地区、40 多种语言、约 7000 家出版商的同行评议文献，类型包括期刊（其中有 860 余种中国大陆期刊）、会议论文、丛书、专利等，目前数据最早可回溯至 1778 年。与 SCI 或 SSCI 的简单指数（仅分区与影响因子）不同，Scopus 使用多元指数。可认为同为爱思唯尔产品的 EI 是 Scopus 的子集，且 Scopus 比 EI 更便捷、更全面。

由于功能强大，Scopus 已受到国内外学术界普遍关注，其数据在全球权威大学排名（如英国的 THE、QS 世界大学排名）、"中国高被引学者"榜单、高校学科评估等领域得到广泛应用。从检索工具角度看，Scopus 比 SCIE、SSCI 等更加完善；从用户角度看，Scopus 简洁而直观的界面让他们能够节省时间，也更受到青睐。

5.3.2 Scopus 数据库的多元指数

Scopus 数据库提供许多不同类型的多元指数，供用户针对研究文献、期刊、研究者从不同角度评估文献与期刊的影响力、研究的学术产出。这些指数包括期刊指数、文献指数和研究者指数三种。

(1) 期刊指数：有 CiteScore、SJR 和 SNIP。CiteScore 即期刊影响力指数"引用分"。CiteScore 以四年区间为基准来计算每本期刊的平均被引用次数，并提供期刊领域排名、期刊分区的相关信息，让用户了解期刊在其相应领域的重要性和趋势分析，作为投稿期刊影响力的参考；Scopus 的 CiteScore 每月更新，可查看最新期刊的引用分。SJR 全名为 SCImago Journal Rank，由西班牙的费利克斯·德·莫亚（Félix de Moya）等所在的 SCImago 研究团队提出，其核心概念来自谷歌的网页排名（PageRank）计算法，根据引用权衡表以及复杂且性质不同的网络资源引用，如 Scopus 使用的特征向量中心性来决定学术期刊的排名；SJR 指数是不受体量影响的计量方法，旨在衡量期刊目前的"文章平均声望"。SNIP 全名为 Source Normalized Impact per Paper（中译名为"标准化影响系数"），由荷兰莱顿大学（University of Leiden）科学技术研究中心（Centrum voor Wetenschap en Technologische Studies, CWTS）亨克·莫德（Henk Moed）提出，其根据某个主题领域的总引用次数、给予引用权重，进而衡量上下文引用所造成的影响；该方法就是找出每篇论文中期刊引用的数目与主题领域内引用的可能性之间的比例，目的为可以直接比较不同主题领域内的文献，以突破传统影响因子无法考量不同研究领域的引用情形。

(2) 文献指数：可协助使用者评估研究文献的影响力，包括 FWCI 和 PlumX。FWCI 全称为"Field-Weighted Citation Impact"（领域权重引用影响力指数），是显示一篇文献与类似文献相比之下的引用频率，考虑的因素为出版年份、文献类型和与出处相关的学科；世界平均值为 1，高于 1 则表示文献表现优于世界水准，反之亦然。PlumX 是于 2017 年 6 月替代原 Plum

Metrics 的新指数，可提供使用（Usage）、捕捉（Captures）、提及（Mentions）、社交媒体（Social Media）、引用（Citations）五方面的信息。

（3）研究者指数：即 h-index（h 指数），是由美国加州大学圣地亚哥分校的 Jorge E. Hirsch 教授所发展的混合量化指数，用于评估研究者的学术产出数量与学术产出影响力。

5.3.3 Scopus 数据库的功能

Scopus 数据库的登录网址为：www.scopus.com。对于非订阅用户来说，通过 Scopus 预览可免费获取相关信息，如查看访问权限，查看、认领并更新个人资料，查看 Scopus 内容，提供期刊排名和度量标准；至于文章搜索和其他一些功能（如排序功能等）仅对订阅客户开放。

Scopus 数据库的主要功能有：①全面的文献检索，支持跨库一键下载全文（前提为所在机构订购了全文库）；②交叉检索专利，涵盖美国专利局、欧洲专利局、日本专利局、世界知识产权组织，英国知识产权局五大专利局的专利信息；③机构库支持机构检索和分析功能（每个独立机构在 Scopus 中赋予了一个机构码 Affiliation ID），可统计各机构的文献信息（如总发文量、总被引次数）、主要作者、各领域发文占比、期刊源、专利信息等；④作者库支持作者检索和分析功能（每位作者在 Scopus 赋予了一个作者码 Author ID），可统计某作者的文献信息（总发文量、总被引次数）、h 指数、引文概览（可选择排除自引或排除共同作者引用），可一键生成作者的个人文献输出分析图表。

5.3.4 Scopus 的检索与利用

检索 Scopus 数据库前，首先要了解与研究主题相关的术语。用户可以根据自己的研究兴趣生成关键词列表。打开 Scopus 数据库，会看到导航栏：①检索（Search）——可以查找文献、作者和归属机构，或进行高级搜索；②来源出版物（Sources）——查看和搜索期刊；③列表（Lists）——将检索结果添加到临时列表；④SciVal——查看机构和作者的可视化研究表现；⑤通知（Alerts）——查看之前保存的搜索结果或引用提醒。Scopus 数据库的多项功能可帮助实现这一目的：①排序功能可按照不同标准整理搜索结果，如果重点关注最新发表的论文，可以照此排序，也可以按照引用频率进行排序；②浏览摘要功能可以查看文章的摘要，"显示所有摘要"功能即可查看搜索结果中所有文献的摘要；③如果所在机构订阅了 Scopus 数据库，只要文献全文对外开放，单击文献下方的按钮便可获取全文。

Scopus 搜索的小技巧主要有：①使用引号可以精确搜索短语，如搜索"blood pressure"；②使用"*"，可搜索特定词语开头的术语（如输入 heart*），还可以用来搜索模糊术语。③和其他搜索引擎一样，AND 可用来搜索包含所有关键词的结果，例如搜索 Vitamin D AND Covid-19，可以搜索到包含这两个术语的文献；④两个关键词之间加 OR，搜索结果至少包含其中一个词语，例如搜索 Vitamin D OR Covid-19，可得到包含其中一个术语的文献；⑤NOT 可以排除某个关键词在内的结果，例如搜索 Vitamin D NOT Covid-19，可得到包含 Vitamin D 但不包括 Covid-19 的文献。

Scopus 数据库提供许多筛选条件，如是否开放获取、文献类型、出版日期、语言和期刊。还可以同时设置多个筛选条件，缩小搜索范围。该库的许多功能可用来管理搜索结果，引用、保存和分享需要的结果。选择需要的文献可以保存到导航栏的列表，也可以导出文件，或者导出到 Mendeley、EndNote 等，还可以选择导出信息。也可以分析搜索结果，查看按文献类型、学科、机构、年份等划分的文献结果。还可以保存搜索历史并创建提醒，以便获得更多与搜索结果匹配的新文献。参考文献也可以导出；搜索综述文章的参考文献，可以此为基础进行下一步搜索。

Scopus 的详细利用指南可浏览在线资源"5.8"。

5.4　其他引文索引数据库的检索

5.4.1　中国科学引文数据库

中国科学引文数据库（Chinese Science Citation Database，CSCD）是我国第一个引文数据库，创建于 1989 年，收录我国数学、物理、化学、天文学、地学、生物学、农林科学、医药卫生、工程技术、环境科学和管理科学等领域出版的中英文科技核心期刊和优秀期刊千余种（见表 5.1），分为核心库和扩展库。数据库的来源刊每两年进行评选一次，2023—2024 年度中国科学引文数据库收录来源期刊 1339 种，其中中国出版的英文期刊 316 种、核心库 995 种，刊名可进入 CSCD 来源期刊检索系统（sciencechina.cn/cscd_source.jsp）查询或浏览。

表 5.1　中国科学引文数据库文献数据情况

覆盖时间范围	数据情况	年增长情况
1989—2001	期刊论文题录及中文（中国人）引文数据	
2002—	期刊论文题录、文摘及全部引文数据	年增长论文记录 20 余万条，引文记录约 250 万余条

1995 年，基于 CSCD 的印刷本《中国科学引文索引》（第 1 卷第 1 期）出版，1998 年出版了我国第一张中国科学引文数据库检索光碟，2003 年 CSCD 上网服务（网址：sdb.csdl.ac.cn/search.jsp），2005 年 CSCD 出版了《中国科学计量指标：期刊引证报告》。2007 年、2019 年，中国科学院文献情报中心先后与汤森路透公司的前身之一汤姆森科技信息集团（现为科睿唯安公司）、爱思唯尔公司达成战略合作协议，向世界推广中国期刊。2009 年 4 月，CSCD 正式通过 WoS 平台为国内外用户提供服务（检索界面见图 5.9）。目前，CSCD 是我国唯一一个与 WoS、Scopus 两大国际数据服务平台在数据层面深度合作的文献数据库。

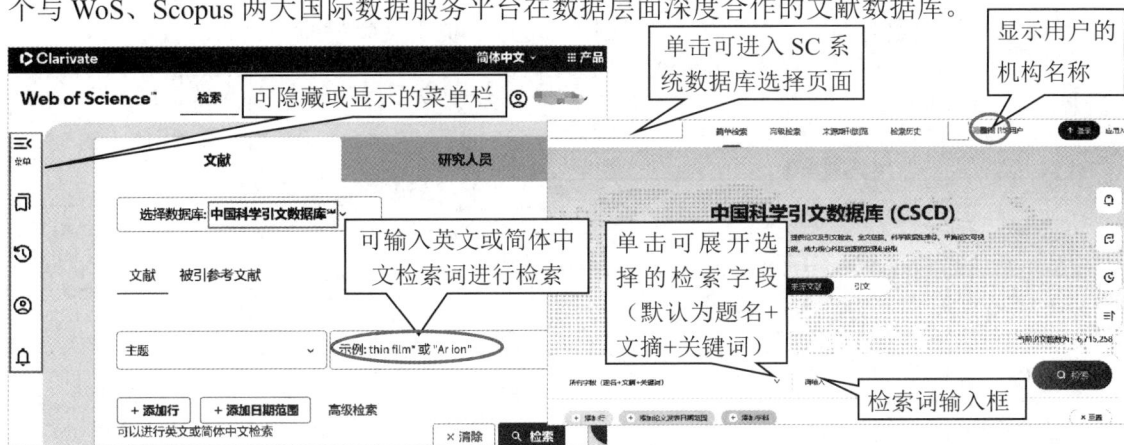

图 5.9　基于 WoS 平台的 CSCD 检索界面　　图 5.10　基于 SC 系统的 CSCD 默认简单检索界面

CSCD 也与中国科学院学位论文数据库、中国科技期刊引证指标、中国科学文献计量指标等数据库共同使用"中国科学文献服务系统"（Science China，简称 SC，国家图书馆注册用户通过国图的云门户网站可免费访问）（检索界面见图 5.10）。

基于 WoS 平台的 CSCD 检索方法，除可进行中文检索外，其他的功能与 SCIE 等数据库检索一样；基于 SC 系统的 CSCD，则具备该系统所提供的所有检索和其他功能，详见其检索界面的"帮助"链接。它们的详情可浏览在线资源"5.9"。

5.4.2 中文社会科学引文索引

1. 数据库介绍

中文社会科学引文索引（Chinese Social Science Citation Index，CSSCI）由南京大学中国社会科学评价研究中心（cssrac.nju.edu.cn）研制，是我国人文社会科学领域论文收录和被引用情况的检索工具，是"中国的 SSCI"，俗称"南大核心"。CSSCI 来源刊的遴选遵循文献计量学规律，采取定量与定性评价相结合的方法从我国出版的中文人文社会科学学术性期刊中精选出学术性强、编辑规范的期刊作为来源期刊，分为核心版、扩展版和集刊（其 2023—2024 目录可浏览在线资源"5.10"），但 2023 年起开始不在官网公布目录（以后可能动态更新）。2023—2024 年的核心刊为 660 种（其中港澳台期刊 39 种、报纸理论版 2 种、藏文期刊 3 种），扩展刊为 249 种（其中两种为藏文期刊），集刊从 2016 年以后就再没出过目录。

作为我国人文社会科学主要文献信息查询与评价的重要工具，CSSCI 提供多种信息检索途径。它不仅能从来源文献和被引文献两个方面向人文社会科学研究者提供相关研究领域的前沿信息和各学科学术研究发展的脉络，而且对人文社会科学管理者、期刊研究与管理者来说也是不可或缺的。另外，CSSCI 也可为出版机构与各学科著作的学术评价提供定量依据。

2. 检索方法简介

CSSCI 数据库（cssci.nju.edu.cn）主要从来源文献和被引文献两个方面向用户提供信息。

1）进入数据库

CSSCI 数据库为商业数据库，个人用户输入用户名和密码才能登录；包库用户通过 IP 地址识别进入。图 5.11 是新版 CSSCI 数据库首页面，单击此页面的"高级检索"按钮，可进入高级检索页面（见图 5.12）。简单检索和高级检索页面，默认的均为来源文献检索。单击简单检索界面和高级检索界面的"被引文献"按钮，可进入被引文献检索页面。

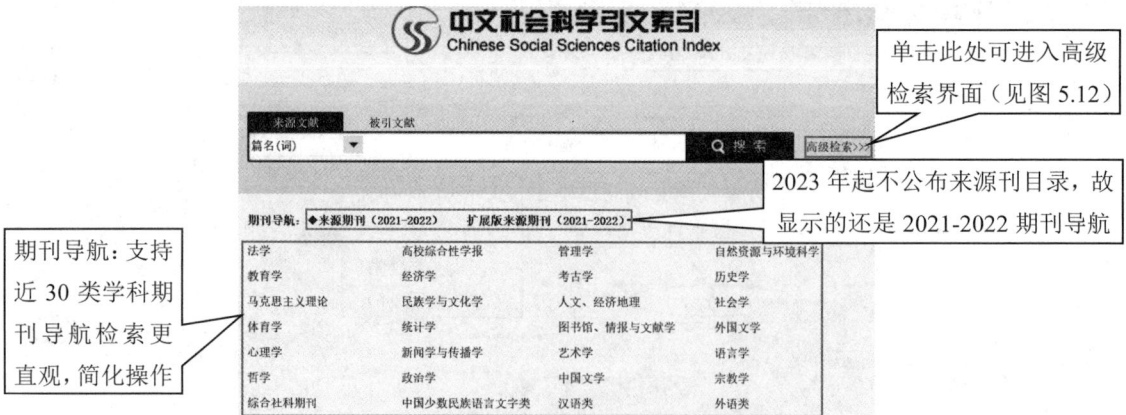

图 5.11 新版 CSSCI 数据库登录界面

2）来源文献检索

来源文献检索主要用来查询本索引所选用的源刊文章的作者（所在单位）、篇名、参考文献等。简单检索的来源文献检索途径（字段）有：篇名（词）、作者、第一作者、关键词、期刊名称、作者机构、中图类号、基金细节、所有字段、英文篇名 10 项。

图 5.12　CSSCI 数据库高级检索页面

（1）作者检索与第一作者检索：希望查找某一学者或某团体作者（如某课题组）的发文情况，可选择"作者"字段，然后输入该学者的姓名或团体作者名称，如查找的作者为第一作者，则选中"第一作者"字段，输入后单击"检索"按钮，即可在结果显示窗口中显示本次检索的命中结果，包括检索条件、命中篇数等内容（见图 5.13）。

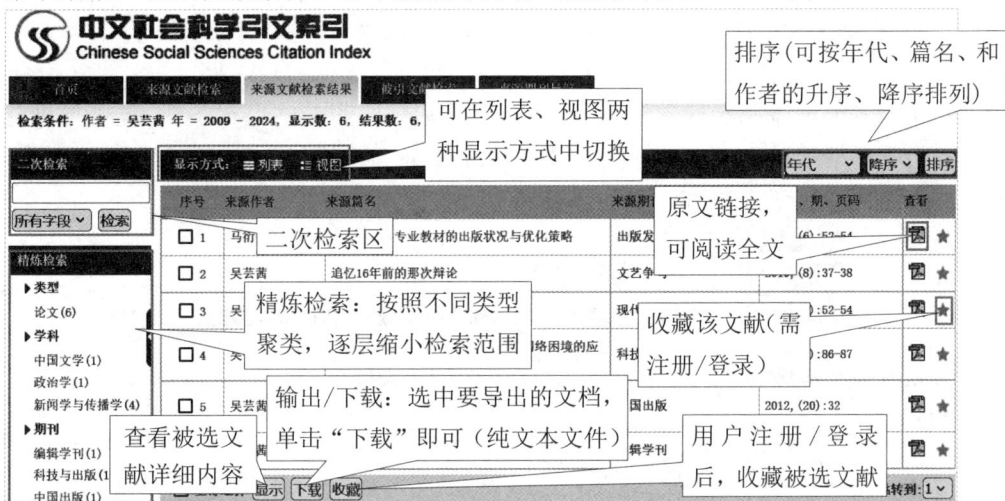

图 5.13　简单检索之作者检索的来源文献检索结果界面

（2）作者机构检索：为了解某一机构发表文章提供了最佳途径。如想知道北京大学在 CSSCI 所收录的期刊上发表了多少篇论文，可以在机构输入框中键入"北京大学"，如查找第一机构，则选中第一机构选择框，然后单击"检索"按钮，则可获得 CSSCI 上所收录的北京大学所有论文发表情况。

（3）关键词检索：关键词是用来反映论文主题意义的词汇，关键词检索提供了通过关键词找到相关论文的途径。检索式中的关键词组配对象可以有多个。

（4）期刊名称检索：检索主要用于对某种期刊发表论文情况的查询。例如，若欲查看在《中国社会科学》上发表的论文，可以选择"期刊名称"字段，在输入框中输入"中国社会科学"，单击"检索"按钮后，可以得到 CSSCI 对该刊论文的收录情况。当然也可以通过卷、期来限定某卷某期发表论文的情况。

(5) 篇名（词）检索：主要是为用户提供用篇名中词段进行检索的手段。可以在篇名输入框中输入整个篇名，也可以输入一个词，甚至一个字。如全名"我看北大"只有一篇，而篇名中含有"北大"一词的论文则有 537 篇。

(6) 基金细节检索：对来源文献的基金来源进行检索，包括基金类别等。

(7) 中图分类号检索：根据指定的中图分类号进行检索。

(8) 英文篇名检索：对来源文献的英文篇名进行检索。

(9) 所有字段检索：在篇名（词）、作者、第一作者、关键词、期刊名称、作者机构、中图分类号、基金细节、英文篇名等所有字段中进行综合检索。

与简单检索相比，高级检索的来源文献检索增加了"作者地区"字段，同时增加发文年代、年代卷期、文献类型、学科类别、学位分类、基金类别、每页显示和排序方式等限定条件。

(10) 作者地区检索：检索结果限制在指定地区或者非指定地区，注意输入地名的规范性。

(11) 年代、卷期限定：在相应的输入框中输入阿拉伯数字即可，将检索结果控制在划定的时间范围内。

(12) 文献类型限定：对于文献类型（如论文、综述、评论、传记资料和报告等）进行限制。

(13) 学科类别限定：选择相应的学科类别进行检索，可与其他项组配检索。

(14) 学位分类限定：选择相应的学位分类（一级或二级）进行检索，可与其他项组配检索。

(15) 基金类别限定：选择相应的基金类别（如"国家社科基金"）进行检索，可与其他项组配检索。

CSSCI 的来源文献高级检索提供了 10 余个检索字段和一些限制条件。这些检索途径自身就可以实现逻辑组配检索："或"和"与"。图 5.14 是"篇名"和"作者"字段进行逻辑"与"组配，发文年代限定在"2009—2016"的高级检索结果页面。

图 5.14 高级检索的来源文献检索结果页面

3）被引文献检索

被引文献检索主要用来查询作者、论文、期刊等的被引情况。简单检索的被引文献检索字段有：被引篇名（词）、被引作者、被引作者（排除自引）、被引期刊名称、被引文献细节。单击数据库选择页面上的"被引文献"按钮，即可进入被引文献检索界面（见图 5.15）。

(1) 被引篇名（词）检索：与来源文献的篇名（词）检索相同，可输入被引篇名、篇名中的词段或逻辑表达式进行检索。具体操作说明参见来源文献的篇名（词）检索说明。

(2) 被引作者检索：通过此项检索，可了解到某一作者在 CSSCI 中被引用的情况。如查询刘国光先生的论著被引用情况，可在此框中输入"刘国光"得到结果。具体操作与说明参见来源文献的作者检索。

图 5.15　被引文献检索界面

（3）被引文献期刊检索：主要用于查询期刊被引情况。选择"被引期刊名称"字段，输入某刊名，单击"检索"按钮即可得到该刊在 CSSCI 中所有被引情况。

（4）被引文献细节检索：该检索具有较强的灵活性，可对文献题录信息进行检索，如输入某人的名字，既可对作者为某人的文献进行检索，也可检索篇名（词）中含有某人的文献信息。选择检索字段，在输入框中输入检索词，单击"检索"，即可得到检索结果（见图 5.16）。

图 5.16　被引文献细节检索结果界面

高级检索的被引文献检索条件除简单检索的被引作者、被引文献篇名、被引文献期刊、被引文献细节外，还增加了被引文献年代、被引年份、被引文献类型等限制条件。

（5）被引年份限制：通常作为某一出版物在某年发表的论文被引用情况的限制。

（6）被引文献类型检索：主要用于查询期刊论文、图书、报纸、会议文献、学位论文、汇编、报告、标准、信件、法规、电子文献等的被引情况。在此框中输入某刊名，可得到该刊在 CSSCI 中所有被引情况。

4）专家检索技巧与新版的功能

对具有专业检索背景的用户，新版支持 and（+）、or（*）、and/or、not（−）逻辑算符检索，邻近算符 Same 检索（检索词必须出现在同一句子中，即两个句号之间的字符串，但在句子中的顺序是任意的），精确短语检索（在短语上标注半角的双引号" "）。

新版 CSSCI 数据库的主要功能有：收藏功能、精炼检索、统计功能、原文链接。另外，还有文献详细页显示、显示方式（列表、视图）选择、排序功能、下载功能、二次检索等。其更详细的功能演示可浏览在线资源"5.11"。

5.4.3 中国科学引文索引库与科学引文数据库

中国科学引文索引库（Chinese Science Citation Index，CSCI）是由中国科学技术信息研究所推出的基于期刊引用的检索评价工具，囊括 2000 年来我国出版的各类学术期刊近 1 万种（其中连续收录学术期刊 6000 余种），是目前国内最完备的中文期刊论文引文数据库。CSCI 访问网址为：csci.istic.ac.cn，默认主页面见图 5.17。CSCI 每月更新，通过中国科学技术信息研究所的信息资源中心（国家工程技术图书馆）提供文献传递服务，同时对中文学术期刊进行统计（包括期刊相关来源与引用指标数据），提供《中国科技期刊引证报告（扩刊版）》。CSCI

图 5.17 CSCI 默认的主页面

的详细介绍与利用指南可浏览在线资源"5.12"。

科学引文数据库（Science Citation Database，简称 SCD）是武书连领衔的团队研发的我国第一个涵盖自然科学、工程与技术、农林科学、医药科学、人文科学、社会科学等全部非保密学科的大型引文数据库，故又称为"武书连 SCD"。SCD 数据库基于"雅学资讯——中国科学评价网"（www.yaxue.net），可提供国际国内 SCD 来源刊检索与浏览、国内 SCD 论文检索、国内 SCD 图书检索、中国专利检索等功能。其应用领域之一就是作为原中国管理科学研究院（事业单位身份于 2024 年 6 月 23 日被撤销）"中国大学评价""中国大学研究生院评价"课题源期刊数据库，用于评价中国普通本科高校和以创新为主的科研机构的群体创新能力。SCD 不同于以 SCI、SSCI、CSCD、CSSCI 为代表的引文数据库的既往研究。SCD 每年发布最新目录，每两年会有大的变动。2024 年 SCD 公布最新目录时，首次由官网进行有效期的认定，即自 2024 年始，SCD 源期刊目录有效期延长一年，今后所有年度源期刊使用期均以此类推。SCD 简介与利用指南见在线资源"5.13"。

5.4.4 中国引文数据库

CNKI 于 2015 年 3 月正式对外发布的"中国引文数据库"，是依据 CNKI 收录数据库及增补部分重要期刊文献的文后参考文献和文献注释为信息对象建立的、具有特殊检索功能的文献数据库，并以每年 4000 万条引文数据的速度扩增。2021 年，该库新增"参考文献分析"和"推荐经典文献"两个增值服务平台。中国引文数据库是 CNKI 平台的三个检索模块之一；用户通过它，可检索引证数据，用于科技查新、成果申报，发现新学科的增长点，预测学科未来发展趋势等。目前，CNKI 的"中国引文数据库"默认的是老版，但其界面上有新版的链接，也可从 CNKI 主页"出版服务"栏目下的"学术评价"分栏目的"学术评价支撑平台"进入，其详细介绍与利用指南可浏览在线资源："5.14"。

第6章 中国三大平台及其数据库的检索

数据库种类繁多，不同的数据库从界面到内容、从功能到结果输出都会有不同，而且同一数据库的界面和功能也会不断发展和变化，但用户只要认真总结规律，还是可以找到数据库的一些不变的通用检索技术。

电子文献数据库的检索需要通过具体的检索平台/系统来实现。目前，中国广泛使用的文献检索平台主要有三个：CNKI 平台、万方数据平台、维普资讯平台等。

6.1 CNKI 平台及其利用

6.1.1 平台简介

1999 年 6 月，CNKI（中国知网）正式建立。2012 年 9 月，CNKI 发布从知识网络服务平台（Knowledge Network Service Platform，简称 KNS 平台）升级而来的"知识发现网络平台"（Knowledge Discovery Network- Platform，简称 KDN，即 KNS6.0）。2020 年 8 月底，CNKI 实现全网升级，即正式启用整合 WEB 端新服务平台 KNS8.0（即新版总库平台 KNS8.0）和移动端服务平台——移动全球学术快报（CNKI Express）的新平台。新平台正式名称为 CNKI 中外文文献统一发现平台，又称全球学术快报（Global Academic Focus，GAF）2.0。进入 AI 新时代后，2024 年 7 月 18 日 CNKI 全新首页（见图 6.2）启用，10 月 15 日发布 AI 增强检索；2025 年 4 月，AI 研究助手的 AI 学术检索、单篇问答和专题问答等全线接入了 DeepSeek 的深度推理服务。

CNKI 个人用户可以单击 CNKI 首页（www.cnki.net）右上角"个人登录"按钮登录。如用户所在机构已订购它，可单击 CNKI 首页右上角"机构登录"界面的"IP 登录"直接访问中国知网；也可单击 CNKI 首页右上角"会员"界面的"登录"按钮进入用户登录界面（见图 6.1），单击"IP 登录"即可进入 CNKI 默认的资源总库一框式检索界面（见图 6.2）。单击 CNKI 首页上方的"手机版"，可用手机在机构 IP 范围内关联绑定本机构图书馆，实现在手机上阅读和下载文献（机构用户手机版 CNKI 使用指南可浏览在线资源"6.1"）。对于加入 CARSI 的机构用户，对应机构的个人用户可在登录页面中选择"校外访问"中的相关机构进行登录访问。

CNKI 默认的一框式文献检索，可在学术期刊、学位论文、会议、报纸、年鉴、专利、标准、科技报告、图书等文献类型中实行跨库检索。该平台以智能主题检索为核心，形成了下列八大特性：

(1) 深度整合海量的中外文文献，包括 90% 以上的中国知识资源，如学术期刊、学位论文、

图 6.1　CNKI 用户登录界面

会议、报纸、年鉴、专利、标准、成果、图书、学术辑刊、特色期刊、古籍、视频等资源类型，累计中外文文献量逾 5 亿篇。其中包括来自 80 余个国家和地区，900 多家出版社的 8 万余种期刊（覆盖 JCR 期刊的 96%，SCOPUS 的 90%以上）、百万册图书等。

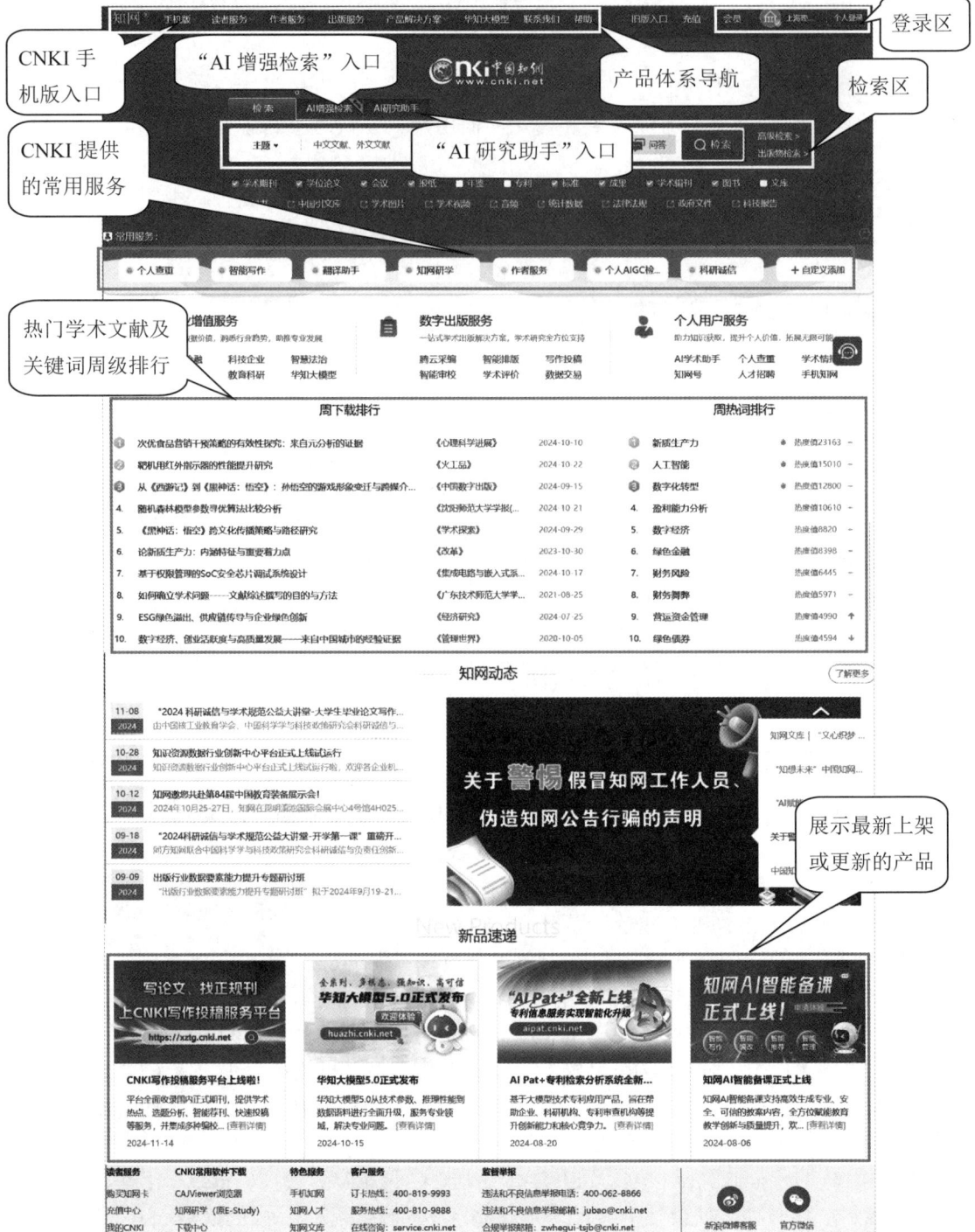

图 6.2　CNKI 平台默认的首页

（2）持续完善中英文统一主题检索功能，构建中外文统一检索、统一排序、统一分组分析的知识发现平台，打造兼顾检全检准和新颖权威的世界级的检索标准；

（3）完善检索细节，如一框式检索、高级检索支持同一检索项内输入*、+、-、''、""、（）进行多个检索词的组合运算；完善及新增多项智能引导，包括主题、作者、机构、基金、期刊等检索引导；

（4）创新多维度内容分析和展示的知识矩阵，通过多维分组、组内权威排序、分组项细化实现中英文文献的精准发现、权威推荐；

（5）全新升级文献知网节，优化页面布局，首屏揭示节点文献的内容特征及可读性，构建以单篇文献为节点的世界知识网络，刻画以节点文献为中心的主题发展脉络，满足用户对选定文献全面感知及主题扩展的需求；

（6）完善我的 CNKI，整合及优化用户常用的文献管理功能，如收藏文献、查看历史记录、关注检索式、论文、期刊及作者等，实现网络版与手机版用户数据的跨平台同步；

（7）丰富各单库功能，专门设计产品宣介模块，介绍基本出版情况，反映产品内容特点，优化各单库检索和知网节功能；

（8）新增个性化推荐系统，集精彩推荐和热门文献于一体，版面占据总库平台及各单库的首页面，我的关注与个人账号关联，满足用户个性化需求。

6.1.2 平台的检索

CNKI 平台的检索包括一框式检索、高级检索、专业检索、作者发文检索、句子检索和出版物检索等。这些检索页面都显示了页头。页头有八大模块：数据库导航、检索、出版来源导航、我的 CNKI、帮助、产品更新消息提醒及个人/机构登录，以及 2024 年 10 月 15 日新增的"AI 增强检索"。用户可通过页头便捷地进行核心功能跳转。

1. 我的 CNKI

注册并登录个人账号，可进入"我的 CNKI"享受个性化文献管理服务：①收藏感兴趣的文献；②查看检索历史、浏览历史、下载历史；③关注检索式、论文、期刊、作者。

1）收藏夹

登录个人账号后，可在检索结果页、文献知网节和原版阅读页面单击收藏按钮收藏文献。进入"我的 CNKI-收藏夹"，可查看和管理全部已收藏文献。收藏夹页面显示已收藏文献的类型、题名、作者、机构、来源等信息，支持按收藏时间筛选或排序。单击文献标题，跳转至该文献知网节页面。

2）历史记录

历史记录模块支持历史记录的查看和管理，包括检索历史、浏览历史、下载历史等。检索历史显示历史的检索式、检索范围和检索时间，默认按检索时间降序排列，支持升序、降序切换排列和按时间筛选；浏览历史为浏览文献知网节的记录，显示浏览过的文献类型、题名、作者、机构、来源、浏览时间等信息，支持按浏览时间筛选或排序；下载历史为 PDF 下载、CAJ 下载、HTML 阅读、原版阅读的记录，显示已下载文献的类型、题名、作者、机构、来源等信息，支持按下载时间筛选或排序。

3）我的关注

登录个人账号后，"我的关注"可关注检索式、论文、期刊、作者，便于进行长期跟踪。

可在检索结果页单击"主题定制",或在"我的 CNKI 历史记录 检索历史"单击检索式的"关注"按钮,关注检索式;可在文献知网节页面单击 ☺ 按钮关注论文;可在期刊详情页面单击 ◎关注 按钮关注期刊;可在作者知网节页面单击 ☺ 按钮关注作者。

2.检索设置

平台总库的检索设置功能,提供总库检索的个性化服务,可根据个人使用习惯进行检索偏好设置,方便操作。此功能只针对总库检索,位于总库一框式检索页、总库高级检索页的右上方。

3.检索方式

1)一框式检索

将检索功能浓缩至"一框"中,根据不同检索项(字段)进行检索的一框式检索是最常用,也是最方便快捷的一种检索方式。CNKI 总库提供的检索项有:主题、关键词、篇名、全文、作者、第一作者、通信作者、作者单位、基金、摘要等(见图 6.3)。在一框式检索栏中输入关键词就可以进行检索了。该检索方式能够体现智能检索优势,使用简单、方便,检索结果兼顾检全率和检准率。

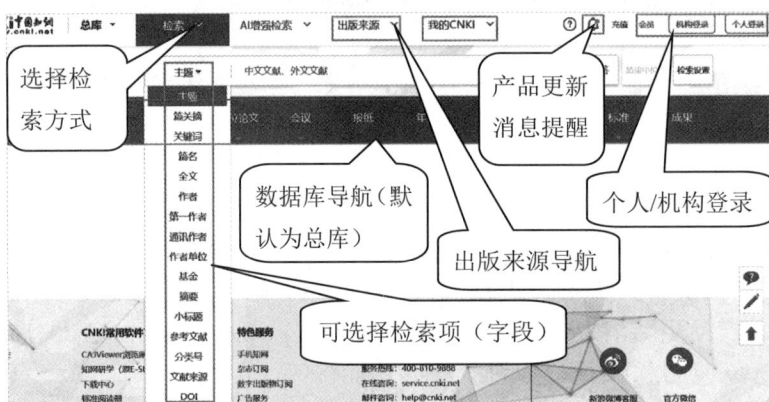

图 6.3 一框式检索页面

一框式检索为初级检索,搜索框不支持 OR、AND 等逻辑检索式(如果要进行逻辑组配检索,需使用高级检索或专业检索功能)。如果是采用 IP 管理的机构用户,可以通过登录 CNKI 平台,然后一步步地获取所检索到文献的全文。一框式检索方便快捷,但检索结果是海量的。不过,CNKI 的高级检索可帮助用户实现文献的精准检索,可在一框式检索栏右侧单击进入高级检索页面(见图 6.4)。

2)高级检索

高级检索可以同时设定多个检索项(字段),输入多个检索词,更精准地查找想要的文献资源。其页面提供专业检索、作者发文检索、句子检索 3 种检索模式的切换(见图 6.4)

图 6.4 高级检索页面

(1) 高级检索说明。

①检索条件：检索条件输入区默认显示主题、作者、文献来源三个检索框，可自由选择检索字段、检索项（字段）间的逻辑关系、检索词的匹配方式等。检索字段主要有主题、篇关摘（篇名、关键词、摘要）、关键词、篇名、全文、作者、第一作者、通信作者、作者单位、基金、摘要、参考文献、DOI、（中图）分类号、文献来源等；检索字段间的逻辑关系有 AND、OR 和 NOT；除主题只提供相关度匹配外，其他检索项均提供精确、模糊两种匹配方式。单击检索框后的 + 或 - 按钮可添加或删除检索项，最多支持 10 个检索项的组合检索。

②文献导航：文献分类导航默认为收起状态，单击展开后勾选所需类别，可缩小和明确文献检索的类别范围。学术期刊库的高级检索提供 168 专题导航，为 CNKI 基于中图分类而独创的学科分类体系。年鉴、标准、专利等除 168 导航外还提供对应的单库检索所需的特色导航。

③学术期刊库来源类别：可选择全部期刊（库中收录的全部期刊），SCI 来源期刊（库中被 SCI 收录的期刊），EI 来源期刊（库中被 EI 收录的期刊），北大核心（库中被《中文核心期刊要目总览》收录的期刊），CSSCI（库中被 CSSCI 收录的期刊），CSCD（库中被 CSCD 收录的期刊），AMI（库中被 AMI 收录的期刊）。

④检索控制：检索控制的主要作用是通过条件筛选、时间选择等，对检索结果进行范围控制。控制条件包括：出版模式（OA 出版、网络首发、增强出版）、基金文献、时间范围、检索扩展（默认为中英文扩展，如果不需要中英文扩展，则手动取消勾选）等。

⑤检索推荐/引导：与一框式检索时的智能推荐和引导功能类似，主要区别是：高级检索的主题、篇名、关键词、摘要、全文等内容检索字段推荐的是检索词的同义词、上下位词或相关词；高级检索的推荐引导功能的文字版使用方法介绍在页面右侧显示，单击 » 即可查看更多详细使用说明（见图 6.4）。

(2) 高级检索方法。

①选取检索范围。在高级检索页面下方可以进行数据库的切换，进入对应单个数据库的高级检索，不选择单库则默认跨库检索。

②明确文献分类：在高级检索页面左侧，进入文献分类导航，可展开勾选学科分类（默认是收起状态）（见图 6.4）。即在"文献分类"目录栏目下选择树形菜单查看下一层的类目，同样操作直到要找的类目范围。单击要选择的类目范围前的□。例如，选择"基础科学"专栏目录，出现自然科学理论与方法、数学等类目。再选择"数学"，又出现相应的下级类目……直到出现"数学范畴""数学理论""计算工具"三个最末的类目。选择末级类目后，系统自动进行检索，结果显示该类目所包括的全部文献。单击过程中目录前的□，则返回其上一层目录；单击"全选"按钮，则每个类目都被选择；单击"清除"按钮，清空所选的专题类目。

③选取检索项。在"检索项"的下拉框里选取要进行检索的字段。选择后，以下的检索将在选中的字段中进行。下面是各字段检索的含义。

主题检索：以 CNKI 标引的主题（机标关键词）为核心检索内容，同时涵盖所有内容相关字段，在检索过程中嵌入了专业词典、主题词表、中英对照词典、停用词表等工具，并采用关键词截断算法，将低相关或微相关文献进行截断。主题检索旨在提供一种能够涵盖文章所有主题特征并综合时间特征的检索手段，适于普通用户快速查询和调研。

篇关摘检索：指在篇名、关键词、摘要范围内进行检索，具体参见篇名检索、关键词检索、摘要检索。

关键词检索：该检索的范围包括文献原文给出的中、英文关键词，以及对文献进行分析计算后机器标引出的关键词。机器标引的关键词基于对全文内容的分析，结合专业词典，解决了文献作者给出的关键词不够全面准确的问题。

篇名检索：期刊、会议、学位论文、辑刊的篇名为文章的中、英文标题。报纸文献的篇名包括引题、正标题、副标题。年鉴的篇名为条目题名。专利的篇名为专利名称。标准的篇名为中、英文标准名称。成果的篇名为成果名称。古籍的篇名为卷名。

全文检索：指在文献的全部文字范围内进行检索，包括文献篇名、关键词、摘要、正文、参考文献等。

作者检索：期刊作者为文章中、英文作者。

第一作者检索：只有一位作者时，该作者即为第一作者。有多位作者时，将排在第一位的作者认定为文献的第一责任人。

通信作者检索：目前期刊文献对原文的通信作者进行了标引，可以按通信作者查找期刊文献。通信作者是指课题的总负责人，也是文章和研究材料的联系人。

作者单位检索：期刊的作者单位为原文给出的作者所在机构的名称。

基金检索：根据基金名称，可检索受到此基金资助的文献。支持基金检索的资源类型包括期刊、会议、学位论文、辑刊。

摘要检索：期刊的摘要为原文的中、英文摘要，原文未明确给出摘要的，提取正文内容的一部分作为摘要。

参考文献检索：检索参考文献里含检索词的文献。支持参考文献检索的资源类型包括期刊、会议、学位论文、年鉴、辑刊。

分类号检索：通过分类号检索，可以查找到同一类别的所有文献。期刊、辑刊的分类号指中图分类号。

DOI 检索：输入文章的 DOI 号即可。境内的期刊只支持检索在 CNKI 注册 DOI 的文献。

文献来源检索：文献来源指文献出处。期刊的文献来源为文献所在的刊物。

小标题检索：期刊的小标题为原文的各级标题名称。

④选择时间范围。可以选择发表时间（如"2009-07-01"到"2025-06-30"）、更新时间（如最近一周、今年迄今）。

⑤输入检索词。检索词为文章检索字段中出现的关键单词，CNKI 平台具有智能推荐和引导功能。各个检索词输入框之间设有关系下拉框，其关系选项有"AND""OR"和"NOT"。

⑥进行检索。单击"检索"按钮进行检索，在页面的右下部列出了检索结果，列出了每条记录的篇名、作者、刊名、发表时间、被引、下载和操作（原版阅读、收藏、引用、AI 辅助阅读）（见图 6.6）。

3）专业检索

专业检索即检索式检索，比高级检索功能更强大，但需检索人员根据系统的检索语法编制检索式进行检索，适用于熟练掌握检索技术的专业检索人员。每个库的专业检索都有说明，详细语法可以浏览专业检索表达式输入框右侧"专业检索使用方法"，查看详细的语法说明。

（1）专业检索说明。

①检索字段：构造检索表达式的检索字段主要有：SU=主题，TI=题名，KY=关键词，AB=

摘要，FT=全文，AU=作者，FI=第一责任人，RP=通信作者，AF=机构，JN=文献来源， RF=参考文献，YE=年，FU=基金，CLC=分类号，SN=ISSN，CN=统一刊号，IB=ISBN，CF=被引频次。

②逻辑组合检索：使用"专业检索语法表"中的运算符构造表达式，使用前请详细阅读其说明；多个检索项的检索表达式可使用"AND""OR""NOT"逻辑运算符进行组合；三种逻辑运算符的优先级相同；如要改变组合的顺序，请使用英文半角圆括号"( )"将条件括起。

③符号：所有符号和英文字母（包括专业检索语法表操作符），都必须使用英文半角字符；逻辑关系符号"与"（AND）、"或"（OR）、"非"（NOT）前后要空一个字节。

字符计算：按真实字符（不按字节）计算字符数，即一个全角字符、一个半角字符均算一个字符；

使用"同句""同段""词频"时，请注意：用一组西文单引号将多个检索词及其运算符括起，如'流体 # 力学'；运算符前后需要空一个字节，如'流体 # 力学'。

（2）专业检索方法。

要进行专业检索，单击高级检索页面的"专业检索"按钮，切换到专业检索界面。其专业检索表达式中检索字段名称可从检索框下方的检索字段智能提示框中选择。

检索举例：在"中国学术期刊（网络版）"中检索钱伟长在清华大学以外的机构工作期间所发表的，题名中包含"流体""力学"文章（见图6.5）。

图6.5　专业检索举例页面

第一步，在CNKI平台高级检索页面选择"学术期刊"；

第二步，选择专业检索；

第三步，在检索框中输入检索式：TI='流体 # 力学' and (AU=钱伟长 not AF=清华大学)；

第四步，单击"检索"按钮。

4）作者发文检索

作者发文检索是通过输入作者姓名、单位等检索词，即可查找作者发表的全部文献及被引下载等情况，以及通过作者知网节可以全方位地了解作者主要研究领域、研究成果等情况。这里需要注意的是作者单位建议选择"模糊"，以免漏检。

5）句子检索

句子检索通过输入两个检索词，在全文范围内查找同时包含这两个词的句子，检索到有关事实的问题答案。句子检索不支持空检，同句、同段检索时必须输入两个检索词。

6）出版物检索

当用户需要查找某一种期刊或者是核心期刊时，就可利用出版物检索功能来满足这类检索需求。在CNKI首页检索框右侧单击"出版物检索"按钮。出版物检索导航系统主要包括出版来源、期刊、学术辑刊、学位授予单位、会议、报纸、年鉴等导航系统。每个产品的导航内容基本覆盖自然科学、工程技术、农业、哲学、医学、人文社会科学等领域，囊括了基础研究、工程技术、行业指导、党政工作、文化生活、科学普及等各种层次。

如要查找核心期刊，则选择"期刊导航"，在"数据库刊源导航"中查找，或直接输入期刊的名字，进入到期刊详情页面查看。关于出版物导航与检索的详细信息可浏览在线资源"6.2"。

7）AI增强检索

2024年10月15日，CNKI发布AI增强检索。它是在覆盖传统检索服务能力的基础上，将大模型的自然语言处理和语义理解能力融合于信息检索中，支持以自然语言方式检索文献和文献原文段落，实现从传统基于关键词的检索到基于语义向量的检索范式革新，从文献检索到段落检索的检索粒度细化，从单纯式检索到智能化交互的检索体验升级，从字面检索到规范引导检索的服务品质跃升，同时提供生成引用、同主题段落原文串读等更多智慧化应用场景，极大提高文献调研质量与效率，为学术研究、学术创新、专业检索和评价增效赋能。其详细介绍可浏览在线资源"6.3"。

6.1.3　检索结果及其处理

不管是在一框式检索结果页面（见图6.6），还是在高级检索、专家检索等方式的检索结果页面，均可实现有题录选择、二次检索、分组筛选、排序、导出、切换显示模式、设置显示记录数、组合分析、相关搜索推荐、批量下载、计量可视化分析等功能。

图6.6　一框式检索结果页面

1．题录选择

"题录"是指文献的基本信息，包括篇名、作者、关键词、作者机构、来源文献名等。选择保存题录是指当获得检索结果后，若需要将检索结果的题录保存以供他用时，可在检索结果页面上选择条目进行保存。题录选择分为全选和单选两种情况。

(1) 全选。单击检索结果页面上方"全选"左侧的⬜按钮，选择当前页面上的全部文献记录。再次单击⬜按钮，将取消前次所选文献记录。

(2) 单选。分别勾选篇名前的方框⬜，选择需要保存的记录。

2．二次检索

一次检索后可能会有很多记录是用户所不期望的文献，这时可在第一次检索的基础上进行二次检索，二次检索只是在上次检索结果的范围内进行检索的，可以多次进行。这样可逐步缩小检索范围，使检索结果越来越靠近自己想要的结果。二次检索这一功能设在实施检索后的检索结果页面。在"检索词"输入框里输入新的检索词，并选择检索字段，单击"结果中检索"按钮进行二次检索。另外，结果页面的左侧栏可以根据学科、年度、来源类别、期刊、作者等快速缩小结果范围（见图6.6）。

3. 分组筛选

检索结果左侧为分组筛选区（见图6.6），可提供多层面的筛选角度，并支持多个条件的组合筛选，以快速、精准地从检索结果中筛选出所需的优质文献。单击分组标签上的下拉箭头 ，查看全部分组内容。勾选分组条件后，即执行筛选；取消勾选，则清除筛选。

4. 导出

在选择好保存文献记录后，单击题录上方的"导出与分析"下拉框，选择"导出文献"按钮，则系统显示各种格式引文（如GB/T 7714－2015格式、CAJ-CD格式、查新格式、知网研学、Refworks、EndNote、NoteExpresss、NoteFirst、自定义等）（见图6.7），选择其中的一种，如选择最下面的"自定义"时，则系统提供以下输出字段供选择："SrcDatabase-来源库""Title-题名""Author-作者""Organ-单位""Source-文献来源""Keyword-关键词""Summary-摘要""PubTime-发表时间""FirstDuty-第一责任人""Fund-基金""Year-年""Volume-卷""Period-期""PageCount-页码""CLC-中图分类号"等。勾选输出字段后，再单击"预览"，则以一定格式显示自定义输出项（见图6.7）。

图6.7　文献导出的自定义格式

5. 相关搜索推荐

在检索结果的下端，提供"相关搜索"功能（见图6.8）。相关搜索是系统推荐与用户输入相关的词，作为系统性学术研究的参考。系统最多推荐14个与输入的检索词相关的主题词，单击主题词，则以该主题词为检索词执行主题检索。

图6.8　相关搜索推荐

6. 阅读及使用

CNKI 的高级检索是默认跨库检索的，如需要查看核心期刊论文，则在检索结果的上方选择"学术期刊"，然后在"来源类别"里进行筛选（见图6.9），这样就可以选择具有较高学术价值的文献进行查阅了。

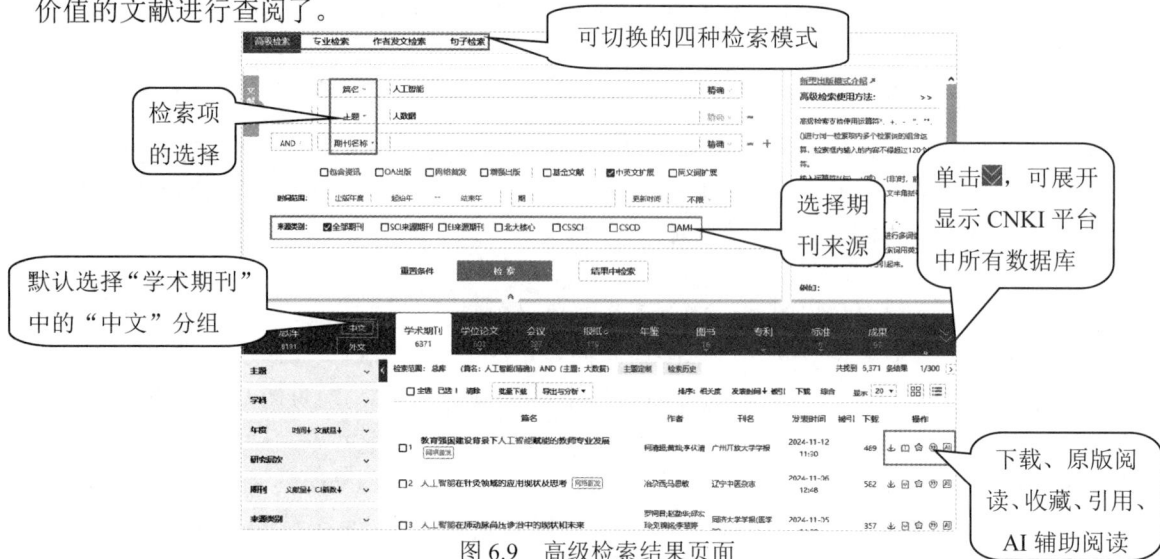

图 6.9　高级检索结果页面

如果对初步检索结果不满意，比如检索结果过多或过少，那么需要重新对检索式进行调整，用户可以利用 CNKI 提供的"主题"智能引导功能，在初次检索后，从检索结果中提取相关的信息（见图6.10），重新建构检索式。

图 6.10　按主题精炼高级检索结果页面

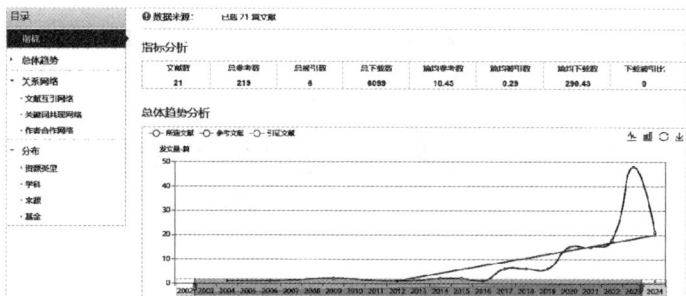

图 6.11　检索结果进行可视化分析界面

用户也可对检索结果进行可视化分析，了解更多研究现状并获取新知识点，单击"导出与分析-可视化分析"。例如，通过观察研究关键词共现网络分析，寻找研究空白点，找到新的研究方向,又或者掌握机构分布,找到该领域权威机构,了解其研究方向及成果(见图6.11)。

7. 知网节

知网节是以单篇文献为节点,将本篇文献的参考文献、引证文献、内容相似文献、同类作者文献、同类研究机构文献、同类读者推荐文献等相关文献链接到一起,使所有文献形成内容关联的知识网络,该知识网络由主题网络、作者/机构网络、文献来源网络、基金网络、引证网络等部分组成,通过不同主体画像和智能关联,使得知识内容的相关性和读者检索行为的相关性成为文献传播的重要媒介。

知网节主要包括文献知网节、作者知网节、机构知网节、学科知网节、基金知网节、关键词知网节、出版物知网节。其中学术期刊、学术辑刊、会议、学位论文的文献知网节页面为三栏结构,从左到右分别为文章目录、题录摘要信息和引证文献。文章目录和引证文献可以收起或者展开,无内容时两侧默认收起(见图6.12)。其他单库产品的知网节多为单栏结构。

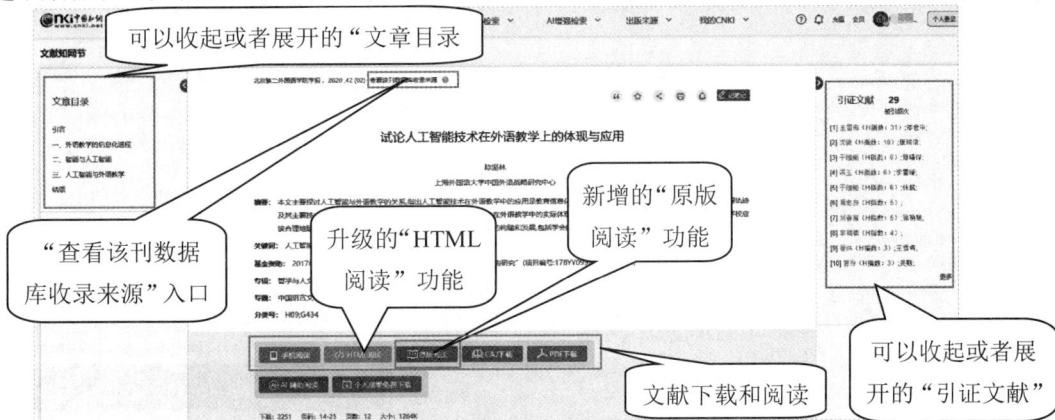

图6.12 期刊文献知网节首屏布局

如果需要引用某篇文献,单击该文献知网节 " 按钮,弹出三种引用格式,默认选中GB/T 7714-2015格式,可以复制,单击更多引用格式进入文献管理中心。登录个人账号后,单击 ♡ 按钮可关注该文献,进入"我的CNKI-我的关注-论文"中可查看关注的论文数据变化情况;单击 ☆ 按钮可以收藏该文献,进入"我的CNKI-我的收藏"中可查看收藏的论文;单击 < 按钮,可以复制链接或者分享到微信和微博等新媒体。

文献知网节于2024年6月28日升级"HTML阅读",8月27日新增"原版阅读"。升级后的"HTML阅读",需拖动滑块后才可阅读HTML格式全文。原版阅读支持期刊、学位论文、会议和年鉴四种文献类型,其优势主要有三点:①无需下载至本地,保持文献原始的布局和格式;②不限制复制字数;③全部已收录的中文期刊文献支持原版阅读。

平台提供两种途径下载浏览全文:一是从检索结果页面(概览页),单击题名后的 ↧ 按钮下载浏览CAJ格式全文(见图6.6、图6.9、图6.10);二是从知网节(细览页),单击其中的 📱 手机阅读 、 </> HTML阅读 、 📖 原版阅读 、 📕 CAJ下载 、 人 PDF下载 等任一按钮,可浏览阅读、下载相应的全文(见图6.12)。

关于CNKI平台、资源总库等的详细介绍与使用指南可单击CNKI首页上方的"帮助"按钮进入"中国知网客户服务中心"页面,再浏览其中的"总库使用手册"超链接;或浏览在线资源"6.4"。

6.2 万方数据知识服务平台及其利用

万方数据知识服务平台（网址：www.wanfangdata.com.cn）是北京万方数据股份有限公司（简称"万方公司"）在中国科技信息研究所数十年积累的全部信息服务资源的基础上建立起来的，其形成了以科技信息为主，集经济、金融、社会、人文信息为一体，提供网络化服务的信息资源系统。用户单击网站页头"注册"，弹出登录框中，单击"快捷注册"进入注册页面（见图 6.13），选中"已阅读《万方数据使用协议》《万方数据隐私政策》"，并点"注册"按钮完成注册；或者在弹出的登录框中选择"第三方账号登录"，绑定手机号后注册成功。该平台除传统的订购机构 IP 自动登录、用户名密码登录外，在微信、新浪微博、腾讯 QQ 第三方账号登录的基础上，2020 年以来新增 CARSI 服务和中国科技云通行证登录方式（见图 6.14）。另外，也可通过移动 APP 登录此平台（关于万方数据 APP 的简介与使用指南可浏览在线资源"6.5"）。

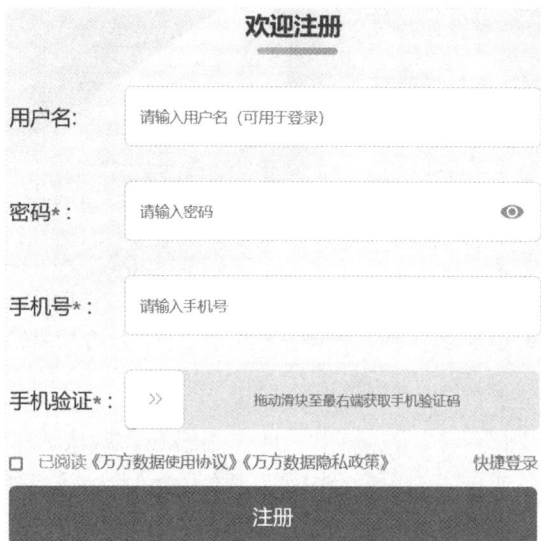

图 6.13　平台注册界面

图 6.14　平台登录界面

6.2.1　万方数据知识服务平台简介

万方数据知识服务平台 V2.0（以下简称"万方平台"）是万方公司推出的知识服务系统，除整合学术期刊、学位论文、会议文献、视频等 10 余种资源外，还包括产品与服务。

1. 资源

万方平台提供的资源有期刊、学位、会议、专利、科技报告、科技成果、标准、法律法规、地方志、视频等。

（1）期刊：期刊资源包括国内期刊和国外期刊，其中国内期刊共 8500 余种，涵盖自然科学、工程技术、医药卫生、农业科学、哲学政法、社会科学、科教文艺等多个学科；国外期刊共包含 40000 余种世界各国出版的重要学术期刊，主要来源于 NSTL 外文文献数据库以及数十家著名学术出版机构，以及 DOAJ（Directory of OAJ）、arXiv、PubMed 等开放获取平台。

（2）学位论文：资源主要包括中文学位论文；收录始于 1980 年，年增 42 余万篇，涵盖基础科学、理学、工业技术、人文科学、社会科学、医药卫生、农业科学、交通运输、航空航天、环境科学等各学科领域；收录来源：经批准可以授予学位的高等学校或科学研究机构。

(3) 会议：包括中文和外文会议。中文会议收录始于 1982 年，年收集 2000 多个重要学术会议，年增 15 万篇论文；外文会议主要来源于 NSTL 外文文献数据库，收录了 1985 年以来世界各主要学/协会、出版机构出版的学术会议论文共 1100 万篇全文（部分文献有少量回溯）。

(4) 专利：中外专利数据库（Wanfang Patent Database，WFPD）涵盖超过 1.6 亿条专利数据，范围覆盖 11 国 2 组织专利，其中中国专利 4700 余万条，收录时间始于 1985 年；外国专利 1.1 亿余条，最早可追溯到 18 世纪 80 年代。

(5) 科技报告：科技报告资源包括中文科技报告和外文科技报告。中文科技报告，收录始于 1966 年，源于中华人民共和国科学技术部，共计 10 万余份；外文科技报告，收录始于 1958 年，源于美国政府四大科技报告（AD、DE、NASA、PB），共计 110 万余份。

(6) 科技成果：源于中国科技成果数据库，收录了自 1978 年以来国家和地方主要科技计划、科技奖励成果，以及企业、高等院校和科研院所等单位的科技成果信息，共计 66 余万项。

(7) 标准：国内文献来源于中外标准数据库，涵盖了中国标准、国际标准以及各国标准等在内的 260 余万条记录，综合了中国质检出版社等单位提供的标准数据，其全文数据来源于中国质检出版社、机械工业出版社等标准出版单位；国际文献来源于科睿唯安国际标准数据库（Techstreet），涵盖国际及国外先进标准，包含 55 万多件标准相关文档，涵盖各个行业。

(8) 法律法规：法规资源涵盖了国家法律、行政法规、部门规章、司法解释以及其他规范性文件，信息来源权威、专业。

(9) 地方志：简称"方志"，即按一定体例，全面记载某一时期某一地域的自然、社会、政治、经济、文化等方面情况或特定事项的书籍。通常按年代分为新方志、旧方志：新方志收录始于 1949 年，共计 5.5 万册；旧方志收录为新中国成立之前，8600 余种，10 万多卷。

(10) 视频：万方视频是以科技、教育、文化为主要内容的学术视频知识服务系统，现已推出高校课程、会议报告、考试辅导、医学实践、管理讲座、科普视频、高清海外纪录片等适合各类人群使用的精品视频。截至目前，已收录视频 3.5 万余部，近 100 万分钟。

2．产品

万方平台提供的主要产品有科慧、选题、灵析、检测、学术圈、学科发展评估平台、标准管理服务系统、学者知识脉络、机构知识脉络、关键词知识脉络、专利工具、行业知识服务平台等。它们的详细介绍可浏览在线资源"6.6"。

3．服务

万方平台提供的主要服务有增值服务（包括万方指数、检索结果分析、研究趋势）、编辑部专用服务（包括中文 DOI、优先出版）、万方动态、精品文献、科技前沿等。它们的详细介绍可以浏览在线资源"6.7"。

6.2.2 万方数据知识服务平台的数据库

万方平台的数据库类型既有万方来源的数据库（如中国学术期刊数据库），也有第三方合作的数据库（如 NSTL 外文文献数据库）；既有中文数据库（如中外标准数据库），也有外文数据库（如中外专利数据库）。截至 2025 年 4 月，平台共有约 85 个数据库。它们可通过万方智搜进行统一检索，也可以据此进行特定数据库的检索，下面介绍一些主要的万方数据库。

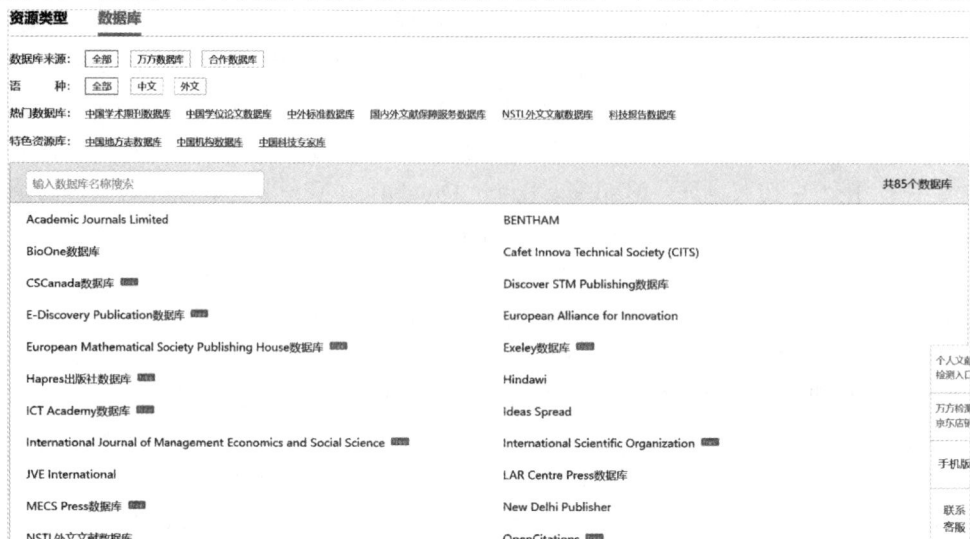

图 6.15 万方平台的数据库导航与搜索页面

(1) 中国学术期刊数据库（China Online Journals，COJ）：收录始于 1998 年，包含 8500 余种期刊，其中包含北京大学、中国科学技术信息研究所、中国科学院文献情报中心、南京大学、中国社会科学院历年收录的核心期刊 3300 余种，年增 300 万篇，每天更新，涵盖自然科学、工程技术、医药卫生、农业科学、哲学政法、社会科学、科教文艺等各个学科。

(2) 中国学位论文全文数据库（China Dissertations Database）：收录始于 1980 年，年增 42 余万篇，涵盖基础科学、理学、工业技术、人文科学、社会科学、医药卫生、农业科学、交通运输、航空航天和环境科学等各学科领域。

(3) 中国学术会议文献数据库（China Conference Proceedings Database）：包括中文会议和外文会议，中文会议收录始于 1982 年，年收集约 2000 个重要学术会议，年增 15 万篇论文，每月更新。外文会议主要来源于 NSTL 外文文献数据库，收录了 1985 年以来世界各主要学/协会、出版机构出版的学术会议论文共计 1100 万篇全文（部分文献有少量回溯），每年增加论文 20 余万篇，每月更新。

(4) 中外专利数据库（Wanfang Patent Database，WFPD）：涵盖 1.6 亿余条国内外专利数据。其中，中国专利收录始于 1985 年，共收录 4700 万余条专利全文，可本地下载专利说明书，数据与国家知识产权局保持同步，包含发明专利、外观设计和实用新型三种类型，准确地反映中国最新的专利申请和授权状况，每年新增 300 万余条。国外专利 1.1 亿余条，均提供欧洲专利局网站的专利说明书全文链接，收录范围涉及中国、美国、日本、英国、德国、法国、瑞士、俄罗斯、韩国、加拿大、澳大利亚、世界知识产权组织、欧洲专利局等 11 国 2 组织及 2 地区数据，每年新增 300 万余条。

(5) 中外科技报告数据库：包括中文科技报告和外文科技报告。中文科技报告收录始于 1966 年，源于中华人民共和国科学技术部，共计 10 万余份。外文科技报告收录始于 1958 年，涵盖美国政府四大科技报告（AD、DE、NASA、PB），共计 110 万余份。

(6) 中国科技成果数据库（China Scientific & Technological Achievements Database）：收录了自 1978 年以来国家和地方主要科技计划、科技奖励成果，以及企业、高等院校和科研院所等单位的科技成果信息，涵盖新技术、新产品、新工艺、新材料、新设计等众多学科领域，共计66多万项。数据库每两月更新一次，年新增数据1万条以上。

（7）中外标准数据库：收录了所有中国国家标准（GB）、中国行业标准（HB），以及中外标准题录摘要数据，共计260余万条记录，其中中国国家标准全文数据内容来源于中国质检出版社，中国行业标准全文数据收录了机械、建材、地震、通信标准以及由中国质检出版社授权的部分行业标准。

（8）中国法律法规数据库（China Laws & Regulations Database）：收录始于1949年，涵盖国家法律法规、行政法规、地方法规、国际条约及惯例、司法解释、合同范本等，权威、专业。每月更新，年新增量不低于8万条。

（9）中国机构数据库（China Institution Database）：中国企业、公司及产品数据库，国内企业信息，中国科研机构数据库，国内科研机构信息，中国科技信息机构数据库，我国科技信息、高校图情单位信息，中国中高等教育机构数据库，国内高校信息。

⑩ 中国科技专家库：收录了国内自然科学技术领域的专家名人信息，介绍了各专家在相关研究领域内的研究内容及其所取得的进展。该数据库的主要字段内容包括：姓名、性别、工作单位、工作职务、教育背景、专业领域、研究方向、研究成果、专家荣誉、获奖情况、发表的专著和论文等30多个字段。

6.2.3　万方数据知识服务平台的检索

万方平台通过万方智搜提供基本检索、高级检索、专业检索、作者发文检索等检索方式，其中基本检索为默认方式，即集纳了各个学科的期刊、学位、会议、科技报告、专利、标准、法律法规等类型的资源的统一检索。2025年4月中旬，万方平台的新界面（见图6.16）问世。它增加了"AI增强检索"入口，提供一些前沿功能，具体可浏览在线资源"6.8"。

图6.16　某大学IP自动登录的万方平台首页

1．基本检索

平台的基本检索可实现海量多渠道多门类的资源检索和发现。对输入的检索词进行实体识别，可以更快捷地获取知识及学者、机构等科研实体的信息。下面进行具体介绍。

1）限定检索

用户可在首页（见图6.16）进行限定检索。单击检索框，可显示限定的检索字段（目前有题名、作者、作者单位、关键词、摘要5个字段）（见图6.17），选择其中的某字段，可进行限定检索。也可直接输入检索式进行检索，如检索题名包含"数字资源"的文献，检索式为：（题名：数字资源）。此外，也可在检索框自主输入检索式检索，例如：（标题：数字资源）、（题目：数字资源）、（题：数字资源）、（篇名：数字资源）、（t：数字资源）、（title：数字资源）。

图 6.17　万方平台基本检索的限定检索界面

2）模糊检索、精确检索、逻辑匹配检索

直接输入检索词是模糊检索，如果为了查找更"全面"的信息可以使用。加上半角双引号""来限定检索词为精确检索。逻辑匹配检索是借助"与、或、非"即 and、or、not（其中 and 可以用空格代替，逻辑优先级关系为 not>and>or）进行检索。例如，用户想要检索"信息检索"和"本体"方面的文献，检索式为：（信息检索 and 本体）或（信息检索 空格 本体）。

2. 高级检索

单击万方平台首页检索框右方的"高级检索"按钮进入高级检索界面（见图 6.18）。高级检索支持多个检索类型，方便用户构建复杂检索表达式。

图 6.18　万方平台高级检索界面

在高级检索界面，用户可以根据需要，选择想要检索的资源类型和语种，用户可在多个检索字段和条件之间进行逻辑组配检索，以满足查准和查全的需求。具体包括：①通过"+"或者"－"添加或者减少检索条件；②通过"与""或"和"非"限定检索条件；③选择文献的其他字段，如题名或关键词、作者、作者单位等近 20 个字段；④限定文献的发表时间；⑤选择"精确"或"模糊"选项；⑥智能检索选择与否。

3. 专业检索

专业检索是所有检索方式里面比较复杂的一种检索方法，需要用户自己输入检索式来检索，只有确保所输入的检索式语法正确，才能检索到想要的结果。每种资源的专业检索字段都不一样，详细的字段可以在选择文献类型时在下方列出。专业检索可以使用半角双引号进行检索词的精确匹配限定。如果对自己想要检索的检索词不确定，可以使用"推荐检索词"功能，输入一些语句，单击搜索相关推荐词，得到规范的检索词。例如，在期刊文献中检索"题名或关键词"中同时含有"协同过滤"和"推荐算法"，或同时含有"协同过滤""推荐系统"和"算法"，或含有"协同过滤算法"的文献，其专业检索和检索结果如图 6.19 所示。另外，专业检索的检索表达式也可在一框式检索和高级检索中使用。

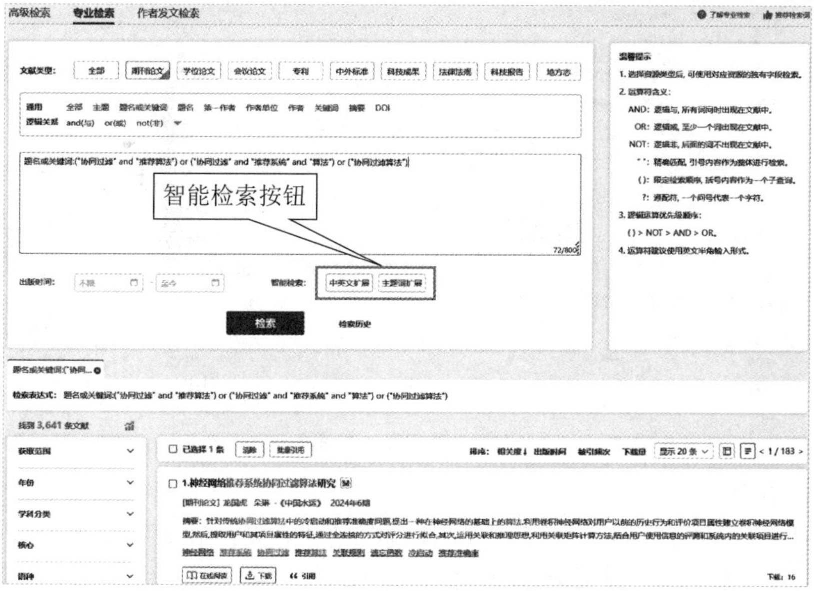

图 6.19　专业检索及其检索结果界面

4．智能识别与智能检索

智能识别指的是用户输入检索词，系统可以识别检索词的实体类型，智能提示用户是否要查找该实体。例如输入"清华大学"，系统显示：您是否想查看作者单位为"清华大学"的文献，因而优先展示作者单位为"清华大学"学者发表的文献，并提供不同资源类型、年份、语种等检索结果供用户选择（见图 6.20）。

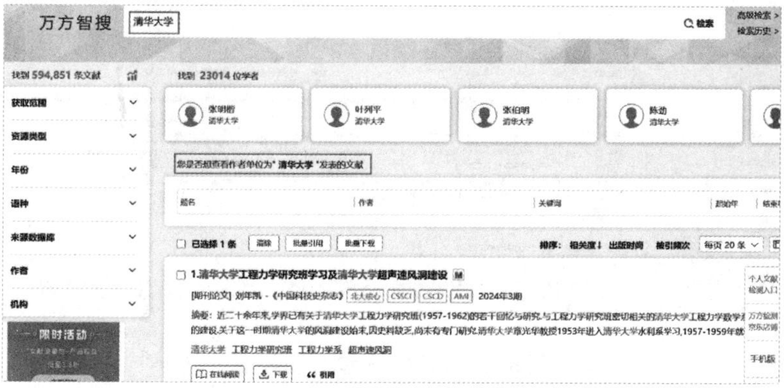

图 6.20　万方平台智能识别检索结果页面

万方平台在高级检索和专业检索中均有智能检索的功能，包括中英文扩展、主题词扩展（见图 6.18、图 6.19）。中英文扩展指的是对检索词进行中文英文的扩展检索，扩大检索范围；主题词扩展指的是基于主题词表，对检索词扩展同义词和下位词，帮助用户在保证查准率的条件下，扩大检索范围，提升检索的查全率。

5. 作者发文检索

用户可以输入作者名称和作者单位等字段来精确查找相关作者的学术成果。系统默认精确匹配，可自行选择精确还是模糊匹配。同时，用户可以通过单击输入框前的"+"号来增加检索字段。若某一行未输入作者或作者单位，则系统默认作者单位为上一行的作者单位。例如，检索武汉大学同时包含徐丽芳和丛挺两个作者的文献（见图 6.21）。

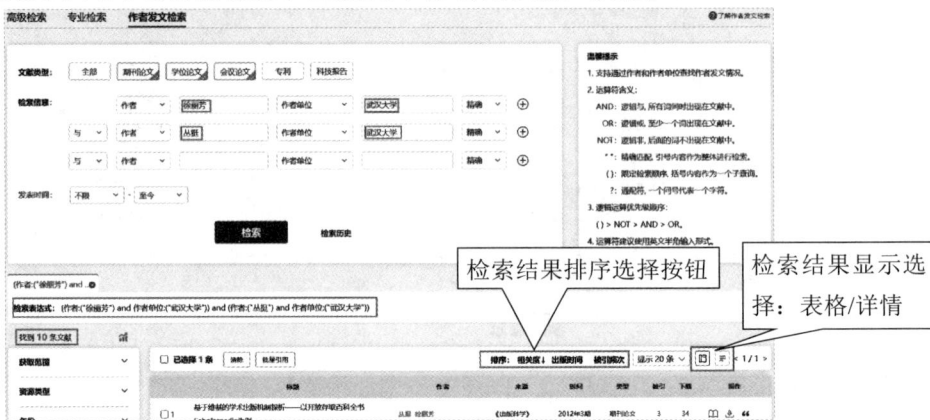

图 6.21　作者发文检索示例

6. 跨语言检索

万方平台除了可以进行统一检索、高级检索、专业检索、作者发文检索等外，还创新性地提供了跨语言检索功能，即在检索框输入一种语言的检索词，系统便会对该检索词进行多语种检索。目前，平台包括中、英、法、德、日等语种的文献，用户可对这些语种的文献进行统一检索。例如，在检索框内输入检索词"information"，检索出的结果包括中、英、德等多个语种的检索结果，并实现混合排序（见图 6.22）。在结果页面单击用户需要的语种，那么用户需要的其他语种文献便会呈现。

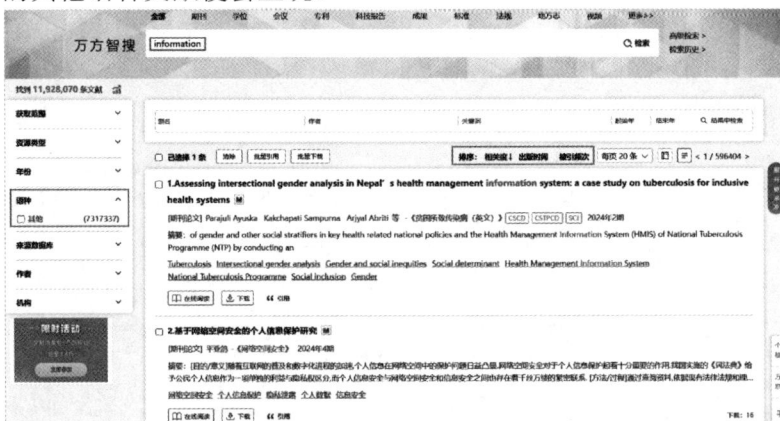

图 6.22　跨语言检索结果界面

6.2.4　资源导航与分类检索

单击万方平台首页（见图 6.16）资源模块下的"学术期刊"，进入期刊导航页面（见图 6.23）。单击其中的"更多"按钮进入资源导航页面（见图 6.24）。资源导航包括资源类型导航和数据库导航；前者展示平台收录的资源类型及相关资源的更新情况介绍，后者展示平台收录的数据库（包括万方数据库和合作数据库），默认为资源类型导航（见图 6.24）。万方平台的资源类型包括期刊、学位论文、会议、图书、专利、科技报告、科技成果、标准、法律法规等常规资源和科学数据、地方志、视频、民俗文化专题库等特色资源。

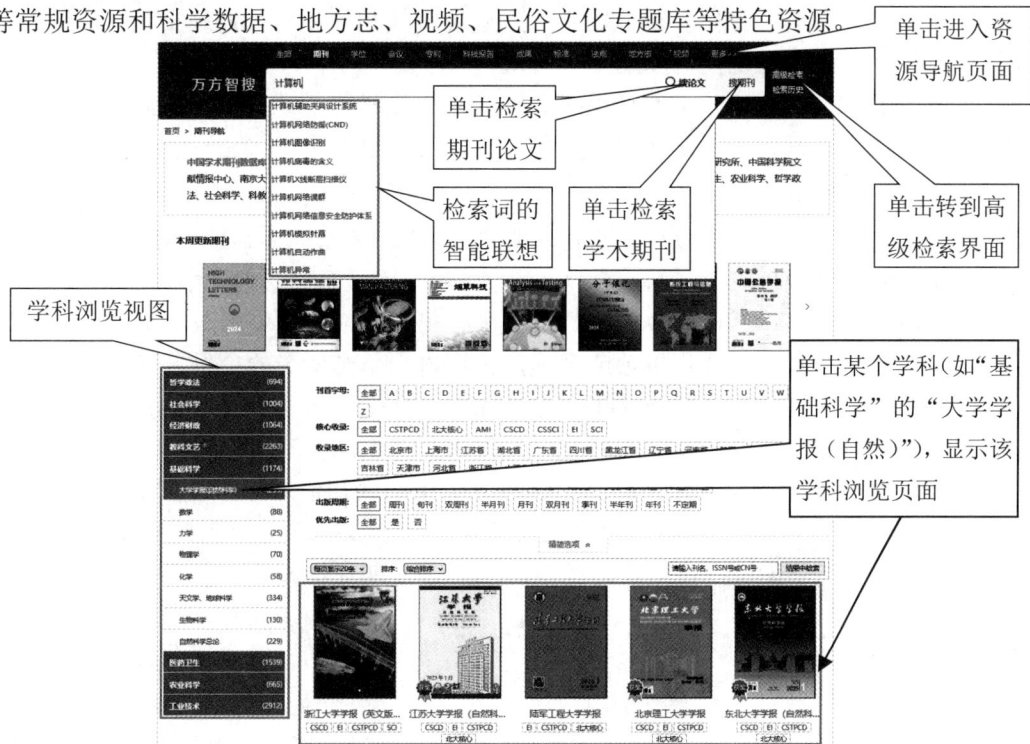

图 6.23　期刊导航页面

图 6.24　默认的资源导航页面

　　如想要检索期刊、学位、会议、专利、科技报告、地方志等类型的文献，可使用分类检索。在万方智搜检索框上面的资源类型中选择一种（或单击万方平台主页中资源类型的某类文献图标）即可。下面以"期刊"为例进行介绍。

　　当"全部"选项切换为"期刊"时，系统可进行中外文"期刊"检索。默认为在任意字段进行的一框式基本检索，用户可选择"搜论文"或"搜期刊"（见图 6.23）。在"期刊"文献默认的基本检索界面上单击"高级检索"按钮，可进入其高级检索页面。界面中包含了跨库检索功能，可以自主增减需要检索的数据库。其检索步骤为：①确定检索字段，如题名、刊名等；②确定检索模式，如模糊检索、精确检索等；③输入检索词；④限定检索条件，如发表时间等；⑤单击"检索"按钮进行检索。单击高级检索页面中的"专业检索"按钮，可进入专业检索界面。其检索步骤为：①输入检索式；②单击"检索"按钮，进行检索。作者发文检索是通过作者名称和作者单位等字段来精确查找相关作者的期刊文献。系统默认精确匹配，可自行选择精确还是模糊匹配。

"期刊"文献的高级检索、专业检索、作者发文检索与前述的全部文献的相应检索方式大同小异，在此不再赘述。下面介绍"期刊"文献的其他方面。

1．中国学术期刊浏览

在平台的"资源导航—数据库"页面（见图6.15），单击"中国学术期刊数据库"按钮，进入"中国学术期刊数据库"导航页面（见图6.24）。该页面提供中国学术期刊的浏览功能。浏览包括学科、刊首字母、核心收录、收录地区、出版周期、优先出版6种方式。除学科浏览外，其余的浏览方式均可选择单项或多项，也可再次单击所选的项目名称进行取消选择。

（1）学科浏览。期刊按学科浏览视图主要包括哲学政法、社会科学、经济财政、教科文艺、基础科学、医药卫生、农业科学、工业技术八大部分（见图6.24）。

在某学科中的期刊浏览页面，显示该学科分类中的期刊信息；单击某期刊链接，如《北京大学学报（自然科学版）》，将进入该期刊概览页面（见图6.25）。该页面主要包括期刊简介、

图6.25　《北京大学学报（自然科学版）》概览页面

期刊订阅、期刊详细信息展示等。可以订阅该期刊；期刊详细信息展示可对该刊文章进行题名、作者的快速检索，展示该刊文章浏览、特色栏目、统计分析等，其中统计分析是根据《中国期刊引证报告（扩刊版）》的数据对该刊的年发文量进行统计。

（2）刊首字母浏览。在中文期刊导航界面，也提供按"刊首字母"浏览功能。在"刊首字母"栏目中，用鼠标选择某个字母，将显示该字母为起

始音的期刊信息（见图6.26）。

（3）核心收录浏览。可以通过单击核心收录中的相应的核心期刊类别名称进行浏览该类核心期刊（见图6.27）。

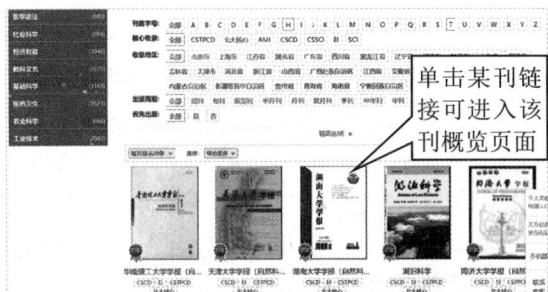

单击某刊链接可进入该刊概览页面

图6.26　首字母为H、T的期刊浏览页面

单击某刊链接可进入该刊概览页面

图6.27　北大核心的期刊浏览页面

（4）收录地区浏览。在"收录地区"中用鼠标选择某个地区（如上海），将显示该地区期

刊列表信息。

(5) 出版周期浏览：提供周刊、旬刊、双周刊、半月刊、月刊、双月刊、季刊、半年刊、年刊和不定期等选项。

(6) 优先出版浏览：可选择"是"或者"否"。

2．二次检索与检索结果的聚类

当用户检索命中记录时，便进入检索结果页面（见图 6.28）。检索结果页面分为三个部分：检索结果显示区、二次检索区、聚类功能区。

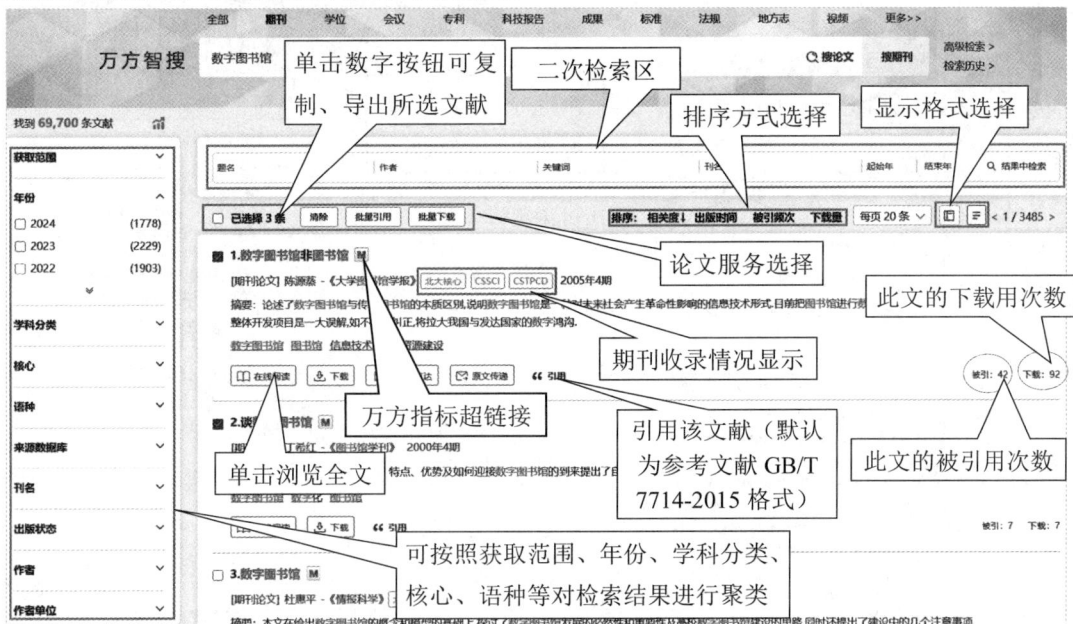

图 6.28　检索结果页面

检索结果显示默认为记录摘要格式，可切换为记录列表格式。结果显示区显示本次检索结果的描述信息（总的检索结果记录数）和按页显示的结果列表（可更改每页显示记录的条数）。为更加精准地找到所需文献材料，对检索结果可进行二次检索，其步骤为：①在题名、作者、关键词、刊名和时间段等一个或多个文本框中输入所需的检索词；②单击"结果中检索"按钮，执行检索。这种二次检索，可以不断进行，即对上一次二次检索的结果仍不满意，可对此二次检索的结果再进行二次检索。

检索结果默认以每页 20 条为标准分页，每条检索结果记录包括标题、被引次数、数据名称（如"期刊"）、来源刊被一些国内外著名检索系统收录情况、刊名、卷期、作者姓名、摘要、关键词等简单信息。当确定某条记录为所需要的文献时，可单击"在线阅读"或"下载"按钮，还可使用"引用""批量下载"等服务。如果对检索结果不满意，可对检索结果做进一步聚类（分为获取范围、年份、学科分类、核心、语种、来源数据库、刊名、出版状态、作者和作者单位），或对检索结果进行排序方式选择（分相关度、出版时间、被引频次、下载量）。

3．检索结果页面与关联检索

用鼠标单击一篇论文"标题"链接，将在一个新窗口显示此论文的详细信息，显示格式如图 6.29 所示。在论文详细信息页面中，不仅提供了"在线阅读""下载""收藏""分享"

等链接，而且提供了一些热点链接关联检索入口。例如，作者，单击"作者"按钮，可检索出此数据库中这个作者的所有论文；关键词，单击关键词的名称超链接按钮，可检索出此数据库中这个关键词的脉络分析结果，以及包含此关键词的所有论文。

另外，论文的详细信息页面下方还显示该文的引文网络（该文的参考文献、引证文献列表及被引分析图按钮），右侧显示与该文主题较为相近的相关文献、相关主题、相关学者、相关机构等链接推荐。

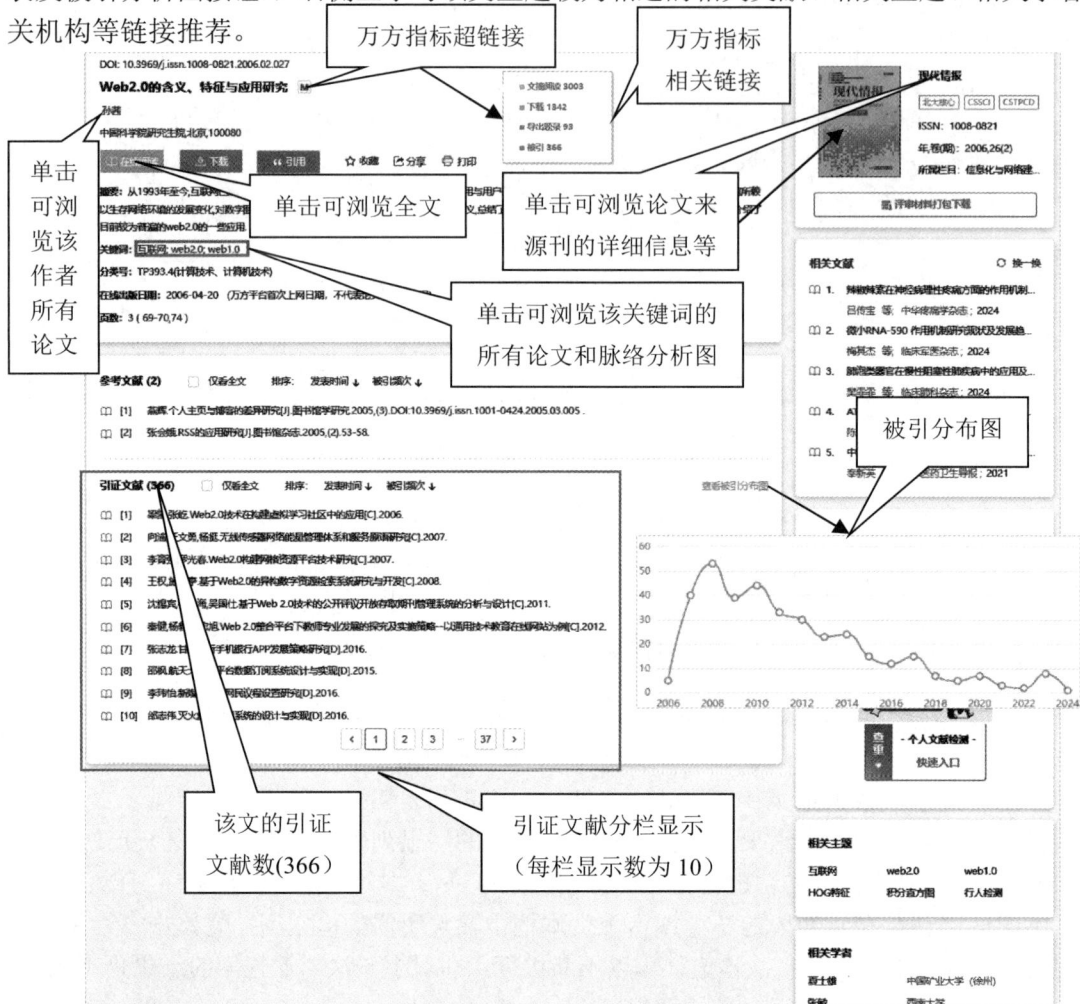

图 6.29　论文的详细信息页面

4．文献检索综合指标排序

系统可通过相关度、出版时间、被引频次等指标排序，分别可将最相关、最新、高质量的文献排在前面。系统默认为"相关度"（见图 6.28），也可选择"出版时间""被引频次"和"下载量"的排序方式，前两者的检索结果页面分别如图 6.30 和图 6.31 所示。

5．检索结果导出

在检索结果页面选择所需文献，单击按钮"批量引用"，然后选择参考文献格式或查新格式、NoteExpress、RefWorks、NoteFirst、EndNote、自定义格式等其他格式导出所选文献。系统导出的格式文件对文献管理软件有较好的兼容性。

6. 文献获取

平台在知识产权许可下，为用户提供资源多种渠道的获取服务，如在线阅读和下载、原文传递、全文直达（免费）等，帮助用户便捷获取所需资源。

图 6.30　"出版时间"排序检索结果页面

图 6.31　"被引频次"排序检索结果页面

万方平台的万方智搜的详细介绍与利用方法，可关注万方公司相关网站的信息，或浏览在线资源"6.9"。

6.3　维普中文期刊服务平台及其利用

6.3.1　维普中文期刊服务平台简介

基于"中文科技期刊数据库"的"中文期刊服务平台"（以下简称"维普平台"），由重庆维普资讯有限公司（前身为中国科技情报研究所重庆分所数据库研究中心）开发，是以中文期刊资源保障为基础，以数据整理、信息挖掘、情报分析为路径，以数据对象化为核心，面向知识服务与应用的一体化服务平台，其最新版本"中文期刊服务平台"8.0（登录网址：qikan.cqvip.com 或 lib.cqvip.com）于近年全面向用户推出。该平台的特点为：①灵活的聚类组配方式。②深入的引文分布追踪。③详尽的计量分析报告。④完善的全文服务保障。⑤多终端设备云端共享：手机安装"中文期刊手机助手"应用后，只需拿出手机对"加关注"二维码"扫一扫"，各类对象信息尽在掌握（关于"中文期刊手机助手"的使用说明可浏览在线资源"6.10"）。

维普平台的前身"中文科技期刊数据库"诞生于 1989 年，与 CNKI 期刊、万方期刊构成三大中文期刊数据库，涵盖医药卫生、农业科学、机械工程、自动化与计算机技术、化学工程、经济管理、政治法律、哲学宗教、文学艺术等 35 个学科大类，457 个学科小类。平台的北大核心期刊收录率 100%，CSSCI 期刊收录率 99.8%，CSCD 期刊收录率 98%。平台提供在线阅读、下载 PDF、OA 链接、原文传递等多种全文获取方式，有效保障了用户的需求。

6.3.2　平台的文献检索

中文期刊服务平台首页默认为基本检索方式（见图 6.32）。除基本检索外，该平台还有高级检

图 6.32　维普"中文期刊服务平台 8.0"首页

索、检索式检索、期刊检索、作者检索、机构检索、主题检索、基金检索等 7 大检索方式。下面简单介绍一下基本检索、高级检索、检索式检索和期刊检索。

1．基本检索

基本检索是期刊文献检索功能模块默认的检索方式，检索方便快捷，该检索条件可以是题名、刊名、关键词、作者、机构、基金资助、栏目信息等字段信息（选择特定字段可缩小检索范围，选择"任意字段"则放宽检索范围）。基本检索步骤为：

第一步，登录维普资讯的中文期刊服务平台。

第二步，在检索框中，输入检索词。为获得最佳检索结果，可通过平台的检索词智能提示功能（见图 6.33），反复修正检索策略。

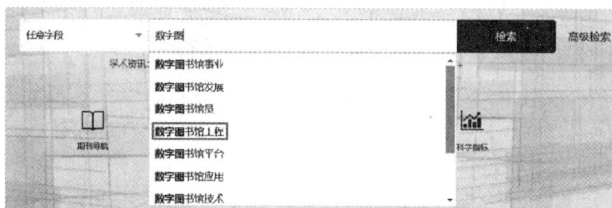

图 6.33　检索词智能提示

第三步，进行检索。单击"检索"按钮进入检索结果页面（见图 6.34），可选择"字段"列表中的相关主题，并查看检索结果题录列表（默认为检索结果的文摘显示），利用二次检索或聚类筛选得到最终精练的检索结果。

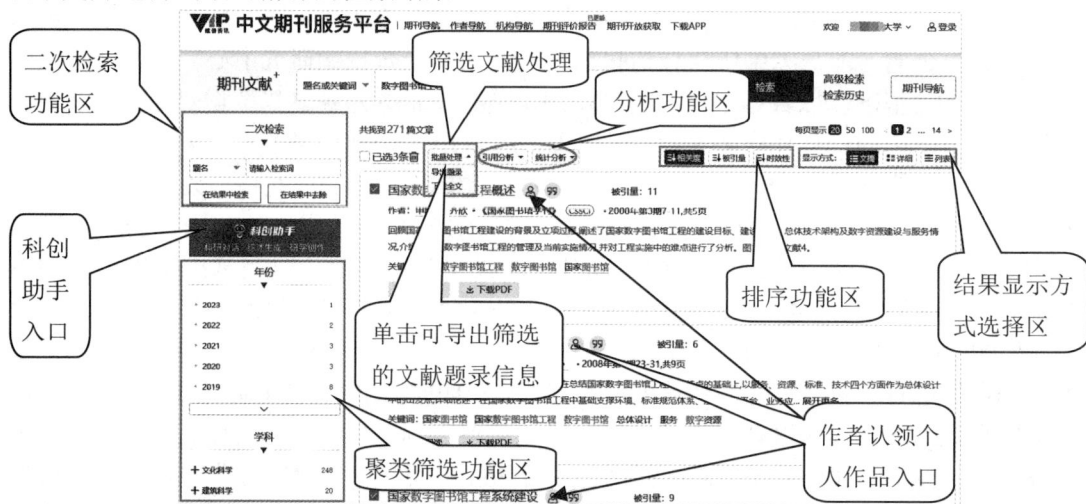

图 6.34　检索结果页面

第四步，检索结果操作。根据题录信息判断文献相关性，可导出筛选文献题录或下载筛选文献全文；也可单击不同的聚类模块按需查看（平台提供"年份""学科""期刊收录""期刊""主题""作者""机构"等模块）；也可单击题名进入文献细览页查看详细信息和知识节点链接。如果是用户自己的文章，还可以单击篇名后面的认领按钮 ，可享受免费下载自己个人作品的权限（CNKI、万方也有类似的服务。作者在这些平台认领自己文献的操作指南可浏览在线资源"6.11"）。

第五步，获取全文。在检索结果页面（见图 6.34）可通过在线阅读 、下载 、OA 链接①、原文传递✉等方式获取全文。

2. 高级检索

单击首页上的"高级检索"按钮，即进入高级（组栏式）检索页面。其检索界面如图 6.35、图 6.36、图 6.37 所示，为读者提供检索词输入方法，可选择逻辑运算、检索项、匹配度。

1）检索规则

（1）检索执行的优先顺序。

高级检索的检索操作严格按照图 6.35 所示的界面按照由上到下的顺序进行，用户在检索时可根据检索需求进行检索字段的选择。

以图 6.35 所示为例进行检索规则的说明。根据图 6.35 中显示的检索条件得到的检索结果与检索式为"((U=大学生*U=信息素养)+U=大学生)*U=检索能力"一样，而不是检索式为"(U=大学生*U=信息素养)+(U=大学生*U=检索能力)"的检索结果。

图 6.35　高级检索 1

如果要实现"(U=大学生*U=信息素养)+(U=大学生*U=检索能力)"的检索，可按如图 6.36 所示的输入，图 6.36 中输入的检索条件用检索式表达为：U=(大学生*信息素养)+U=(大学生*检索能力)。

图 6.36　高级检索 2

要实现"(U=大学生*U=信息素养)+(U=大学生*U=检索能力)"的检索，也可用图 6.37 中的输入方式，其输入的检索条件用检索式表达为：(U=信息素养+U=检索能力)*U=大学生。

图 6.37　高级检索 3

（2）逻辑运算符，如表 6.1 所示。

表 6.1　逻辑运算符对照表

逻辑运算符	*	+	−
表示含义	并且、与、AND	或者、OR	不包含、非、NOT

在输入检索表达式的过程中，可根据检索符号简化检索的过程，以达到快速检索的目的。

运算顺序依次为：NOT>AND>OR（非>与>或）；可灵活运用半角括号"（　）"改变优先级，括号内的逻辑式优先执行。在检索表达式中，以上逻辑运算符不能作为检索词进行检索，如果检索需求中包含有以上逻辑运算符，请调整检索表达式，用多字段或多检索词的限制条件来替换掉逻辑运算符号。例如，如果要检索 C++，可使用检索式(M=程序设计*K=面向对象)*K=C 来得到相关结果。

(3) 检索字段的代码，如表 6.2 所示。

表 6.2　检索字段代码对照表

代码	字段	代码	字段
U	任意字段	S	机构
M	题名或关键词	J	刊名
K	关键词	F	第一作者
A	作者	T	题名
C	分类号	R	文摘

2）同义词扩展

针对一些学术专有名词或者通俗名词，在"高级检索"中对输入的检索词单击后面的"同义词扩展"按钮（见图 6.38），让其同义词同样被检索出来，可避免该检索词的文章漏检。

3）更多检索条件

使用"时间限定""期刊范围""学科限定"等条件限制（见图 6.38），可进一步减小搜索范围，获得更符合需求的检索结果。

读者在选定限制分类，并输入关键词检索后，页面自动跳转到搜索结果页面，后面的检索操作同基本搜索。

3．检索式检索

在高级检索界面，单击"检索式检索"按钮，即进入检索式检索界面（见图 6.39）。读者可在检索框中直接输入逻辑运算符、字段标识等，并对相关检索条件进行限制后单击"检索"按钮即可。

图 6.38　同义词扩展与更多检索条件限制界面

图 6.39　检索式检索界面

检索式输入有错或者检索条件设置不当，检索将无任何检索结果显示，这时需要检查错误之处或者调整检索策略。

(1) 更多检索条件限制：同"高级检索"。

（2）检索规则。①逻辑运算符，同表 6.1，注意运算符必须大写，运算符两边需空一格；②检索代码，同表 6.2；③检索优先级，无括号时逻辑与"*"优先，有括号时先括号内后括号外，注意括号"（ ）"不能作为检索词进行检索。

（3）检索范例。

范例 1：K=维普资讯*A=杨新莉

此检索式表示查找文献：关键词中含有"维普资讯"并且作者为杨新莉的文献。

范例 2：(k=(CAD+CAM)+T=雷达)*R=机械–K=模具

此检索式表示查找文献：文摘含有"机械"，并且关键词含有"CAD"或"CAM"，或者题名含有"雷达"，但关键词不包含"模具"的文献。

此检索式也可以写为"((K=(CAD+CAM)*R=机械)+(T=雷达*R=机械))–K=模具"，或者"(K=(CAD+CAM)*R=机械)+(T=雷达*R=机械)–K=模具"。

4．期刊检索与浏览

打开"中文期刊服务平台"，单击"期刊导航"按钮（见图 6.40），进入期刊导航页面（见图 6.41）。期刊导航页面的左侧从上至下依次为"期刊检索"面板、"科创助手"入口和聚类筛选面板。后者包括"核心期刊""国内外数据库收录""地区""主题"等聚类筛选模块，右侧从上至下依次为"按刊名首字母浏览""按学科类别浏览"导航区。页面的左侧和右侧分别执行期刊导航的两种命令：期刊检索查找、期刊导航浏览。

图 6.40　平台首页页面

图 6.41　期刊导航页面

如果用户已经有明确的期刊查找对象，建议用期刊检索的方式快速定位到该刊；如果没有明确的期刊查找对象，建议用期刊导航的方式自由浏览期刊。

1）期刊检索

在"期刊检索"面板，先选择检索入口字段（刊名、ISSN、CN、主办单位、主编、邮发代号或者选择任意字段），然后在检索框中输入检索词，单击"期刊检索"按钮获得检索结果。

例如，使用检索的方式查找期刊《中国矿业》。在期刊检索面板"刊名"后的文本框内，输入"中国矿业"，单击"期刊检索"按钮；在期刊检索结果页面，找到目标期刊"中国矿业"，单击期刊名链接，即可进入该期刊默认的详细信息页面（见图6.42）。

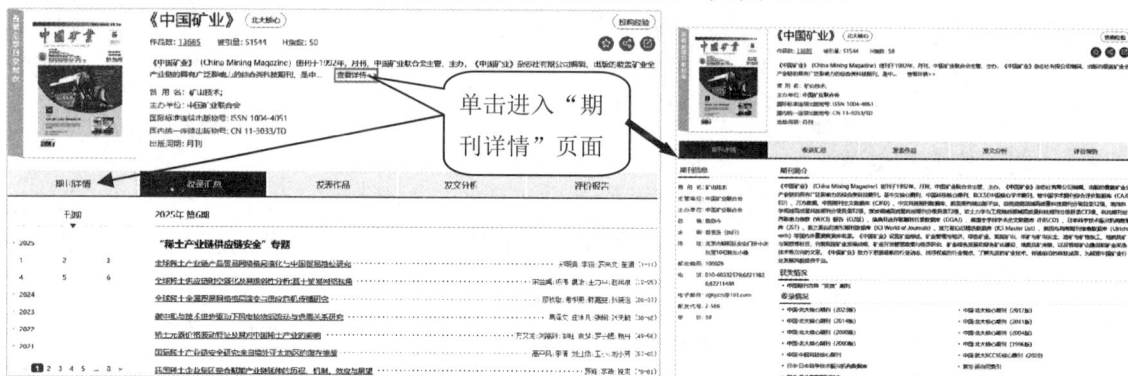

图6.42　期刊《中国矿业》详细信息默认的"收录汇总"页面（左）与"期刊详情"页面（右）

在期刊详细信息页面，可查看封面目录（单击封面图片可查看最近一期的期刊封面、封底及目录信息）、概览发文情况（查看期刊最新发文信息），关注、分享、导出（单击查看期刊计量分析报告并下载），切换相关标签（如"发文分析"，切换不同标签查看相应信息），展示期刊详情（查看期刊基本信息），展现期刊价值（查看期刊获奖及被国内外数据库收录情况），收录汇总期刊（单击"收录汇总"链接可查看该期次期刊发表的文献信息）。

2）期刊浏览

在聚类筛选面板，用户可在"核心期刊""国内外数据库收录""地区""主题""学科"等几种期刊聚类方式之间切换。按刊名首字母浏览，用户可以通过首字母的方式浏览期刊；按类别浏览，用户可以通过学科类别的方式浏览期刊。

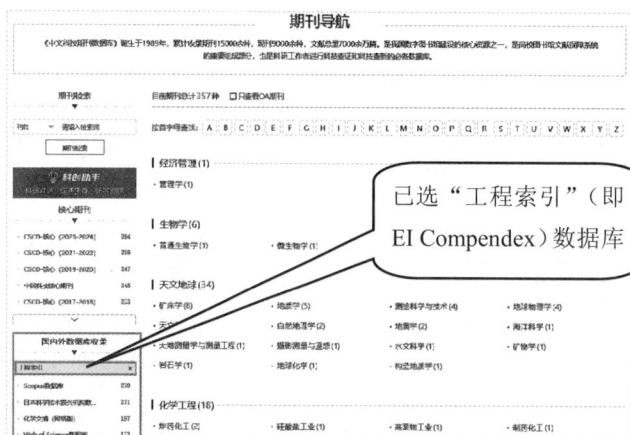

图6.43　国内外数据库收录的EI数据库浏览页面

例如，使用浏览的方式查找期刊《中国矿业》。在期刊导航页面右侧的学科细分列表，找到"矿业工程"分类并单击；在期刊列表页面找到目标期刊《中国矿业》，单击期刊封面或刊名链接，即可进入该期刊详细信息页面（见图6.42）。

通过"核心期刊"，用户可查看最新的中国出版的核心期刊的收录情况。通过"国内外数据库收录"，用户可浏览最新国内外知名数据库（如EI数据库）收录中国期刊情况（见图6.43）。

6.3.3　检索结果及其处理

1. 检索结果显示

检索结果默认的文摘页面（见图 6.34）显示的信息包括：检索条件、检索结果记录数、检索结果的题名、被引情况、作者、出处、摘要等，其中出处字段有期刊被国内外知名数据库收录最新情况的提示标识（如 CSSCI），帮助用户判断文献的重要性。

在检索结果页可进行如下的主要操作。

二次检索：如前文所述，可利用左侧边栏的"在结果中检索"和条件限制功能，进行二次检索和聚类筛选；

批量导出题录与下载全文：单击检索结果题录列表前的"批量处理"展开的"导出题录"或"下载全文"按钮，可将选中的文献批量地以参考文献、文本、查新格式、XML、NoteExpress、Refworks、EndNote、NoteFirst、自定义、Excel 等格式导出或将选中的文献批量下载；

查看细览：单击文献题名进入文献细览页面（见图 6.44），查看该文献的详细信息和知识节点链接等；

浏览或下载全文：单击"下载 PDF""在线阅读"按钮，将感兴趣的文献下载并保存到本地磁盘或在线阅读；

检索：可以进行重新检索，也可以在第一次检索结果的基础上进行二次检索（即"在结果中检索"），实现按需缩小或扩大检索范围、精炼检索结果，或进行聚类筛选；

页间跳转：检索结果默认每页显示 20 条，如果想在页间进行跳转，可以单击页间跳转一行的相应链接，如数字页；

排序：可按照"相关度""被引量""时效性"降序对检索结果进行排序，以便快速、准确地检索到所需文献或最有影响力的相关研究论文。

2. 单篇文章详细显示

文献细览页面（见图 6.44）可显示单篇文章的详细信息：题名、摘要、作者、机构地区、出处、基金、关键词、分类号、引文网络图、相关文献、参考文献、共引文献等。在文献细览页面，可进行如下的主要操作。

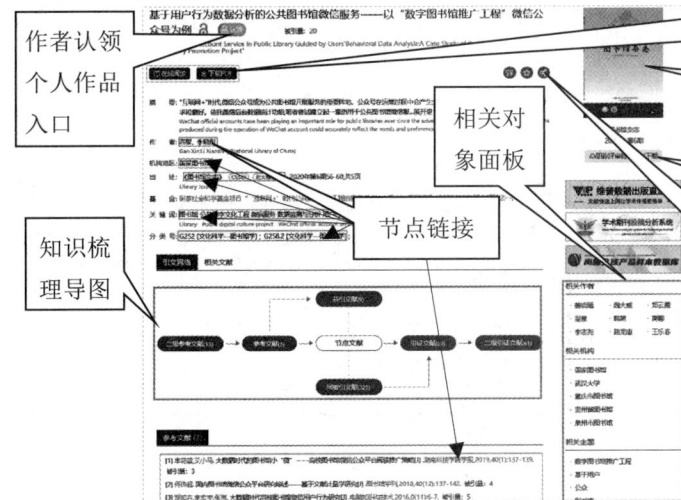

图 6.44　单篇文章细览页面　　　　图 6.45　展开的"分享"界面

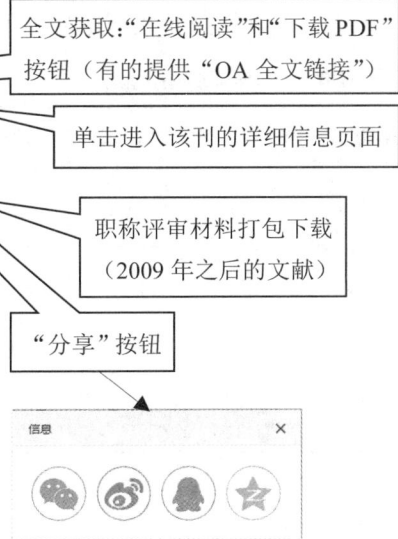

（1）浏览或下载全文：同样在文献细览页也可单击"在线阅读""下载 PDF"按钮将感兴趣的文献在线进行全文阅读或下载保存到本地磁盘。

（2）职称评审材料下载：单击页面右侧的"职称评审材料打包下载"按钮，即可一键下载该篇文献用于职称评审的相关资料（包括 PDF 全文、封面、封底、目录、摘要）。对于年代久远或无全文下载的文献，则有可能无此下载链接。

（3）收藏：单击"分享"按钮左侧的"收藏"按钮，可以将此篇期刊文献收藏。

（4）分享：单击"收藏"按钮后的"分享"按钮，展开"信息"界面（见图 6.45），点选某目标媒体，可链接到相应的分享操作界面。

（5）节点链接：通过作者、机构地区、出处、关键词、分类号、参考文献、共引文献等提供的链接可检索相关知识点的信息。

（6）查看相关对象：单击"相关对象"面板中的超链接，可查看与该篇文献相关的作者、机构、主题对象。

（7）知识梳理导图：可全方位获取该篇文献的参考引用关系，单击相关节点后即可查看详情。

（8）加关注：从页面右上方该篇文章所属的期刊图片或刊名链接可进入该篇文章所属期刊的详细信息页面，单击其中的☆（"关注"按钮），可关注该刊。

3．全文获取

在检索结果页面（见图 6.34）或单篇文章题录细览页面（见图 6.44），提供在线阅读、下载全文、原文传递、OA 期刊链接、网络资源链接、馆际互借等全文获取方式。对不能直接阅读或下载全文的文献，如显示有"原文传递"✉按钮，单击该按钮，则进入文献传递服务页面（见图 6.46），按页面的提示选择传递方式，填写邮箱和验证码，然后单击"发送"按钮，页面跳转至服务处理结果页面（见图 6.47），如显示"提交成功"，即可很快（一般 5 分钟之内）收到附有此文全文链接的回复邮件。对于开放获取的文献，则会出现"OA 链接"Ⓐ按钮，单击该按钮则可链接到该文献期刊的官方 OA 页面（部分 OA 期刊或文献，提供 OA 平台下载指引）。对于不显示任何全文获取方式的文献，可在单篇文章题录细览页面利用"馆际互借"服务获取全文（用户须关联到机构方可使用本服务）。另外，还有部分文献可通过平台解析取得网络下载地址，用户可根据链接热度排行选择下载，直接跳转至相应网站获取全文。

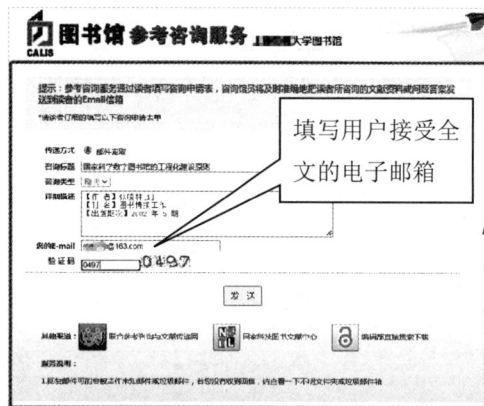

| 图 6.46　文献传递服务页面 | 图 6.47　文献传递服务处理结果页面 |

关于"中文期刊服务平台"使用的详细信息，可浏览在线资源"6.12"。

第 7 章　中文电子图书的检索

电子图书是相对传统的纸质图书而言的。数字化的以电子文件形式存储在各种磁或电子介质中的图书称为电子图书。目前，可检索中文电子图书的数据库或平台主要有超星、畅想之星电子书平台等，以及 CADAL 电子图书、CALIS 高校教学参考书全文数据库、瀚文民国书库等专题性电子图书库等。

7.1　超星电子图书

超星电子图书由北京超星公司投资研发，是目前我国最大的中文电子图书之一，为用户提供了大量的电子全文在线阅读使用方式。涵盖文学、经济、政治等中图分类法 22 个大类。同时，还拥有大量珍本、善本及民国时期等稀缺资源。超星电子图书现可通过超星图书主站点"汇雅电子图书"，"读秀"或"百链"的图书频道，以及移动图书馆浏览或下载。

7.1.1　汇雅电子图书的检索

输入网址：www.sslibrary.com，访问"汇雅电子图书"包库站（原"超星图书馆"远程访问版），已订购的机构 IP 段内无需登录，可以直接访问首页，如是首次登录，可根据首页右下角弹出的提示信息进行个人认证，完成后，则可在 IP 段外通过个人账号进行登录；IP 段外会进入登录页面，用学习通/移动图书馆账号密码登录，也可以用机构账号、密码登录。超星汇雅电子书默认首页由检索、分类浏览、好书精选、新书动态、经典文库、好社好书、院士授权等模块组成。汇雅支持分类浏览和多种检索方式，用户可根据不同需求选择以查找图书。

1．分类浏览

单击"汇雅电子图书"的分类浏览模块（见图 7.1）中任意主题，进入图书分类目录，逐级单击分类。进入下级子分类，页面右侧会显示该分类下的图书封面、书目等信息（见图 7.2），据此可找到需要的图书。每本书的书目信息下方还显示有"AI 阅读""阅读器阅读""图像（网页）阅读""PDF 阅读"（原"超星图书馆"的电子书），以及"EPUB 阅读"（原"超星书世界"的电子书）等在线阅读方式选择按钮，并提供下载、纠错等相关服务的链接。

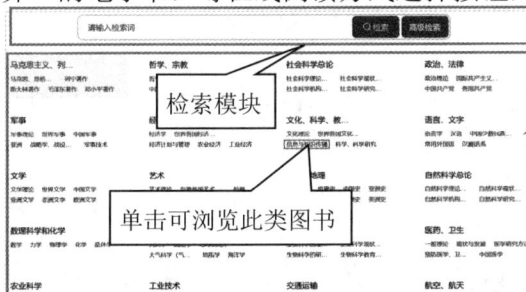

图 7.1　"汇雅电子图书"主页的检索和分类浏览模块　　图 7.2　分类浏览结果页面

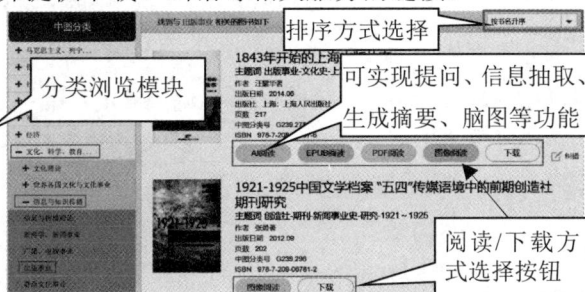

2．普通检索

汇雅电子图书数据库首页默认提供普通检索功能（见图 7.3），通过在输入框中输入检索词，单击检索按钮，即可进行书名检索。这时，在检索结果上方的普通检索界面增加了"二次检索"选择项，并可定位到书名、作者、目录或全文中（见图 7.4）进行多维度检索。单击某图书的书名或封面，可进入此书的卡片页面，即此书的信息页面（见图 7.5），可浏览图书简介和图书评论等信息。单击"阅读器阅读""网页阅读""PDF 阅读"等按钮则可直接阅读该电子图书。

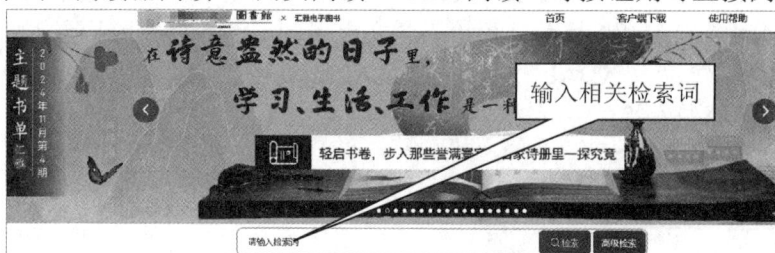

图 7.3　汇雅电子图书的普通检索页面

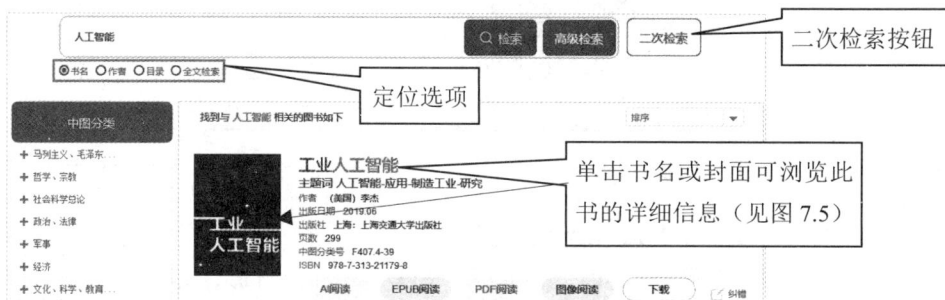

图 7.4　汇雅电子图书的普通检索结果页面

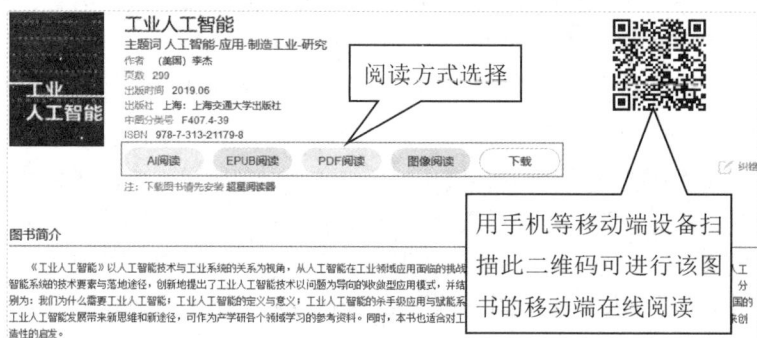

图 7.5　汇雅电子图书的图书卡片页面

3．多维度检索

进入到普通检索结果页面（见图 7.4）后，在搜索栏下方可进行检索维度的切换。目前有 4 种字段可选，即书名、作者、目录、全文检索；单击选择检索字段后，在检索框输入相应检索关键词即可进行该维度下的检索。

4．高级检索

单击首页或普通检索结果页面的"高级检索"，即可进入高级检索界面（见图 7.6），输入书名、作者、主题词等多个检索词，并对图书出版年代、中图分类、中图分类号等进行限定检索。

高级检索支持多检索字段和条件之间的逻辑组配检索,方便用户进行书籍资源的精准查找,或构建多样化的复杂检索表达式。

5. 二次检索

首次进行普通检索或高级检索后,用户还可基于检索结果范围进一步进行检索,通过多层级深入检索不断细化自己的检索方向。

汇雅电子图书检索系统使用的检索

图 7.6　汇雅电子图书的高级检索界面

算符有:①"*""空格",表示逻辑"与";②"%",通配符,代表一个或多个字;③"+",表示逻辑"或"。另外,汇雅中的每本书均支持纠错功能。用户若发现有误,可单击检索结果页面或卡片页面某书的纠错按钮⬜提交纠错信息。

有的文献机构安装了超星电子图书数据库的镜像版,其使用方法同包库站。

7.1.2　读秀或百链图书频道的检索

超星的读秀或百链图书频道不仅可以检索图书资源,还可以为用户提供深入到图书章节和内容的全文检索以及部分文献的原文试读。读秀或百链的图书频道系题录/全文数据库。据此,就相当于获得了数百万种图书的馆藏,相当于有了一个全国的图书馆藏目录联合查询系统,并实现了电子图书、纸质图书的整合。它们的图书频道均提供普通检索、高级检索、专业检索 3 种检索方式,默认为普通检索。

下面以"读秀"为例介绍通过其图书频道检索超星图书的方法与步骤。

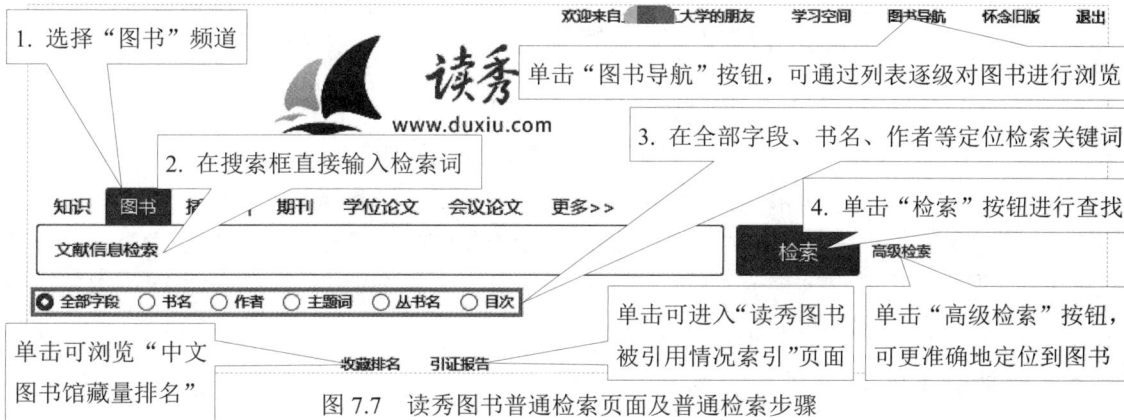

图 7.7　读秀图书普通检索页面及普通检索步骤

当读者查找到某一本书时,系统为读者提供此书的封面、版权页、前言、目录以及正文部分页(7~30 页不等)的试读。同时,如果此本图书在馆内可以借阅或者进行电子全文的阅读,可提供本馆"馆藏纸本""汇雅电子书(图像)"两个相关链接,直接借阅图书或者阅读全文。另外读者也可以通过"文献传递"、本馆随书光盘(只适于开通此服务的用户)、文献互助(仅对注册用户开放)等途径获取原文。其具体检索方法如图 7.8、图 7.9 所示。

读秀提供的获取图书方式包括在线试读、馆藏纸本借阅、馆藏电子书阅读、境内其他馆藏、文献传递（参考咨询）、网络免费书、文献互助、网络书店购买和荐购等，以最大可能满足用户的需求。获取读秀图书的检索帮助，可单击其默认页面中的"使用帮助"按钮。

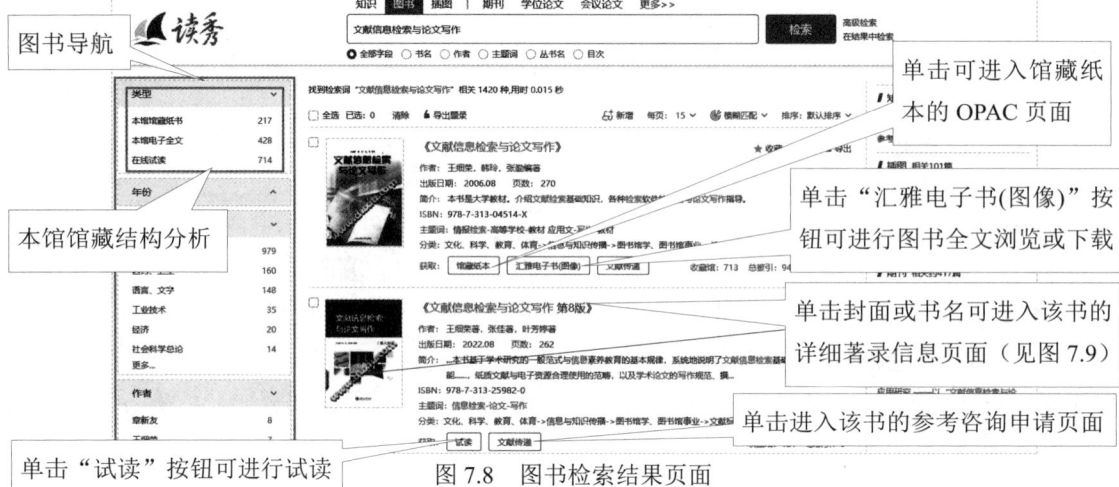

图 7.8　图书检索结果页面

图 7.9　某图书的详细著录信息页面

　　读秀、百链可搜索的学术资源类型众多，除图书外，还可搜索期刊、学位论文、专利、标准、会议论文、报纸等（可在"更多"中找到相应的频道），不过大多只提供题录检索，不提供原文。但用户可通过读秀或百链的文献传递服务（其详细的介绍与使用指南可浏览在线资源"7.1"）等途径免费获取原文。

7.1.3　超星电子图书的阅读和下载

　　基于汇雅、读秀或百链等的超星电子图书，读者可自由选择 AI 阅读、超星阅读器阅读、网页阅读（浏览器阅读或图像阅读）、PDF 阅读、EPUB 阅读等方式。

1. AI 阅读

　　借助 AI 技术实现高效信息筛选与个性化阅读及学习的阅读新形式，支持生成文章概述、知识图谱、关键词云、思维导图等，帮助快速把握书籍核心要点；提供智能问答、在线翻译、AI 朗读、摘录批注等辅助工具，使用户阅读过程智慧高效，促进深度思考与知识快速吸收。

2．下载阅读（超星阅读器阅读）

有离线阅读需求的用户，可根据页面提示安装"超星阅读器"，进行下载阅读。首次用超星阅读器阅读和下载超星电子图书的全文，需先从超星网站（免费）下载并安装超星阅读器（SSReader）。超星电子图书直接在线阅读，无须进行用户登录，但匿名用户状态下载的图书只能在本机上阅读，不能拷贝到其他机器上阅读。此时打开超星阅读器，单击阅读器左上角的图标，展开的首条菜单为"登录"的字样，即可登录个人用户。

| 图 7.10 用户登录界面 | 图 7.11 注册用户登录后的界面 |

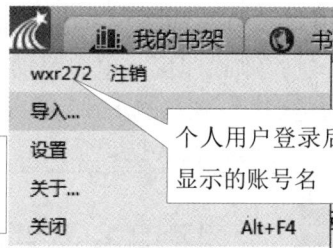

在超星阅读器登录个人用户名后下载的图书支持拷贝到其他机器上阅读。登录个人用户名的方法为：运行超星阅读器→单击阅读器左上角的图标→单击"登录"按钮，进行个人用户登录（如果是首次登录须先进行新用户注册）（见图 7.10、图 7.11）。拷贝到其他机器阅读时，需要在阅读的机器上使用下载时的用户名进行在线登录，且它的超星阅读器版本必须要高于或等于下载图书时的超星阅读器的版本（现行版本是 5.7.2.25555）。超星阅读器也支持标注、识别文字、文本复制等功能。下面介绍用户如何使用超星阅读器。

1）导入图书

打开超星阅读器，单击阅读器左上角的图标；单击"导入"进入"浏览文件夹"界面；找到要导入的电子书文件夹或文件，单击"确定"即可。

2）阅读与管理

（1）阅读书籍：打开想要阅读的电子书，它会自动显示在屏幕上；可以通过滑动页面来翻页，也可以单击书签进行导航。

（2）管理书籍：进入超星阅读器书籍阅览窗口（见图 7.12）后，系统默认以静止的方式显示一页内容，为了方便用户自由地阅读，"超星阅读器"提供了多种功能，其主要功能包

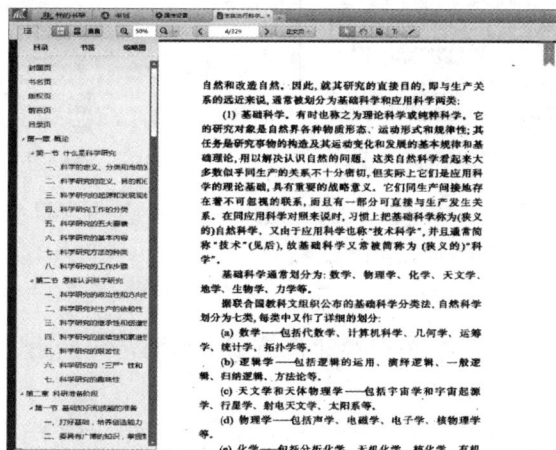

图 7.12 书籍阅览窗口

括：①图书下载：在图书页面单击鼠标右键，单击"下载图书"按钮可以对整本图书下载，保存到本地磁盘。②文字识别：这种超星图书全文为 PDG 格式，可以选择工具栏上的 ▦ "文字识别"按钮，在所要识别的文字上画框即可，识别的结果可保存为 TXT 文本文件。③书签：打开本地图书，单击图书右上角的 ▦ 按钮，即可选择目录→书签，可查看本书的书签。④标注：选择工具栏上的 ▦ 按钮，在弹出的浮动工具栏中选择 ▦ 按钮，在目标文本上做标注即可，如果要删除，在 ▦ 上单击右键，选择删除即可；在弹出的浮动工具栏中单击 ╱ 按钮，可以对目标文字做矩形、椭圆、直线、曲线操作，如果要删除，在矩形、椭圆、直线、曲线上单击右键，选择删除即可，单击浮动工具栏中的颜色按钮 ▦，还可以设置自己喜欢的颜色，以及颜色的透明度（见图 7.13）；⑤打印：在图书页面单击鼠标右键，单击"打印"按钮，进行打印设置页面的修改（见图 7.14）。

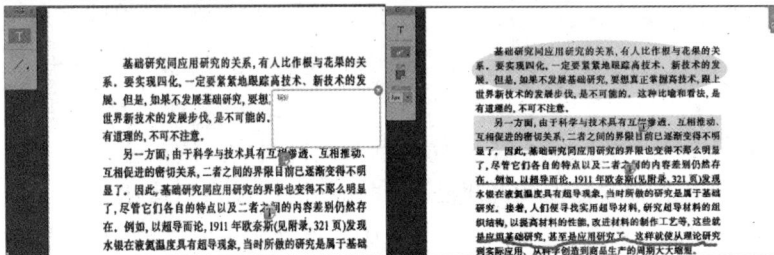

图 7.13 超星阅读器的标注界面　　　　　　　图 7.14 打印设置页面

3. 图像/PDF 阅读

超星电子图书的图像阅读（网页阅读）（见图 7.15）和 PDF 阅读（见图 7.16），可最大限度保留纸本书的内容样式，支持页面缩放及文字提取等功能。汇雅和读秀、百链的是相同的，均可进行图书浏览、文字识别（文摘摘录）、打印、书内搜索等操作，也均有图书"下载"和

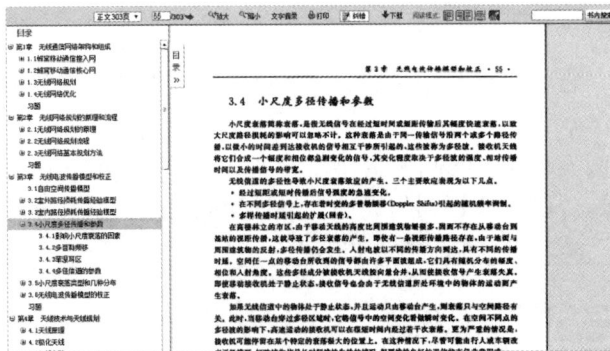

图 7.15 超星电子图书图像阅读页面图　　　　7.16 超星图书的"PDF 阅读"页面

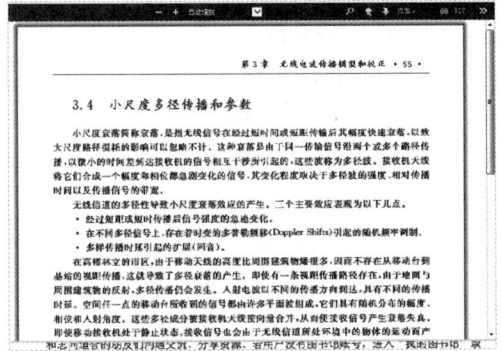

超星阅读器阅读按钮 ▦ 的链接。超星图书的"PDF 阅读"页面，具有文档查找、翻页、页面定位、页面缩放等 PDF 浏览器的基本功能。

4. EPUB 阅读

超星电子图书的 EPUB 阅读支持个性化调节阅读界面，包括阅读界面背景色、正文字体等都可根据个人阅读习惯进行调整（见图 7.17）。

基于汇雅、读秀或百链等的超星电子图书的使用及其电子图书阅读的更多帮助信息，可单击它们主页面中的"使用帮助"按钮，浏览相应的利用指南信息。

7.1.4 超星移动图书馆的图书检索

超星移动图书馆除了支持网页版的浏览，还提供基于手持终端设备（如智能手机、iPAD等）客户端体验。超星移动图书馆客户端用户通过访问移动图书馆，也可查找和获取大量的图书、报纸、期刊、论文、视频等学术资源。它可以让用户突破校园 IP 范围的限制，随时随地获取学校图书馆的所有电子资源。

1. 客户端下载与移动图书馆登录

用户可在各大手机应用市场中搜索并下载"移动图书馆"客户端，并完成安装。然后单击进入移动图书馆，单击右下角 进入个人中心，单击 进入用户登录界面（见图 7.18），读者用自己的超星号或注册的手机号登录，进入用户登录后的移动图书馆，此时增加了"移动图书馆"按钮（见图 7.19）。单击该按钮，再选择其中的"学术资源"模块。

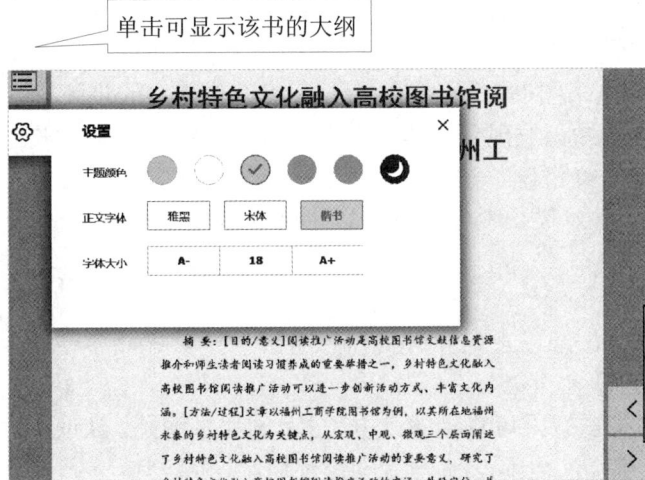

单击可显示该书的大纲

比用户未登录前的界面，增加了"移动图书馆"按钮

图 7.17　超星图书的"EPUB 阅读"页面　　图 7.18　用户登录页面　图 7.19　移动图书馆界面

超星"学习通"首面中的"移动图书馆"按钮

图 7.20　检索结果界面　图 7.21　图书详细信息界面　图 7.22　"学习通"首面与"移动图书馆"界面（右）

2. 图书的查询与阅读

用户利用"学术资源"模块（默认为"图书"频道），可进行图书的查询与阅读。图书查询的具体步骤为：第一步，在"学术资源"模块选择"图书"频道；第二步，输入检索词（如"人工智能"），单击"搜索"按钮查询（可在书名、作者、主题词字段检索，检索方式采用的是精确检索模式），得到检索结果界面（见图7.20）；第三步，查看某图书详细信息（见图7.21）。

图书获取方式有4种：①单击"阅读全文"按钮，可以图片格式查看图书的全部内容；②单击"下载"按钮，下载结束后，可在书架离线阅读图书；③文献传递部分页到邮箱，选择需要传递的页码范围，单击提交即可获得所要传递的资源内容；④查看图书的全国馆藏信息。

在超星"学习通"APP中也可利用超星的"移动图书馆"（见图7.22）。关于超星移动图书馆利用指南详细介绍，可浏览在线资源"7.2"。

7.2 畅想之星电子书

"畅想之星电子书"是面向B2B馆配电子图书市场，和出版社深度合作建立的集版权管理、新书发布、电子书采购、销售、阅读与知识发现于一体的综合性服务平台。目前，平台已有400余家出版商入驻，提供涵盖哲学、经济学、法学、教育学、工学、文学、历史学、理学、工学、农学等13大学科的专业类、学术类正版电子图书品种69万余种。

7.2.1 使用与登录

"畅想之星电子书"平台/数据库支持PC端以及各种Android、IOS移动终端设备使用，用户可在线阅读，也可下载到APP书架上阅读。

使用权限：①局域网内，在IP范围内无需登录可直接阅读电子书；②局域网外，认证（在所在机构局域网内微信扫描"所在机构"专属二维码）后登录阅读使用。

登录：①PC端：单击右上角"登录"，选择读者认证下方微信头像，微信扫码登录；②微信端：关注"北京畅想之星"公众号，选择"产品中心"—"畅想之星电子书"；③APP端：扫描"畅想阅读"二维码下载后，单击微信头像。

图7.23　PC端用户登录后的畅想之星电子书平台默认首页

个人中心：用户保存其操作使用的数据记录，包括阅读、免费PDA、收藏、评论纠错等记录，进入用户设置或者个人信息可以修改个人信息、绑定图书馆、关联账号等操作。

7.2.2 查找与利用

1. 分类导航

PC端、微信端和App端均可以根据中图法导航和学科导航进行资源的查找。

2. 普通检索与高级检索

PC 端、微信端和 App 端均可以在检索入口输入题名、ISBN、作者、出版社等检索词查找资源；需要多个条件同时查找，可以通过高级检索实现精确检索。

3. 全文检索

PC 端、微信端和 App 端均可以进行全文检索。

1）单个资源全文检索

用户登录后，选择某本书后，在阅读页输入检索词可以检索该书全文内容中包含与检索词相关的章节内容信息（见图 7.24）。

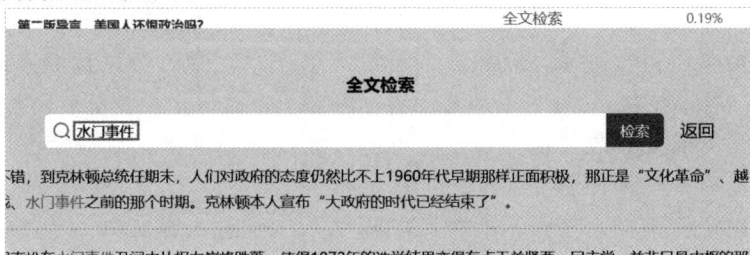

图 7.24　PC 端单个资源全文检索结果页面

2）多个资源全文检索

平台默认首页选择"全文"，输入检索词（如水门事件）可以检索该平台所有支持全文检索的书内容中包含检索词相关的章节内容信息（见图 7.25）。

图 7.25　PC 端多个资源全文检索结果页面

7.2.3　阅读与荐购

1. 本馆资源/电子书数据库

图书馆已购买的电子书资源（本馆资源）或者电子书数据库模块可以阅读全文，进入图书详情页，单击"在线阅读"按钮，即可阅读全文。

1）PC 端

首页—本馆资源/电子书数据库标签—进入图书详情页—单击阅读按钮—阅读全文；在图书详情页（见图 7.26）可进行评论、收藏、分享等操作；可在个人中心查询到上述操作记录。

在阅读页（见图 7.27）可以根据目录/进度条选择内容；可以划线；添加书签；可以全文检索；可以按上下页按钮翻页或者鼠标滑动进行翻页。

图 7.26　PC 端图书详情页面

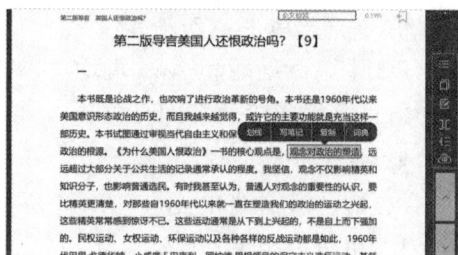

图 7.27　PC 端图书阅读页面

2）微信端

首页默认本馆资源数据。在首页有单独的模块入口—进入详情页—单击阅读按钮—阅读全文；在图书详情页可进行评论、收藏、分享等；可在个人中心查询到操作记录。在阅读页单击阅读页中间，可根据目录/进度条选择内容；添加书签；可全文检索；可设置阅读页背景、字体大小。在阅读页需要划线的地方长按，可进行划线、写笔记、复制操作。

3）APP 端

首页默认本馆资源数据。在首页有单独的模块入口—进入详情页—单击阅读或者加入书架—阅读或者下载全文；在图书详情页可进行评论、收藏、分享等；可在个人中心查询到操作记录。在阅读页单击阅读页中间，可根据目录/进度条选择内容；添加书签；可全文检索；可设置自动阅读；可朗读（流式书支持）；可进行评论；可设置阅读页背景、字体大小、翻页模式、亮度。在阅读页需要划线的地方长按，可进行划线、写笔记、复制、分享操作。

2. 书城资源

书城资源是畅想之星所有的中文电子书数据，未购买电子书进入图书详情页，可在线试读/下载正文的部分内容，用户感兴趣的电子书可单击"荐购"。下面以 PC 端为例进行介绍。

PC 端首页→检索框中输入关键词→图书详情页（见图 7.28）：可进行试读、荐购。在图书详情页，单击"在线试读"按钮，可以试读该书的部分内容，超出试读部分会提示荐购，荐购时需填写理由；也可进行评论、收藏、分享等；在用户的个人中心可以查询到操作记录。

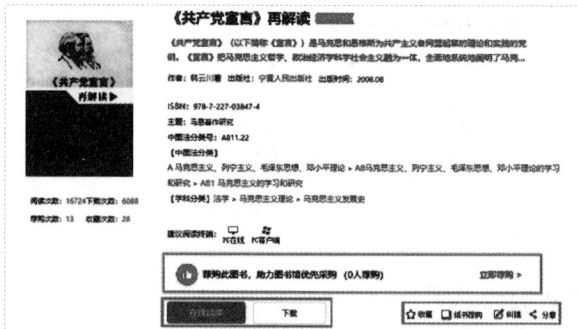

图 7.28　PC 端未购买电子书的详情页面

微信端与 APP 端的在线试读、荐购、评论、收藏、分享等操作，与 PC 端相同。

"畅想之星电子书"平台/数据库的详细利用指南，可浏览在线资源"7.3"。

7.3　其他电子图书

除上述的超星电子图书、畅想之星电子书外，还有 CADAL 电子图书，国家数字图书馆的电子图书与民国图书，国家图书馆读者云门户的"科学文库""中国历史文献总库·民国图书数据库"等电子图书数据库，以及北京瀚文典藏文化有限公司的瀚文民国书库——中国近代（1900—1949）全文图书数据库、可知中文电子图书和机械工业出版社的工程科技数字图书馆等商业专题数据库。

7.3.1 CADAL 电子图书

CADAL 即"大学数字图书馆国际合作计划"（China Academic Digital Associative Library），前身为"高等学校中英文图书数字化国际合作计划"（China-America Digital Academic Library）。CADAL 项目由国家投资建设，是教育部"211"重点工程，由浙江大学联合境内外的高等院校、科研机构共同承担。它与 CALIS 一起，共同构成中国高等教育数字化图书馆的框架，系目前检索清末民国图书的首选电子图书数据库，已拥有各类电子图书 172 万余册，其中清末、民国图书近 17.7 万册。除图书外，CADAL 还包括古籍、学位论文、民国期刊、报纸、地方志、英文等资源。CADAL 的登录网址为：cadal.edu.cn。

CADAL 提供统一检索服务，实现对多种资源的并行检索（见图 7.29）。因 CADAL 资源中，60%尚在版权保护期内，故实行数字图书借阅服务模式，规则为：①对于版权图书，如果用户的 IP 地址属于项目合作单位（即成员馆，如中国科学院文献情报中心和北大、清华、浙大、复旦、上海交大等高校图书馆）IP 地址范围内，则可借阅任何一本书的任何一个章节，否则只可浏览该书目录，不能借阅；②对于无版权图书的古籍、外文、民国以及特藏资源，共享机构用户可借阅；③对于无版权图书的古籍、外文资源，公众可自由访问。目前，CADAL 只支持图书在线浏览，不提供全文下载，且要求认证读者身份，阅读全文须"登录/注册"，之后亦可享受借阅历史、书页评注、我的书架、社交网络等个性化服务。CADAL 介绍与使用的详细信息可浏览在线资源"7.4"。

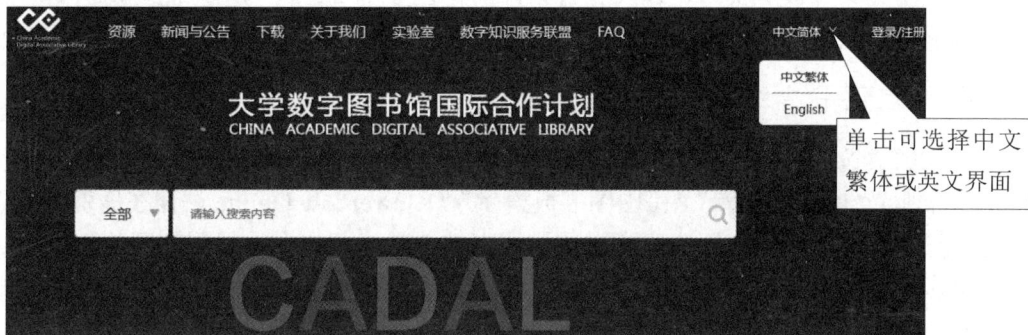

图 7.29 CADAL 平台默认的统一并行检索界面

7.3.2 国家数字图书馆的电子图书与民国图书

国家数字图书馆读者云门户（网址为：read.nlc.cn，其使用指南可浏览在线资源"7.5"）的"特色资源"栏目，有电子图书、民国时期文献（含期刊、图书、报纸和法律等）、博士论文、音视频、数字古籍、碑帖菁华、数字方志等特色专题库，其中部分古籍类资源已于 2021 年 11 月 24 日调整为免登录访问，而"电子图书"、民国时期文献的"民国图书"则是重要的中文图书库，其推出的图书全文影像资源可供注册用户通过互联网进行浏览和研究。下面以"民国图书"为例，介绍它们的检索与利用。

1. 访问与检索

访问国家图书馆民国电子图书资源，需先登录其读者云门户网站（read.nlc.cn），再先后选择"特色资源""民国时期文献""民国图书"，用户需实名注册认证后方可访问。

"民国图书"默认首页为简单的"一框式检索"，单击右边的"高级检索"按钮即可进入高级检索页面（见图7.30）。其上部是检索界面，提供标题、责任者、出版者、出版时间检索项的组合检索，同时还有"模糊"或"精确"检索的选择功能。检索页面下部提供图书浏览的功能。

图 7.30　国家图书馆"民国图书"库高级检索页面

2. 检索结果及全文处理

在检索结果界面，默认提供"图文结合"大图显示方式（一框式检索结果另一种为列表），每种图书均包含题名、责任者、出版者（高级检索结果还有出版时间）。单击某书的书名超链接，进入该书的详情页面，其中包含题名、拼音题名、责任者、出版者、出版地、出版时间、载体形态、丛编项、主题词、中图分类号、附注说明及摘要等内容。在页面下方，提供了分享（如分享到QQ好友、微信）、收藏、在线阅读、目录等链接，并显示作者相关或主题相关图书。单击"在线阅读"按钮，进入全文阅读界面。此数据库详细的使用指南可浏览在线资源"7.6"。

另外，2013年9月，国家图书馆联合全国各地公共图书馆推出"国家数字图书馆移动阅读"（现名"公共数字文化工程移动阅读"）平台。该平台定位于移动阅读，集合电子图书、期刊、文津经典诵读等资源，以及各公共馆的特色数字资源，为用户免费提供随时随地随身的阅读服务。读者只需通过手机等移动设备浏览器输入网址"m.ndlib.cn"或扫二维码访问。

7.3.3　国家图书馆外购资源的图书库

国家图书馆的外购资源的电子图书（见图7.31），包含有"科学文库""中华再造善本库""国学宝典""皮书数据库""民国图书数据库""KluwerLaw Online法律在线资源库"等中外文电子图书数据库，其中不少可通过国家图书馆读者云门户向注册用户开放。不过，国家图书馆会根据馆内政策不定期对这些数据库进行调整，如"民国图书数据库"就曾经开放过。

1. 皮书数据库

皮书数据库登录网址为：www.pishu.com.cn。该库以社会科学文献出版社的"皮书系列"为基础，全面收录改革开放40多年中国经济社会发展年度报告，一网"打"尽中国经济、中国社会、中国行业、中国区域、中国文化传媒和世界经济与国际关系六大主题研究文献。收录内容涵盖图书、报告、数据、图表、视频、资讯等资源类型。覆盖全球80余个国家，30个国际区域及国际组织，中国28个省级行政区，20个区域经济体，100多个行业，41个一级学科，179个二级学科。

2. 民国图书数据库

民国图书数据库由国家图书馆出版社开发，是"中国历史文献总库"的子库，收录年限为

1911—1949.9，已完成 8 期 22 万种图书的建设，全部图书实现全文检索。其使用指南可浏览在线资源"7.7"。目前，该库只能在国家图书馆局域网内或通过订购方式进行检索。

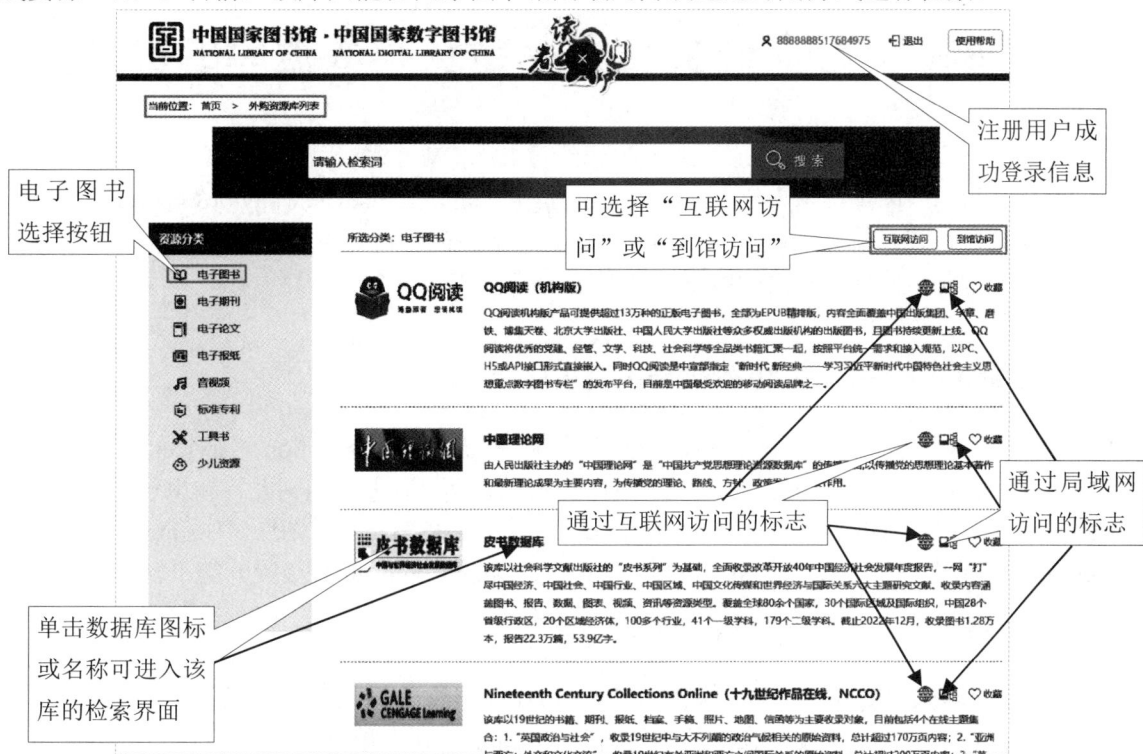

图 7.31　国家图书馆外购资源的电子图书页面

3．科学文库

"科学文库"是科学出版社数字图书全文检索、在线浏览和下载借阅的平台，是优秀科学家的群体智慧宝库，曾获中国出版界最高奖——"中国出版政府奖"。主要特点是：①质量高，几乎囊括科学出版社 60 余年来所有获奖作品、知名专家著作、重点丛书、各学科必备经典专著和教材等；②容量大，每年更新近 3000 种；③学科全，覆盖自然科学、工程与技术科学、人文与社会科学、医药科学、农业科学五大门类的所有一级学科，按中图法和学科领域进行双重分类；④种类多，包括专著、教材、图集、报告、工具书、科普等，满足科研、教学、管理、大众等各个系列的专业用户；⑤范围广，出版时间从 1951 年至今；文件优质，原版高清 PDF 格式，准确无误地保留专业文字、图形、符号、公式等；⑥检索强大，支持书名摘要检索、全文检索、高级检索，并辅有二次筛选，快速发现所需资源；⑦功能齐全，采用 WebPDF 技术为用户保存在线批注、标记、笔记等信息并实现多终端同步和共享，增强了在线使用便捷性；⑧使用方便，多终端适应，可在线查看，亦可下载阅读，无并发数限制；⑨权限灵活，支持 IP 地址获得权限，也支持有限用户账号使用。

7.3.4　书生之家与方正阿帕比等的电子图书

原北京书生公司的"书生之家"、原北京方正阿帕比（Apabi）技术有限公司的阿帕比电子图书、机械工业出版社的"工程科技数字图书馆"图书频道，也可查看电子图书。它们的简介与利用指南可浏览在线资源"7.8"。

第 8 章　经典外文检索平台及其数据库的检索

在前面介绍 EI 和 SCI 等检索工具时，已经对 EV、WoS 平台及其检索方法进行了介绍。本章主要介绍当今国际学术期刊"四巨头"：Springer Nature、Elsevier、Taylor&Francis 和 Wiley 通用检索平台，以及 EBSCO、Emerald、AIP、FirstSearch 等外文平台及其数据库的检索。ProQuest 平台及其数据库的检索将在第 9 章第 5 节（9.5.2 部分）进行介绍。

8.1　EBSCO 平台及其数据库的检索

隶属母公司 EBSCO Industries, Inc.的美国 EBSCO Information Services（业界简称"EBSCO"），成立于 1944 年，是世界上专门经营纸本期刊、电子期刊发行和电子文献数据库出版发行业务的集团公司。EBSCO 的数据库基于 EBSCOhost、BSI（Business Searching Interface，商业检索平台）和 Explora（Student Research Center 的升级版）等平台进行检索。

8.1.1　EBSCOhost 平台及其数据库的检索

EBSCOhost 是 EBSCO 公司所属的 EBSCO Publishing 为数据库检索设计的，全球数千家机构和数百万用户正在使用的在线检索服务平台，有近 60 个数据库，其中全文数据库 10 余个。EBSCOhost 有外文领域的"知网"说法，通过优质的数据库资源和搜索功能，向用户提供多种功能，以帮助用户快速找到所需的信息。

2025 年 3 月，EBSCOhost 新界面正式在用户中启用。新界面具有许多改进，包括替换原 EBSCOhost 界面中的文件夹的"我的控制面板"（My Dashboard）、新式结果列表、更多的引用和共享选项，以及增强的详细记录和用户体验。访问途径：https://research.ebsco.com（IP 地址范围内访问），如用户机构在用 EBSCO 的多个服务，请选择 EBSCOhost 链接。

1. EBSCOhost 平台系列数据库

1986 年，EBSCO 公司就开始出版一系列基于 EBSCOhost 平台的数据库，包括 Academic Search（学术研究数据库，简称 AS）[11]、Business Source（商业资源数据库，简称 BS）[12]、Communication Source（通信资源数据库，简称 CS，前身为 Communication & Mass Media Complete，即通信和大众传播数据库），以及其他各种主题（如医学、社会科学、法律等学科）、各种类型（如图书）全文数据库，书目数据库等二次文献数据库等，如艺术与建筑资源（Art & Architecture Source）。其中 AS、BS 最具代表，已为国内许多高校院所使用。

AS 为现今全球最大的综合学科类数据库之一，涵盖多元化学术研究各领域，包括社会科学、人文科学、教育、计算机科学、工程、物理学、化学、语言学、艺术、文学、医药学、

---

11 Academic Search 版本有：Academic Search Elite，简称 ASE；Academic Search Premier，简称 ASP；Academic Search Complete，简称 ASC；Academic Search Ultimate，简称 ASU。

12 Business Source 版本有：Business Source Elite，简称 BSE；Business Source Premier，简称 BSP；Business Source Complete，简称 BSC；Business Source Ultimate，简称 BSU。

种族研究等，含有持续收录的同行评审全文期刊、持续收录在 Scopus 和 WoS 核心合集中的全文期刊、持续收录在重要二次文献主题索引数据库（如 SciFinder、Compendex 等）中的全文期刊、国际化资源（包含来自欧洲、亚洲、非洲、大洋洲和拉丁美洲）的全文期刊。BS 是全球最大的商业资源数据库之一，其全文内容最早可追溯至 1886 年，可搜索引文参考最早可追溯至 1998 年；相比同类数据库，BS 的优势在于全文收录的内容涵盖包括市场营销、管理、MIS、POM、会计、金融和经济在内的所有商业学科。AS 和 BS 收录的期刊均有许多被 SCI/SCIE 或 SSCI 收录，均通过 EBSCOhost 每日更新。

AS、BS 等数据库将二次文献与一次文献"捆绑"在一起，为用户提供文献获取一体化服务，检索结果为文献的题录、文摘和全文。

如果正式购买了某一数据库的某一版本，"MedLine""Eric""Newspaper Source""GreenFILE""Teacher Reference Center""Library, Information Science & Technology Abstracts"等可作为赠送的备选数据库。其中，MEDLINE 是由美国国家医学图书馆（NLM）创建并维护的全球权威生物医学文献数据库，涵盖基础医学、临床医学、公共卫生、护理学等领域；ERIC（Educational Resources Information Center，教育资源信息中心）是美国教育部资助的权威数据库，专注于教育领域的学术与实践资源；GreenFILE 是专注于环境与可持续发展研究的学术数据库，其内容涵盖人类活动对环境影响的跨学科研究，旨在为学术、政策制定及公众利益提供科学支持。

2．EBSCOhost 平台的使用

访问新版 EBSCOhost 平台后，先进行选择数据库（见图 8.1）等相关操作，然后可进行其基本检索，获得检索结果（见图 8.2）。

图 8.1　用户机构所有可用数据库列表

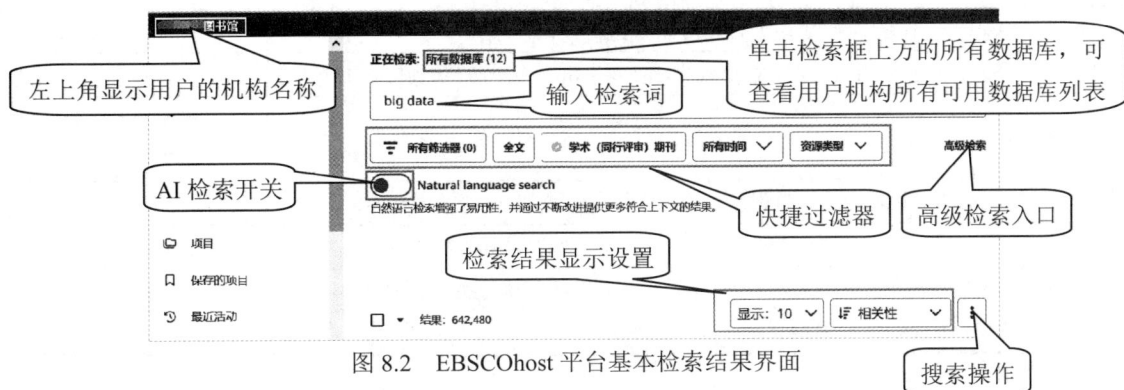

图 8.2　EBSCOhost 平台基本检索结果界面

1）基本检索

基本检索的步骤为①选择数据库；②输入关键词（当键入时，自动匹配功能将提供一个热门术语和出版物列表供选择;或者直接输入关键词）；③单击检索框右面的放大镜图标检索。

用户可以使用检索框下方的筛选器来限制检索结果，如全文、同行评审、时间（所有时间、过去 12 个月、过去 5 年、过去十年）。如用户希望使用带有引导式检索框的高级检索模式（见图 8.3），请单击快捷筛选器右面的"高级检索（Advanced search）"按钮。

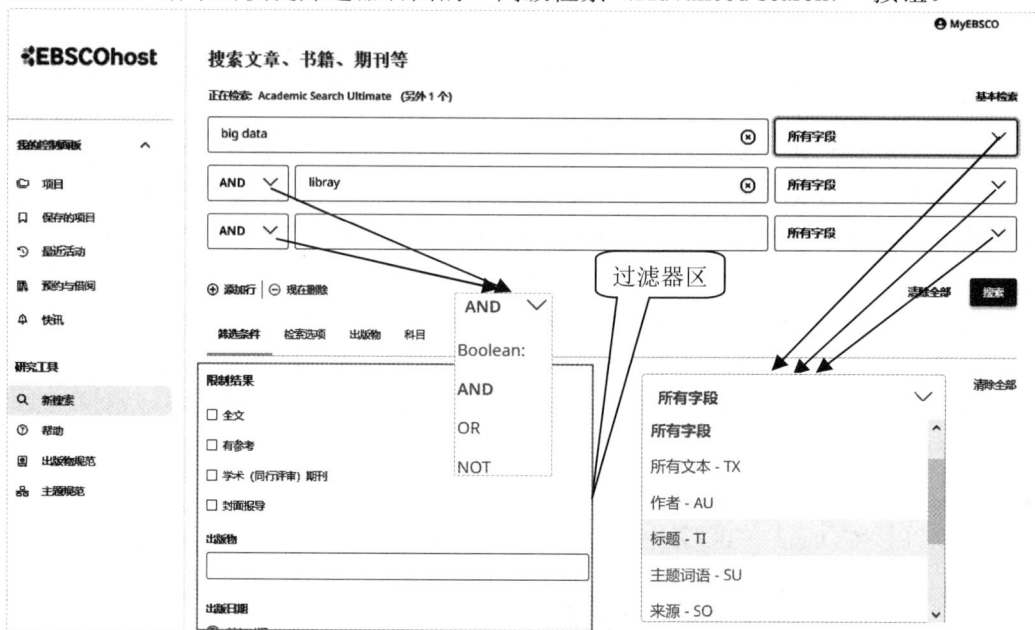

图 8.3　EBSCOhost 平台默认的高级检索界面

2）高级检索

用户可使用布尔逻辑运算符（AND、OR、NOT，默认为 AND，运算优先级：（　）> NOT > AND > OR）和从"所有字段（All fields）"的下拉列表中选择某字段（如作者等，部分字段介绍见表 8.1）来引导检索。如检索需要三个以上的检索框，则可单击"添加行"按钮以添加更多检索框。高级检索默认的筛选条件可使用其过筛选区的限制条件（如全文、同行评审、

表 8.1　EBSCOhost 平台高级检索部分字段介绍

字段	描述	举例
AB	Abstract（摘要）：对摘要执行关键词搜索	AB civil liberties
AU	Author（作者）：对文章的任何作者执行关键词搜索	AU Rompalske
IS	ISSN（刊号）：，执行对出版物的国际标准序列号的精确搜索	IS 1040726X
SO	Source（来源）：对文章的来源出版物名称执行关键词搜索	SO International Journal of Toxicology
SU	Subject（主题词）：对记录中列出的主题标题执行关键词搜索	SU MOTION pictures
TI	Title（标题）：在记录的英文和非英文标题栏中搜索关键词	TI Fashion Focus
TX	All Text（全文）：对数据库的所有可搜索字段执行关键词搜索。使用 TX字段代码将导致搜索在全文以及引用记录中查找关键词.	TX Cronyism

ISSN 或 ISBN、日期、出版物类型、文献类型、语言等），然后单击"搜索"按钮。

用户选择"出版物"时，可以单击其下拉列表，选择一个数据库来检索其中的出版物。有三种方式可供选择：按字母顺序（Alphabetical）、匹配任意关键词（Match any words）、主题和描述（Subject and description）。

当不太清楚某一特定领域内表达事物概念的术语时，可以在科目（主题词表）中进行查询。该功能可以帮助用户列举出所查询关键词的偏好表达以及其上位词、下位词和相关词，以帮助完善检索，如检索"high blood pressure"会得到 hypertension 这一医学领域术语。另外，当选择不同数据库时，出现的主题词表可能不同，如"MEDLINE Complete"数据库为 MeSH、"CINAHL Complete"数据库为 CINAHL Headings。

3）检索技巧

在 BSCOhost 平台的基本检索和高级检索中，截词符号"*"可用于检索变形体（如 econ* 检索到 economy, economic, economically 等）；短语检索可用于检索固定短语（如"global warming"检索到固定格式的词组，位置顺序保持不变）；一个字母的通配符"?"可以用于检索英美单词拼写差异（如 organi?ation 检索到 organisation 或 organization），多个字母的通配符"#"可以用于检索英美单词拼写差异（如 behavi#r 检索到 behavior 或 behaviour）。

4）检索结果

用户可以通过应用筛选器，按照在线全文、同行评审、时间、资源类型等项目来继续优化检索结果。单击检索框下方的"所有筛选器（All filters）"按钮以显示全部筛选条件，应用的筛选数量将在该按钮上更新显示。

在检索结果页面（见图 8.4），主要图标有：①结果列表排序：点击此链接，可选择一个选项（相关性、最近日期、最早日期）对结果列表排序。②保存：点击文献右侧的书签图标，可以将感兴趣的文献保存至"我的控制面板"中。③工具：单击文献右侧的工具图标，可选

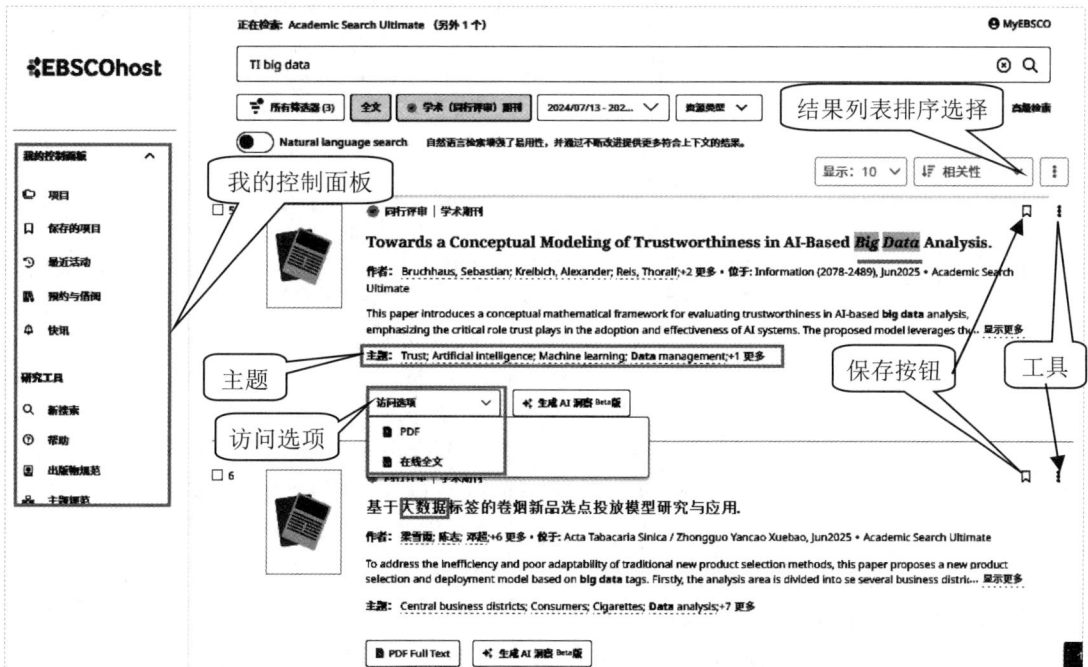

图 8.4　EBSCOhost 平台基本检索结果界面

择引用文章、将其添加至项目、共享、下载。④主题：通过超链接探索相关主题。⑤访问选项：通过单击"访问选项（Access options）"，可以从下拉菜单中选择在线全文或 PDF 全文。如果只有一种全文选项可用，则会显示"立即访问（Access now）"。⑥文章详情：点击文献标题链接或"查看详细信息（View details）"可查看文献详情信息。⑦我的控制面板：在"我的控制面板"中可以查看已创建的项目、已保存的记录、搜索历史记录、浏览记录以及预约与借阅信息等（若用户未登录个人账户，这些内容则只保存在当前会话，不会永久保存）。

5）详细记录

在每条文献的详细页面（见图 8.5），可以查看文献的出版商、出版物类型、主题词、摘要、参考文献、DOI 号等信息。该页面的图标主要有：①同行评审标识：表示经过同行评审的文章。②在线阅读：当查看文献全文时，会进入在线阅读器，可以使用顶部工具中的功能：⬇下载：下载文献全文或元数据，显示文献的大纲内容；⊕翻译：文献翻译功能，能将文献在线翻译成多种语言（PDF 全文无此功能）；☰目录：显示文献的大纲内容朗读：Text-To-Speech 智能朗读功能，能朗读文献（新版 PDF 全文也有此功能）；🔖保存文献：将文献保存到"我的控制面板"；❝❞引用文献：可以用不同的参考文献格式引用文章，包括 APA, Harvard, MLA 等格式；➕添加至项目：可以将文献保存到"我的控制面板"自定义的项目中；↪共享：可以通过 Google Drive、OneDrive 或创建链接来直接分享文献，或者通过电子邮件分享（PDF 和在线 HTML 全文将作为附件包含在内）；🖨打印文献。另外，文献详细记录页面顶部的工具与上述部分一致。

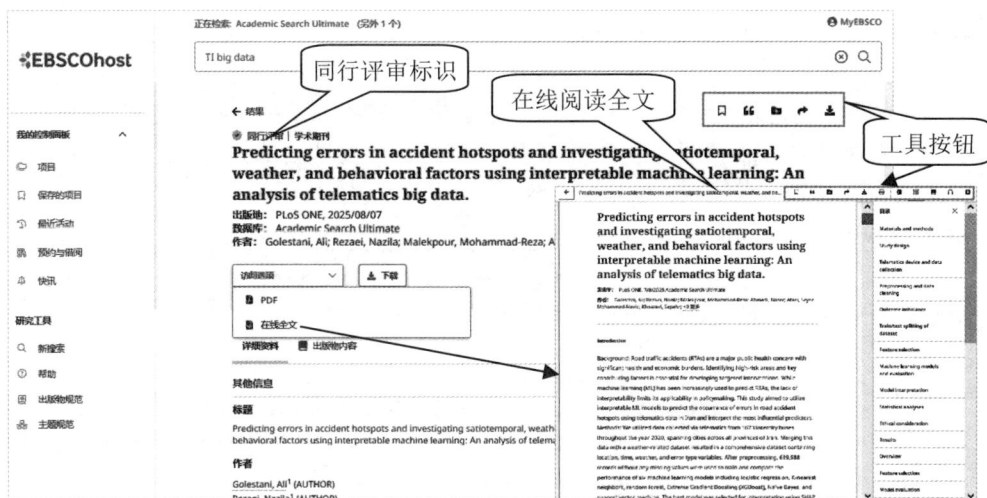

图 8.5　EBSCOhost 平台详细记录界面

4）我的控制面板

概览：在"My dashboard（我的控制面板）"的"Overview（概览）"中，可以查看已创建的项目、已保存的记录、搜索历史记录、浏览记录以及预约与借阅信息等，也可以分别单击它们以进入单独页面。

创建账户：当通过机构登录时，我的控制面板中的内容只会保存在当前会话中；若想要无论何时登录都可以访问（永久保存），请登录至个人账户，若用户没有个人账户，可以通过单击"创建帐户（Create account）"按钮来创建自己的账户。拥有 My EBSCO 个人账户后，用户可以：①与移动应用程序同步：随时随地进行研究，在应用程序中搜索、阅读和收听资源；②下载电子书：访问数以万计的电子书，以进行阅读和下载；③创建项目：在自定义项目中保持研究井井有条；④保存研究成果：再也不会丢失检索、结果或文档。

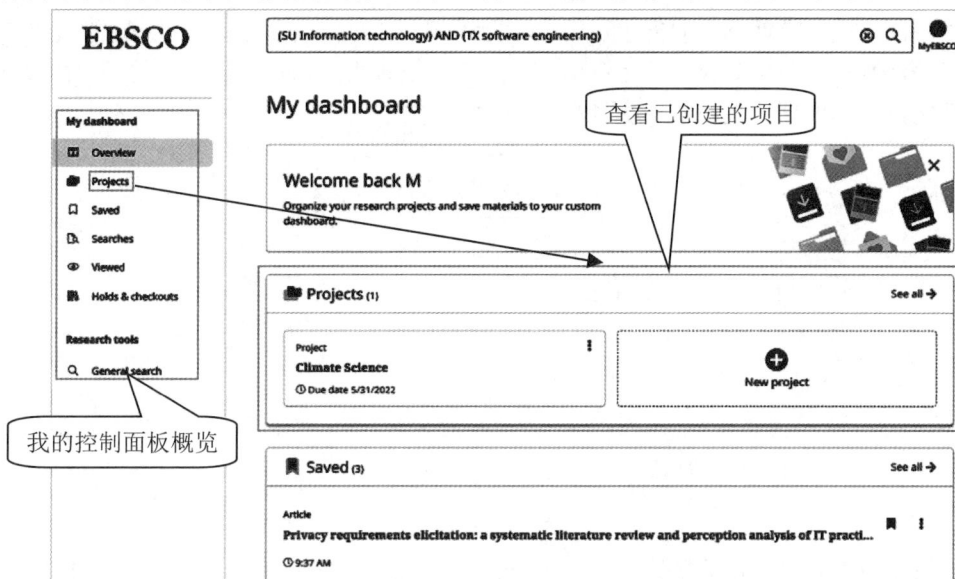

图 8.6　EBSCOhost 平台"我的控制面板"界面

通过项目，用户可以收集和组织在 EBSCOhost 中找到的项目，如文章和电子书。如果用户正在进行多个研究项目，可以点击右侧"+"图标，为每个研究项目创建一个文件夹，以存储不同主题的文章。用户还可以为每个项目指定一个截止日期，以帮助确定工作的优先顺序。

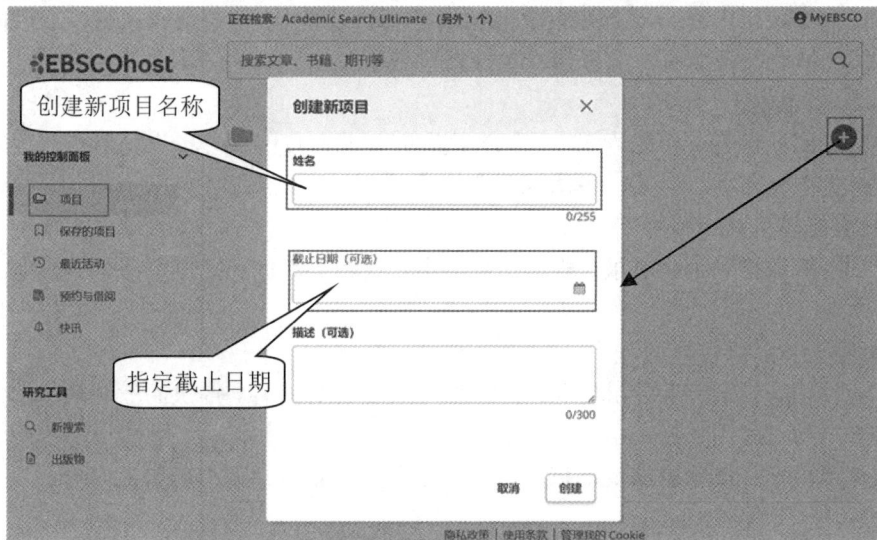

图 8.7　EBSCOhost 平台"创建新项目"界面

8.1.2　EBSCO 其他平台及其数据库的检索

EBSCO 除 EBSCOhost 平台之外，还有商业检索平台（Business Searching Interface，BSI）、EBSCO Discovery Service（EDS）和 Explora（Student Research Center 的升级版）等平台。

1. 商业检索平台

BSI（商业检索平台）是 EBSCO 公司针对 Business Source 系列数据库中的非期刊资源增设的一个检索界面，旨在方便商科研究人员轻松浏览顶尖商业期刊与杂志，精准搜索特定主题，快速定位各国经济数据、公司简介、行业资讯、SWOT 分析报告及市场研究报告等。界面以简洁现代的设计风格，让商业研究更直观、更高效。

图 8.8　BSI 的高级检索界面

BSI 一般只适用于 BS 系列数据库（也可检索 eBook Collection 等）。其核心内容模块包括：

1）学术期刊与论文

收录国际顶尖商管财经类期刊，如《哈佛商业评论》《管理科学季刊》等，覆盖战略管理、市场营销、金融工程、会计学等细分方向。提供同行评审论文全文，部分期刊可追溯至创刊早期。

2）商业案例研究

整合哈佛商学院、IESE 商学院等机构的经典与新兴案例，涵盖企业并购、数字化转型、危机管理等实战场景。配备专家分析框架，支持案例教学与研究。

3）行业分析报告

发布由知名研究机构（如麦肯锡、贝恩）撰写的行业白皮书，分析市场趋势、竞争格局与政策影响。覆盖金融、零售、科技、咨询等重点行业。

4）财经数据与工具

集成宏观经济数据、企业财报、股票指数等实时或历史数据。提供财务分析模型、估值工具及风险评估模板。

5）专家解读与多媒体资源

收录行业领袖访谈、学术会议录像、TED 商业类演讲等内容。提供商业领袖传记、管理思想史等电子图书。

用户据此可检索和浏览国家经济报告、公司概况、工业信息和市场研究报告，以及杂志、图书等文献信息。

2. Explora 平台

基于 EBSCO 的 Explora（Student Research Center 的升级版）平台的数据库有 Literary Reference Source Plus、Consumer Health Complete、英文原版分级读物、Secondary Schools、Educator's Edition 等。下面简要介绍 Explora 平台基本检索和高级检索的使用指南。

1）基本检索

基本检索的步骤为：①在主屏幕上的搜索框中输入检索词；自动完成功能将预测搜索词，所以即使拼错了一个词，相关的热门搜索和出版物也会出现在下拉菜单中。②单击菜单中的热门术语或出版物或单击放大镜以运行搜索（将显示结果列表）。③使用任何可用的限制器来缩小搜索范围，或单击所有过滤器按钮来查看其他结果列表过滤器。还可以选择任何搜索部分，以快速将结果限制为所有结果（默认），即文章、期刊，电子书，参考或视频内容。④单击标题以查看文章详细信息，或单击立即访问按钮以查看可用的全文选项。单击书签图标将文章保存到控制面板。

图 8.9　基于 Explora 平台的"Consumer Health Complete"基本检索界面

2）高级检索

Explora 允许用户使用 Guided-Style Find 字段进行高级检索。Guided-Style Find 字段可帮助创建更有针对性的检索。例如，可在检索框中输入检索词，让 Explora 仅在特定引文检索字段中检索输入的词，如标题或主题词字段。其高级检索的具体步骤为：①单击 Explora 检索框下方的高级检索链接。②在第一个检索框中输入检索词。③从所有字段下拉列表中选择引文检索字段（如仅检索引文的标题字段）。④对第二组检索框重复步骤②和③。⑤单击布尔运算符下拉菜框，将检索条目与 AND、OR、NOT 组合（默认为 AND）。⑥可在第三个检索框集中选择另一个布尔运算符、关键字和检索字段。⑦如要在高级检索中添加更多检索行，可单击"添加行"按钮。⑧在过滤器下，对检索应用任何所需的限定条件，如用户可能希望将结果限制在可在线查看并在选择的自定义日期范围内发布的项目。如要添加自定义日期范围，请选择自定义范围，然后单击字段从日期选取器中选择开始日期和结束日期。在 Explora 中搜索多个数据库时，可单击展开箭头以应用特定于每个数据库的过滤器。⑨将任何所需的特定于数据库的筛选器应用于的检索。⑩如需要，单击检索选项卡以更改检索模式或应用扩展器。⑪单击检索按钮，显示结果列表。

Explora 平台的详细介绍与使用指南，可浏览在线资源"8.1"。

8.1.3　EBSCO 界面语言选择与 EBSCO 移动客户端

1．界面语言选择

新的 EBSCO 界面（EBSCO Discovery Service、EBSCOhost、Explora）包括将界面语言翻译成多种语言之一的功能。当用户使用个人 MyEBSCO 账号登录新界面时，语言选择将被保存以供将来使用。界面语言选择的具体方法为：首先，单击屏幕右上角的"MyEBSCO"链接，再单击"我的偏好（My preferences）"按钮（要将选择的界面语言保存在当前会话之外，请确保已登录用户个人 MyEBSCO 帐号）；其次，从下拉菜单中选择界面语言（如英语、德文、简体中文、繁體中文、日本語等）；最后，单击"保存"。

2．EBSCO 移动客户端

在机构局域网外，EBSCO 数据库也可在移动客户端上非常方便地使用。EBSCO 现提供移动客户端 App 以供用户通过手机或其他移动设备在任何地方使用 EBSCO 数据库。EBSCO APP 适用于 iOS（iOS 11 或更高版本）和安卓设备（Android 9 或更高版本），可从 iTunes App store 和 Google Play 下载。下面为登录 EBSCO App 的方法：

（1）打开 EBSCO App 后，使用"查找我的图书馆"（Find my Library）功能通过用户所在机构的凭证登录。如果需要该凭证，请联系机构管理员获取。

（2）如果用户之前已经创建了一个"个人用户账户"（Personal User Account）访问 EBSCOhost/EBSCO Discovery Service，可以继续使用该账户来登录 App。当通过个人用户凭证登录到 App 后，用户保存在 App 中的所有文章会自动保存到个人文件夹中。

（3）只需登录一次 App，App 会记住用户的登录凭证并在以后的会话中自动进行身份验证。

另外，如果用户使用机构凭证登录 App，可以在 App 内创建自己的"个人用户账户"（Personal User Account）。

下面为登录 EBSCO 移动 App 的方法。

（1）打开 App，选择"开始（Get Started）"。

（2）单击检索框，找到用户所在的图书馆，或选择 Use my location（使用我的地理位置）查找用户附近的图书馆（见图 8.10）。

（3）从列表中选择用户的机构然后单击"下一步（Next）"。

（4）选择 Continue（继续）允许 App 继续让您登录。

（5）通过用户机构提供的方式登录（用户名/密码，读者 ID 等）。

如果用户已经创建了个人用户账户，可以使用个人账户凭证登录。另外，如果用户机构使用的登录方式不支持输入个人账户 ID 和密码（例如，读者 ID），请先使用机构凭证登录 App，然后选择屏幕底部的账户图标，单击"登录到 EBSCO（Sign in to EBSCO）"按钮（见图 8.11）。

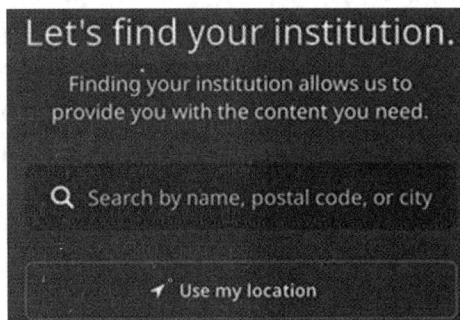

图 8.10　用户所在机构查找界面　　　　　图 8.11　用户账户登录界面

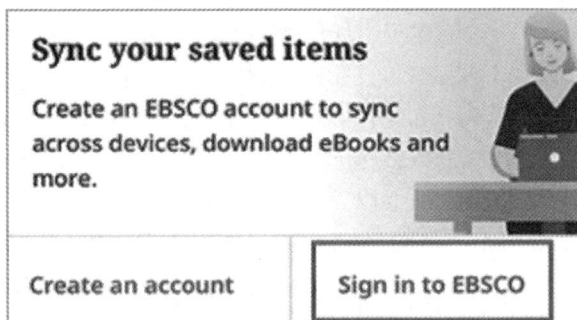

关于 EBSCO 移动客户端详细使用方法可浏览在线资源"8.2"。

8.2　Springer Nature Link 平台及其数据库的检索

8.2.1　Springer Nature Link 平台简介

Springer Nature Link 平台的前身 SpringerLink 平台，是德国原施普林格①于 1995 年推出的的产品。1999 年，Springer 被德国贝塔斯曼集团（Bertelsmann AG）收购，成立贝塔斯曼—施普林格专业出版集团（Bertelsmann Springer，也简称 Springer），2002 年初，Springer 向中国

_____

① 施普林格，即 Springer International Publishing AG，简称 Springer，由朱利叶斯·施普林格（Julius Springer）于 1842 年在柏林创立，现属施普林格·自然（Springer Nature），其介绍可浏览在线资源"8.3"。

推出了 SLCC（SpringerLink China Consortium）集团采购计划，国内许多单位已成为 SLCC 成员馆，使得 SpringerLink 成为国内使用最广泛的外文数据库平台之一。2004 年底，Springer 与荷兰的克鲁维尔学术出版社（Kluwer Academic Publisher）合并成立施普林格科学与商业媒体集团（Springer Science + Business Media，仍简称 Springer），不久原 Kluwer 电子期刊被合并至 SpringerLink 平台。之后，Springer 又收购多家出版机构。2006 年 8 月，整合了电子期刊、电子图书、电子参考书、电子丛书以及事实性数据库的第三版/代 SpringerLink 平台推出，为读者提供一站式使用体验，其中国镜像站也于 2006 年 11 月全面开通。2008 年 5 月，NSTL 购买 Springer 回溯数据库（Springer Online Archive Collections，OAC）的中国大陆地区使用权。2010 年，SpringerLink 最新测试版出炉，在 SpringerLink 第三版/代的基础上加入了一些新功能，如先行预览文献内容；强大的搜索引擎，可同时检索电子期刊、电子图书和电子参考工具书等各类文献；提供语义链接，用户可获得更多相关文献（例如语义链接）和强大的简化检索页面。2012 年，SpringerLink 再次改版，新平台添加了更多新功能，如搜索时自动建议功能（以谷歌关键字数据为准），每个文件可以预览两页（不仅限于浏览图书章节），显示所有查询结果，相关图片及表格可在搜索结果页面中显示，直接链接到 HTML 部分，适应各种移动终端、智能手机等。2015 年 5 月 6 日，柏林的施普林格科学与商业传媒公司，与旗下拥有《自然》（Nature）、《科学美国人》（Scientific American）的麦克米伦科学与教育（Macmillan Science and Education）合并为 Springer Nature。2024 年 10 月 24 日，SpringerLink 正式更名为 Springer Nature Link。

Springer Nature Link 平台是世界领先的科研平台，也是世界上最全面的科学、技术及医学以及人文与社会科学在线文库。通过 Springer Nature Link 平台，用户可以在任何时间、任何地点，快速、准确地访问 Nature Portfolio、Springer、BMC、Palgrave Macmillan、Discover 和 Apress 等品牌的资源（包括优先出版的文章）。这些资源涵盖学科广泛，内容包括图书、期刊、参考工具书、实验指南（Protocols）和视频等。Springer Nature Link 平台每天都会新增内容，无数字版权管理（Digital Rights Management, DRM）和并发用户数量限制。该平台也支持移动阅读和远程认证访问，用户通过 PC 机、平板电脑或手机等终端，足不出户即可轻松浏览和下载平台资源。

8.2.2　登录方式

已获 Springer Nature Link 授权的团体用户主要是通过 IP 自动识别的方式登录平台（登录后可知道用户所在的机构是否已授权访问）。当不在有效 IP 地址范围内，如果所在机构已加入 CARSI 且已购买其相关数据库使用权限，用户可通过单击 CARSI 远程登录链接，页面将自动跳转至机构统一身份认证系统页面，输入用户账号和密码登录，即可使用平台资源。未获 Springer Nature Link 授权的用户可以访客的身份进入系统，免费获得平台资源的目录和文摘信息。用户登录账户后，可获得 Springer Nature Link 提供的管理账户功能：①用户研究（Your Research），可追踪投稿信息，查看自己发表研究成果的表现，探索投稿征集信息；②管理账户（Manager account），可管理期刊和研究信息的个性化推送订阅、个人专业信息和兴趣领域。Springer Nature Link 平台集出版与阅读为一体，包括检索（Search）（见图 8.12）、投稿征集（Calls for papers）、最新研究（Trending research）、精选期刊（Featured journals）、按学科主题浏览（Browse by subject）、精选图书（Featured books）等区域，尽享研究发表和内容搜索获取更好的使用体验。

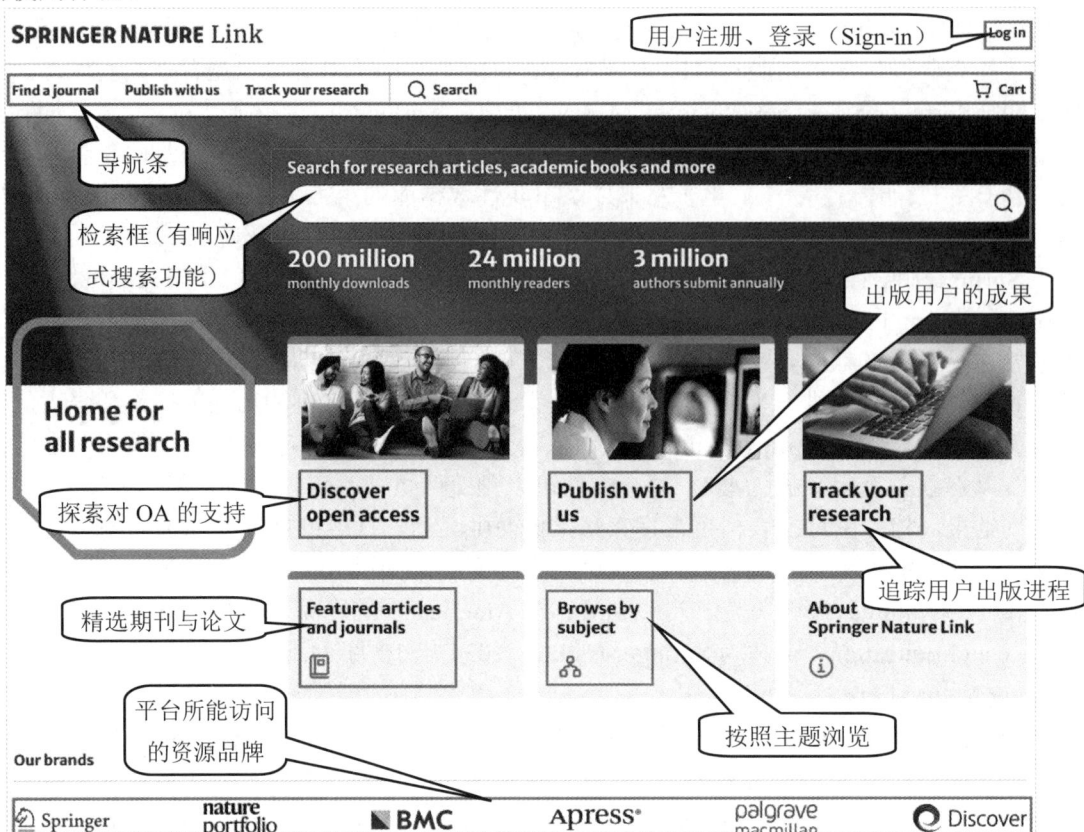

图 8.12　Springer Nature Link 平台的默认页面

8.2.3　检索

Springer Nature Link 平台默认为一框式的简单检索，用户可以在期刊、书籍、参考文献、协议、内容集等中进行关键词或作者检索。目前平台的高级检索还在研发中，因而高级检索需要在原 SpringerLink 平台界面进行。另外，在检索框中，也可输入检索式进行检索。平台的检索功能设计比较符合一般读者的检索习惯，即先进行简单检索，得到一个较宽泛的检索结果，然后结合具体情况，逐步缩小检索范围。

1. 简单检索

想查找某一主题的文献，但不知道出版物的任何信息，可用简单检索功能。在主页面检索框中输入检索词/词组（见图 8.13），单击 🔍 进入篇（或章节）名检索结果列表界面（见图 8.18），默认情况下显示所有的搜索结果，按相关性排序。在检索结果列表页面的左上侧，仍显示简单检索窗口。用户也可单击检索结果页面左侧的相关按钮，按照内容、发表时间、语言、主题、学科、子学科等聚类选项，分别优化检索结果。

图 8.13　简单检索界面（左为默认的检索框，右为导航条展开的检索框）

156

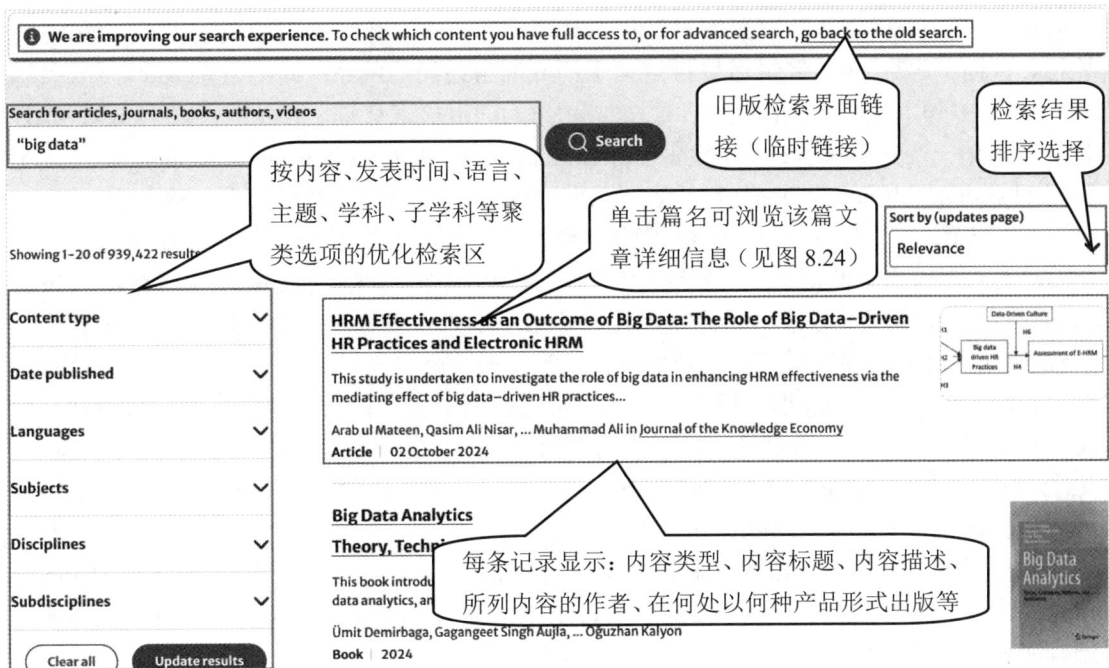

图 8.14　检索结果列表界面

2．构建检索式进行检索

在 Springer Nature Link 的默认检索页面检索框中，也可输入检索式，如 plastic AND (bottles OR water) AND pollution（见图 8.15），进行检索，其检索结果页面如图 8.16 所示。

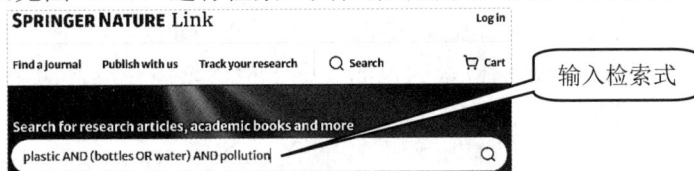

图 8.15　构建检索式进行检索

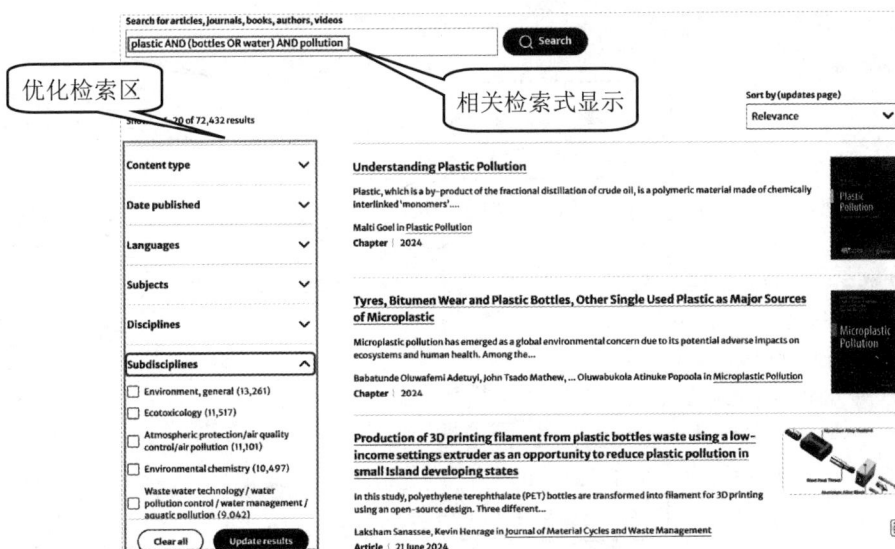

图 8.16　构建检索式检索结果页面

Springer Nature Link 的检索算符包括布尔逻辑运算符和系统专用的检索算符（如词组检索算符、截词符等）。布尔逻辑运算符定义了词或词组之间的关系，词组检索运算可精确检索范围。系统中使用英文（半角）双引号（" "）作为词组检索算符，在检索时将英文双引号内的几个词当作一个词组来看待。如检索"system manager"，只检索到 system manager 这个词组，检索不到 system self-control manager 这个短语。截词符（通配符）"*"，代表零个或若干个字符，可以检索到一个词根的所有形式。例如：输入"key*"，可检索到包含 key, keying, keyhole, keyboard 等词的文献。截词符（通配符）"?"，代表一个字符，如"输入 hea?"，就会得到 head，heat，heal 等词的文献。注意：截词符的使用，必须输入至少 3 个字母，然后再加通配符。

Springer Nature Link 的停用词包括 the，is 等。在执行检索前它们就被系统的搜索引擎排除在外，但系统不会将 and 作为停用词。如果检索短语中包含标点符号或连词符等特殊符号，系统会将此特殊符号识别为空格，检索出包含标点符号、连词符和不包含标点符号、连词符的记录。例如，检索式"television: talk show"，既可以检索出包含 television talk-show 的记录，又可以检索出包含 television talk show 的记录。

如果要了解更多的检索帮助信息，可单击 Springer Nature Link 平台的页面底部"Help and support"按钮，再单击"Springer Nature Link"链接，进入其默认的英文帮助页面（见图 8.17，可选择"简体中文""繁体中文""德文""日文"等其他语言）。

3. 高级检索

高级检索目前仍需返回传统版界面使用。根据文章作者、出版时间等线索去准确查找某文献，可用高级检索功能。在高级检索界面（见图 8.18）的一个或多个检索词输入框中键入检索词，对检索条件（如 with all of the words, with the exact phrase, with at least one of the words, without the words, where the title contains, where the author/editor is, Show documents published 等）进行限定，可达到精确检索的目的；多个检索条件（检索词输入框）之间的逻辑关系为"与"（AND）。相关限定内容的检索词既可以是一个单词，也可以是多个单词。在默认情况下，显示所有的搜索结果（见图 8.19）。取消"Include Preview-Only content"后面方框内的"√"，用户也可限定在其所在机构的访问权限内检索。

图 8.17　默认的帮助页面　　　　　图 8.18　高级检索窗口

图 8.19　高级检索结果列表界面

上述所有检索结果列表页面中，"Sort By"选项用于设置"检索结果"的排序方式，默认为按照与检索关键词的相关度（或称"符合度"）排序，相关度高的排在前；选择"Newest First"，按时间顺序由新到旧排序；选择"Oldest First"，按时间顺序由旧到新排序。

4．详细信息页面

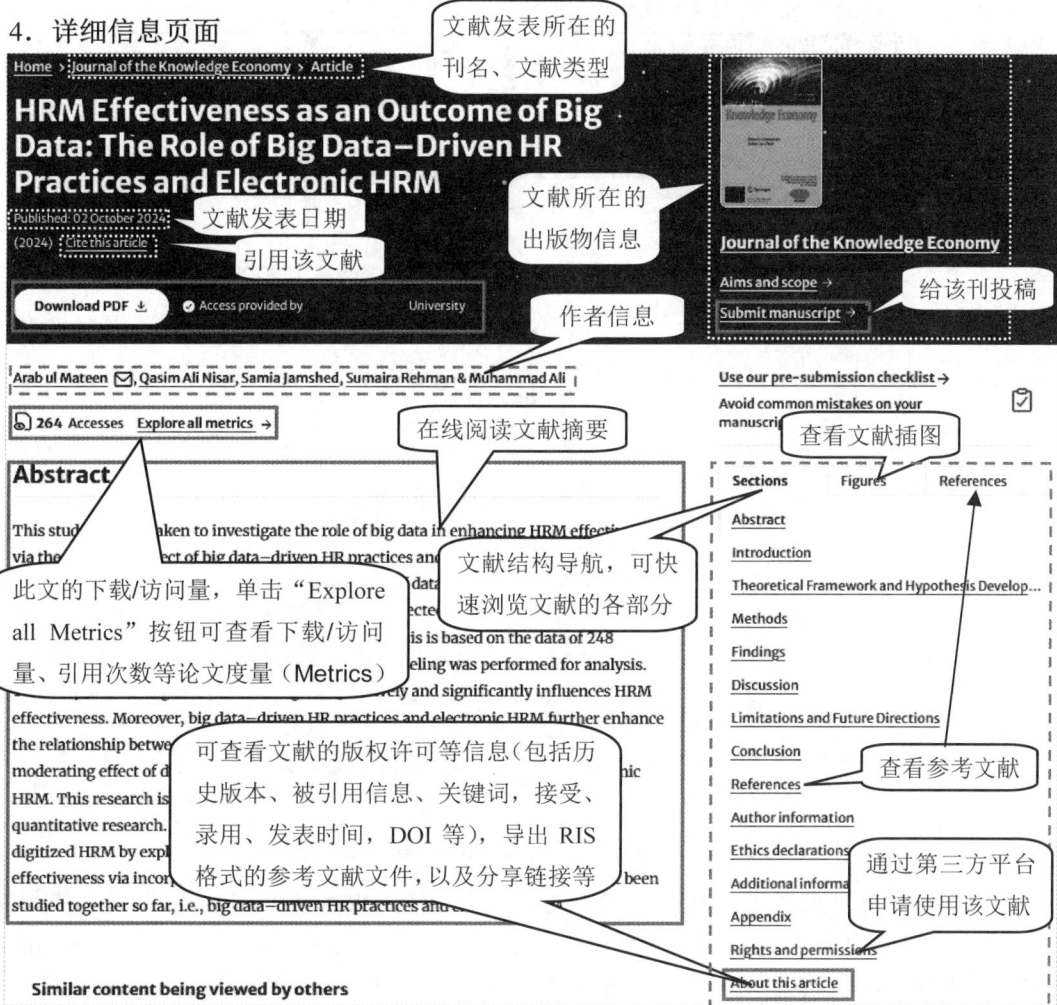

图 8.20　文献详细信息页面

单击检索结果列表页面中的文献篇/章名可进入该篇/章的详细信息页面（见图8.2）。该页面默认显示 HTML 全文格式。在论文题目的下方，单击"Cite this article"即可拷贝格式规范的引文，直接引用该文章，或者以 ris 格式导出引文，再使用 Reference Manager 等引文管理工具打开；在下方提供了 PDF 格式全文下载（Download PDF）和查看是否获得机构授权访问。页面右侧，显示了全文的大纲列表：单击"Figures"按钮将会直接显示论文中的图片，单击"References"按钮则显示这篇文献的参考文献详情……页面右上方显示该文献所在的出版物宗旨与范围等信息，单击其中的"Submit manuscript"即可直接进入此刊物的投稿页面。

在文献正文之后或右边栏菜单中均可查看该文献引用的参考文献。多数参考文献提供外部链接（例如 PubMed、Google Scholar 等），单击即可访问参考文献摘要或原文。

8.2.4 浏览

Springer Nature Link 中的浏览分为学科浏览和出版物类型浏览。单击平台首页的"Browse by subject"按钮或在"Browse by subject"分区，可按学科进行浏览或搜索（见图8.21）；单击平台首页 Discover content 下方的"Journals A-Z"按钮或"Books A-Z"按钮可按首字母浏览或搜索所有 Springer Nature 旗下的期刊或图书（见图8.22）。

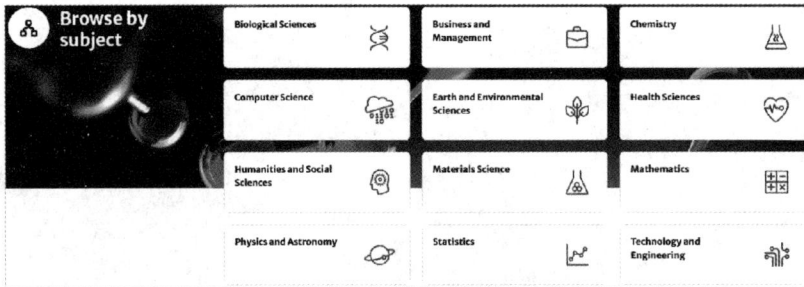

图 8.21　学科浏览界面

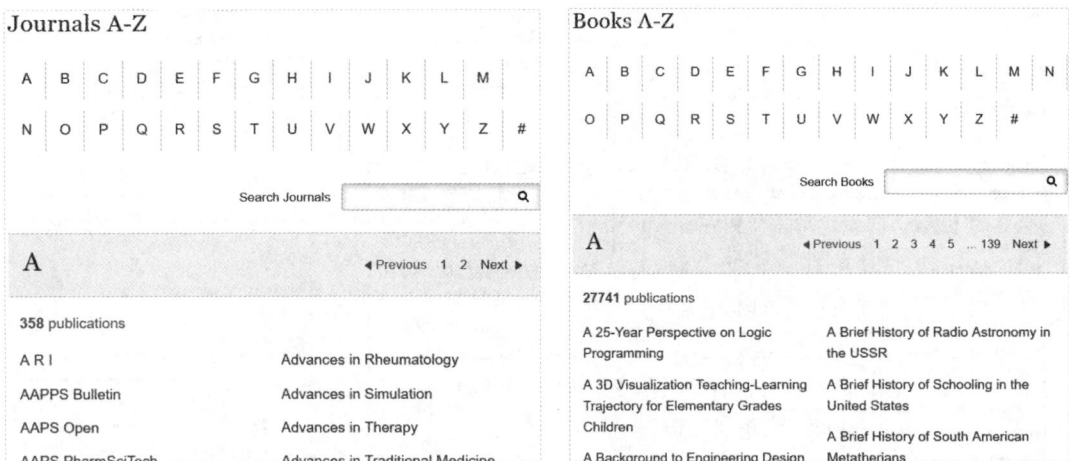

图 8.22　出版物类型（左为期刊，右为图书）浏览界面

如果知道期刊（或图书、丛书、参考文献）的名称，想看其中的某一册，可用题名浏览方式。这里以期刊为例进行说明。从平台首页下方"Discover content"下，选择"Journals A-Z"选项，进入期刊浏览或搜索界面（见图8.24左）。该界面与 Springer Nature Link 的简单检索

界面一致，采用标签"within Journal"的方式在检索结果页面中显示。如已知所查刊物名称，在检索框中输入期刊名称即可。期刊浏览，如先采用按出版物类型的方式，在左侧限定检索结果区域进行选择，再通过学科分类等方式限定检索结果以缩小浏览期刊的范围，浏览的结果也会再以标签的形式显示，如"4 Result(s) for 'library' within Journal⊗ Computer Science⊗ English⊗"（见图8.23）。单击浏览具体某刊物页面（见图8.24）后，能够检索或浏览该刊物的出版模式、编委会成员、出版范围、期刊编辑等介绍性信息，还可以获取其影响因子、下载量、引用量等期刊数据指标。除了可以阅读新发表的文章，还可查阅所有卷次与期次论文、专题文章合集等内容。

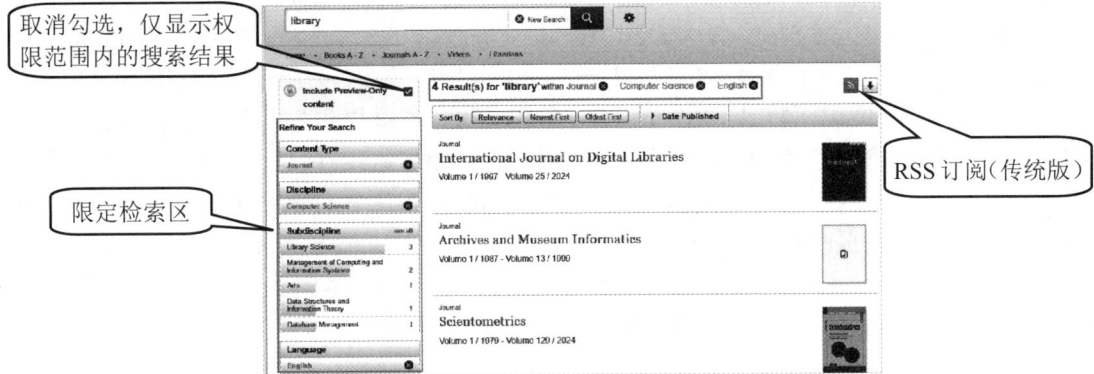

图 8.23 期刊按学科浏览并限定语言的界面

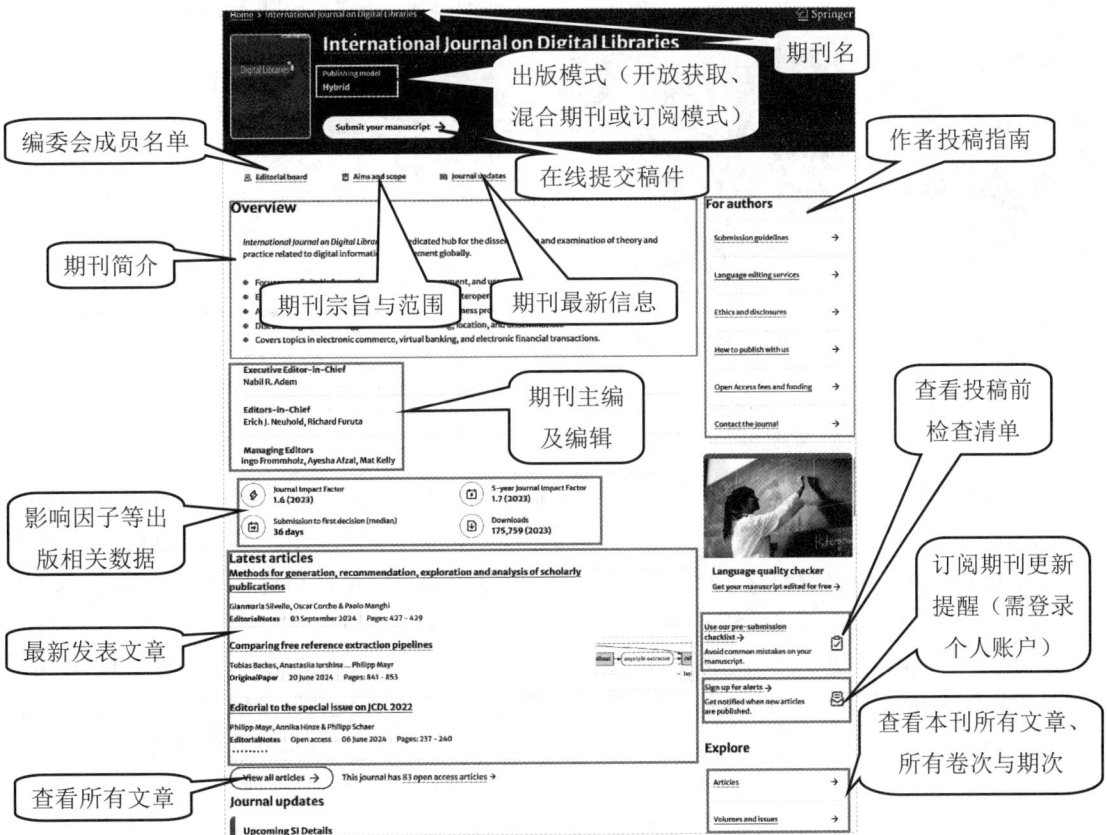

图 8.24 期刊详细信息界面

161

Springer Nature Link 平台资源介绍与利用指南的更多信息，可浏览在线资源"8.4"。

8.3 ScienceDirect 平台及其数据库的检索

8.3.1 ScienceDirect 平台及其数据库简介

ScienceDirect（简称 SD）是爱思唯尔（Elsevier）出版的全球最权威、多学科、全面集成期刊（含回溯文档）和图书[①]的同行评议学术文献平台，为爱思唯尔公司的旗舰产品，包含 Elsevier Science、Academic Press、Harcourt Health Sciences、Cell Press、China Collection 等机构出版的 4200 多种期刊（其中 1400 多种被 SCI 收录）和 3.5 万多种图书，内容涵盖自然科学、生命科学、医学和社会科学四大类的 24 个学科领域，集世界领先的科学、技术和医学信息之大成。其资源最早回溯至 1823 年，还包括一些优先出版文章（In Press）和 OA 期刊论文。SD 全文数据库诞生于 1997 年。2000 年，中国大陆首批 11 所大学订购了 Elsevier 全文数据库 SDOS。2004 年，Elsevier 中文译名确定为"爱思唯尔"。2010 年 8 月推出，SD、Scopus 和 Scirus 等站点的统一检索平台 SciVerse 停止使用。2018 年，SD 可用手机进行访问。近年，爱思唯尔对 SD 平台不断进行升级，界面更加简洁、直观（见图 8.25）。

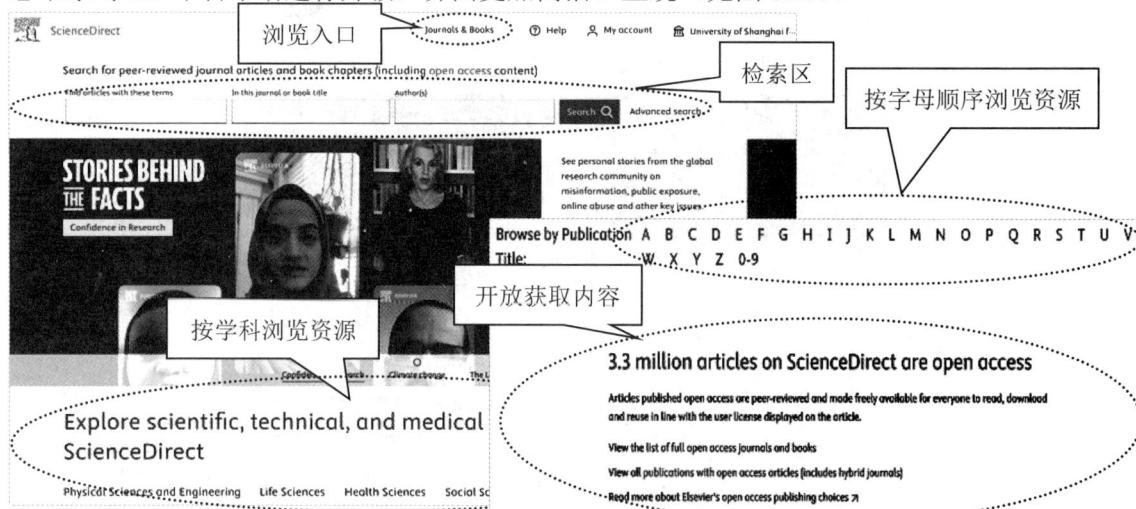

图 8.25 ScienceDirect 首页

爱思唯尔已加入 CARSI 联盟，并完成调试上线。加入 CARSI 的 CERNET 会员机构用户可以使用局域网账号，在已获取使用权限的前提下，不受 IP 地址限制地访问爱思唯尔 ScienceDirect、Scopus、Reaxys、Embase、SciVal、Engineering Village 等平台上的资源。具体操作程序可浏览在线资源"8.5"。

SD 平台的功能包括：①实现与 Mendeley 的无缝整合，在检索结果列表及 HTML 格式全文显示界面都可无缝导入 Mendeley；②实现与 Reaxys 的集成整合，如果文章中涉及的关键物质或反应在 Reaxys 中有记录，会在 HTML 格式全文界面显示；③个人免费注册用户的个性

---

① ScienceDirect 平台的图书包括单行本图书（eBooks）、参考工具书（Major Reference Works）、手册（Handbooks）和丛书（Book Series）。

化服务，追踪研究领域最新进展（期刊、丛书、主题、检索提示），记录个人操作信息（检索历史与检索条件保存），查看期刊内容报告；④快速链接，优化开放获取资源的访问及按学科提供下载量最多的前 25 篇文献；⑤整合了 Scopus 等数据库资源，"Citing articles"功能及时提供文章被引用信息。

SD 的访问网址是：www.sciencedirect.com，其默认首页面（见图 8.25）提供快速检索（Quick Search）功能。单击其中的"Advanced search"按钮可进入高级检索（Advanced search）。此外，SD 还提供浏览（Browse）这一辅助检索工具，包括按学科浏览资源和按字母顺序浏览资源。已订购 SD 的用户，可在获得访问权限的前提下浏览题录、文摘和全文，且无并发用户的限制；访客（非订购用户）只能看到文献的题录和文摘信息（显示获得下载权限的按钮 🔒 Get Access）。

8.3.2 ScienceDirect 的浏览与检索

1．浏览

单击首页（见图 8.25）上方"Journals and Books"可浏览 SD 的资源。分为字顺浏览和学科浏览两种。根据需要，用户可选择全文权限和资源类型。书刊文献记录上方显示● Full text access、
● Open access，可浏览其全文；无相关标记显示，且记录下方无全文下载链接，则只能查看摘要。

按字顺浏览：将所有期刊/图书按字母顺序排列起来，用户可以按刊/书名逐卷逐期地直接阅读自己想看的资源；按学科浏览：将期刊/图书按 24 个学科类目分类，再按字母顺序排列，也可跨学科浏览。另外，可在浏览界面直接进行快速检索，还可对某个选定的期刊/图书进行快速检索。另外，按刊/书名或学科浏览的同时，允许按单刊/书或单学科检索。

2．快速检索

快速检索可以在所有字段中进行检索，可进行范围限制（期刊/书名、卷期、页码）。在 SD 的任何一个界面上方都有快速检索入口（见图 8.26）。在检索框中输入检索词，限定检索范围后，单击 🔍 Search 按钮即可进行检索。

图 8.26　SD 的快速检索入口

3．高级检索

单击 ScienceDirect 主页面"Advanced search"按钮即进入高级检索页面（见图 8.27）。高级检索可以在所有字段中进行检索（可以输入多个检索词，各检索词之间可用逻辑算符连接），也可以通过其他特定字段进行检索，各字段之间使用逻辑算符"与"（AND）来确定检索词之间的关系。可选择检索范围、作者信息、时间段和卷期等项目，对所要检索的文献进行限定。详细的检索方法可参考 ScienceDirect 数据库帮助页面中支持中心的视频教程。

高级检索可检索字段有：期刊名或书名，年份，作者（Authors），作者单位（Author affiliation），卷（Volumes），期（Issues），页码（Pages），篇名、文摘、作者指定关键词（Title, Abstract, Author-specified keywords），题名（Title），国际标准刊/书号（ISSN/ISBN），参考文献（References）。"Author-specified keywords"检索即检索关键词字段。

单词检索与词组检索：默认的是单词（word）检索，如果要检索一个词组（phrase），就必须使用英文（半角）引号。例如，键入"hypermedia database"，检索结果只包含这个词；如

果键入的是 hypermedia database，没有引号，检中的结果则将 hypermedia 和 database 处理为不连续的两个单词，词与词之间为 AND（逻辑"与"）的关系。

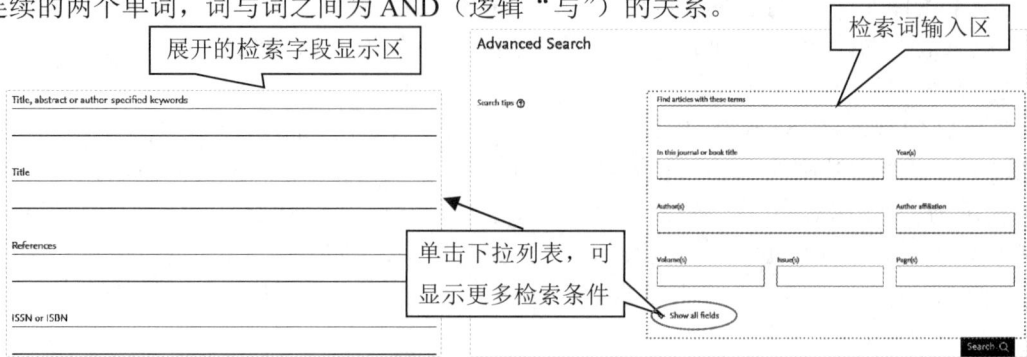

图 8.27　默认的所有资源高级检索界面

作者检索：格式为"姓 名"，如"Stuart R""Stuart, R""Stuart Richard""Stuart, Richard"，默认为"前方一致"，忽略空格和逗号，如输入"Stuart R"，可以检索"Stuart R""Stuart, R""Stuart Richard""Stuart, Richard""Stuart Robert""Stuart, Robert"。

8.3.3　检索语言与检索技巧

1．布尔逻辑

在同一检索字段中，可以用算符 AND、OR、NOT 来确定检索词之间的关系，但算符要大写。如果没有算符和引号，系统默认各检索词之间的逻辑关系为 AND。

2．嵌套检索

允许使用圆括号"（ ）"将有限检索的词括起来，如输入 blood AND (brain OR barrier)，系统就会优先检索 brain OR barrier，然后再将结果与 blood 匹配。

3．截词检索

通配符"*"：取代单词中的任意一个（0，1，2，…）字母，如 transplant* 可以检索到 transplant、transplanted、transplanting…；通配符"?"：取代单词中的 1 个字母，如 wom?n 可以检索到 woman、women。

4．位置与词组限定算符

W/n：两词相隔不超过 n 个词，词序不定，如 quick w/3 response；

PRE/n：两词相隔不超过 n 个词，词序一定，如 quick pre/2 response；

" "：宽松短语检索，标点符号、连字符、停用字等会被自动忽略，如"heart-attack"；

{ }：精确短语检索，所有符号都将被作为检索词进行严格匹配，{information integration}；

ADJ 和 NEAR：ADJ 表示两词相邻，前后顺序固定，与前面提到的"词检索"的结果相同；NEAR 或 NEAR（N），表示两词相邻，中间可插入小于或等于 n 个单词，前后顺序可以发生变化，如果不使用（N），系统默认值为 10。

5．作者检索

先输入名的全称或缩写，然后输入姓，例如，r smith；jianhua zhang。临近符可以用于作者检索，raymond W/3 smith 可检索到 Raymond Smith，Raymond J. Smith 和 Smith Raymond J.

6. 其他

(1) 同音词检索：用"[ ]"括住检索词，可检索到同音词，如[organization]，可以找到 organization、organisation。

(2) 拼写词：用 TYPO[ ]可进行同一词义不同拼写的检索，例如，TYPO[fibre]，还可找出 fiber。

(3) 大小写：不区分。

(4) 检索历史（search history）：只要输入过一次检索词，就可以随时查看检索历史，包括检索词和检索结果数量。但这项功能仅限于注册用户。

(5) 拼写方式：当英式与美式拼写方式不同时，可使用任何一种形式检索。例如，behaviour 与 behavior、psychoanalyse 与 psychoanalyze。

(6) 单词复数：使用名词单数形式可同时检索出复数形式。例如，horse 与 horses，woman 与 women。

(7) 支持希腊字母 α、β、γ、Ω 检索（或英文拼写方式）；法语、德语中的重音、变音符号，如 é、è、ä 均可以检索。

8.3.4 检索结果及其处理

1. 检索结果列表

如选择期刊，检索后，首先显示的是检索结果数量和篇名列表。每条记录一般包括篇名、刊名、卷期、出版日期、页码、作者、摘要、图注（Graphical abstract）、PDF 全文链接等（见图 8.28）。题名上方有 ● Full text access 或 ● Open access 的，可浏览其全文；无标记的，则只能查看其摘要。通过左边的精炼检索框可对检索结果进行筛选。单击检索结果页面每条文献下方的"Abstract"按钮可快速查看该文的摘要；单击"Figures"按钮可快速查看该文的图片；单击"Export"按钮可保存该文到文献管理软件 RefWorks，导出该文的 RIS、BibTeX、text 格式引文（见图 8.29）。

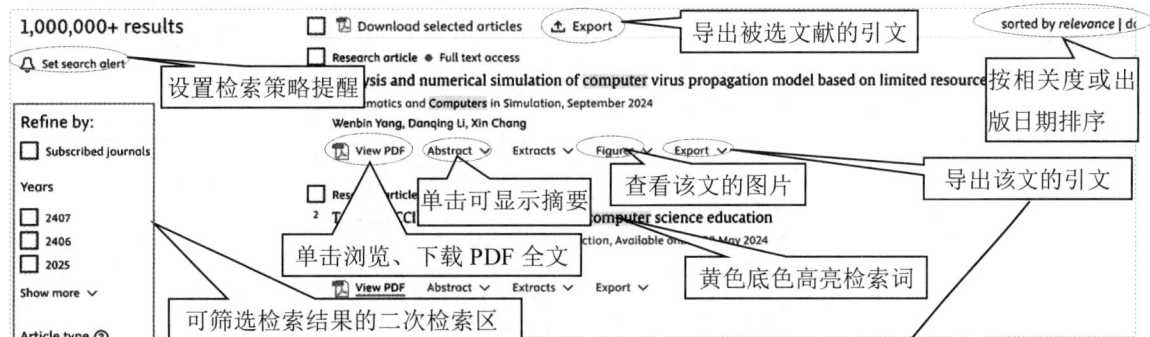

图 8.28　期刊检索结果篇名列表页面

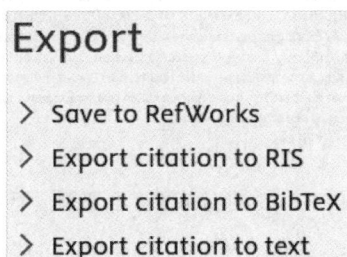

图 8.29　展开的 Export 界面

2．标记记录、批量下载文章与引文输出

单击每篇文章篇名前的方框，选择该记录，结束后，单击"Download selected articles"按钮所在的位置（选择后，按钮名称会按所选文献数量而改变，如"Download 3 articles"），可将标记过的文献全文批量下载（最多选 100 篇，每日限额最大下载量）（见图 8.30），只对有下载权限的文献有效，否则会提醒选择的文献中有无法下载的情况，导致下载失败；单击"Export"（输出引文）按钮，可将标记过的文献的引文以特定的格式保存或输出（见图 8.31）。

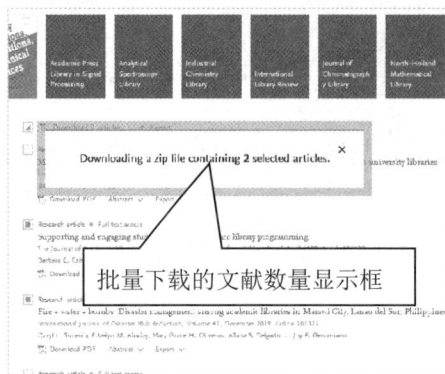

图 8.30　批量下载界面　　　　图 8.31　引文批量输出界面

3．详细记录

单击每篇文章篇名的超链接，进入其详细记录页面（见图 8.32），可浏览文摘、HTML 格式全文、数据及图表、参考文献、作者简历，以及相关文章推荐、被哪些文章所引用等详细信息。单击"View PDF"按钮，可浏览或下载其 PDF 格式全文。

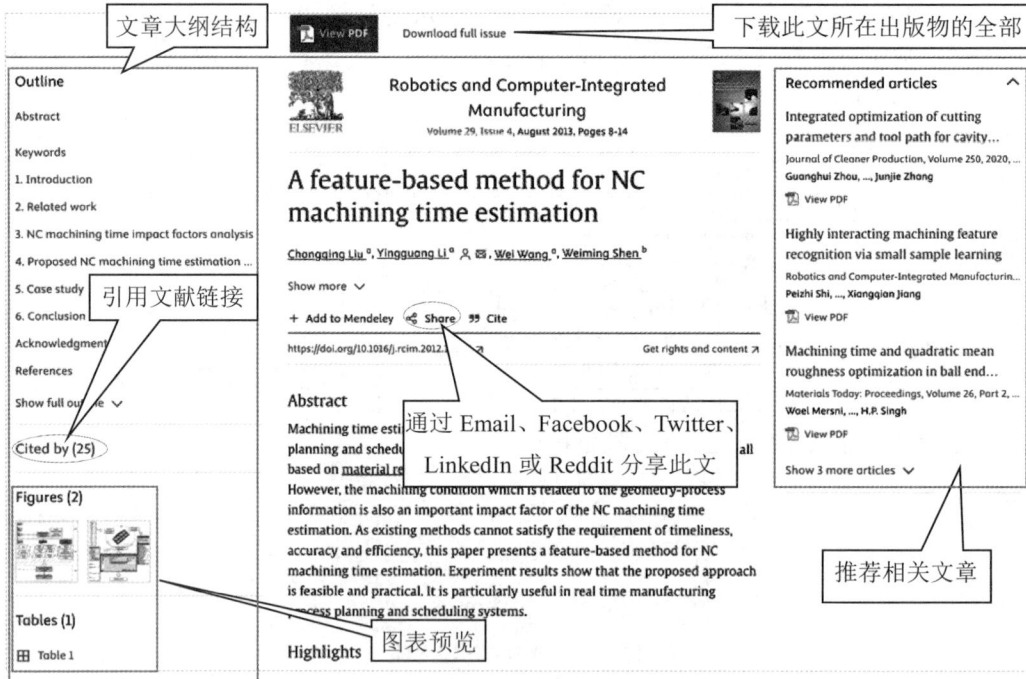

图 8.32　期刊文章详细记录页面

关于 ScienceDirect 详细的介绍与使用指南，可浏览在线资源"8.6"。

8.4 Emerald 平台及其数据库的检索

8.4.1 Emerald 平台简介

爱墨瑞得（Emerald）于 1967 年由来自世界著名百强商学院之一的布拉德福大学商学院（Bradford University Management Center）的 50 位学者建立。Emerald 一直致力于管理学、图书馆学、工程学专家评审期刊，以及人文社会科学图书的出版。Emerald 总部位于英国，其所有期刊的主编、作者遍布世界各地，并且在世界许多国家建立了代表处，使 Emerald 成为全球性的出版商，拥有 300 多种期刊、2500 多本图书和丛书卷。

2014 年，Emerald 基于增强用户体验，对其平台分两个阶段进行了升级。2014 年 3 月 1 日完成第一阶段的升级：将原站点（www.emeraldinsight.com）中产品、服务信息和客户支持等资源分离为独立站点——Emerald 资源信息平台（www.emeraldgrouppublishing.com）。而前身已演变成一个专门为学生、研究人员和其他用户提供更为人性化的平台——Emerald 资源使用平台。2014 年 8 月 16 日，完成平台第二阶段的移植工作，保持网站外观不变，将该平台移植到 Atypon 的 Literatum 平台，并使用原域名。平台的优点有：①提高发现能力，得益于丰富的元数据和搜索引擎的优化；②提高可用性，对行政区域进行简化和调整，支持其他学术出版商平台；③增强搜索能力，应用先进的过滤功能对结果进行处理；④行业标准分类，重新定义学科分类，对行业标准重新分类；⑤提高安全性，应用最新的接口和安全协议。

Emerald 资源使用平台提供下列资源。

（1）管理学全文期刊库（2000 年— ）：包含 281 种经专家评审的管理学术期刊，提供最新的管理学研究和学术思想。涉及学科有会计金融与经济学、商业管理与战略、公共政策与环境管理、市场营销、信息与知识管理、教育管理、人力资源与组织研究、图书馆研究、旅游管理、运营物流与质量管理、房地产管理与建筑环境、健康与社会关怀等，其中包含如《欧洲营销杂志》（*European Journal of Marketing*）、《管理决策》（*Management Decision*）、《全面质量管理》（*The TQM Management*）、《供应链管理》（*Supply Chain Management: An International Journal*）、《人事评论》（*Personnel Review*）等知名期刊。

（2）工程学全文期刊库（2000 年— ）：收录 26 种高品质的同行评审工程学期刊，几乎全被 SCI、EI 收录，涵盖先进自动化、工程计算、电子制造与封装、材料科学与工程等领域。

（3）全文期刊回溯库（1889 年—2000 年）：目前包含 180 种全文期刊，超过 11 万篇的 PDF 格式全文内容，涉及会计、金融与法律、人力资源、管理科学与政策、图书馆情报学、工程学等领域。所有期刊均回溯至第 1 期第 1 卷，最早可以回溯到 1889 年。

（4）Emerald 电子书系列丛书数据库：Emerald 目前出版超过 4000 种图书，其中电子图书超过 140 个图书系列，1350 多卷。Emerald 电子系列丛书分为"工商管理与经济学"和"社会科学"两个专集，涵盖教育学、心理学和图情学等，涉及 150 多个主题领域。可通过 Emerald 平台对每个章节进行检索和浏览。"工商管理与经济学"专集涵盖经济学、国际商务、管理学、领导科学、市场营销学、战略、组织行为学、健康管理等领域内容，资源来自 90 多个电子书系列的 900 多册图书。"社会科学"专集涵盖社会学、政治学、心理学、教育学、残障研究、图书馆科学、健康护理等领域，资源覆盖 50 多个图书系列的 450 多册图书。

（5）平台辅助资源：①学习案例集（Case Study Collection），收录来自可口可乐、IBM、丰田（Toyota）、葛兰素史克（Glaxo Smith Kline）、希尔顿（Hilton Group）等知名企业的 2000 多个案例研究；②学术评论集（Literature Review Collection），收录来自领域内权威学术出版物中的 700 多篇学术评论文章；③访谈集（Interview Collection），收录 500 多名全球商业和管理大师生动有趣的"商界风云人物"，如彼得·德鲁克（Peter Drucker）、约翰·科特（John Kotter）、吉姆·柯林斯（Jim Collins）、理查德·帕斯卡尔（Richard Pascale）、罗莎贝斯·莫斯·坎特（Rosabeth Moss Kanter）的访谈记录；④管理学书评（Book Review Collection），收录 2600 多篇特别为学生、教师和研究学者撰写的深度书评。

8.4.2　Emerald 资源使用平台的检索方法

Emerald 资源使用平台的访问网址为 www.emerald.com/insight，一般采取 IP 控制方式进行访问，在局域网范围内直接登录，无用户并发数限制。在非 IP 控制的网络内，用户可以通过 VPN 或 CARSI 服务登录方式取得数据库资源的访问权限；或通过申请远程访问方式。

Emerald 资源使用平台主要提供快速检索和高级检索。单击首页中的"Advanced Search"链接进入高级检索界面。平台支持词根检索（如检索框输入 manage，将同时检索到 manage、managing、manager、management 等）（见图 8.33），并且检索结果高亮显示输入的检索词根的派生词。

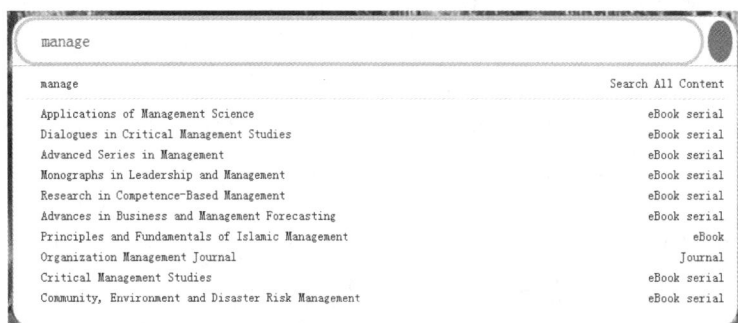

图 8.33　Emerald 检索中的词根派生

1. 快速检索

Emerald 平台首页默认为快速检索界面（见图 8.34），提供期刊论文（Articles）、图书章节（Chapters）和案例研究（Case studies）等数据库所有资源类型的检索。快速检索的特点为：有针对性地检索某本 Emerald 期刊或图书；检索范围广泛，关键词限定较少；目标检索内容的学科范围较小。

图 8.34　Emerald 资源使用平台首页

2．高级检索

单击 Emerald 资源使用平台首页的"Advanced Search"进入高级检索界面（见图 8.35），该界面同时含有快速检索区，可在一个页面进行快速检索和高级检索。高级检索步骤为：

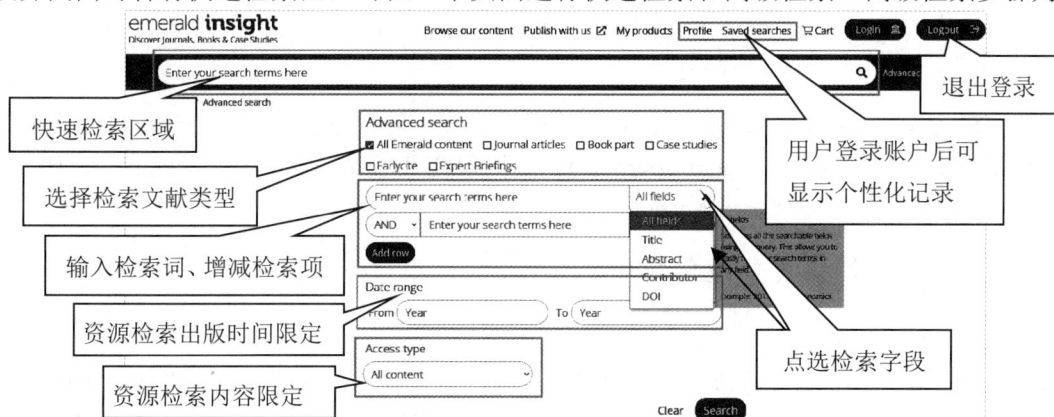

图 8.35　高级检索界面

第一步，输入检索词，对检索词进行逻辑组配。Emerald 资源使用平台提供 AND（"+"或者"&"）、OR、NOT（"－"）三种逻辑运算符。单击 Add Row 可增添检索项（可添加至 10 个）。

第二步，选择检索词的检索范围。Emerald 资源使用平台提供的检索范围有：除正文以外的其他部分（All Fields）、标题（Title）、摘要（Abstract）、作者信息（Contributor）、文献 DOI 等。作者信息检索包括作者姓名、作者单位和作者介绍内容等多项检索项。

第三步，选择文档类型。下拉列表有全部内容（All content）、只检索开放获取内容（Only Open Access）和只检索已购买权限的内容（Only content I have access to），复选框有全部类型（All Emerald content）、期刊文献（Journal articles）、图书章节（Book part）、案例研究（Case studies）、优先出版文献（Earlycite）和研究简报（Expert Briefings）。

第四步，检索时间选择。根据需要输入检索文献的时间区间（Date Range），以年（Year）为单位。如果只需要检索某一年份的文献，则需要分别在 From 与 To 后面的输入框中输入同一年份。年份需要输入完整的四位年份数字，否则会显示"出错"页面。

第五步，单击"Search"按钮进行检索。

高级检索中，构建检索式需要合理地使用检索字段和检索运算符。Emerald 资源使用平台中布尔逻辑运算符、通配符号的使用如表 8.2 所示。布尔逻辑运算符需要大写。在使用通配

表 8.2　布尔逻辑算符与通配符

符号		作用
布尔逻辑算符	AND	检索出的记录包括由 and 分开的所有词，也可以用"+"或者"&"替代
	OR	检索出的记录包括由 or 分开的任意一个词
	NOT	缩小检索，检索出的记录不包括 not 后的词，也可以用"－"替代
	（ ）	当构建布尔逻辑检索式时，可用括号对检索词或短语进行分组，并表明词之间的关系
	" "	西文状态下的双引号可以进行强制词组检索
通配符号	*	多字符通配符，代表零个或若干个字符，如查找 neutr*可以找到 neutron，neutrino 等
	?	单字符通配符，代表一个字符。例如，查找 p?oton 可以找到 proton，photon 等

符时，要注意：①它们不能被用在搜索文本的开头；②它们不能在包含有引号的短语中使用；③通配符"?"在一个字符串的末尾将被视为一个字母或符号（literal）。

例如，title: "business" AND contributor: "xu"表示在所有内容中检索标题中含有"business"且作者姓名中含有"xu"的文献。

3．浏览

用户可以在 Emerald 首页选择"Browse Our Content"。对 Emerald 资源按类型进行浏览或查找，包括图书和期刊（Books and Journals）、案例研究（Case Studies）、研究简报（Expert Briefings）、开放获取文献（Open Access）。

8.4.3　检索结果的处理及个性化服务

1．检索结果的处理

Emerald 资源使用平台对检索结果提供结果排序、单页显示数量设定、保存检索策略等功能（见图 8.36），并且用不同的提示来表示文献的使用权限：✓ Content available 表示拥有全部权限，可以获取全文；✓ ⚿ Open Access表示为开放获取文献，可以获取全文；⊘ View access options 表示只能查看摘要，无法获取全文。

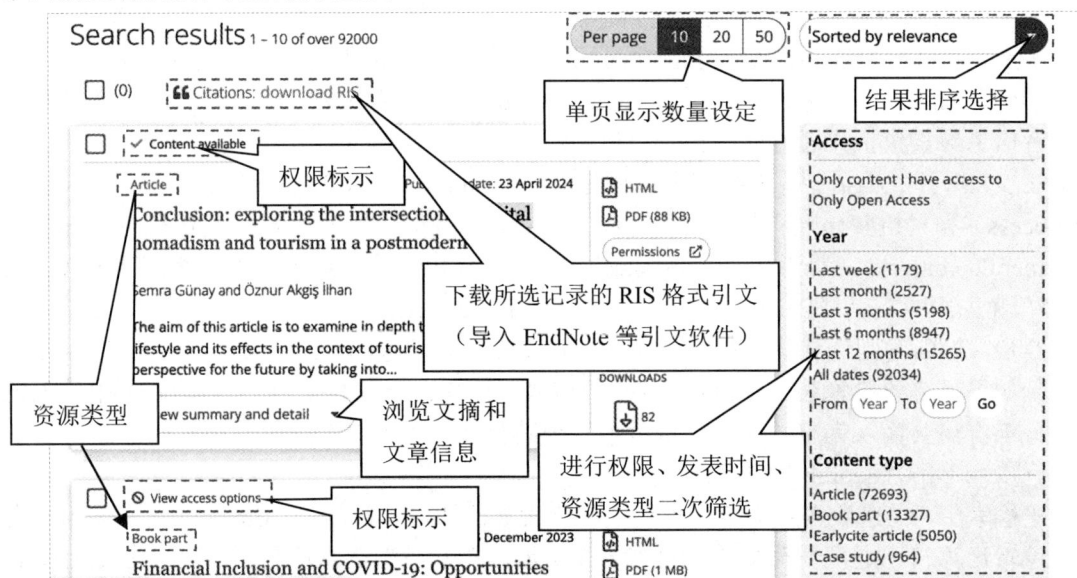

图 8.36　检索结果页面

1）结果浏览

Emerald 资源使用平台对检索结果提供记录浏览、预览、查看或下载全文（提供 HTML和 PDF 两种方式）、二次筛选、排序、下载次数显示等服务。检索结果中，只有属于订购和开放获取的文章才能阅读全文，非订购的文章只能阅读文摘。

2）期刊文章显示页面

在检索结果界面，单击文章标题，进入期刊文章显示页面（见图 8.37）。左侧为文献的全文大纲，单击每一条目可以跳转至相应的页面内容位置；对于有阅读权限的用户，整个页面主要显示此篇文献的 HTML 格式全文；单击"PDF"按钮可以下载 PDF 格式全文；在文摘和关键词下方还有此文献的 RIS 格式引文下载（导出）链接；在该期刊文章页面最后，还有参考文献详细记录列表。

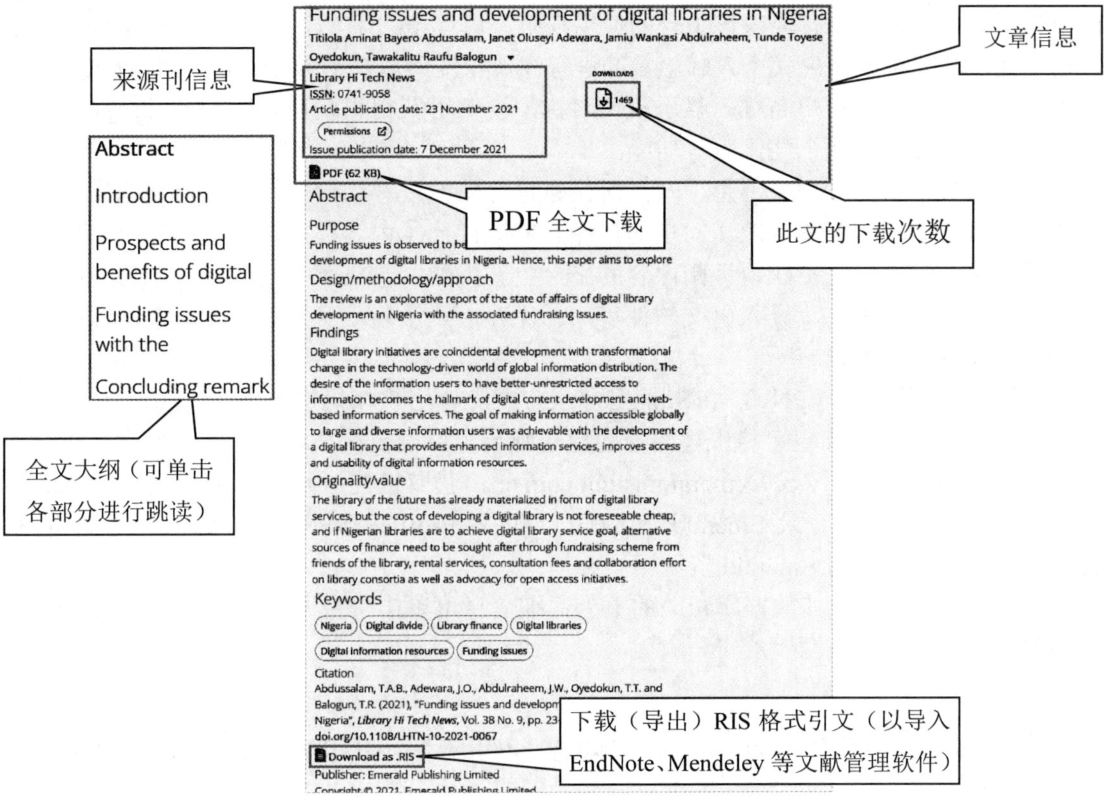

图 8.37　期刊文章显示页面

3）期刊显示页面

单击期刊名称，可进入此期刊的详细信息页面（见图 8.38）。在"All Issues"标签中可以选择浏览此期刊已在线的各卷期中的文章，选择"EarlyCite"标签，则可以浏览此期刊优先出版（最新发表）的文章。

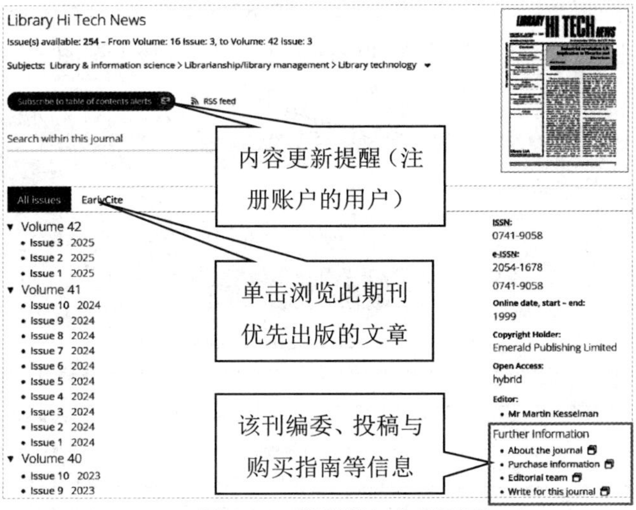

图 8.38　期刊详细信息页面

2．个性化服务

用户在获取利用 Emerald 资源使用平台（见图 8.34）权限后，则会在页面左上角显示登录的机构名称。用户如没有取得该平台的使用权限，可单击右上角"Register for a profile"进入注册页面，填写必要信息（个人邮箱等）进行注册。注册成功后单击"Login"登录后，页面左上角就会显示个人账户名称。显示机构名称，说明可获得机构所订购的资源；显示个人账户名称，说明可以享受个性化服务功能。

个性化服务包括：①个人信息，对注册信息进行修改；②访问权限，直接访问有权限资源；③口令激活，激活获取资源访问权的口令码或链接；④内容提醒，订阅用户感兴趣的资源、学科新闻、文摘，免费获得订阅内容的平台更新提醒；⑤收藏夹功能，收藏喜爱的期刊和文章并可以发送给好友、导入引文软件等；⑥保存检索策略，可定期免费获得所保存检索策略的最新检索结果内容。

Emerald 平台除通过 VPN、CARSI 服务登录方式支持用户在机构 IP 范围外访问机构订购的 Emerald 资源外，用户也可将上述注册的电子邮箱，以及机构名称、学院、姓名、电话等信息发送至电子邮箱：service@emeraldinsight.com.cn，获取机构访问码（Organisation Access Number 简称 OAN），再登录 Emerald 个人账户，进入 Profile，添加获得的 OAN，即可在移动设备或电脑上远程访问 Emerald 资源。

关于 Emerald 平台及其数据库帮助的更为详细信息可单击平台下方的"About Emerald"按钮获取，或浏览在线资源"8.7"。

8.5　Taylor&Francis Online、Wiley Online Library 及其资源的检索

Taylor & Francis Online 和 Wiley Online Library 分别是 Taylor & Francis 和 Wiley 的资源平台。下面介绍它们及其资源的检索。

8.5.1　Taylor & Francis Online 及其资源的检索

涵盖人文社科、科学技术和医学的电子期刊平台 Taylor & Francis Online 是英富曼（Informa PLC）所属的泰勒-弗朗西斯出版集团（Taylor & Francis Group，T&F）的产品之一。该平台于 2016 年 8 月上线，具有简洁直观的响应式用户界面（见图 8.39）、增强的资源可发

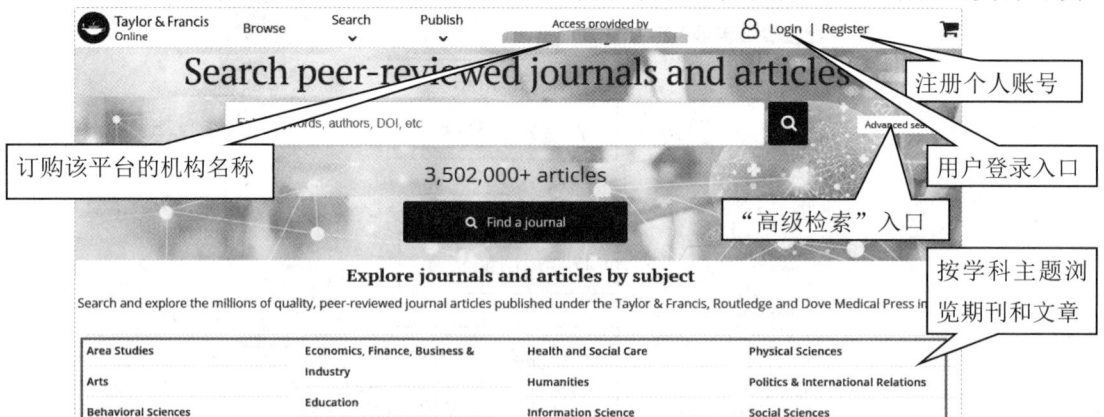

图 8.39　Taylor & Francis Online 默认的一框式检索界面

现性、便捷的检索与浏览功能等特点。Taylor & Francis Online 登录网址为：www.tandfonline.com，该平台及其资源的检索可浏览在线资源"8.8"。

8.5.2 Wiley Online Library 及其资源的检索

Wiley Online Library 是约翰·威立国际出版公司（John Wiley and Sons, Inc，Wiley）于 2010 年推出的新一代在线平台。该平台是广泛的多学科在线资源平台，涉及物质科学、生命科学、健康科学、人文与社会科学等学科，包括期刊、图书、工具书、实验室指南、化学及循证医学数据库等资源，其登录网址为：onlinelibrary.wiley.com（默认的一框式检索界面见图 8.40）。用户有权访问的文章或章节的名称上方会有打开的不同颜色小锁标识🔓：绿色表示订阅用户可访问，红色表示所有用户均可访问，紫色表示开放获取（见图 8.41）。

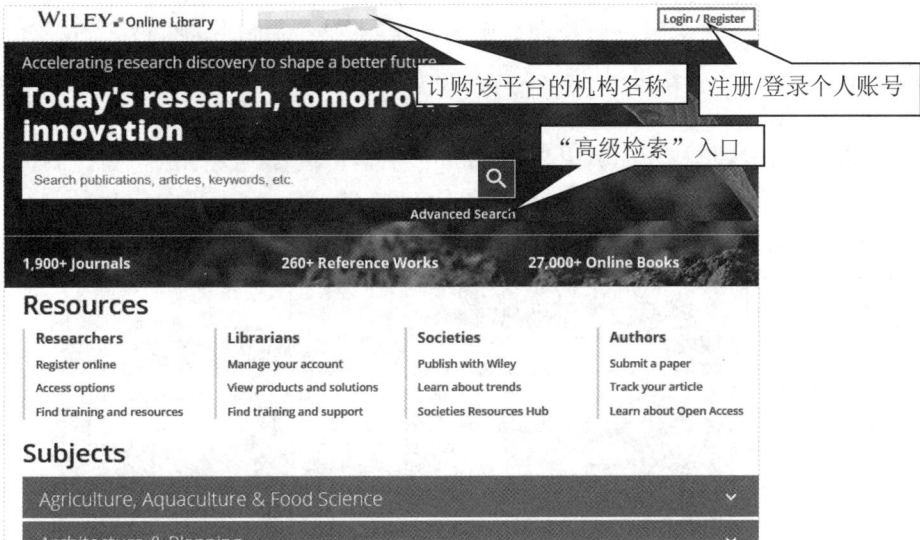

图 8.40　Wiley Online Library 默认的一框式检索界面

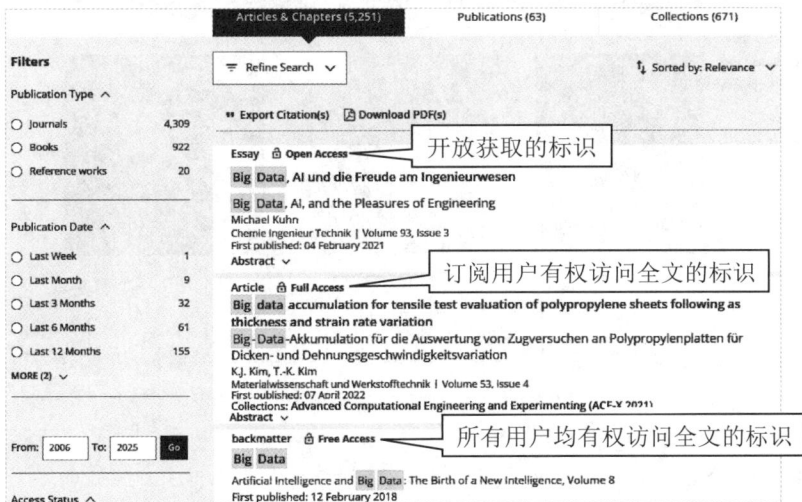

图 8.41　Wiley Online Library 的检索结果界面

Wiley Online Library 平台的详细介绍及其资源的使用技巧可浏览在线资源"8.9"。

8.6 AIP 出版社、OCLC FirstSearch 等平台及其资源的检索

8.6.1 AIP 出版社平台及其资源的检索

美国物理联合会（American Institute of Physics，AIP）的全资非营利子机构 AIP 出版社（AIP Publishing）成立于 2023 年 2 月，并推出 AIP 出版社平台（网址：pubs.aip.org）。该平台现主要为 AIP、美国声学学会（Acoustical Society of America，ASA）、中国物理学会（Chinese Physical Society，CPS）、中国机械工业集团有限公司旗下的合肥通用机械研究院有限公司、美国激光学会（Laser Institute of America，LIA）、天津大学等多家中外学会/协会、大学和企业出版的部分在线出版物提供服务，其资源包括期刊（其中有 SCIE 收录刊、开放获取刊）、图书和会议录等。该平台优化了用户和管理员服务，带来了精简的时新体验。初次登录，用户可选择免费注册，注册之后，才可以对个人账户进行管理，使用平台上提供的 My Alerts、My Profile、My Subscriptions 等个性化服务。用户可直接在平台主页上进行浏览和统一检索操作（见图 8.42）。选择某出版机构（如 AIP Publishing）后，可进行其文献的检索、浏览等操作。用户通过用户名和密码登录，即进入平台提供的个性化界面，享受平台提供的 My Tokens、Saved Searches 等个性化工具服务，AIP 出版社平台的介绍与利用可浏览在线资源"8.10"。

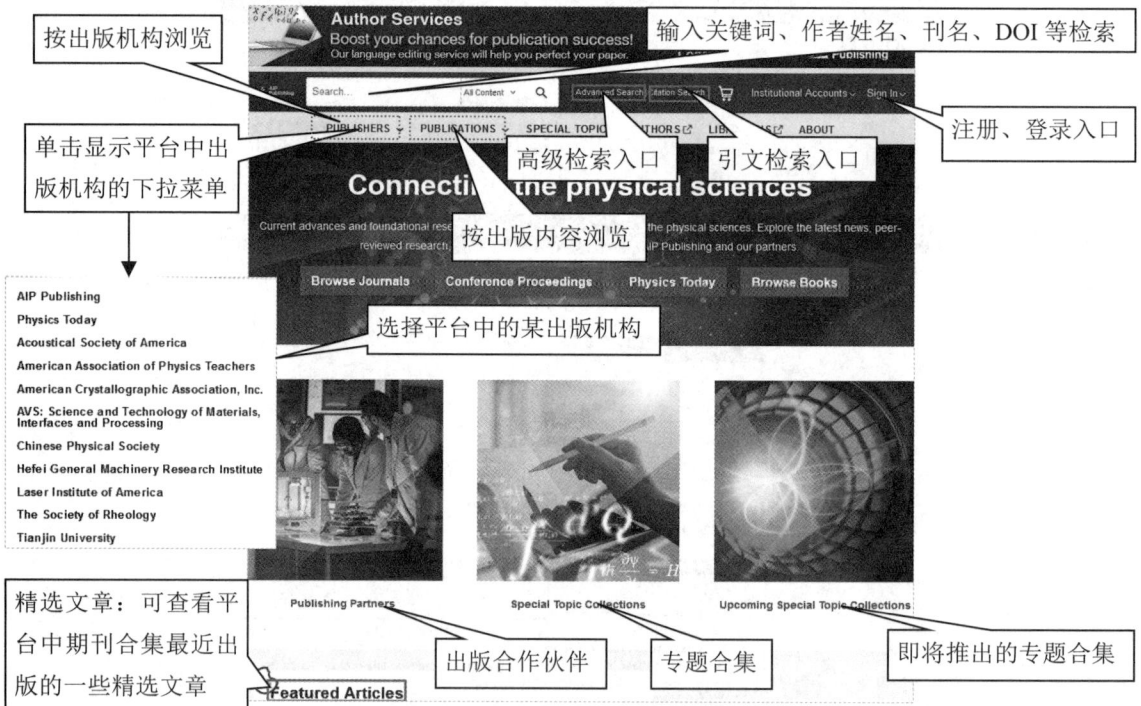

图 8.42 AIP 出版社平台默认的首页

8.6.2 OCLC FirstSearch 平台及其数据库的检索

联机计算机图书馆中心（Online Computer Library Center，OCLC）是世界上最大的文献信息服务机构。OCLC 的 FirstSearch 基本组数据库（登录网址：firstsearch.oclc.org/fsip）是一

个面向最终用户设计的交互式联机检索系统，能畅通无阻地对 80 多个数据库和 1000 万余篇全文文章和上万种期刊提供电子检索，涵盖所有主题领域的信息。目前，OCLC FirstSearch 检索平台包含 13 个数据库：ArticleFirst、ClasePeriodica、Ebooks、ECO、ERIC、GPO、MEDLINE、OpenAccessContent、PapersFirst、Proceedings、SCIPIO、WorldCat、WorldCatDissertations，其中 OpenAccessContent 为开放获取全文库，是订购 FirstSearch 基本组数据库的赠送库。系统默认的检索界面如图 8.43 所示。

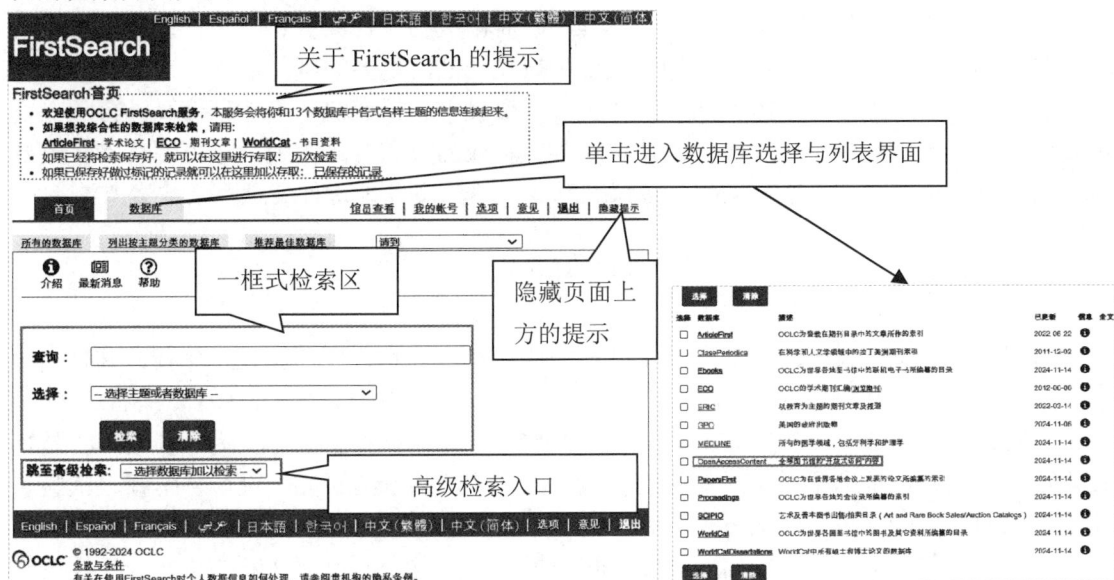

图 8.43　OCLC FirstSearch 系统默认的界面（中文简体）提供一框式检索

OCLC FirstSearch 平台及其数据库的介绍与检索详情可浏览在线资源"8.11"。

8.6.3　IEEE Xplore 平台及其数据库的检索

基于 IEEE Xplore 平台的 EEE/IET Electronic Library（原名 IEEE/IEE Electronic Library，简称 IEL）是电气电子工程师学会（Institute of Electrical and Electronics Engineers，IEEE）旗下最完整、最有价值的在线数字资源，内容覆盖了电气电子、航空航天、计算机、通信工程、生物医学工程、机器人自动化、半导体、纳米技术、电力等各种技术领域。IEEE Xplore 是 IEEE 数据库在 2010 年 2 月 13 日重新改版的产品，增加一些新功能（如优化作者主页，增加被引数据与 IEEE 获奖视频，使文章发表情况可视化；增加新功能的详细介绍可浏览在线资源"8.12"），其访问网址为 ieeexplore.ieee.org，采取机构 IP 控制，允许使用代理服务器。对于非 IP 地址范围内的用户，除通过传统的 VPN 方式外，还可通过在机构登录检索窗口中检索并选择自己所在的机构名称，通过机构内个人用户账号登录使用平台（CARSI 方式访问）。IEEE Xplore 平台默认为一框式检索，根据出版物类型将其产品分为五大类：图书（Books）、会议文献（Conferences）、电子学习课件（Courses）、期刊或杂志（Journals & Magazines）和 IEEE 标准（Standards）。另外，平台会不定期更新封面作者（Featured Authors）、封面文章（Featured Articles）、新闻与平台更新信息（News and Updates）和即将召开的会议（Upcoming Conferences）等。

IEEE Xplore 平台的详情及 IEL 数据库检索指南，可浏览在线资源"8.13"。

第 9 章　特种文献的检索

特种文献是指有特定内容、特定用途、特定读者范围、特定出版发行方式的文献，包括会议文献、科技报告、学位论文、专利、标准、政府出版物、档案资料、短期印刷品等。其中有的是作为图书或期刊等连续出版物正式出版或发表的，更多的则是非正式出版、内部发行的。特种文献的特点是内容涉及面广、种类多、数量大、报道快、参考价值高，再加上目前的期刊论文发表"时滞"严重，因而使得这类文献成为很重要的文献信息资源。本章主要介绍科技报告、标准文献、专利文献、会议文献、学位论文几种特种文献及其检索方法。

9.1　科技报告

科技报告又称研究报告、技术报告或报告文献，最早产生于 20 世纪 20 年代，其定义有很多种，国家标准《科学技术报告编写规则》（GB/T 7713.3－2014，替代 GB/T 7713.3－2009，而 GB/T 7713.3－2009 部分替代 GB/T 7713－1987）中对科技报告的定义为：科技报告是科学技术报告的简称，是进行科研活动的组织或个人描述其从事的研究、设计、工程、试验和鉴定等活动的进展或结果，或描述一个科学或技术问题的现状和发展的文献。在国外，科技报告曾归属于灰色文献，指未经出版和法定权威机构公开发表的内部文献。总之，科技报告是指科研活动所产生的、按有关规定和格式撰写的，以积累、传播和交流为目的，能够完整而真实地反映科研活动的技术内容和经验的特种文献。它与科研档案（为档案的一种类型，侧重保存研究过程中形成的管理性文件和研究结果的依据性材料）在内容范围、整理编排、管理方式等方面具有明显的不同。目前，很多的科技报告在以印刷形式出版的同时，越来越多地以电子出版等非印刷形式传播。

9.1.1　科技报告的作用与类型

科技报告的内容新颖广泛、专业性强、技术数据具体，因而具有很高的使用价值。它对于交流各种科研思路、推动发明创造、评估技术差距、改进技术方案、增加决策依据、避免科研工作中的重复与浪费、促进科研成果转化为生产力等方面具有积极的作用。

科技报告的类型繁多。按研究进展划分有初步报告、进展报告、中间报告、终结报告等；按密级划分则有：绝密、秘密、非密级限制发行、解密、非密公开等各种密级的科技报告；从技术角度来分，主要有：①技术报告（Technical Report），科研成果的总结，公开出版；②技术札记（Technical Notes），报告新的技术工艺等，公开出版；③技术备忘录（Technical Memorandum），试验报告，数据资料，会议记录等，一般不出版；④技术论文（Technical Papers），准备在会议上宣读的论文的前身材料；⑤技术译文（Technical Translation），翻译国外有价值的新技术；⑥合同户报告（Contractor Reports），完成合同过程中的进展报告、研制报告等；⑦特殊出版物（Special Publications），如会议文集、总结报告、资料汇编等。

作为科研人员，不管是资深的还是初入门的，如果经常查阅科技报告，则可以少走弯路、避免重复研究、提高科研水平的起点，得到事半功倍的效果。因此，科研人员，尤其是学术新手，必须熟悉中外科技报告的检索方法和原文获取的途径。

9.1.2 中文科技报告的检索

在我国，科技报告从中华人民共和国成立之初有科研活动开始就出现了，但目前尚未形成国家层次的科技报告管理体系（相对来说，我国国防科技报告管理系统做得比较成功）。不过，我国科研成果的统一登记和报道工作从 1963 年就正式开始了。科技成果登记机构会将已经登记的科技成果及时登录到国家科技成果数据库，并在国家科技成果网站或者科学技术研究成果公报上发布公告。另外，我国目前也有一些正式公开发行的科技报告，如国务院发展研究中心调查研究报告（国研报告）、商业报告、中国国防科技报告等。下面简要介绍一些中文科技报告的检索途径。

1. 万方数据知识服务平台的"科技报告"

万方数据知识服务平台的"科技报告"中，中文科技报告收录始于 1966 年，源于中华人民共和国科学技术部，共计 10 万余份；外文科技报告，收录始于 1958 年，源于美国政府四大科技报告（AD、DE、NASA、PB），共计 110 万余份。

基于万方数据知识服务平台的"科技报告"（导航与检索界面见图 9.1），平台的检索方法在第 6 章第 2 节中已经介绍，在此不再赘述。如果本单位购买了该数据资源系统，通过本单位的局域网或 CARSI 服务登录就可以免费检索；如果本单位没有购买，可通过互联网（www.wanfangdata.com.cn）检索，不过这种途径需要用户预先付费，以获得用户名和密码。

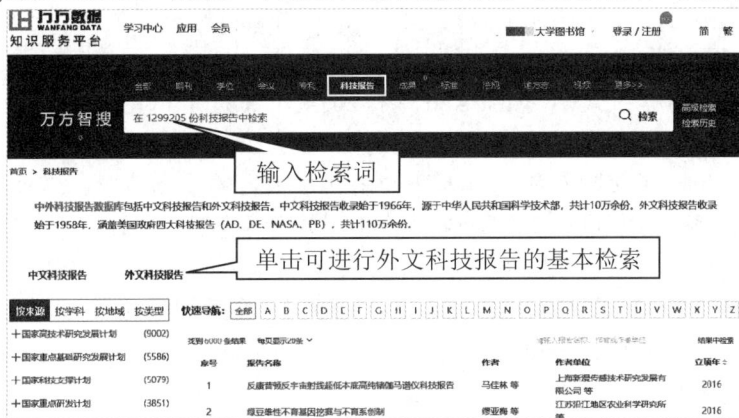

图 9.1 已选择"科技报告"的万方数据知识服务平台，默认为中文科技报告的导航与基本检索界面

2. 国家科技成果网（NAST）

创刊于 1963 年的印刷版《科学技术研究成果公报》曾经是科技部发布重要科学技术研究成果信息的政府出版物，是检索我国科学技术研究成果的工具。2004 年起，印刷版《科学技术研究成果公报》停刊。目前，可通过"国家科技成果网"（www.tech110.net，简称"国科网"）检索已发布的我国重要的科学技术研究成果的信息资源。

国科网是由国家科学技术部创建的国家级科技成果创新服务平台，其中的"成果"栏目，拥有的全国科技成果数据库内容丰富、权威性高，收录全国各地区、各行业经省、市、部委认定的科技成果，库容量以每年 3 万～5 万项的数量增加，充分保证了成果的时效性。

国科网首页提供科技成果浏览与搜索。其中成果浏览可按学科分类方式进行（见图9.2）。

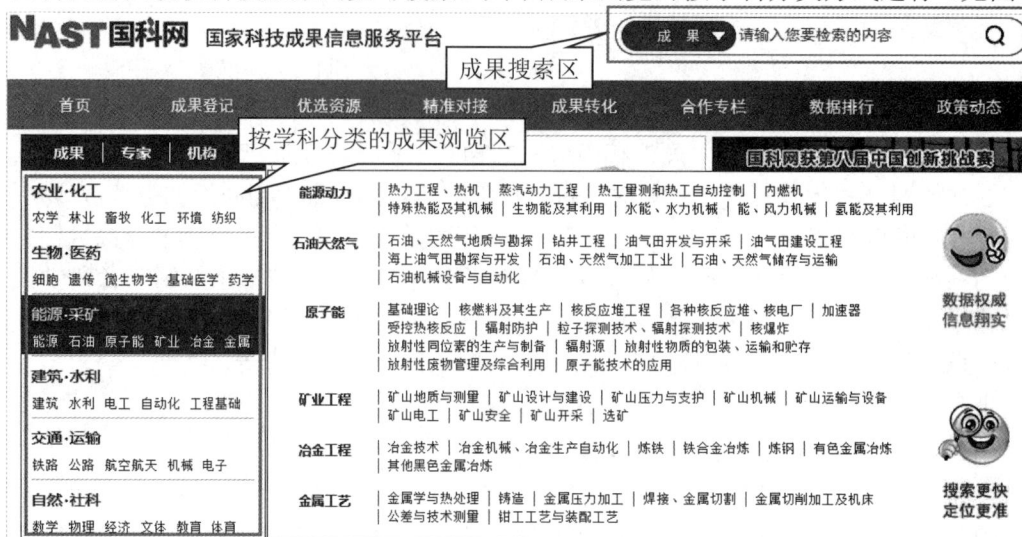

图9.2　国科网首页提供的"能源·采矿"学科的成果浏览界面

3．国研报告

《国务院发展研究中心调查研究报告》简称《国研报告》，是国务院发展研究中心专门从事综合性政策研究和决策咨询的专家不定期发布的有关中国经济和社会诸多领域的调查研究报告，内容丰富，有很高的权威性和预见性。《国研报告》可登录国研网（s1.drcnet.com.cn）进行搜索，或登录国务院发展研究中心信息网（www.drcnet.com.cn）进行检索、浏览、下载。

4．国家科技报告服务系统

国家科技报告服务系统（www.nstrs.cn）于2014年3月1日正式上线。系统开通了针对社会公众、专业人员和管理人员三类用户的服务。社会公众不需要注册，即可通过检索科技报告摘要和基本信息，了解国家科技投入所产出科技报告的基本情况。专业人员需要实名注册，通过身份认证即可检索并在线浏览科技报告全文（不能下载保存）；科技报告的作者实名注册后，将按提供报告页数的15倍享有获取原文推送服务的"阅点"（用于获取全文推送服务的支付单位）。管理人员通过科研管理部门批准注册，免费享有批准范围内的检索、查询、浏览、全文推送以及相应统计分析等服务。其详细介绍和利用指南可单击系统首页右上角的"使用帮助"按钮。

9.1.3　外文科技报告的检索

世界上著名的科技报告有美国的四大报告、英国航空航天委员会的ARC报告、法国原子能委员会的CEA报告、德国的航空研究报告（DVR）、瑞典国家航空研究报告（FFA）、日本原子能研究报告（JAERI）等。其中美国政府的四大报告一直雄居首位，是世界上广大科技人员关注的焦点。

1．NTIS数据库与NTRL数据库

NTIS数据库是美国国家技术情报局（National Technical Information Service）出版的美国政府报告文摘题录数据库，对应的印刷型刊物为 *Government Reports Announcements & Index*（*GRA & I*）和 *Government Inventions for Licensing*，以收录美国政府立项研究及开发的项目报

告为主，可以检索 1964 年以来美国政府 AD、PB、NASA、DOE 四大报告的文摘索引信息，少量收录西欧、日本及世界其他国家（包括中国）的科学研究报告（包括项目进展过程中所做的一些初期报告、中期报告、最终报告等），反映政府重视的最新项目进展。由于该库中提供参照号，据此可向有关机构索取报告的全文。该库 75%的文献是科技报告，其他文献有专利、会议论文、期刊论文、翻译文献；25%的文献是美国以外的文献；90％的文献是英文文献；专业内容覆盖科学技术的各个领域。NTIS 数据库可通过 Proquest、EV、EBSCOhost 等平台检索。也可到 NTIS 网站（www.ntis.gov）上免费检索其部分内容（默认为快速检索）。

美国国家技术情报局的"美国政府科技报告数据库"（National Technical Reports Library，NTRL）提供经过认证的美国政府技术报告，拥有 300 万以上的资料信息和 80 万多篇科技报告的 PDF 格式全文，涉及美国国防部、能源部、内务部、宇航局（NASA）、环境保护局、国家标准局等国家、州及地方政府部门立项研究完成的项目报告，少量收录世界各国（如加拿大、法国、日本、芬兰、英国、瑞典、澳大利亚、荷兰、意大利）和国际组织的科学研究报告，包括项目进展过程中所做的初期报告、中期报告和最终报告等，能够及时反映项目的最新进展。NTRL 数据库登录网址为：ntrl.ntis.gov/NTRL/，检索结果页面如图 9.3 所示。

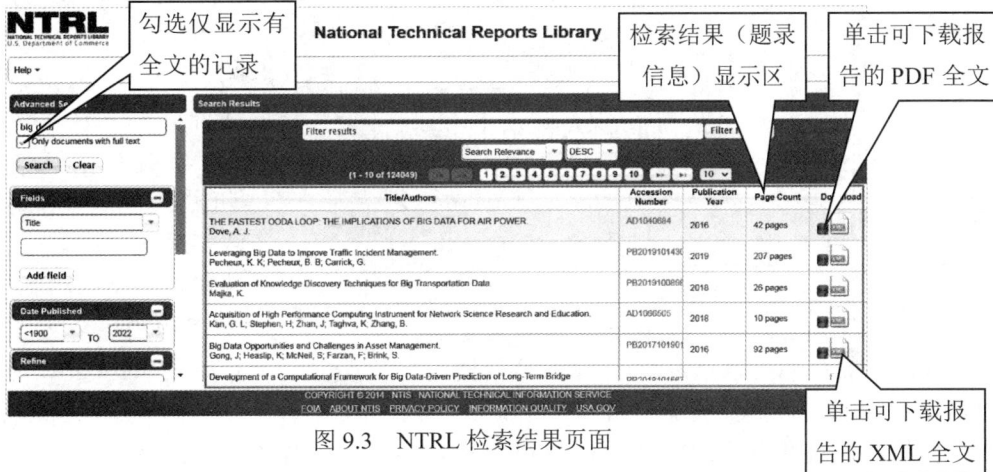

图 9.3　NTRL 检索结果页面

2．Science.gov

Science.gov（www.science.gov）是一个提供搜索功能的美国政府网站，由能源部科学技术信息办公室与 CENDI（由志愿者推动、为美国科技信息界服务的会员组织）合作开发和维护。该网站包括科学技术报告、同行评审的学术出版物，以及一些联邦机构因研究投资而发布的其他科技信息。此外，它还提供支持开放科学的关键信息。Science.gov 最突出的特点是汇集了来自美国政府各部门的大量科技报告的全文资源。该网站默认为普通检索，也提供高级检索（见图 9.4）。

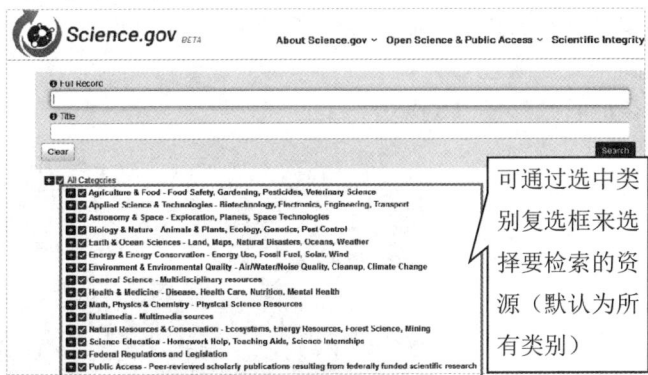

图 9.4　Science.gov 高级检索页面

检索结果包括可获取的全文（Full Text Availability）、无限制全文、期刊文章、开放获取期刊、通过馆际互借获取全文和仅为书目的资源（Bibliographic-only Sources）等类型。

3．国家科技图书文献中心（**NSTL**）的境外科技报告

NSTL 的科技报告主要收录 1937 年以来美国、日本、英国、德国、中国等 40 多个国家和地区的科技报告。学科范围涉及工程技术、自然科学和社会科学各专业领域，语种包括英语、日语、德语、汉语等 20 多种。在 NSTL 主页选择"报告"，或单击"科技报告"按钮、在其"资源导航"选择"科技报告"均可进行科技报告的一框式简单检索。单击简单检索界面右侧的"高级检索"按钮，可进入科技报告的高级检索界面。NSTL 可检索我国收藏的美国、日本等国家和地区的科技报告，但只提供文摘。关于 NSTL 的详细介绍和使用指南可浏览在线资源"9.1"，或查看 NSTL 的"帮助"。

4．其他境外科技报告信息资源

1）NASA 科技报告数据库 NTRS

NASA 科技报告数据库为 NTRS（NASA Technical Reports Server），是检索世界航空、航天资料主要的综合性检索工具。主要包括 NASA 及其合同用户编写的科技报告，美国和其他国家政府机构、公司、大学和研究机构所出版的科技报告、学位论文和译文，NASA 本单位所属的专利和专利出版物及其他一些文献。学科涉及航空、航天、化学化工、材料、工程、机械、激光、地球科学、能源、生命科学、数学与计算机科学、物理学、空间科学、社会科学。该库可提供全文科技报告。

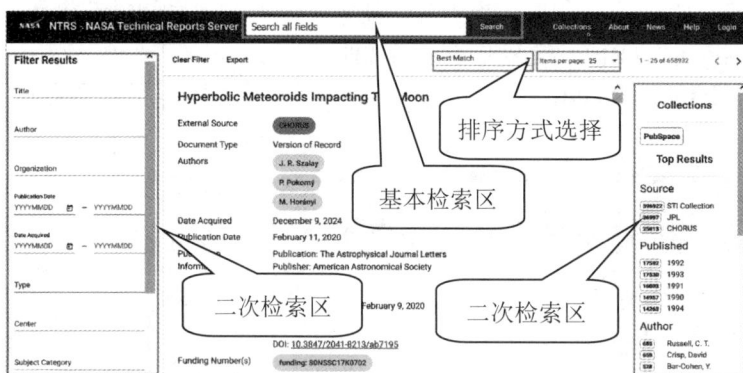

图 9.5　NTRS 数据库默认的检索页面

NTRS 数据库可以通过美国 NASA 科技信息站点主页（www.sti.nasa.gov）进行检索，也可以直接通过数据库检索网址（ntrs.nasa.gov/search）进入。数据库默认页面的上部为基本检索区，左边和右边为二次检索区（Filters，即过滤检索区）（见图 9.5）。

2）Information Bridge

Information Bridge 数据库是由美国能源部（Department of Energy, DOE）的科技信息办公室（Office of Scient- fic and Technical Information，OSTI）公开，免费提供，可获得科技报告的全文。通过 OSTI 网站（www.osti.gov），可以检索 1991 年以来的 DOE 报告。OSTI 网站默认的首页如图 9.6 所示。

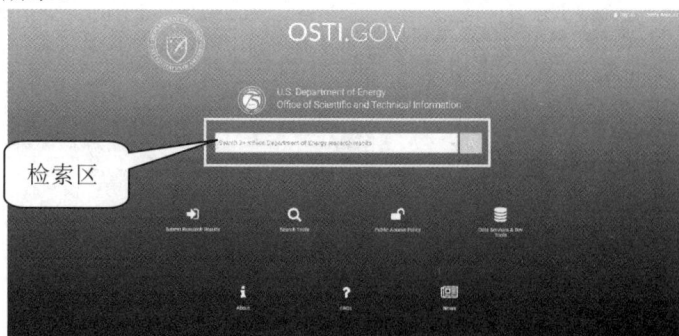

图 9.6　OSTI 网站默认的首页面

3）美国国防科技报告

美国国防科技报告（AD 报告）通过隶属于美国国防部的国防技术信息中心（Defence Technical Information Center，DTIC）网站（discover.dtic.mil）或其"技术报告"栏目（discover.dtic.mil/ technical-reports/）的搜索区（见图9.7）提供免费检索服务（中国大陆须"科学上网"）。其数据包括 1974 年至今非公开与非密类技术报告的文摘题录、1985 年以来限制发行报告的题录文摘、1998 年至今所有非密公开发行和非密限制发行的报告全文，以及 1999 年以后非公开限制发行的报告全文。内容涉及生物医学、环境污染和控制、行为科学以及社会科学等，并有简要说明和订购价格。其中 DOD 规范和标准为 PDF 格式的全文，可直接下载。

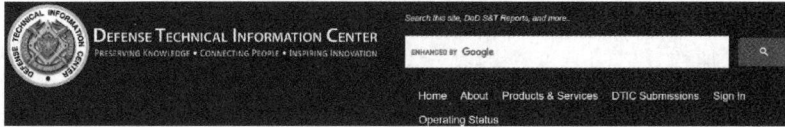

图 9.7　DTIC 网站的搜索区

4）美国国家经济研究局研究报告

美国国家经济研究局研究报告（National Bureau of Economic Research Working Paper）提供美国国家经济研究局（简称 NBER，官方网址：www.nber.org）的研究报告文摘与全文。检索方法为进入 NBER 主页后，单击"New This week/Working Papers"打开检索界面（见图9.8），其中的 Working Papers 是科技报告，页面自动跳转高级检索。

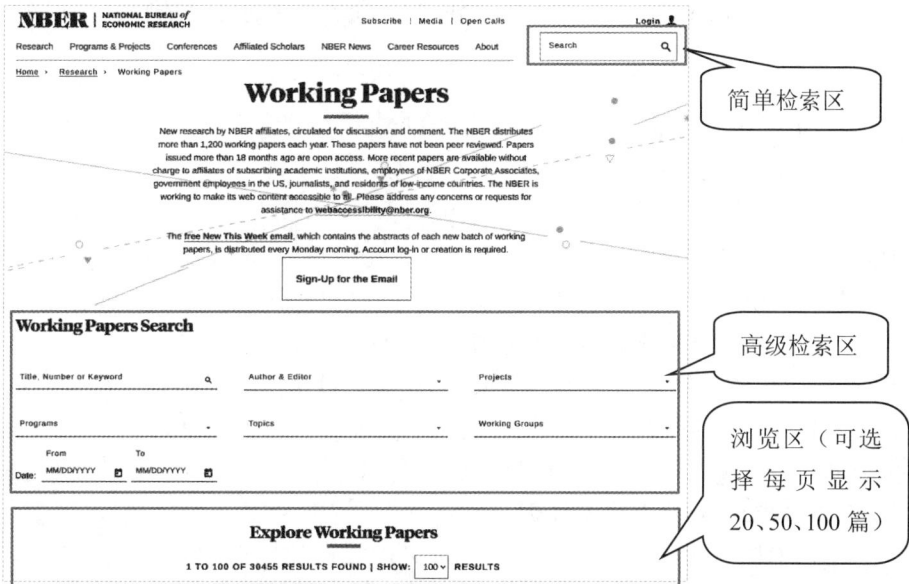

图 9.8　美国国家经济研究局研究报告检索界面

另外，一些大型综合性数据库（如 Ei Compendex、INSPEC 等）和一些一站式科研服务平台（如掌桥科研②）都将科技报告作为重要的文献类型加以收录。通过这些数据库或平台也可以检索到部分外文科技报告。

---

② 掌桥科研（网址：www.zhangqiaokeyan.com）是由六维联合信息科技（北京）有限公司开发的一站式科研服务平台，又称掌桥，可向用户提供涉及理、工、医、农、社科、军事、法律、经济、哲学等诸多学科和行业的中文文献、外文文献、政府科技报告、OA 资源、外军国防科技文献、全球国防资讯等多种文献资源。另外，该平台还提供国家自然科学基金资助项目、结题项目、项目成果的检索与统计。

9.1.4 科技报告原文的获取

通过数据库与免费网站检索到的科技报告绝大多数只有文摘，如果需要原文，可以通过以下途径获得：

(1) 利用相关数据库直接从网上获取电子版全文。

(2) 通过原文传递服务在境内科技报告的收藏机构获得。这些机构主要有中国科技信息研究所、上海图书馆/上海科技情报研究所、中国科学院文献情报中心、中国核科技信息与经济研究院（由原中国核科学技术情报研究所等机构合并组建）、中国国防科技信息中心、北京航空航天大学图书馆等。

(3) 直接从美国邮购。美国有两个科技报告收集发行中心：一是美国商务部所属的国家技术情报服务处，它搜集公开的美国科技报告；二是国防技术信息中心，它搜集有关军事的科技报告。另外，境内没有的，可根据 NTIS 订购号（入藏号）向 NTIS 直接订购报告全文。

9.2　专利文献的检索

据 WIPO 统计，世界上每年发明创造成果的 90%～95% 都记载在专利文献上，而其中 80% 的发明创造只在专利文献中记载。在科研过程中，人们想要获得某个特定领域的技术信息，如果检索期刊文献、会议文献、学位论文后均无果，则可尝试通过专利文献的检索如愿以偿。

9.2.1　专利文献及其检索概述

1. 专利文献的概念和特点

1）关于专利

专利是国家专利主管机关授予申请人在一定时间内享有的不准他人任意制造、使用或销售的产品或方法。作为获得这种权利的前提，权利申请人必须要以专利（申请）说明书的形式公开自己所申请专利的技术内容及细节。专利有创造性、新颖性、实用性等基本特点。

专利权的保护期限各国专利法都有规定。大多数国家在 15～20 年间，如日本 15 年，美国 17 年，英国、德国、法国、中国等 20 年。过了这个期限，这项发明就成为社会的公共财产，谁都可以无偿使用。对于何种发明创造能够获得专利法保护，各国专利法的规定不尽相同。绝大多数国家的专利法只保护发明和外观设计，少数国家的专利法还保护实用新型。其中发明专利是专利法的主要保护对象。

(1) 发明专利：指对产品、方法或者其改进所提出的新的技术方案，专利申请过程中的两个关键节点为公开和授权。我国专利法对此种专利的保护期为 20 年。

(2) 实用新型专利：又称"小发明""小专利"，是对产品形状、构造或者其结合所提出的适于实用的新的技术方案。我国专利法对此种专利的保护期为 10 年。

(3) 外观设计专利：指对产品整体或局部的形状、图案或其结合以及色彩与形状、图案的结合所作出的富有美感并适于工业应用的新设计。我国专利法对此种专利的保护期为 15 年。

不是所有的发明都可以取得专利权，各国对授予专利权的领域都有限制。我国 2020 年 10 月修正的专利法（2021 年 6 月 1 日起施行）第五条规定：对违反法律、社会公德或者妨害公共利益的发明创造，不授予专利权；第二十五条不授予专利权的发明包括：①科学发现；

②智力活动的规则与方法；③疾病的诊断和治疗方法；④动物和植物品种，⑤原子核变换方法以及用原子核变换方法获得的物质；⑥对平面印刷品的图案、色彩或者二者的结合作出的主要起标识作用的设计。

2）专利文献的概念

专利文献是专利制度的产物，包括专利说明书等一次专利文献，专利公报、专利检索工具等二次专利文献，以及专利分类表、与专利有关的法律文件及诉讼资料等。

不过，通常所说的专利文献是狭义的，仅指专利说明书，即专利发明人或申请人向知识产权局递交的说明发明创造内容及指明专利权利要求的书面材料（必要时还有附图加以解释）。专利文献既是技术性、经济性文献，又是法律性文件。

3）专利文献的特点

(1) 数量巨大，内容广博，集专利技术法律经济信息于一体。每年各国出版的专利文献已超过 150 万件，全世界累积可查阅的专利文献已超过 6000 万件；专利文献涵盖了绝大多数技术领域，几乎涉及人类生活的各个领域；专利文献不仅记录了发明创造内容，展示发明创造实施效果，还揭示每件专利保护的技术范围，记载了专利的权利人、发明人、专利生效时间等信息。

(2) 传播最新技术信息。申请人在一项发明创造完成之后总是以最快的速度提交专利申请，以防竞争对手抢占先机。德国的一项调查表明，有 2/3 的发明创造是在完成后的一年之内提出专利申请的，第二年提出申请的接近 1/3，超过两年提出申请的不足 5%。

(3) 完整而详细地揭示发明创造内容。专利申请文件一般都依照专利法规中关于充分公开的要求对发明创造的技术方案进行完整而详尽的描述，并且参照现有技术指明其发明点所在，说明具体实施方式，并给出有益效果。

(4) 格式统一规范，高度标准化，具有统一的分类体系。专利文献有统一的编排体例，采用"国际通用数据识别代码"，即 Internationally agreed Numbers for the Identication of（bibliographic）Date, 简称 INID，专利说明书有法定的文体结构，从发明创造名称、所涉及的技术领域和背景技术到发明内容、附图说明和具体实施方式等，每项内容都有具体的撰写要求和固定的顺序，并严格限定已有技术与发明内容之间的界线；WIPO 工业产权信息常设委员会为使专利文献信息出版国际统一，制定了一系列专利文献信息推荐标准；各国出版的发明和实用新型文献采用或同时标注国际专利分类号，外观设计文献采用或同时标注国际外观设计分类号。

2. 与专利文献相关的术语

1）同族专利与专利族

同族专利是指具有共同优先权的，由不同国家或国际专利组织多次申请、多次公布或批准的内容相同或基本相同的一组专利文献。

由至少一个共同优先权联系的一组专利文献，称一个专利族（Patent Family）。在同一专利族中每件专利文献被称作专利族成员（Patent Family Members），同一专利族中的每件专利互为同族专利。同族专利中最早优先权的专利文献称基本专利，同族专利中基本专利的申请号、申请国别、申请日期称优先权。

例如，同族专利项包括"US4588244"的优先权项和同族专利项为：

优先权项：优先申请国家——US，优先申请日期——1985.1.14，优先申请号——19850690915；

同族专利项：US 4588244 (A1)（申请日：1985 年 1 月 14 日），JP 61–198582 (A)（申请日：1985 年 11 月 30 日），GB 2169759 (A)（申请日：1986 年 1 月 3 日），FR 2576156 (A1)（申请日：1986 年 1 月 13 日）。

WIPO《工业产权信息与文献手册》将专利族分为六种：简单专利族（Simple patent family）、复杂专利族（Complex patent family）、扩展专利族（Extended patent family）、本国专利族（National patent family）、内部专利族（Domestic patent family）和人工专利族（Artificial Patent Family）。其详细信息可浏览在线资源"9.2"。

2）专利引文

专利引文是指在专利文件中列出的与本专利申请相关的其他文献，如专利文献，以及期刊、论文集、著作、会议文件等非专利文献。根据引用目的不同，专利引文可分为引用参考文献和审查对比文件。

(1) 引用参考文献。专利发明人在完成本专利申请所述发明创造过程中参考引用过并被记述在申请文件中的文献称引用参考文献。对于大多数国家的专利说明书来说，引用参考文献主要记述在专利文件的说明书部分中，通常由申请文件撰写者以文字描述的方式写入"背景技术"部分中。目前只有美国将引用参考文献以目录的方式刊在专利说明书扉页上的专利文献著录项目"（56）引用参考文献"下。在美国专利说明书扉页上的（56）项下不仅包括引用参考文献，同时还包括审查对比文件，且两者混列在一起，其区别在于审查对比文件前标有"*"。美国专利说明书扉页的引用参考文献按照本国专利文献、外国专利文献、非专利参考文献的顺序编排。

(2) 审查对比文件。专利审查员在审查专利申请时，根据申请的权利要求等文件进行专利性检索，找到的文献称审查对比文件。一些国家在专利说明书扉页上刊出审查对比文件，另外一些国家或组织在专利说明书中附一个列出审查对比文件的检索报告。通常只有经过实质性审查出版的专利文件的扉页上才刊出审查对比文件目录。检索报告中的审查对比文件目录与扉页上的审查对比文件目录相比，前者所提供的信息更详细。

3）专利文献号

专利文献号是各工业产权局在公布专利文献（包括公开出版和仅提供阅览复制）或授权、注册、登记时为每件专利文件编制的序号。专利文献号包括：①公开号，申请公开号，申请公布号；②申请公告号；③展出号，审定公告号；④授权公告号，专利号，注册号，登记号。

专利文献号仅由一组阿拉伯数字表示。国别代码和文献种类代码虽然不是构成专利文献号的组成部分，但在专利文献上国别代码和文献种类代码要和阿拉伯数字一起连用。专利文献号编号规则如下：

(1) 连续编号。例如，US 6674332 B1（从 1836 年第 1 号排起）。

(2) 按年编号。例如，JP 2004–103245 A（每年从第 1 号排起）。

(3) 沿用申请号。例如，DE 10 2005 041 711 A1（申请号 10 2005 041 711.6）。

3．专利文献的内容结构

狭义上讲，专利文献是指专利说明书，与一般论文、报告的行文结构和风格明显不同。由于各国专利说明书大多请专利代理人撰写，所以各国专利说明书的结构和风格都大体相同，通常包括扉页（标识部分）、权利要求书、正文和附图四部分。

(1) 扉页（标识部分），位于说明书首页，著录本专利的申请、分类、摘要等法律、技术特征。一般均著录有八大项：专利说明书名称、本发明的专利号、国别标识、申请日期、申请号、国际专利分类号、专利题目，以及申请者。如为相同专利，则要著录优先项、优先申请日期、优先申请国别、优先申请号。说明书的名称各国称呼不一。为便于计算机存贮与检索，各著录事项前还标有 INID 代码。INID 共分 8 组，分别用两位阿拉伯数字表示，并用方括号或圆括号括起来（如：[21] 申请号 200910266140.2）。WIPO 和中国各自关于专利文献 INID 代码的详情可浏览在线资源"9.3"。如果熟悉 INID，可直接判明著录事项。

（2）权利要求书，是申请发明专利、实用新型专利必须提交的申请文件。它是发明或者实用新型专利要求保护的内容，具有直接的法律效力，是申请专利的核心，也是确定专利保护范围的重要法律文件。申请人可以自行填写或撰写，也可以委托专利代理机构代为办理。

（3）正文部分，是清楚完整地描述发明创造的技术内容的文件。各国对说明书中发明描述规定大体相同，以中国发明专利说明书为例，其内容一般包括五方面：技术领域、背景技术、发明内容（所要解决的技术问题、采用的技术方案、有益效果）、附图说明、具体实施方式。

（4）附图，是用于补充说明书文字部分的文件。有些国家的专利说明书中，附图是作为专利申请文件中的一个独立部分而存在的，但在中国专利说明书中，附图属于说明书正文的一部分。

4．专利文献分类法

专利文献分类法是从主题出发来检索专利文献的重要途径。目前，世界上通用的专利分类系统主要有三类：混合分类系统（如国际专利分类法）、功能性分类系统（如美欧合作的联合专利分类法）、应用性分类系统（如英国的德温特分类法）。

1）国际专利分类法

国际专利分类法（International Patent Classification, IPC 或 Int.Cl）有英法两种文字版本，第 8 版以前的 IPC 每 5 年修订一次，而从 2006 年第 8 版起改为至少每年修订一次，并分为基本版和高级版，我国采用高级版。IPC 的英、法文版全文可在互联网上查阅，网址为www.wipo.int/classifications/ipc。

检索不同时间的专利文献，应使用相应版次的 IPC，否则就可能查不出所需的分类号。目前世界上已有 70 多个国家/地区及 4 个国际组织采用 IPC 对专利文献进行分类。美国和英国仍沿用本国的专利分类法，但由于他们也参加了国际专利法联盟，所以在专利文献上除了本国专利分类号外，还附注有国际专利分类号。我国从 1985 年 4 月 1 日实行专利法开始就采用了 IPC，知识产权出版社（原专利文献出版社）对第 1—8 版的 IPC 均出版了中译本。之后，各 IPC 新版中译本可在国家知识产权局网站的"专题·文献服务·知识园地·专利分类·国际专利分类"栏目（网址：www.cnipa.gov.cn/col/col3161/index.html）下载。

2）联合专利分类法

联合专利分类（Cooperative Patent Classification，简称 CPC）是欧洲专利局（European Patent Office, EPO）和美国专利商标局（United States Patent and Trademark Office, USPTO）共同开发形成的一套联合分类体系，是 IPC 的拓展。2010 年 10 月，CPC 项目首次推出，2013 年 1 月 1 日正式实施。

2014 年，国家知识产权局在 43 个技术领域开始试点使用 CPC 分类，2015 年扩大到 73 个技术领域。2016 年 1 月 1 日，国家知识产权局对所有技术领域内的专利文献同时采用 IPC 和 CPC 分类。CPC 的内容每年多次更新。

CPC 大部分以欧洲专利分类体系为基础，结合了美国专利分类，并可兼容现有的 IPC；其目标是为专利公开文献制定一个统一通用的分类体系。CPC 分类表为多等级的框架，即按部、大类、小类、大组、小组编排。与 IPC 一样，CPC 中的各小组等级仅由其类名前的圆点数来决定，而不是由小组的编号来决定。关于 CPC 的详细信息可浏览在线资源"9.4"。CPC 历年的分类表、分类定义、历次修订内容等可通过 CPC 网站（www.cooperativepatentclassification.org）下载。

3）德温特分类法

德温特（Derwent）是全球最权威的专利情报和科技情报公司之一，1951 年由化学家蒙蒂·海厄姆斯（Monty Hyams）在英国创建，现隶属于科睿唯安。德温特检索系统收录全面、报道广泛、体系完整，已为各国普遍采用，成为系统查找世界各国专利文献的最重要的检索工具。德温特出版报道的专利文献除利用 IPC 分类外，还使用德温特自编分类系统对其进行分类。德温特分类系统属于应用型分类系统，非常适合大众查找专利。德温特分类法表可在科睿唯安的德温特创新索引（Derwent Innovations Index，DII）数据库上进行查询（见图 9.9）。

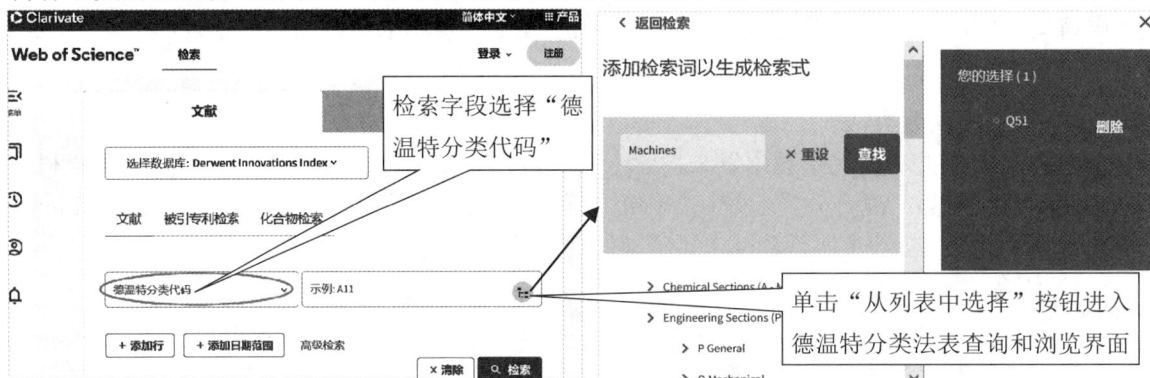

图 9.9　DII 数据库首页（左）与德温特分类法表查询和浏览界面（右）

5. 专利文献信息检索及其种类、途径

专利文献信息检索是指根据一项数据特征，从大量的专利文献或专利数据库中挑选符合某一特定要求的文献或信息的过程。目前，专利文献信息主要通过相关数据库和网站检索。

互联网上有着丰富的专利信息资源，包括许多国家的知识产权局或专利局介绍，专利法的研究、比较与讨论；许多国家的专利律师事务所的名称、地址，各种专利知识和专利信息检索知识的介绍，更有价值的是在互联网上存在着大量的专利数据库，而且大多数都是免费的，不仅可以查阅主要工业国家的最新专利公告，甚至可以下载整个专利文件，从而使相关人员从堆积如山的纸本检索中解放出来，提高他们从事专利文献信息检索的积极性，同时也为推广专利文献信息检索提供了一种简便易行的方法。

1）检索种类

根据已知专利信息特征和检索目的的不同，专利文献信息检索主要可分为以下 8 种：

(1) 专利技术主题检索：指从一个技术主题对专利纸质文献或专利数据库进行检索，以找出可供参考的所属技术领域的相关专利文献（称专利参考文献）。其要求是检全，即找到相同技术主题的所有文献，又称"专利技术信息检索""专利参考文献检索"。其检索线索主要有主题词和 IPC 号，有时辅以专利相关人、日期等。

(2) 专利新颖性或创造性检索：指为确定申请专利的发明创造是否具有新颖性或创造性，

在全世界范围内的各种公开出版物或数据库进行的检索，以找出可与特定技术方案进行新颖性或创造性对比的文件（称专利对比文件），其要求是检准，即找到相同技术方案的一篇文献即可（如果没有完全相同的，就检索最接近的文献），故又称为"专利技术方案检索""专利对比文件检索"。其检索线索主要有主题词和IPC号，有时辅以专利相关人等。

（3）专利法律状态检索：指对一项专利或专利申请当前所处的状态所进行的检索，以了解该项专利是否有效，故又称为"专利有效性检索"。其目的是确定某一专利或专利申请当前所处的状态，以及状态可能的发展变化情况。其要求是检准；其检索线索为专利号（如申请号）。

（4）同族专利检索：指以某一专利或专利申请为线索，查找与其同属于一个专利族的所有成员，又称为"专利地域性检索"，其要求是检全；其检索线索主要有专利号（包括优先申请号）、专利相关人、主题词。

（5）专利引文检索：指查找特定专利引用或被引用的信息，以找出专利文献中记载的申请人在完成发明创造过程中引用过的参考文献，和/或专利审查机构在审查过程中引用过并记录在专利文献中的审查对比文件，以及被其他专利作为参考文献和/或审查对比文件记录在文献中的相关信息。其要求是检全；其检索线索是专利号（如申请号）。

（6）专利相关人检索：指查找某申请人或专利权人或发明人的专利申请，以找出相关申请人或专利权人或发明人的所有专利申请或专利文献，故又称为"申请人/专利权人（受让人）检索""发明人检索""代理人检索"等。其要求是检全，并注意名称的变化和翻译；其检索线索为专利申请人/专利权人名字/名称/代码、发明人名字、代理机构名称/代码。

（7）防止侵权检索：指为避免发生专利纠纷而主动对某一新技术新产品进行的专利检索，其目的是要找出可能受到其侵害的专利。

（8）被动侵权检索：指被别人指控侵权时进行的专利检索，其目的是要找出对受到侵害的专利提出无效诉讼的依据。

以上几种专利信息检索方法可组合使用。在技术创新开始之前，专利技术主题检索、同族专利检索、专利引文检索、专利相关人检索、防止侵权检索可组合使用；技术创新完成之后，专利新颖性或创造性检索、同族专利检索、专利法律状态检索、专利引文检索、专利相关人检索可组合使用。

2）检索途径

专利文献信息检索途径即检索入口，其一般包括以下几种：

（1）号码途径：该途径主要通过申请号、专利号检索特定的专利文献。通过申请号及专利号，可以检索特定专利的同族专利或相同专利。另外，通过某专利号查到某一特定专利后，还可以从中进一步得到分类号、优先权项等信息，据此进一步扩大检索范围。

（2）名称途径：该途径主要通过发明人、专利权人的名称查找特定的专利。这要求对某一领域的专家比较了解，这样可以随时掌握本领域的研究动态和发展趋势。

（3）主题途径：该途径主要通过选取主题词查找相关技术主题的专利。这种途径的检索可以定期对某一技术领域进行跟踪监视，及时了解和发现新的竞争对手，掌握本领域技术发展动态及发展趋势。

（4）分类途径：按所查专利的IPC号检索专利文献信息。这是因为目前世界上绝大多数实施专利制度的国家都采用统一的IPC国际专利分类法，即使有些国家（如美国）使用的是其他专利分类法（如CPC），但作为对照也同时给出相应的IPC号。

(5) 优先权途径：按所申请同族专利或相同专利优先权项进行的专利文献信息检索。这种途径可方便、快捷地检索出有关同一发明的全部相同专利或同族专利。

在实际检索中，可以直接从某一确定的检索途径入手进行检索，也可从多个检索途径结合进行检索。为了扩大检索范围，可以从检出的专利中寻找更多的检索入口，继续进行检索。

9.2.2 中国专利文献的检索

1．中国专利概况

1980 年中国专利局成立，1985 年 4 月 1 日实施中国专利法，1985 年 9 月开始出版中文专利文献刊物。1994 年 1 月中国成为《专利合作条约》（*Patent Corporation Treaty*，PCT）成员国，中国专利局（现国家知识产权局）即成为国际专利的受理局、国际检索单位和国际初步审查单位，中文亦成为 PCT 的工作语言。现在中国已成为专利申请最多的国家之一。

中国专利法对专利实行"早期公开、延迟审查制"，其保护的对象是发明专利、实用新型专利、外观设计专利。自 1992 年中国专利法第一次修订版通过后，我国出现一些定型的专利检索工具，主要有：①专利公报；②专利说明书；③专利索引；④专利年度分类文摘；⑤专利文献光碟和数据库。

2．中国专利文献的编号体系

熟悉专利知识的人们都知道专利文献的重要性，因此，了解中国专利文献号的编号体系，对识别中国专利文献和查阅中国专利文献将会起到非常积极的作用。

此处所称的"专利文献号"是指国家知识产权局按照法定程序，在专利申请公布、专利申请审定公告（在 1993 年 1 月 1 日前）和专利授权公告时给予的文献标识号码。

中国专利文献编号体系包括六种专利文献号：①申请号，在提交专利申请时给出的编号；②专利号，在授予专利权时给出的编号；③公开号，对发明专利申请公开说明书的编号；④审定号，对发明专利申请审定说明书的编号；⑤公告号，对实用新型专利申请说明书、公告的外观设计专利申请的编号；⑥授权公告号，对发明、实用新型专利说明书或公告的外观设计专利的编号。中国专利文献的编号体系经历了 1989 年、1993 年和 2003 年的三次调整，分为四个阶段：1985—1988 年为第一阶段；1989—1992 年为第二阶段；1993—2003 年 9 月 30 日为第三阶段；2003 年 10 月 1 日以后为第四阶段。中国专利文献编号体系及其四个阶段的详细介绍可浏览在线资源"9.5"。

3．中国专利数据库网站及其检索

中国的知网（CNKI）、万方、读秀、百链等检索平台，都有"专利"频道，据此可检索中国专利文献的题录、文摘、全文等信息。此外，也有其他检索工具，具体介绍如下：

1）incoPat 与 Patsnap 专利数据库

incoPat（www.incopat.com）是由北京合享智慧科技有限公司开发的中文全文专利文献库（专业版）。2020 年 10 月底，incoPat 加入科睿唯安，一年后引进并本土化科睿唯安的 Derwent World Patents Index（德温特世界专利索引，简称 DWPI）的 incoPat 旗舰版上线。incoPat 专业版数据采购自官方和商业数据提供商，每周更新，包含专利法律信息，如中国、美国和日本的诉讼数据；中国大陆和美国的转让数据；中国大陆的许可、质押、复审、无效和海关备案数据。incoPat 专业版提供了"原始数据库"和"同族数据库"两种数据展示形式的数据库。

用户可根据需求自行选择对单件专利文献或者对整个专利家族进行检索和数据处理。incoPat 的介绍与利用指南可浏览在线资源"9.6"。

PatSnap 全球专利数据库是智慧芽（PatSnap）公司的产品之一。它与 incoPat 是中国目前最好的两个商业化专利数据库，登录网址为：analytics.zhihuiya.com。该库深度整合了从 1790 年至今的全球 170 个国家地区的 1.8 亿多专利数据及 1.9 亿多文献数据，更新速度及时，主要功能有：全球专利数据、多维检索、多维浏览、专利价值评估、引用分析、工作空间、技术功效矩阵图、3D 专利地图、Insights 专利分析报告等。

2）NSTL 的专利频道

国家科技图书文献中心（NSTL）（www.nstl.gov.cn）网络服务系统设有专利频道，可检索美国、英国、法国、德国、瑞士、日本、欧洲、韩国、印度、以色列、俄罗斯（包括苏联）、加拿大、中国等和 WIPO 16 个国家/地区和国际组织的专利文献，其中中国大陆的为中国国家知识产权局从 1985 年以来的所有公开（告）的专利文献。NSTL 专利文献覆盖的国家，所有英文专利文献均提供原语言标题和文摘，非英文文献均提供机器辅助翻译的英文标题和文摘。

3）中国国家知识产权局网站

国家知识产权局网站（www.cnipa.gov.cn）是国家知识产权局建立的官方网站。该网站提供与专利相关的多种信息服务，如专利申请、专利审查的相关信息，近期专利公报、年报的查询，专利证书发文信息、法律状态、收费信息的查询等。该站的"服务·政务服务平台"有"专利检索及分析"系统（pss-system.cponline.cnipa.gov.cn/conventionalSearch）入口。该系统是面向社会和公众、以公益性为基础的专利服务平台，共收集了 105 个国家、地区和组织的专利数据，同时还收录了引文、同族、法律状态等数据信息，数据更新周期具体情况为：中国专利数据每周二、周五更新，滞后公开日 3 天；国外专利数据每周三更新；引文数据每月更新；同族数据每周二更新；法律状态数据每周二更新。平台提供的检索有常规检索、高级检索、命令行检索、药物检索、导航检索、专题库检索，提供的分析有申请人分析、发明人分析、区域分析、技术领域分析、中国专项分析、高级分析等。

4）SooPat 专利数据搜索引擎

SooPat（www.soopat.com）本身并不提供数据，而是将所有互联网上免费的专利数据库进行链接、整合，并加以人性化地调整，使之更加符合人们一般检索习惯的搜索引擎。其中的中国专利数据的链接来自国家知识产权局互联网检索数据库，国外专利数据来自各个国家的官方网站。SooPat 不用注册即可免费检索，并提供全文浏览和下载，尤其对中国专利全文提供了免费打包下载功能，且速度极快，如果选择注册成为 SooPat 的会员，还可以选择保存检索历史并进行个性化的设定。

5）其他中国专利检索途径

（1）中国知识产权网（www.cnipr.com）的"专利信息服务平台"（search.cnipr.com）。该平台提供中国全部的专利信息数据库，同时，拥有美国、日本、欧洲专利局、WIPO 等 90 多个国家、组织及地区的海量专利数据库，以及经过深度加工标引的中国药物专利数据库和中国专利说明书全文全代码数据库。该平台也可进行中国专利法律状态检索、中国失效专利检索。

（2）中国专利信息中心的"专利之星检索系统"（www.patentstar.com.cn）。该系统是在专业专利文献检索系统的基础上，经过改进和优化而成的集专利文献检索、统计分析、机器翻译、定制预警等功能为一体的多功能综合性专利检索系统。该系统收录了全球 90 多个重要国家或地区的专利文献及相关信息，包括完整的中国专利文献信息，其他国家的著录、摘要、全文、引证及专利家族等信息。系统需注册才能使用。

（3）国家重点产业专利信息服务平台（chinaip.cnipa.gov.cn）。截至 2024 年 12 月份，平台包含 28 个专利专题数据库。该平台在内容上涵盖相关技术创新重点领域的国内外 100 多个国家、地区和组织的 1.5 亿多条专利数据，同时还收录了中国法律状态数据信息；在功能上，针对科技研发人员和管理人员，提供集一般检索、高级检索、分类导航检索、IPC 分类导航检索、法律状态检索、数据统计分析、机器翻译等多种功能于一体的集成化专题数据库系统，其中一些检索方式还提供二次检索、过滤检索等辅助检索手段；在线分析功能，可对专利数据进行深度加工及挖掘，并分析整理出其所蕴含的统计信息或潜在知识，展示为直观易懂的图表等形式，提供趋势分析、区域分析、国省分析、申请人分析、发明人分析等多个分析维度。关于此平台的利用指南，可浏览平台的帮助页面：chinaip.cnipa.gov.cn/help 或浏览在线资源"9.7"。

（4）上海市知识产权信息服务网站的专利检索分析平台（www.shanghaiip.cn/Search/#/home）。该系统提供了简单检索、表格检索、高级检索、法律状态检索、行业检索、外观分类检索等功能；还提供了专利分析的功能，利用专利分析功能可以对检索结果进行分析。

（5）香港知识产权署网站（ipsearch.ipd.gov.hk）。中国香港特别行政区设有标准专利和短期专利两种专利。标准专利保护的有效期最长为 20 年，但需每年续期一次；短期专利保护的有效期最长为 8 年，由提交申请日起 4 年后续期一次；注册外观设计保护的有效期最长为 25 年，每 5 年续期一次。该网站提供简体中文、繁体中文、英文三种界面，但只有部分内容支持简体中文，对于专利和注册外观设计检索数据库，仍需要用繁体中文进行阅读和操作。在该网站上可查看香港知识产权署的信息、表格费用、申请注册程序，还可进行香港专利和注册外观设计的检索，查看知识产权公报。

（6）大为 innojoy 专利搜索引擎（www.innojoy.com）。一款支持中英文检索，集全球专利检索、分析、管理、转化、自主建库等功能于一体的专利情报综合应用平台。

9.2.3　境外专利文献的检索

除上述的中国专利数据库检索工具外，境外专利文献也可通过境外的数据库网站检索。

1. 科睿唯安的德温特系列专利检索工具

1）德温特相关检索工具简介

World Patents Index（《世界专利索引》，简称 WPI）原是有"专利家族之父"美誉的 Monty Hyams 创立的德温特（Derwent）的纸本出版物，1984 年被科睿唯安的前身之一的汤姆森公司收购，其年报道量占世界总量的 70% 以上，1987 年起开始报道中国专利。WPI 的报道速度快，采用英语以周刊的形式出版。WPI 及其检索方法可浏览在线资源"9.8"。

之后，德温特推出的 Derwent World Patents Index（德温特世界专利索引，DWPI）、Derwent Innovation（德温特创新，即原 Thomson Innovation，简称 DI）、Derwent Innovations Index（DII）数据库，可检索包括中国专利在内的全球 60 多个专利机构授权的发明的记录。DWPI 是一个收录最全面的深加工专利数据库，用户据此可确定专利性、侵权或创新的有效性；获得竞争情报，跟踪行业趋势；揭示新市场和市场机会；发现许可机会；发现技术问题的解决方案。DI 为专利检索和分析工具，数据包括 DWPI、Derwent Patents Citation Index（德温特专利引文索引，简称 DPCI）、专利全文、全球 100 多个专利授予机构的标准化专利数据、国际专利文献中心（International Patent Documentation Center, INPADOC）著录项目、法律状态和专利家族数据、美国专利法律状态信息，其可视化和多样化的分析包括专利地图、文本聚类、引证分析，对专利记录进行分组分析的预定义图表和自定义图表等。

2）DII 数据库及其检索方法

DII 数据库是由科睿唯安公司推出的基于 Web 的商业专利信息数据库。DII 将 DWPI 和德温特专利引文索引（Derwent Patents Citation Index，DPCI）的内容整合在一起，采用 WoS 平台，通过学术论文和技术专利之间的相互引证的关系，建立了专利与文献之间的链接。DII 收录来自世界 60 多家专利授予机构提供的增值专利信息，数据可回溯至 1963 年。数据每周更新（每周增加 2.5 万多个专利），分为 "Chemical Section" "Electrical & Electronic Section" "Engineering Section" 三部分，为研究人员提供世界范围内的化学、电子电气以及工程技术领域内综合全面的发明信息。与其他专利资源相比，它具有以下几方面特点：

（1）Derwent 高附加值的索引系统提供了全面、准确地反映专利内容的信息，如专利家族、由专家编写的英文专利题目及文摘（详细反映了专利的内容、应用、新颖性等信息）。

（2）Derwent 强大的检索系统提供了准确、迅速的检索途径，如专利权人名称、专利权人代码、德温特手工代码③、化合物名称检索、被引专利检索、高级检索等。图 9.10 所示为该数据库的被引专利检索界面。

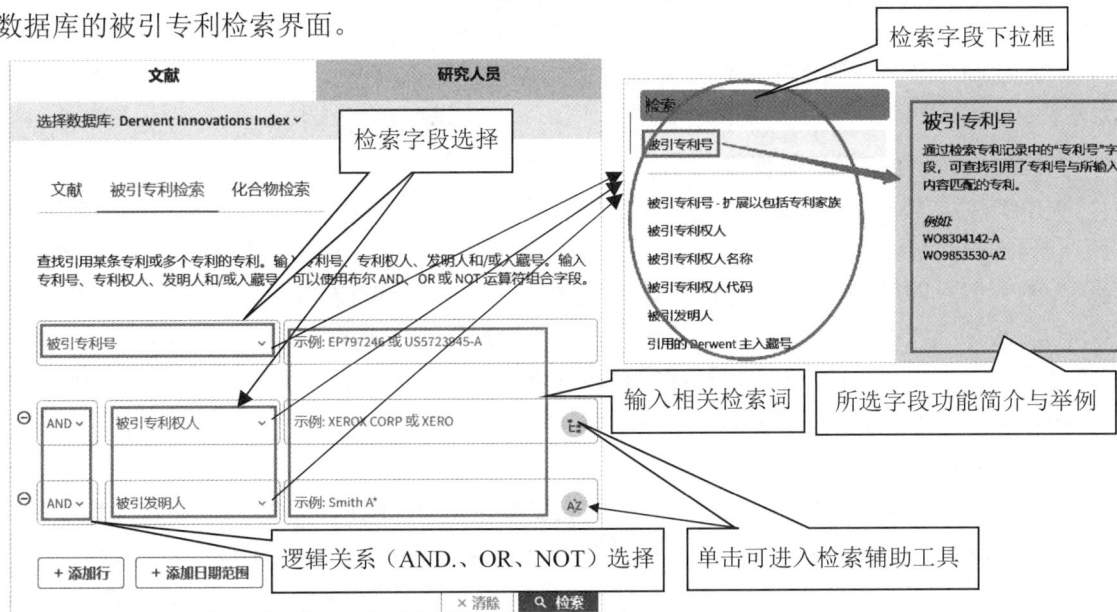

图 9.10　DII 数据库被引专利检索界面

（3）高附加值的索引系统及友好的用户界面使一般不熟悉专利检索系统的用户也可以采用自由词检索的方式迅速发现自己所需要的专利。

（4）DII 强大的分析功能允许用户按照多种途径对多达 10 万多条记录进行分析，从不同角度分析技术发展的趋势、专利的分布、专利技术细节的分布等。

---

③ Derwent 手工代码又称指南代码，比德温特分类代码更为详细，相当于广义的叙词表，是根据专利文献的文摘和全文对发明的应用和发明的重要特点进行的独家标引。由于其标引的一致性很高，适应科研人员的习惯和应用，因而能提高检索的全面性和准确性。

（5）与 Web of Science 核心合集数据库双向连接，这样就将基础研究或应用基础研究的成果与技术应用的成果有机地联系在一起，从而能够了解基础研究成果与市场应用前景之间的关系，分析全球知识产权领域的竞争态势，加速知识创新与技术创新的互相推动与转化。

（6）与专利全文电子版连接。直接单击记录下面的"下载原始文献"（Download original）按钮，可查看专利说明书全文。绝大多数美国专利、欧洲专利、世界专利、日本专利等可直接获得专利说明书全文，部分专利可查看首页。

DII 数据库有"用英语改写的标题和摘要"与"手工代码"等特色功能。关于 DII 数据库详细的介绍与利用方法可浏览在线资源"9.9"。

2. WebPat 与 M-trends 数据库

WebPat 专利整合平台由台湾地区的连颖科技股份有限公司推出，收录有中国、美国、欧盟、日本、韩国等多个重要国家/地区/组织的完整专利、法律状态和专利家族信息等，资料回溯至 1950 年。利用该库，用户可实现多样性的专利检索，多国的专利影像（全文 PDF）批量下载，专利增值信息，并提供多语言的使用界面。

M-trends 是嵌入 WebPat 的专利检索与分析服务平台，可检索中国、美国、欧盟、日本、韩国等全球过亿条专利数据，将专利数据经系统化处理后以图表形式表现。具有 8 大专利地图分析功能，27 项分析构面，以专利地图分析为根本，规划各式分析构面，构筑各式分析图表，一键产生专利分析报告。

有上述两库使用权限的用户，还需以电子邮箱注册个人账号。关于 WebPat 与 M-trends 数据库的使用说明可浏览在线资源"9.10"。

3. WIPO 的知识产权数据库

WIPO 官网（www.wipo.int）界面可在英文、法文、俄文、阿拉伯语、中文等语言间切换，也有一框式检索（search）入口。另外，该网站的"查找浏览"（Find % Explore）栏目为用户提供专利等信息的检索与浏览服务。这些服务是通过 PATENTSCOPE（可检索公布的 PCT 和收录的地区及国家汇编专利文件）、全球外观设计数据库（Global Design Database，可检索海牙体系工业品外观设计注册以及参与国的数据记录）、WIPO Lex 数据库（可检索约 200 个国家或地区的知识产权法律和条约记录）等数据库实现的。

4. USPTO 专利数据库

美国专利和商标局（US Patent and Trademark Office，USPTO）的专利数据库收集了美国从 1976 年至今的专利，有全文和图像资料，用户在网上可免费使用。用户可通过 USPTO 网站主页（www.uspto.gov）的一框式检索入口，或单击"专利"（Patents）下拉菜单的"Search for patents"中的相关按钮检索美国专利资源：①授权专利，1970 年以来出版的所有授权的美国专利说明书扫描图形，其中，1976 年以后的说明书实现了全文数字化；②公开专利，2001 年 3 月 15 日以来所有公开（未授权）的美国专利申请说明书扫描图形。

5. EPO（欧洲专利局）的专利数据库

EPO 网站（www.epo.org）的"Searching for patents"栏目，可链接到 EPO 相关专利数据库 Espacenet（worldwide.espacenet.com）、European Patent Register（register.epo.org/regviewer）。

Espacenet 是互联网上收录专利信息资源最丰富、涉及范围最广的一个免费专利在线数据库，只要懂英、德、法等语言中的任一种，就可免费检索全世界范围内的专利文献。数据库提供三种检索方式：智能检索（"Smart search"）、高级检索（"Advanced search"）和分类检索（"Classification search"）。目前，该库可检索 EPO 收藏的全球约 100 个国家或地区专利文献 1.5 亿多份，对中国、韩国和日本的发明专利和实用新型专利文件可用原始语言搜索。Espacenet 收录每个国家或地区的数据范围不同，数据类型也不同。数据类型包括题录数据、文摘、文本格式的说明书及权利要求，扫描图像格式的专利说明书的首页、附图、权利要求及全文。

European Patent Register（欧洲专利登记簿）收录了欧洲专利局授权程序以及授权后进入各指定国阶段的法律状态信息，包括著录项目数据、同族专利数据以及法律状态信息、审查过程中的文档查阅等数据。该库的新版提供两种检索方式：智能检索（输入关键词检索，"Smart search"）和高级检索（可限定多种检索条件，"Advanced search"）。用户通过"欧洲专利登记簿"检索到特定的欧洲发明专利后，还可单击左侧"Legal status"（法律状态）下的"Federated Register"按钮，进入整合了各成员国信息的"联合欧洲专利登记簿"（Federated European Patent Register），查看该专利在参加了此服务的各成员国的法律状态、申请号、公开号、权利人、失效日期、该专利在该国是否有效、上次缴纳年费的日期以及成员国登记簿上次更新日期。

Espacenet、European Patent Register 的详细利用指南可浏览在线资源"9.11"。

6．其他网上专利文献资源

（1）日本特许厅网站（www.jpo.go.jp）。日本特许厅已将自 1885 年以来公布的所有日本专利、实用新型和外观设计电子资源通过其网站"J-PlatPat"入口在互联网上免费提供给全世界的读者。日本专利检索指南详见在线资源"9.12"。

（2）其他国家知识产权或专利管理机构网站，如加拿大知识产权局（www.ic.gc.ca）、英国知识产权局（www.ipo.gov.uk）、法国专利局（www.inpi.fr）、德国专利商标局（www.dpma.de）、瑞士联邦知识产权局（www.ige.ch）、俄罗斯专利局（rupto.ru/ru）、韩国商标专利局（www.kipo.go.kr）。

（3）国家知识产权局网站的"专题专栏→文献服务→专利信息传播利用→各国专利信息检索资源"页面，或浏览在线资源（www.cnipa.gov.cn/col/col2138/index.html），按洲和国际/地区组织分别列有一些国外互联网专利检索系统。

另外，一些专业的商业数据库，如 Reaxys、SciFinder、FSTA，也可检索到相关专利信息；目前各类通用型的 AI 工具，在专利检索等方面都能提供较好的应用支持，如 DeepSeek 可辅助提取检索词并构建检索式。

9.2.4 专利文献原文的获取

上述专利检索工具有的不能获取专利文献全文，但通过检索到的专利号等文献线索，可获取专利文献的原文。中国与其他各国或地区专利文献的收藏单位主要在国家知识产权局文献馆，它是我国最大的专利文献收藏和提供单位。中国国防科技信息中心、上海科技情报所（上海图书馆）、重庆科学技术信息中心也有收藏。

一般来说，读者获取专利文献原文的方式有：①国家图书馆读者云门户（read.nlc.cn）的专利数据库。该门户有 CNKI 中国专利全文数据库、万方中外专利数据库等专利库。这些数据库对于国家图书馆读者云门户的注册用户免费开放。②印刷版专利文献原文可到国家知识产权局获取，该局提供较为全面的中外文印刷本专利文献全文，读者可去查找，也可通过图书馆的馆际互借服务获取。③电子版专利文献原文也可通过专利搜索引擎 SooPat 或 Google Patents，以及检索其他网络专利网站或全文数据库直接获取。④通过各地专利代理机构获取。

9.3 标准文献的检索

9.3.1 标准文献基础知识

标准文献，简称"标准"，在广义上指与标准化工作有关的一切文献，包括标准形成过程中的各种档案、宣传推广标准的手册及其他出版物、揭示报道标准文献信息的目录、索引等；在狭义上指按规定程序制订，经公认权威机构/主管机关批准的一整套在特定范围/领域内执行的，带有标准号的规格、规则、技术要求等规范性文件。

1. 标准的定义与分类

在中华人民共和国国家标准《标准化工作指南 第1部分：标准化和相关活动的通用术语》（GB/T 20000.1—2014）中，对标准做了如下定义："通过标准化活动，按照规定的程序经协商一致制定，为各种活动或其结果提供规则、指南或特性，供共同使用和重复使用的文件。"同时补充三点：①"标准宜以科学、技术和经验的综合成果为基础。"②"规定的程序指制定标准的机构颁布的标准制定程序。"③"诸如国际标准、区域标准、国家标准等，由于它们可以公开获得以及必要时通过修正或修订保持与最新技术水平同步，因此它们被视为构成了公认的技术规则。其他层次上通过的标准，诸如专业协（学）会标准、企业标准等，在地域上可影响几个国家。"

依照其不同的性质，标准可分为基础标准、技术标准和组织管理标准。基础标准是具有广泛指导意义的最基本的标准，如对专业名词、术语、符号、计量单位等所做的统一规定；技术标准是为科研、设计、工艺、检测等技术工作以及产品和工程的质量而制定的标准，它们还可以细分为产品标准（对品种、检验方法、技术要求、包装、运输、贮存等所做的统一规定）和方法标准（对检查、分析、抽样、统计等所做的统一规定）。通常所说的标准大多是指基础标准和技术标准。

依照其约束效力的大小，标准又分为强制性标准和推荐性标准两类。强制性标准是法律发生性的技术文件，即在该法律生效的地区或国家必须遵守的文件。它包括三个方面，即保障人体健康的标准、保障人身和财产安全的标准、法律和行政法规强制执行的标准；推荐性标准是建议性的技术文件，即推荐给企业、团体、机构或个人使用的技术文件。

根据适用范围和颁布机关的不同，则可将标准分为国内标准、国际标准和区域标准。国内标准分为国家标准、行业标准、地方标准和企业标准等；国际标准分为国际标准化组织（ISO）标准、国际电工委员会（International Electro Technical Commission, IEC）标准和国际电信联盟（International Telecommunication Union，ITU）标准等；区域标准主要指由区域标准化组织或区域标准组织通过并公开发布的标准，包括地区标准（如欧盟标准）、（外国）国家标准、学会/协会标准。其中国际上公认的、具有一定权威的专业标准化团体、学会、协会制订的行业标准、学会/协会标准称为"团体标准"（Institute Standards），如美国石油学会（American Petroleum Institute，API）标准、上海市自行车行业协会于2017年7月发布的《共享自行车第一部分：自行车》等三项共享自行车团体标准。

2. 标准文献的结构与特征

标准文献一般应该包括以下各项标识或陈述：①标准级别；②分类号，通常是《国际十进分类法》（Universal Decimal Classification，UDC）类号和各国自编的标准文献分类法的类号；③标准号，一般由标准代号、序号、年代号组成；④标准名；⑤标准提出者；⑥审批者；⑦批准年月；⑧实施日期；⑨具体内容。

标准文献是文献信息的重要组成部分，是科技信息的重要来源之一，但其又有着不同于一般文献信息的特性：①标准具有规范性，其编写有统一的格式要求，我国目前执行 GB/T1.1－2009《标准化工作导则 第 1 部分：标准的结构和编写》，而国际标准现由 2018 年出版的第 8 版《ISO/IEC 导则 第 2 部分：ISO 和 IEC 文件的结构和起草原则与规则》（*ISO/IEC Directives, Part 2—Principles and rules for the structure and drafting of ISO and IEC documents*）规定；②标准具有替代性，需要随着技术进步和社会发展对其内容不断做出修改，经修改后的新标准将代替原有的旧标准，而少数与实际要求不符、又没有修改价值的标准则会被废止；③标准具有趋同性，即随着国际经济贸易和科技文化交流的扩大，各国纷纷将本国标准制定成国际标准，或者将国际标准转化成本国标准，导致相当数量的标准在内容上相同或相似；④强制性标准具有法律约束力，必须执行；推荐性标准国家鼓励自愿采用，但一旦纳入指令性文件，将具有相应的约束力；⑤标准数量多，篇幅小，文字简练，通常一件标准只解决一个问题。

3．标准文献的作用

标准文献的作用主要有：①为了解各国经济政策、技术政策、生产水平、资源状况和标准水平提供重要途径；②有助于在科研、工程设计、工业生产、企业管理、技术转让、商品流通中克服交流的障碍；③先进的标准可供推广研究，改进新产品，提高新工艺和技术水平依据；④为鉴定工程质量、校验产品、控制指标和统一试验方法提供技术依据；⑤可以简化设计，缩短时间，节省人力，减少不必要的试验、计算，能够保证质量，减少成本；⑥可用于装备、维修配制某些进口设备的零件；⑦可使企业或生产机构经营管理活动统一化、制度化、科学化和文明化。

4．标准的标识

标准的类别等信息可由标准标识符识别。标准标识符由标准代号、编号（包括标准顺序号和年号）组成。标准代号与标准顺序号之间空半个字的间隙；标准顺序号与年号之间的链接，国际标准为冒号（如 ISO 690:2010），国内标准为一字线（如 GB/T 7714－2015）。

1）国际标准和技术报告的代号、编号

ISO ××××：××××：ISO 为国际标准化组织标准代号，冒号前后分别为国际标准发布顺序号、国际标准发布年份号。

ISO/TR ××××：××××：ISO/TR 为国际标准化组织技术报告代号，冒号前后分别为发布顺序号、发布年份号。

IEC ××××：××××：IEC 为国际电工委员会标准代号，冒号前后分别为发布顺序号、发布年份号。

ISO/IEC ××××：××××：表示国际标准化组织和国际电工委员会联合发布的标准。

ISO/DIS ××××：××××或 ISO/IEC DIS：表示国际标准草案。

2）国家标准的代号、编号

国家标准分为强制性标准和推荐性标准。《中华人民共和国标准化法》规定："保障人体健康，人身、财产安全的标准和法律、行政法规规定强制执行的标准是强制性标准，其他标准是推荐性标准。"强制性国家标准的代号为 GB，推荐性国家标准的代号为 GB/T，国家标准化指导性技术文件的代号为 GB/Z。

国家标准的编号由国家标准的代号、标准发布顺序号和标准发布年份号组成，其中顺序号表示各类标准发布的先后次序，年份号为 4 位数字，表示标准发布或修改年份。

国家标准的编号的格式为：

GB ××××－××××　　　GB/T ××××－××××

除了 GB、GB/T 之外，尚有军用、工程建筑标准等给出了专门标准代号：

GBN　　国家内部标准

GB5　　国家工程建筑标准（新代号，编号从 50001 开始；GBJ 现已降为行标）

GJB　　国家军用标准

GSB　　国家实物标准（或称"标准样品"，简称"标样"）

3）行业标准的代号、编号

行业标准也分为强制性标准和推荐性标准。行业标准的编号由行业标准代号、标准发布顺序号和标准发布年份号组成，行业标准的代号由 2 位拼音字母组成，例如：

JY　　教育行业　　　　　TY　　体育行业　　　WH　　文化行业

CY　　新闻出版行业　　　WS　　卫生行业　　　HG　　化工行业

行业标准编号的组成为：

×× ××××－××××　　　××/T ××××－××××

4）地方标准与企业标准的代号、编号

地方标准代号以"DB"加上省级行政区划代码前两位数再加斜线，组成强制性地方标准代号；再加"T"，组成推荐性地方标准代号。如 DB31/330.3－2007；DB31/T481－2010。

企业标准的代号用"Q/"加企业代号（汉语拼音字母或阿拉伯数字或两者兼用）组成。企业标准的编号由企业标准的代号、标准顺序号和发布年代号组成。如 Q/SUTW 01－2003。

无论是国际标准还是各国标准，在编号方式上均遵循各自规定的格式，通常为"标准代号+流水号+年份号"。这种编号方式上的固定化使得标准编号成为检索标准文献的途径之一。

5. 标准文献分类法

标准文献的分类主要采用《中国标准文献分类法》（Chinese Classification for Standards，CCS）、《国际标准分类法》（International Classification for Standards，ICS）、《国际十进分类法》（UDC）等分类系统。ISO 发布的标准 1994 年以前使用《国际十进分类法》，1994 年以后改用《国际标准分类法》分类。我国 1995 年底发布的国家标准也将《国际十进分类法》改用《国际标准分类法》分类。故目前常用的是《中国标准文献分类法》和《国际标准分类法》。

1）《中国标准文献分类法》

中国标准文献的管理一般采用分类的方法，其分类依据为 1989 年 11 月国家技术监督局发布的《中国标准文献分类法》（CCS）。其类目的设置以专业划分为主，适当结合科学分类。序列采取从总到分，从一般到具体的逻辑系统。类目结构采用二级编制形式。一级主类的设置主要以专业划分为主，有 24 大类，分别是：A—综合；B—农业、林业；C—医药、卫生、劳动保护；D—矿业；E—石油；F—能源、核技术；G—化工；H—冶金；J—机械；K—电工；L—电子元器件与信息技术；M—通信、广播；N—仪器、仪表；P—工程建设；Q—建材；R—公路、水路运输；S—铁路；T—车辆；U—船舶；V—航空、航天；W—纺织；X—食品；

Y—轻工、文化与生活用品；Z—环境保护。每个一级主类有 100 个二级类目，用 2 位数字表示，分类详尽，检索方便。二级类目设置采取非严格等级制的列类方法。

使用《中国标准文献分类法》时要注意通用标准与专用标准的划分。所谓通用标准，是指两个以上专业共同使用的标准；而专用标准是指某一专业特殊用途的标准。在《中国标准文献分类法》中对这两类标准是采取通用标准相对集中，专用标准适当分散的原则处理的。例如，通用紧固件标准入 J 机械类，航空用特殊紧固件标准入 V 航空、航天类。但对各类有关基本建设、环境保护、金属与非金属材料等方面的标准文献采取相对集中列类的方法，如水利电力工程、原材料工业工程、机电制造业工程等入 P 工程建设类等。

2)《国际标准分类法》

《国际标准分类法》（ICS）是 ISO 于 1991 年组织编制的首部国际标准化领域的专业分类工具，其目的是对国际标准、区域标准、（各国）国家标准，以及其他规范性文件进行分类编目，并促进各国通过 ICS 进行数据交换与检索。特别是世界贸易组织（World Trade Organization，WTO）委托 ISO 负责的《技术性贸易壁垒协议》（Agreement on Technical Barriers to Trade，简称 TBT 协议）中有关标准通报事宜后，规定标准化机构在通报标准工作规划时要使用 ICS 进行分类通报。因此 ISO 于 1994 年开始在其颁布的标准中采用了 ICS 分类法，随后各国也逐步在所发布的标准上标注了 ICS 分类号。1997 年 1 月 1 日，我国开始在国家标准、行业标准和地方标准上标注 ICS 分类号，与《中国标准文献分类法》（CCS）同时使用。

ICS 采用数字编号（有扩充方便，计算机管理方便，没有文种障碍等优点），为一个按标准文献主题内容所属学科、专业归类的三级别的等级分类法。（总的）第一级和（再具体的）第三级采用双位数表示，（较具体的）第二级采用三位数表示，各级分类号之间以实圆点相隔。一些二级和三级类类名下设有范畴注释和/或指引注释。ICS 会根据需要进行更新，目前，ICS 的最新版本为 2015 年出版的第 7 版。我国自 1995 年开始对 ICS 进行分析，将其与中国标准分类法进行了对照，于 1996 年出版了 ICS 的第一个中文版。2019 年 1 月，与 ICS 第 7 版相对应的 ICS 中文版出版，该中文版中对新增类目和类名注释进行了翻译，并根据我国标准化专业领域的实际情况对缺失的类目和类名进行了增补，对类目注释也进行了增补。迄今为止，我国在标准分类上仍采用 ICS 与中国标准分类法并行的办法，随着我国标准化工作与国际的接轨，ICS 将最终取代中国标准分类法。

第 7 版 ICS 一级类包含标准化领域的 99 个大类，每一大类号以两位数字表示，如 43（Road Vehicles Engineering，道路车辆工程）；二级类号由一级类号和被一个全隔开的三位数字组成，如 43.040（Road vehicle systems，道路车辆装置）；三级类号由二级类号和被一个点隔开的两位数组成，如 43.040.20（Lighting, signalling and warning devices，照明、信号和警告设备）。

9.3.2 中国标准文献检索

1. 中国标准概况

1978 年 5 月，我国成立国家标准总局，1978 年 9 月，参加 ISO。我国技术标准的级别分为国家标准、行业标准。国家标准是在全国范围内统一的技术要求，有强制性标准和推荐性标准之分。强制性国家标准是保障人体健康，人身、财产安全的标准和法律及行政法规规定强制执行的标准；其他的则是推荐性国家标准。《国家标准管理办法》规定：国家标准实施 5 年后，要进行复审；复审结果有 3 种：确认继续有效、修订或废止。

此外，随着社会的发展，国家需要制定新的标准来满足人们生产、生活的需要。因此，标准是一种动态信息。标准代号采用两个大写的汉语拼音字母表示，如中国国家标准代号为GB。行业标准是指没有国家标准而又需要在全国某个行业范围内统一的技术要求。

2．纸本检索工具

标准文献的纸本检索工具包括标准的检索刊物、参考工具书、情报刊物等。

（1）标准的检索刊物：包括定期专门报道一定范围的技术的索引、文摘和目录刊物，如《国家标准目录及信息总汇》《标准化文摘》（1984年创刊，约于1996年停刊）《中国标准化年鉴》《标准生活》（曾名《世界标准信息》《馆藏资源报道》）。一般用于回溯检索。

（2）标准的参考工具书：一般为不定期连续出版，是把收集、汇总一定时期内颁布的特定范围的技术标准加以系统排列后出版，分为目录型、文摘型和全文型等多种形式，使用方便，但有一定时滞性，如《中华人民共和国国家标准目录》《中国国家标准汇编》《中华人民共和国机械工业常用国家标准和行业标准目录》。

（3）标准的情报刊物：除了及时报道新颁布的有关标准的情报，还广泛报道标准化组织、标准化活动和会议、标准化管理与政策等许多有关情报，是检索最新技术标准情报的有效工具，如《中国标准化》（曾名《标准化通讯》）、《航空标准化与质量》（曾名《航空标准化》）等。

3．计算机检索工具

标准文献的计算机检索工具有专业数据库或专业网站。

1）万方数据知识服务平台的"标准"频道

万方的国内标准资源来源于其中外标准数据库：涵盖了中国国家标准、中国行业标准，以及中外标准题录摘要数据共计260万余条记录，其中中国国家标准全文数据内容来源于中国质检出版社，中国行业标准全文数据收录了机械、建材、地震、通信标准以及由中国质检出版社授权的部分行业标准。该数据库通过万方数据知识服务平台提供检索服务，其检索方法参看第6章第6.2.3节，在此不再赘述。

2）CNKI"标准数据总库"

CNKI的"标准数据总库"包括国家标准全文、行业标准全文以及国内外标准题录数据库，共计60余万项。其中国家标准全文数据库收录了由中国标准出版社出版的，国家标准化管理委员会发布的所有国家标准；行业标准全文数据库收录了现行、废止、被代替、即将实施的行业标准；国内外标准题录数据库收录了中国以及世界上先进国家、标准化组织制定与发布的标准题录数据，共计49万余项。

另外，通过国家图书馆读者云门户，注册用户可以在"国家标准全文数据库""中国行业标准全文数据库"检索CNKI"标准数据总库"的数据。

3）国家数字标准馆（www.nssi.org.cn）

中国标准化研究院国家标准馆（简称"标准馆"）创建于1957年，是我国唯一的国家级标准文献馆藏、研究和服务机构，中国图书馆学会专业图书馆分会委员单位，NSTL成员单位，国家标准化管理委员会"标准联通'一带一路'支撑机构"，集标准文献馆、标准档案馆、标准博物馆于一体，面向社会提供标准文献查询、阅览、咨询、研究、培训、应用及数字化服务，为政府决策、产业发展、科技创新等提供标准化技术和科研支持。国家数字标准馆是中国标准化研究院建设的汇聚与利用标准数据资源、开展标准数字化科研攻关、推进标准智能化服务生态建设的国家级平台。用户可在国家数字标准馆网站通过普通检索、高级检索、批量检索等方法检索标准文献，其默认的检索界面如图 9.11 所示。

4）标准在线（www.spc.org.cn）

中国"标准在线"服务网由国家市场监督管理总局主管、中国质量标准出版传媒有限公司（中国标准出版社）主办。该网站向用户（需注册）提供各类标准信息检索服务，其默认为一框式简单检索（见图 9.12）。用户可免费在线阅读该网站提供的强制性国标（GB 开头，但不包含 GB/T、GB/Z），其他标准需要单条付费购买。

图 9.11　国家数字标准馆默认的普通检索界面

图 9.12　中国标准在线服务网首页的检索界面

5）其他国内免费标准检索网站

（1）全国标准信息公共服务平台（std.samr.gov.cn）：该平台是国家市场监督管理总局国家标准技术审评中心主办的公益类标准信息公共服务平台，是一个国家标准、国际标准、国外标准、行业标准、地方标准、企业标准和团体标准等标准化信息资源统一入口，可为用户提供"一站式"服务。

（2）国家标准全文公开系统（openstd.samr.gov.cn）：该系统提供了国家标准的题录信息和全文在线阅读，具有"普通检索""分类浏览、检索""高级检索"等功能。新批准发布的国家标准将在发布后的 20 个工作日内及时公开，其中涉及采用国际（国外）标准的推荐性国家标准文本在遵守国际 （国外）标准组织版权政策的前提下进行公开。

（3）国家标准频道（www.chinagb.org）：国家标准频道（ChinaGB.org）又称为中国国家标准咨询服务网，是一家标准专业网站，提供百万余条国内外标准数据索引，包括中国国家标准、行业标准、地方标准及一些国际、国外标准。数据库内容涵盖分类号、标准编号、中英文标题等 18 个题录项。另外，该网站还提供标准翻译等服务，设有国内新闻、WTO 资讯、国标公告等版块和国标动态、国标公告、标准法规、标准知识、标准案例等众多栏目。

（4）标准网（www.standardcn.com）：免费检索国际标准化组织（ISO）标准、国际电工委员会（IEC）标准、主要国家标准、欧洲标准、中国行业标准等题录信息。同时提供标准动态信息、标准公告信息和国际国外新颁布标准目录。

（5）中国环境保护网标准频道（http://www.epday.com/list.php/catid-868/）：隶属于该网站"环保资讯"栏目，可免费查询、下载一些国家环境标准、环境保护标准的全文。

（6）NSTL（www.nstl.gov.cn）的"标准"频道：免费检索标准的题录信息，内容包括中国国家标准、ISO 标准、IEC 标准和英国、德国、法国、美国、日本和中国香港等国家和地区的标准，以及重要学/协会的标准。

（7）上海质量发展和标准信息公共服务平台（www.cnsis.org.cn）：由上海市质量和标准化研究院开发和维护，可在线查询各类标准，还向社会提供国内外标准信息/文本传递等服务。

9.3.3 国际、国外标准文献检索

1. 国际标准和国际标准化机构

经济全球化的迅猛发展，使所有企业都无可选择地卷入了国际市场的竞争洪流之中。随着生产的发展和对外贸易的扩大，要求标准越来越具有广泛的统一性。向国际标准靠拢，采用国际标准已经是目前世界各国的发展趋势。

国际标准是指由国际标准化组织（ISO）、国际电工委员会（IEC）和国际电信联盟（ITU）所制定的标准，以及国际标准化组织确认并公布的国际组织（见表 9.1）所制定的标准。

表 9.1　经国际标准化组织（ISO）认可制订国际标准的组织机构名单

名称	缩写	名称	缩写	名称	缩写
国际计量局	BIPM	国际民用航空组织	ICAO	国际辐射防护委员会	ICRP
国际人造纤维标准化局	BISFA	国际辐射单位和测量委员会	I-CRU	世界动物卫生组织/国际兽疫局	OIE
食品法典委员会	CAC	国际乳品业联合会	IDF	国际法制计量组织	OIML
关税合作理事会	CCC	国际图书馆协会联合会	IFLA	国际葡萄与葡萄酒局	OIV
国际照明委员会	CIE	国际制冷学会	IIR	国际铁路联盟	UIC
国际无线电干扰特别委员会	CIRS-PR	国际劳工组织	ILO	联合国教科文组织	UNESCO
国际原子能机构	IAEA	国际海事组织	IMO	世界卫生组织	WHO
国际空运联合会	IATA	国际橄榄油委员会	IOOC	世界知识产权组织	WIPO

ISO、IEC 和 ITU 并称三大国际标准化机构，在国际标准化活动中占主导地位。

（1）国际标准化组织：简称"ISO"，成立于 1947 年 2 月 23 日，是目前世界上最大、最有权威性的国际标准化专门机构，现有 170 多名成员。ISO 的目的和宗旨："在全世界范围内促进标准化工作的发展，以便于国际物资交流和服务，并扩大在知识、科学、技术和经济方面的合作。"其主要活动是制定国际标准，协调世界范围的标准化工作，组织各成员和技术委员会进行情报交流，以及与其他国际组织进行合作，共同研究有关标准化的问题。ISO 按专业领域设立不同的技术委员会（Technical Committee，TC），负责审查相应的 ISO 标准，在 TC 内还可根据需要设置分技术委员会（Subcommittee，SC）。

（2）国际电工委员会：简称"IEC"，成立于1906年，1947年曾合并于ISO。目前IEC与ISO相互独立工作，并列为两大国际性标准化组织。IEC专门负责研究和制定电气、电子和相关技术方面的国际性标准，包括综合性基础标准、电工材料、电工设备、日用电器、仪器仪表及工业自动化标准、安全标准等。IEC设有约100个TC和约110个SC，中国于1957年成为IEC的执委会成员。目前IEC的工作领域已由单纯研究电气设备、电机的名词术语和功率等问题扩展到电子、电力、微电子及其应用、通信、视听、机器人、信息技术、新型医疗器械和核仪表等电工技术的各个方面，其标准已涉及世界市场中约50%的产品。

（3）国际电信联盟：简称"ITU"，或简称"国际电联"，或简称"电联"，是联合国负责信息通信技术事务的专门机构，系政府间的国际组织，成立于1865年5月17日，现有193个成员国，900多个部门成员、部门准成员以及学术成员，总部设立在瑞士日内瓦，其实质性工作由电信标准化部门（ITU-T）、无线电通信部门（ITU-R）和电信发展部门（ITU-D）三大部门承担。其中电信标准化部门由原来的国际电报电话咨询委员会和国际无线电咨询委员会的标准化工作部门合并而成，主要职责是完成ITU有关电信标准化的目标，促进全世界的电信标准化。

2．纸本检索工具

曾经检索国际、国外标准文献的纸本检索工具既有原版，也有中译本，不过它们现大都停止出版。其中前者主要有：①《ISO标准目录》（*ISO Catalogue*，年刊，每年2月份，以英、法两种文字出版，报道ISO全部现行标准）；②《国际标准草案目录》（*ISO Draft International standards*，主要用于检索标准草案）；③IEC标准纸本检索工具，主要有两种：一为IEC每年初以英、法对照文本形式编辑出版的《国际电工委员会标准出版物目录》（*Catalogue of IEC publications*），由国家标准化管理委员会组织翻译、出版的中译本《国际电工委员会标准目录》；一为按TC号大小顺序排列，著录项目有标准号与标准名称的《国际电工委员会年鉴》（*IEC Yearbook*）。

曾经查找国外先进标准，特别是一些发达国家的国家标准或地区标准，如美国国家标准ANSI、英国标准BS、日本工业标准JIS等的标准目录，原版的如*ANSI Catalogue*、*BS Catalogue*，中译本如福建省技术标准资料中心情报所于1985年编译的《JIS目录》。

3．英国标准在线

英国标准在线（British Standards Online，BSOL）数据库是British Standard Institution（英国标准协会，简称BSI）的商业性产品。BSI于1901年成立，是世界上历史最悠久的国际标准机构之一。BSI于1946年成为ISO的创始成员，创立BS5750标准，即现在全球最著名的ISO 9000系列标准，例如ISO 9001。ISO 9001已被全球178个以上的国家/地区的上百万用户采纳并广泛应用。BSI标准与欧盟标准、ISO标准相互采纳，BSI标准已成为事实上的国际标准，在全球范围内得到了广泛应用。

BSOL包含了全部英国国家标准（British Standard），全部欧洲标准（Europe Standard）、IEC标准、美国测试材料学会（American Society of Testing Materials，ASTM）标准，ASME标准及全部的ISO标准及全文，涵盖了从航空航天、工程、能源和金融、管理、科学等多个学科共计约11.526万项标准的全文在线访问。BSOL按ICS分类，同时提供按主题专业模块两种分类浏览方式。BSOL数据库的简介与使用指南可浏览在线资源"9.13"。

4．国际、国外标准检索的网站

除上述一些标准网站外，国际、国外标准也可通过下列网站检索。

(1) 国际标准化组织（ISO）（www.iso.org）：可检索 ISO 的所有已颁布标准，并提供在线订购全文的服务。

(2) 国际电工委员会（IEC）（www.iec.ch）：可检索其标准和其他出版物的信息，也可检索最新出版标准信息、标准作废替代信息等。

(3) 国际电信联盟（ITU）（www.itu.int）与 ITU 中国站点（www.ituchina.cn）：提供 ITU 标准的题录和相关出版物信息的检索，并在线订购原文。也可及时获得电信相关标准更新和变化的最新信息。

(4) 开放标准网（www.open-std.org）：目前主要包括 ISO 和 IEC 的联合技术委员会（JTC1）发布的信息技术相关标准全文，涉及编码字符集、编程语言、操作系统、用户界面等。

(5) 全球标准化资料库（National Standards System Network, NSSN）（webstore.nssn.org）：可免费查询全球 600 多家标准组织与专业协会制定的标准的目录，并提供获取全文的途径，如联系电话或标准化组织的网站。

(6) 美国国家标准化学会（American National Standards Institute, ANSI）（www.ansi.org）：可浏览或检索 ANSI、ISO 和 IEC 等机构出版的标准题录信息，并提供在线订购全文服务。

(7) 美国国家标准与技术研究院（National Institute of Standards and Technology，NIST）（www.nist.gov）：进入网站进行一框式检索，或选择"shop"栏目下的"Visit the NIST Store"浏览，可以在线订购相关标准。

(8) 国际自动机工程师学会（SAE International，曾用名 Society of Automotive Engineers，其中译名为"美国汽车工程师学会"）技术标准（www.sae.org/standards）：免费检索、浏览与汽车工业相关的各类标准目录，提供在线全文订购服务，还为免费注册用户提供 E-mail 通报服务，及时告知新颁布标准信息和已有标准的更新与作废情况。SAE International 中国站点（www.sae.org.cn）也提供该学会标准检索的链接。另外，通过该学会的商业数据库 SAE Mobilus（saemobilus.sae.org），可检索该学会出版的技术报告、标准、图书、杂志等文献。

(9) 美国测试材料学会（ASTM）（www.astm.org）：ASTM International 一般指 ASTM，有普通话微型网站（cn.astm.org/zh/），可检索或浏览 ASTM 的标准，在线订购全文等服务。ASTM 标准全文也可通过商业数据库 ASTM COMPASS（compass.astm.org）获取。另外，由 ASTM 授权，上海市质量和标准化研究院等单位，也为国内用户提供 ASTM 标准的查询、低价复制等服务。

(10) 电气电子工程师学会标准化委员会（IEEE SA）（standards.ieee.org）：可检索 IEEE 标准和其他相关文献。IEEE 标准也可通过 IEEE/IET Electronic Library(IEL)平台检索。

(11) 加拿大标准协会（Canadian Standards Association，CSA）集团（www.csagroup.org）：提供标准目录浏览和查询、免费时事快报和相关加拿大协会的链接，也提供在线订购标准全文和其他产品服务。

9.3.4 标准文献原文的获取

除上述一些网站外，读者也可通过以下方式获取标准文献原文：

(1) 利用各图书馆收藏的标准文献资源获取标准文献原文。

(2) 利用中国标准化研究院国家标准馆馆藏，或通过其主办的中国标准服务网提供标准原文服务。其服务方式有：标准文本复印、标准文本传真、电子文本传输和标准文本邮寄。

(3) 通过检索标准全文数据库，如万方的"中外标准数据库"、ASCE Library、The ASME Digital Collection，获取相关标准全文。

(4) 通过"UPBZ"网站即"免费标准下载网"（www.upbz.net）获取标准全文。

9.4 会议文献及其检索

9.4.1 会议与会议文献

随着科学技术的迅速发展，各个国家的学会、协会、研究机构及国际学术组织越来越多，为了加强学者之间的信息交流，各学术组织都会定期或不定期地召开学术会议。学术会议按其组织形式和规模区分，一般可分为以下五大类：国际性会议、地区性会议、全国性会议、学会或协会会议、同行业联合会议。

会议文献是指各类学术会议的资料和出版物，包括会议前参加会议者预先提交的论文文摘、在会议上宣读或散发的论文、会上讨论的问题、交流的经验和情况等经整理编辑加工而成的正式出版物（会议录）等。广义的会议文献包括会议论文、会议期间的有关文件、讨论稿、报告、征求意见稿等，而狭义的会议文献仅指会议录上发表的文献。新的理论、新的解决方案和新发展的概念通常最早出现在学术会议上发表的论文中。

会议文献一般分为：①会前文献：包括会议日程、论文目录、摘要和会议论文预印本（由于经费等原因，有的会后就不再出版正式文献）；②会中文献：包括开幕词、讨论记录和闭幕词等；③会后文献：有会议录（Proceedings）、会议论文集（Symposium）[④]、会议论文汇编（Transactions）、期刊特辑、图书以及有关会议的声像资料等形式。

会议文献一般有四个特征：①传递新产生的但未必成熟的科研信息，对学科领域中最新发现、新成果等重大事件的首次报道率最高，是人们及时了解有关学科领域发展状况的重要渠道；②涉及的专业内容集中、针对性强，一般是围绕同一会议主题撰写相关的研究论文；③内容新颖，即时性强，最能反映各个学科领域现阶段研究的新水平、新进展；数量庞大，出版不规则；④出版形式多种多样，有图书、期刊、科技报告、预印本、视听资料等形式。

现在检索会议文献信息除纸本检索工具外，主要还是通过网络进行。用户既可在专门的商业网站、专业性的网站上检索，也可在一些学术团体的网站上获得会议文献信息。

9.4.2 国内会议文献检索工具

1. 万方数据知识服务平台的"会议"频道

万方的会议资源包括中文会议和外文会议。中文会议收录始于 1982 年，年收集 2000 多个重要学术会议，年增 15 万篇论文；外文会议主要来源于 NSTL 外文文献数据库，收录了 1985 年以来世界各主要学/协会、出版机构出版的学术会议论文共计 1100 万篇全文（部分文

[④] 会议录与会议论文集的区别：会议录通常指某专题会议中所有相关过程的记录，包括会议宣读论文、会议议题讨论等；对于那些特别加以讨论的论文来说，会议录中通常会记载其他与会者的意见；会议论文集则是专指为本次会议征集、整理的论文，可能没有在会议上宣读，但仍然属于本主题范围内的论文。

献有少量回溯），数据范围覆盖人文社会、自然科学、工程技术、农林、医学等各学科领域。

万方的会议资源通过万方数据知识服务平台提供检索服务，有一框式快速检索、高级检索、专业检索和作者发文检索等检索方式，默认的检索方式为一框式快速检索（见图 9.13），检索方法可参看本书第 6 章 6.2.3 节，在此不再赘述。

2. CNKI 的"中国重要会议论文全文数据库"

CNKI 的"中国重要会议论文全文数据库"重点收录 1999 年以来，中国科协、社科联系统及省级以上的学会、协会，高校、科研机构，政府机关等举办的重要会议上发表的文献。其中，全国性会议文献超过总量的 80%，部分连续召开的重要会议论文可回溯至 1953 年。

图 9.13　万方数据知识服务平台选择"会议"频道时的导航与检索界面

该数据库通过 CNKI 平台（目前版本为 KNS8.0）进行检索。其一框式检索界面如图 9.14 所示。具体检索方法可参看本书第 6 章 6.1.3 节介绍的内容，在此不再赘述。

图 9.14　CNKI "中国重要会议论文全文数据库"的一框式检索界面

3. 国家科技图书文献中心（NSTL）的"会议"频道

NSTL（www.nstl.gov.cn）的"会议"频道的中文会议文献主要包括我国国家级学会、协会、研究会以及各省、部委等组织召开的全国性学术会议论文。该资源的收藏重点为自然科学各专业领域。平台默认的检索界面有"会议"选项，可在全部字段中检索会议论文和会议录，高级检索界面则有更多选项。在检索结果页面单击"中文文献"，显示该检索的中文会议论文（见图 9.15），可选择"题名""关键词""NSTL 主题词""摘要"等字段进行二次检索。

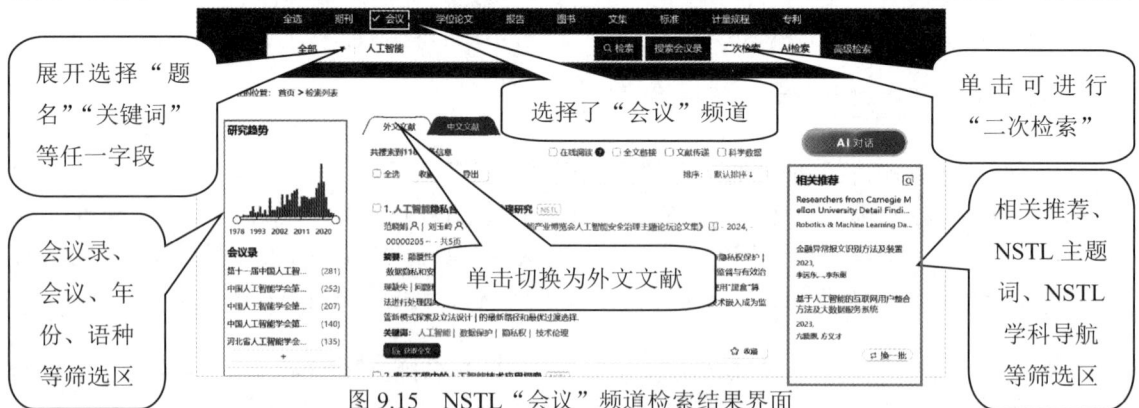

图 9.15　NSTL "会议"频道检索结果界面

4．上海图书馆的《会议资料数据库》

上海图书馆的《会议资料数据库》即原《中国专业会议论文题录数据库》。1995 年与上海图书馆合并的上海科技情报所自 1958 年起征集入藏各种科技会议文献，形成专业收藏。目前，可提供 1978—2005 年的网上篇名检索服务。数据库提供一框式检索（见图 9.16），包括母体文献题名、论文篇名、个人责任者、会议名、会议地点/日期、分类。此外，数据库还提供全文复制服务（将查到所需的会议文献索取号发送给有关部门即可）。数据库网址为：www.library.sh.cn/skjs/hyzl。

图 9.16 　《会议资料数据库》检索界面

9.4.3　国外会议文献检索工具

检索国外各种学术会议信息，除前述的 EV、SD、OCLC FirstSearch 等平台或数据库外，还有基于 WoS 平台的 Conference Proceedings Citation Index（CPCI）、美国的生命科学索引数据库（BIOSIS Previews，BP）等数据库。现在查找和获取国外会议论文，检索网络数据库是最有效的方法之一。

1．CPCI 与 BP 数据库

CPCI 数据库的前身是 ISI 编辑出版的《科技会议录索引》（*Index to Scientific & Technical Proceedings*，ISTP）、《社会科学与人文科学会议录索引》（*Social Sciences & Humanities Proceedings*，ISSHP）等传统的纸本检索工具，以及基于这些印刷版会议文献的光碟版数据库（如 ISTP 光碟版）和网络数据（如 ISTP 和 ISSHP 数据库）。后来，科睿唯安公司前身之一的汤森路透基于 WoK 平台（即现在的 WoS 平台），将 ISTP 和 ISSHP 两大会议录索引集成为 ISI Proceedings 数据库。2008 年 10 月，ISI Proceedings 更名为 CPCI（Conference Proceedings Citation Index），且成为 WoS 核心合集数据库的子库（检索界面如图 9.17 所示）。

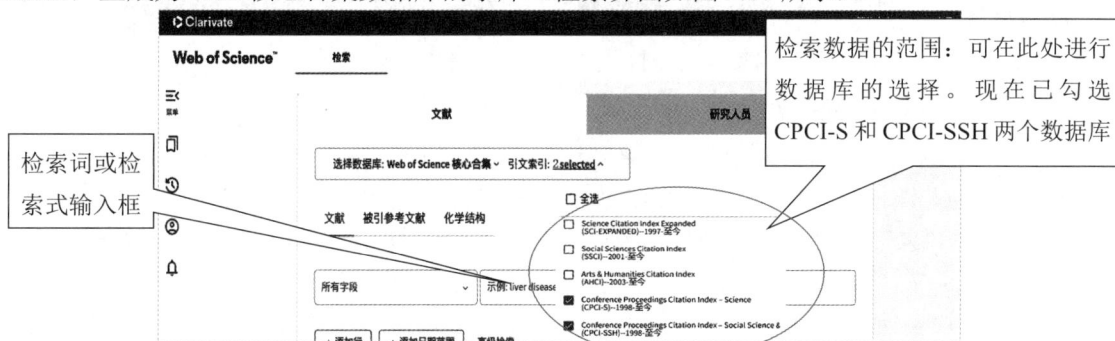

图 9.17 　Web of Science 核心合集数据库默认的普通检索页面

CPCI 可提供了一系列有效的研究工具，包括全文链接、结果分析、信息管理、格式论文等，它汇集了世界上最新出版的会议录资料，包括专著、丛书、预印本和来源于期刊的会议论文，是目前世界上了解会议文献信息的最主要检索工具，对于工程技术、化学和物理等学科领域内的研究尤为重要。CPCI 分为科技版（CPCI-S）和社科与人文版（CPCI-SSH），共涵

盖约 250 个不同的学科。该数据库每周更新，年增近 26 万条记录，内容涉及一般性会议、座谈会、研究会、专题讨论会等，不限于以英语发表的论文。在会议论文中出现的一些新理论、新概念、新假说、新方法往往要早于期刊论文，研究者通过检索 CPCI 数据，可查找某一新的研究方向或概念的初始文献；查找未在期刊上发表的论文；可进行作者、研究所和研究机构及主题词的回溯检索；可找到在别处无法查到的会议文献；根据会议的部分信息检索会议录文献；决定订购哪些会议录并确定相应的出版机构。

另外，基于 WoS 平台的生命科学索引数据库（BP）也是查找会议文献的主要工具之一。BP 由美国生物科学信息服务社（Biosciences Information Service，BIOSIS）出版，收录了与生命科学研究相关的各个领域文献（数据回溯至 1926 年），其中包括会议文献。

CPCI、BP 与 SCIE、SSCI 等引文索引共用 WoS 检索平台，其检索方法与 SCIE、SSCI 等引文索引的检索方法也相似，在此不再赘述。

2. 国家科技图书文献中心（NSTL）的"会议"频道

NSTL（www.nstl.gov.cn）的"会议"频道中的外文会议文献主要收录了 1985 年以来世界各主要学/协会、出版机构出版的学术会议论文，部分文献有少量回溯。学科范围涉及工程技术和自然科学各专业领域。用户可检索其 9 家下属成员馆馆藏外文会议论文的题录文摘，通过 NSTL 或中国科学院文献情报中心的原文传递系统获取原文。平台"会议"频道提供篇名和会议录检索（见图 9.18），检索结果默认为外文会议文献，可进行二次检索和相关筛选。

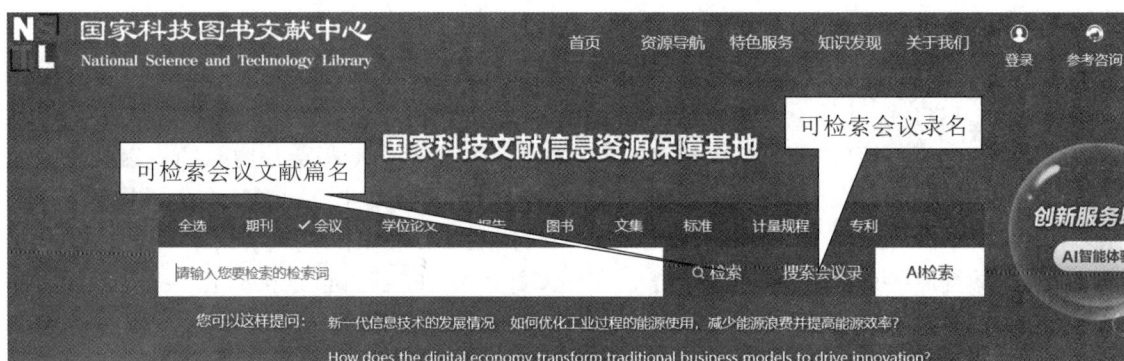

图 9.18　NSTL 的"会议"频道检索窗口

3. 国外会议文献的其他网络检索

(1) 利用互联网的一些搜索引擎（如百度、谷歌等），以 proceeding, symposium, conference, meeting 等作为关键词进行检索，可获得各个信息的数量、会议名称、会议录信息、论文全文的 URL 地址，以及有关会议的分会场、会议论文的标题、作者等信息。作者一般较乐意直接向读者提供其论文，尤其是以电子邮件的方式提供。

(2) 通过过去 WWW 上的专题性网络新闻组（Usenet）、电子公告板（BBS）、在线会议（Online Meeting）或现在的新媒体等多种多样的形式查找会议动态信息。

(3) 从国际上一些著名的学术机构和学术团体的网站上和出版的数据库中去查找。

这些学术机构和学术团体主要有国际计算机协会（Association for Computing Machinery，ACM）、美国化学会（American Chemical Society，ACS）、美国物理联合会（American Institute of Physics，AIP）、美国数学学会（American Mathematical Society，AMS）、美国物理学会

（American Physical Society，APS）、美国土木工程师学会（American Society of Civil Engineers，SCE）、美国机械工程师学会（American Society of Mechanical Engineers，ASME）、电气电子工程师学会（Institute of Electrical and Electronics Engineers，IEEE）、工程技术学会（Institution of Engineering and Technology，IET）、英国的物理学会（Institute of Physics，IOP）、美国光学学会（Optical Society of America，OSA）、英国皇家化学会（Royal Society of Chemistry，RSC）、国际自动机工程师学会（Society of Automotive Engineers，SAE）、国际光学工程学会（Society of Photo-Optical Instrumentation Engineers，SPIE）等。下面择要介绍其出版、可查询会议文献的数据库如下：

① IEL（IEEE/IET Electronic Library）全文库：收录了 IEEE 和 IET 自 1988 年以来出版的 6000 多种会议录（全文）。网址：ieeexplore.ieee.org 或 www.ieee.org/ieeexplore，可参阅本书第 8 章 8.6.3 节。

② 物理、电子电气、计算机与控制及信息科学文摘（INSPEC，即"科学文摘"数据库）：由 IET 出版，是物理学、电子工程、电子学、计算机科学及信息技术领域的权威性文摘索引数据库，收录了 1000 余种会议记录的索引和摘要。INSPEC 数据库即可通过其专用平台 Inspec Direct 访问，也可基于 EV、WoS、EBSCOhost 等平台检索。关于 INSPEC 数据的介绍与利用指南，可浏览在线资源"9.14"。

③ ASCE 图书馆（ASCE Library）：全球最大的土木工程全文文献资料库，除收录美国土木工程师协会（American Society of Civil Engineers, ASCE）的所有专业期刊外，也收录有会议录。ASCE 于 2004 年就推出在线会议录"ASCE Online Proceedings"，收录 ASCE 召开或与其他知名学会合办的国际会议的文献。ASCE 会议录是土木工程领域的核心资源，注重实际应用，为土木工程从业者和研究者提供新兴技术和前沿技术的信息。访问网址：www.ascelibrary.org。

④ SPIE 数字图书馆（SPIE digital library）：SPIE 成立于 1955 年，是致力于光学、光子学和电子学领域的研究、工程和应用的著名专业学会。SPIE 会议录汇集了光学工程、光学物理、光学测试仪器、遥感、激光器、机器人及其工业应用、光电子学、图像处理和计算机应用等领域的最新研究成果，具有信息量大、报道速度快、涉及交叉学科领域广泛等特点，是国际著名的会议文献出版物。目前 SPIE 数字图书馆包含了从 1990 年到现在的会议录全文（会议录从第 1200 卷起），同时也收录了 1992 年起的大多数会议论文的引文和摘要（会议录第 1787—3244 卷）。每年都会有大约 1.7 万篇新的论文增加。访问网址：www.spiedigitallibrary.org。

⑤ AIP 出版社（AIP Publishing）平台的会议录：平台网址为 pubs.aip.org，其会议录为 AIP 会议录（AIP Conference Proceedings），可浏览、检索自 1970 年以来的所有会议文献，有 1700 多卷。AIP 出版社平台的简介和利用指南可参阅本书第 8 章 8.6.1 节。

9.4.4　会议文献原文获取

大部分网络数据库（如 AS 数据库、百链云），对于已开通服务的单位，可直接获取全文；部分数据库只提供文献线索信息，如该篇论文的题名、作者、页码、摘要、会议录的书名、ISSN 号、编著者或出版单位名称等，但利用这些基本信息可进一步获取全文。例如，利用这些信息登录中国科学院文献情报中心或国内其他各大图书馆，检索馆藏，并通过图书馆的馆际互借及原文传递服务系统获取原文，或直接通过电子邮件与作者联系索取等途径获取原文。

9.5 学位论文及其检索

9.5.1 学位论文概要

1. 学位论文的定义

根据现行国家标准《学位论文编写规则》（如 GB/T 7713.1－2006），学位论文是指作者提交的用于其获得学位的文献，分博士论文、硕士论文和学士论文。在英文中，学士（本科）、硕士学位论文用 Thesis，博士论文用 Dissertation。学位论文必须要有新的见解，因此，其中不乏学术价值较高的信息。

2. 学位论文的类型

从内容来看，学位论文可分为两种类型：一是作者参考了大量资料，进行了系统的分析、综合，依据充实的数据资料，提出本人的独特见解，称为综论；二是作者根据前人的论点或结论，经过实验和研究，提出进一步的新论点。

从学位名称角度划分，学位论文有博士论文、硕士/副博士论文和学士论文。在我国，根据《中华人民共和国学位法（草案）》，学位分为学士、硕士、博士三级，分为学术学位、专业学位等类型，故学位论文分为学士论文、硕士论文和博士论文，其中后两者还有学术学位论文和专业学位论文之分。一般来说，博士论文大多质量较高，是一种很有参考价值的文献。

学位论文可从学位、论文名称、颁发学位的单位及其地址、授予学位的时间等方面识别。

3. 学位论文的特点

学位论文学术性强，内容比较专一，引用材料比较广泛，阐述较为系统，论证较为详细。除少数在答辩通过后发表或出版外，多数不公开发行，只有一份纸质复本（20 世纪 90 年代中后期还需提供相应电子版）被保存在授予学位的图书馆或档案馆中以供阅览和复制服务。

4. 学位论文的组成

学位论文一般由论文和附录两大部分组成。

论文部分包括：①封面，统一印制；②题名页；③目次摘要，包括简短摘要（同学术论文）和详细摘要（供论文答辩委员会审阅）；④关键词；⑤前言，篇幅比学术论文的前言长；⑥材料、方法、结果、讨论；⑦致谢；⑧参考文献。

附录部分包括：论文中未放入的数据、图表、照片、术语说明。

5. 学位论文的收藏

世界上，学位的授予是从中世纪开始的，1180 年巴黎大学授予第一批神学博士学位。在学位论文的处理上，各个国家的学校或研究单位不尽相同。由于学位论文大部分不公开出版，所以全文的获取比较困难。只有少数国家将学位论文集中保存，统一报道与提供。

美国和加拿大学位论文由美国 ProQuest 公司收集，该公司还收集、报道、提供其他国家的学位论文；其出版的学位论文有印刷型、缩微胶卷、光碟和网络数据库。英国的学位论文统一收藏于不列颠图书馆的国家外借图书馆内，对读者不借论文原件，但提供复印服务。日本规定国立大学的学位论文统一储存于日本国家图书馆内，私立大学的学位论文则由本校图书馆收藏。中国收藏学位论文的单位为：①国家图书馆（主要收藏博士学位论文）；②中国科学技术信息研究所（主要收藏自然科学学位论文）；③中国社会科学院图书馆（主要收藏社会科学方面的学位论文）；④解放军医学图书馆（主要收藏军队医学博士、硕士学位论文）。

尽管大多数图书馆不予系统收藏学位论文，但随着网络的发展，学位论文的检索比以往变得更容易，但目前收费的数据库仍然居多。

9.5.2 学位论文的检索

除了传统的直接向收藏单位索取外，目前主要通过检索一些中外学位论文数据库获取学位论文。

1. 万方数据知识服务平台的"学位"频道

万方数据知识服务平台的学位论文数据主要包括中文学位论文，收录始于1980年，年增42万余篇，涵盖基础科学、理学、工业技术、人文科学、社会科学、医药卫生、农业科学、交通运输、航空航天、环境科学等各学科领域。文献收录来源于高等学校或科学研究机构。该数据库通过万方数据知识服务平台（www.wanfangdata.com.cn）提供检索，即选择平台中的"学位"频道，默认为快速检索（见图9.19）。单击"高级检索"按钮，可进入高级检索界面（见图9.20）。

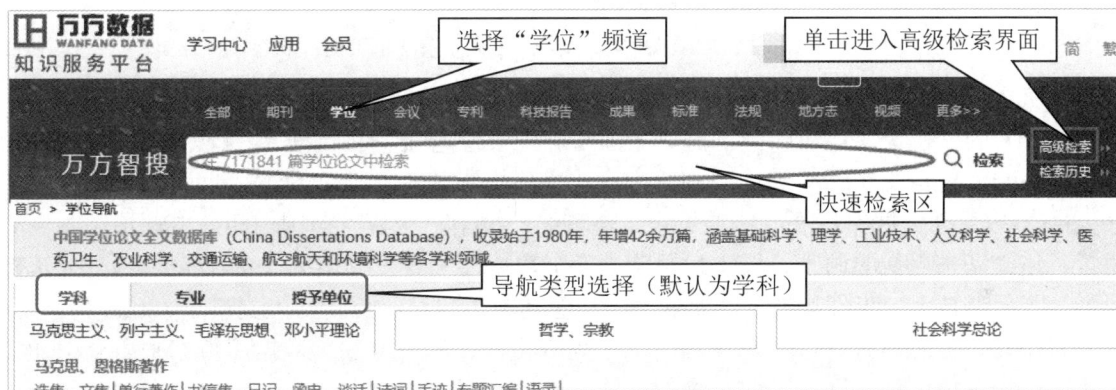

图9.19 选择万方平台"学位"频道后的导航与检索界面

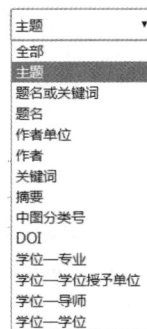

此数据库提供的检索字段有：论文题名、作者、专业、导师、授予学位单位、关键词、摘要、DOI等（见图9.21）。

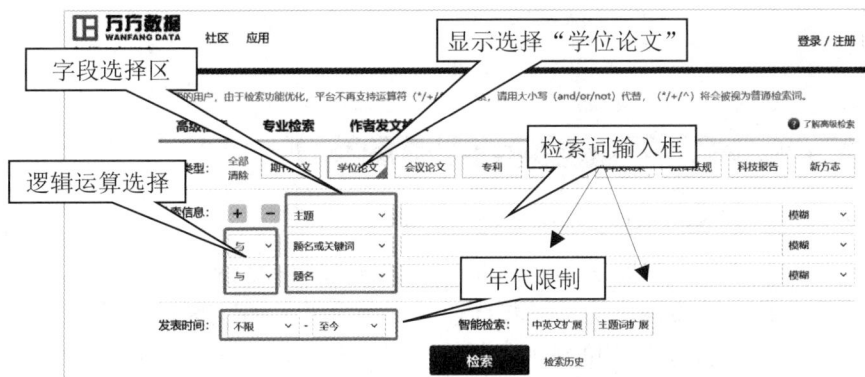

图9.20 万方平台"学位"频道的高级检索界面　　　图9.21 字段选择列表

2．CALIS 学位论文全文数据库

"CALIS 学位论文全文数据库"是 CALIS 三期建设内容之一，用于收割各高校本地的学位论文系统以及部署在 CALIS 各个共享域中心的学位论文信息库，并集成 PQDT（ProQuest Dissertations & Theses）、NDLTD（Networked Digital Library of Theses and Dissertations）等国外学位论文系统中的元数据，建成国内获取中外文学位论文信息的综合、权威的服务门户，为用户提供集中式学位论文元数据检索和全文获取服务。

该数据库通过"CALIS 学位论文中心服务系统"（etd.calis.edu.cn）向用户提供中外文学位论文检索和获取服务（见图 9.22）。该系统采用"e 读"搜索引擎，提供一框式全字段检索。系统能够根据用户登录身份显示适合用户的检索结果，检索结果通过多种途径的分面和排序方式进行过滤、聚合与导引，并与其他类型资源关联，以快速定位所需信息。如果有用户所在机构图书馆未购买的学位论文，可通过文献传递获取其全文。

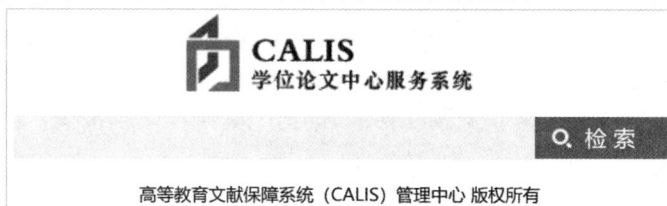

图 9.22　CALIS 学位论文中心服务系统主页面

3．CNKI 的学位论文库

CNKI 的学位论文库，即俗称的"中国博硕士学位论文全文数据库"（见图 9.23），包括"中国博士学位论文全文数据库"和"中国优秀硕士学位论文全文数据库"两个子库。它们系 CNKI 的系列数据库，既可单独检索，也可统一检索，号称目前国内相关资源最完备、高质量、连续动态更新的硕士、博士学位论文全文数据库（收录年限为 1984 年至今），分基础科学、工程科技Ⅰ、工程科技Ⅱ、农业科技、医药卫生科技、哲学与人文科学、社会科学Ⅰ、社会科学Ⅱ、信息科技、经济与管理科学十大专辑，168 个专题。数据库数据来自全国 810 多家硕士培养单位和 530 多家博士培养单位。

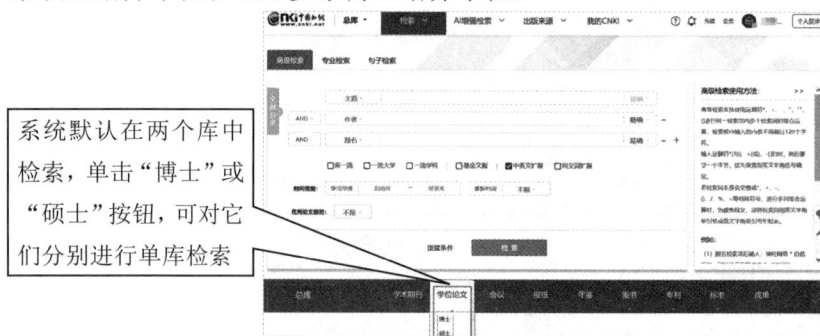

系统默认在两个库中检索，单击"博士"或"硕士"按钮，可对它们分别进行单库检索

图 9.23　基于 CNKI 平台的"学位论文库"的高级检索界面

目前，中国博硕士学位论文全文数据库通过 CNKI 的 KNS 平台提供检索服务。有高级检索、专业检索、句子检索和一框式检索四种检索方式选择，同时提供 CNKI 知识仓库分类导航（分十个大类 168 个专题）和学位授予单位导航。其检索界面和检索方法与 CNKI 的"中国学术期刊（网络版）"大同小异，在此不再赘述。

4. HKMO 优秀学术全文资源库

HKMO 优秀学术全文资源库即"港澳优秀博硕论文库",收录了中国港澳地区著名院校的优秀博硕论文,被业界誉为"港澳精英智囊库"。该库涵盖数学、物理学、化学、生物学、地理学和地质学、建筑学、信息与电子科学类、工程学、心理学、医学、计算机科学与技术类、哲学、经济学、教育学、历史学、法学、文学、管理学、社会学等数十门学科,所有文献均以全文再现,保持原版原貌,其中不乏一些名家、学者的手稿。

HKMO 优秀学术全文资源库包括英文文献和中文文献,其中英文文献约占 97%,中文文献约占 3%,数据格式为 PDF,收录年限为 20 世纪 40 年代至今,按照中图分类法划分为:社会科学、人文科学、应用科学、自然科学和医学与生命科学五大类。该库在 2022 年 3 月及其之前通过其自身的平台(网址:www.hkmolib.com 或 www.e-hkmolib.com)访问,现其数据已集成到"国际教育系列全文资源库"中,并通过它们的检索平台(网址:www.ieslib.com)访问。其使用指南可浏览在线资源"9.15"。

5. PQDT Dissertations & Theses Global

ProQuest 全球博硕士论文数据库(ProQuest Dissertations and Theses Global,PQDT Global)曾先后称为 ProQuest 数字化博硕士论文文摘数据库(ProQuest Digital Dissertations,PQDD)、ProQuest 博硕士论文数据库(ProQuest Dissertations & Theses,PQDT),由美国 ProQuest 公司提供,是世界上最大和使用最广泛、涵盖所有学科的学位论文数据库,收录美国、加拿大等北美地区国家的几乎所有学科领域发表的博硕士论文,也有少量的欧洲和亚洲的学位论文。PQDT Global 曾有两个分册版本,PQDT A 为人文和社会科学版,PQDT B 为科学和工程版,以及包括两个分册版的完全版。2017 年 4 月 14 日,ProQuest 公司与 CALIS 商定,PQDT Global 在原来收录中国科学院、浙江大学、香港大学等中国少数研究生培养机构的学位论文基础上,将收录源自中国一流大学的逾 27 万篇学位论文英文文摘信息。截至 2025 年 4 月,PQDT Global 收录了 1606 年至今全球 4100 余所高校、科研机构 620 多万篇博硕士论文的文摘/索引(其中包括 270 多万篇全文博士论文和 120 多万篇全文硕士论文),涵盖了从 1861 年获得通过的全世界第一篇博士论文(美国),回溯至 17 世纪的欧洲培养单位的博士论文,内容覆盖科学、工程学、经济与管理科学、健康与医学、人文及社会科学等各个领域。数据库每周更新,年增论文逾 30 万篇。对于大多数编入索引中的论文,可以提供纸本或缩微胶片形式的全文复本,有些还可以下载论文 PDF 格式的全文。检索 PQDT Global,可单击 ProQuest 平台(网址:www.proquest.com)上方"更改数据库"按钮,在展开的选择数据库页面(见图 9.24)中单击"ProQuest Dissertations & Theses Global"超链接,即可进入 PQDT Global 默认的基本检索界面(见图 9.25)。也可勾选该数据库前面的复选框,然后单击"使用选定的数据库"按钮进入。

PQDT Global 通过 ProQuest 平台可提供基本检索、高级检索(含命令行检索)和浏览(按照主题或地点)等功能(见图 9.25)。PQDT Global 检索结果记录均提供摘要/索引链接(见图 9.26),至于全文有直接浏览或下载 PDF 全文的(也可选择订购其纸质文献或缩微胶卷),有在 ProQuest 以外网站获取全文的。如果获得的只有学位论文的摘要/索引信息,需要其全文,可先到基于北京中科进出口有限责任公司的"国外学位论文中国集团全文检索平台"的"ProQuest 学位论文全文库"查询。如果该数据库没有的话,可根据其出版号/订购号,向 ProQuest 公司订购学位论文全文。基于 ProQuest 平台的 PQDT Global 详细介绍与利用指南可浏览在线资源"9.16"。

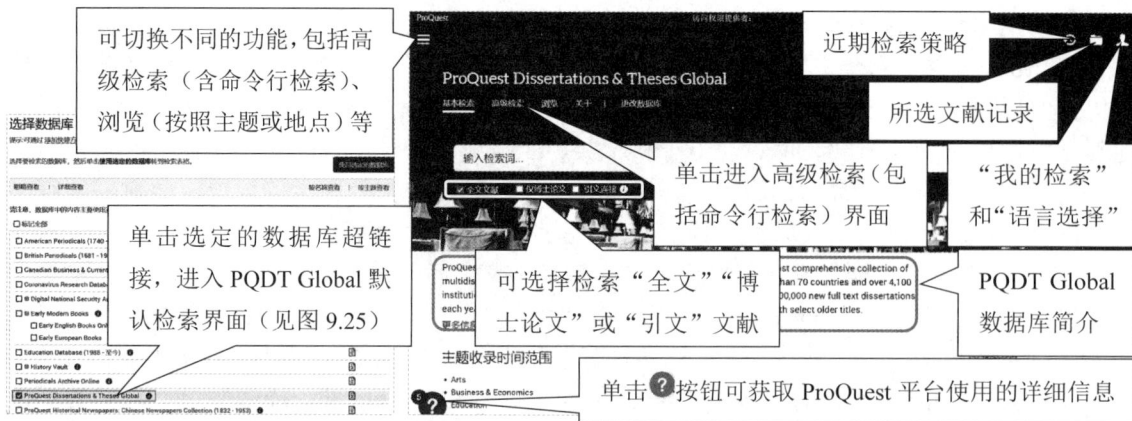

图 9.24 ProQuest 平台的数据库选择界面

图 9.25 PQDT Global 默认的基本检索界面

图 9.26 PQDT Global 检索结果界面

PQDT Global 可实现与 ProQuest 平台的其他数据库，如 ABI/INFORM（商业管理全文期刊数据库）、ProQuest Historical Newspapers: Chinese Newspapers Collection（中国近代英文报纸库）、ProQuest Academic Research Library（ProQuest 学术研究图书馆，ARL）、ProQuest Science Journals（科学期刊全文数据库）、ProQuest Asian Business & Reference（亚洲商业数据库）等之间的跨库检索。ProQuest 平台还支持对某些数据库产品进行主题探索。关于 ProQuest 平台使用的详细信息可单击其首页中的❓按钮（见图 9.25）获取。

6. ProQuest 学位论文全文库

ProQuest 学位论文全文库⑤由高校图书馆数字资源采购联盟（Digital Resource Acquisition Alliance of Chinese Academic Libraries，DRAA，原由教育部 CALIS 文理中心）组织国内若干图书馆、文献收藏单位集团采购，每年联合购买一定数量的 ProQuest 学位论文全文，提供网

---

⑤ 2002 年，我国 72 所高校图书馆联合订购了 PQDT 中部分学位论文的全文，建立了"ProQuest 学位论文全文数据库"。2024 年 12 月底，全国约有 200 所高校和研究机构参加了 ProQuest 学位论文全文的 DRAA 集团采购。该数据库涵盖自然科学、社会科学等在内的 11 个大学科、31 个一级学科和 268 个二级学科，其内容也不断增加，目前收录 PDF 格式的国外学位论文全文约 108 万余篇，且今后每年将新增约 5 万篇，近年又增加 220 万余篇论文的目次摘要信息。集团用户每年可选购论文，目前，用户登录 PQDT 学位论文全文库新平台，即可进行论文荐购，具体方法可浏览在线资源"9.17"。

络共享，只要是该集团采购的成员馆均可共享全部学位论文资源。该库现通过北京中科进出口有限责任公司推出的"国外学位论文中国集团全文检索平台"（网址：www.pqdtcn.com）（见图 9.27）提供检索与荐购服务。ProQuest 学位论文全文库与 PQDT Global 的内容有涵盖关系，可配合使用。

国外学位论文中国集团全文检索平台提供一框式"基本检索"检索（默认）、高级检索和分类导航等查询方式，并可在简体中文、繁体中文和英文三种语言界面间切换，用户个性化登录后，可使用平台的个性化功能，如订阅、荐购感兴趣学科的论文，保存检索历史等。该库详细的介绍与使用可浏览在线资源"9.18"。

图 9.27　国外学位论文中国集团全文检索平台首页

7. 网上免费检索的学位论文资源

1）NSTL 的"学位论文"频道

NSTL（www.nstl.gov.cn）的学位论文可提供论文摘要，是免费使用的数据库。其中中文学位论文收录，1984 年至今我国高校、科研院所授予的硕士、博士学位论文和博士后出站研究报告，每年增加论文近 30 万篇，学科涉及自然科学各专业领域，涵盖全国约 1400 所高校及科研机构；外文学位论文收藏，ProQuest 公司出版的 2001 年以来的电子版优秀硕博士论文，每年新增约 4 万篇，涉及自然科学和社会科学领域，涵盖 924 所国外高校及科研机构。注册付费用户通过单击文献下方的"获取原文"，选择"文献传递"，提出全文申请；或通过该平台"特色服务"的"代查代借"提出全文请求。

2）国家图书馆馆藏博士论文与博士后出站研究报告数字化资源库

该数据库是以国家图书馆 20 多年来收藏的博士论文为基础建设的学位论文全文影像数据，通过国家图书馆读者门户（read.nlc.cn）的"特色资源"栏目下的"博士论文"登录。目前博士论文全文影像资源库以书目数据、篇名数据、数字对象为内容，提供 25 万多篇博士论文全文前 24 页的展示浏览，不提供电子版的下载、打印服务，提供论文阅览、复制等服务。

3）NDLTD 学位论文库

NDLTD 学位论文库（Networked Digital Library of Theses and Dissertations, NDLTD）始建于 1996 年，是一个基于美国弗吉尼亚理工大学学位论文库，并在美国国家自然科学基金支持下发展起来的全球学位论文共建、共享的开放联盟。NDLTD 的成员馆来自全球各地，不仅有美国、加拿大，还有德国、丹麦等欧洲国家和中国的大学图书馆、图书馆联盟、专业研究所。NDLTD 利用开放档案计划（Open Archives Initiative, OAI）的学位论文联合目录，为用户提供免费的学位论文文摘和部分全文资源链接（根据作者的要求，分为无限制下载、有限制下载、不能下载几种方式）。登录网址为 search.ndltd.org，用户也可通过弗吉尼亚理工大学机构知识库 VTechWorks（vtechworks.lib.vt.edu）站点的"Communities & Collections"（机构与知识库）栏目中的"ETDs: Networked Digital Library of Theses and Dissertations"浏览 NDLTD 学位论文。

4）OpenDissertations 数据库

OpenDissertations 是一个开放访问的数据库，原名 American Doctoral Dissertations（美国博士论文数据库）。该数据库不仅涵盖了先前发布的 American Doctoral Dissertations，收录约有 10 万篇从 1933 年至 1955 年间的论文，是当时唯一可以提供检索博士论文的索引数据库，也是当时唯一将 1933—1955 年间美国博士论文集合在单一平台上的免费数据库，并且提供由美国高校遴选出的其他论文元数据。该数据库定期更新，收录自 1902 年至今的论文文献，且针对这些论文新增了引文数据。

该数据库内容反映了历年来美国国家各方面趋势与所面临的议题等，包含许多知名作家同时还有普立兹奖（Pulitzer Prize）得主、诺贝尔奖得主、菲尔兹奖得主、美国航空航天局局长、曼哈顿计划科学家等作者的一系列论文。

目前，该数据库通过 EBSCOhost 平台，向用户免费开放。通过原 American Doctoral Dissertations 的登录网址（www.opendissertations.com）也可访问基于 EBSCOhost 平台的 OpenDissertations 数据库。用户通过选择作者、题名、大学和出版状态等，并组配检索，可获取论文的题录信息和论文所在纸本索引目录页的 PDF 文档。用户还可以据此在加盟该计划的图书馆的机构知识库中访问数字化学位论文的全文。基于 EBSCOhost 平台 OpenDissertations 数据库的利用指南，可参看本书第 8 章 8.1.3 节。

5）研究生培养单位自建的硕博学位论文库

目前，国内许多研究生培养单位都自建本单位的硕博士学位论文库，一般都提供题录和文摘信息的查询。例如，北京大学学位论文库（北大图书馆网站→北京大学学位论文数据库，网址：dbnav.lib.pku.edu.cn）主要收藏 2003 年后的全部学位论文和 1985—2003 年间的部分学位论文题录和电子版全文，可免费检索部分获得授权的学位论文全文；上海交通大学学位论文系统（上海交通大学图书馆网站→资源→特色资源→上海交通大学学位论文数据库，网址：thesis.lib.sjtu.edu.cn）收录了该校历年来硕博士学位论文，用户可免费检索到其中的论文摘要和一些全文；上海理工大学也建有"本校硕博学位论文数据库"，收录了 1990 年以来的硕士、博士学位论文和博士后出站研究报告及回溯论文，可查询书目、文摘、全文信息等。研究生培养单位自建的硕博学位论文库，用户一般只能在本机构的局域网内检索，一些论文，尤其是保密论文，不提供全文浏览服务。

6）其他网上免费学位论文站点

其他网上免费学位论文站点信息，可浏览在线资源"9.19"。

9.5.3　学位论文原文的获取

如果有权使用学位论文全文数据库，则可直接通过数据库获取博硕士学位论文的原文；若不能使用数据库或数据库中没有收录所要的学位论文，可以通过图书馆的馆际互借与文献传递服务获取；如果知道作者的联系方式（如电子邮箱），也可与作者直接联系，请求作者提供原文。

第 10 章 文献的合理使用

合理使用文献是学术素养的基本内容之一。现在许多国家或地区的著作权法都涉及合理使用。这为后续作者创作新作品时利用先前作者的作品提供了法律上的依据。

10.1 合理使用概述和判定标准

10.1.1 合理使用的概念与特征

合理使用⑥属于知识产权方面的范畴,是指在特定条件下允许个人和特定组织在未经版权人许可的情况下无偿使用版权作品的法律规范。合理使用的规范肇始于英国,但一般认为,1841 年,美国大法官约瑟夫·斯托里(Joseph Story)在 Folsom 诉 Marsh 一案中系统地阐述了合理使用的基本思想。美国 1976 年的《著作权法案》首次为合理使用制定了标准⑦。合理使用实际上是一种著作权限制制度(另外两种为法定许可使用制度和强制许可使用制度),其目的是:平衡作者与使用者、社会公众之间的利益,消除作品创作者、作品传播者、作品使用者之间的冲突;维护作者权益基础上利益的均衡,从而推动整个社会繁荣与文化进步;满足社会公众对各种信息的大量需求,人类文明发展的大蛋糕不能让版权人独享。合理使用有四个比较重要的特征:①合理使用的许可是由法律直接赋予的,使用人不需要征得版权持有人的许可;②合理使用的许可是有一定范围的,它并不囊括学者希望对作品的所有使用类型;③大多数国家都有类似合理使用的做法,尽管可能在合理使用的对象和范围规定方面差别很大;④合理使用是比较模糊不清的,即合理使用与非法使用两者之间的界限模糊不清,颇有争议[7](52)。

10.1.2 合理使用的认定标准

"三步检验法"(The Three-Step Test)是国际版权公约中规定的判断合理使用构成的一般原则。"三步检验标准"最初出现在 1967 年《保护文学艺术作品伯尔尼公约》(简称《伯尔尼公约》)斯德哥尔摩修订本中,后又被 1994 年形成的《与贸易有关的知识产权协议》(Agreement on Trade-Related Aspects of Intellectual Property Rights,TRIPS,简称《知识产权协定》)、1996 年通过的《世界知识产权组织版权条约》(WIPO Copyright Treaty,WCT,简称《WIPO 版权条约》)和《世界知识产权组织表演和录音制品条约》(WIPO Performances and Phonograms

---

⑥ 关于合理使用的称谓,英国、加拿大以"fair dealing"(合理交易)一词表述;美国则使用"fair use"(合理使用)一词;大陆法系国家的著作权法中一般未直接采用"合理使用"术语,而是将该制度规定在"著作权的限制"名目之中;日本著作权法将英美、加拿大等国的"fair use"或"fair dealing"称为"光明正大地使用"或"公正地使用"。我国香港《2007 年版权(修订)条例》称为"公平处理"。

⑦ 美国的著作权法第 107 条"专有权的限制:合理使用"规定:"虽有第 106 条和 106A 条之规定,但为诸如批评、评论、新闻报道、教学(包括为课堂教学之用而复制多件副本)、学术或者研究等目的而使用受版权保护作品,包括制作复制品、录音制品或者以本节规定之其他方法使用作品,是合理使用,不属于侵犯版权之行为。"

Treaty，WPPT，简称《WIPO 表演和录音制品条约》）、2012 年签署的《视听表演北京条约》（简称《北京条约》）、2013 年缔结的《关于为盲人、视障者和其他印刷品阅读障碍者获得已出版作品提供便利的马拉喀什条约》（简称《马拉喀什条约》）等我国已加入的国际条约所确认。"三步检验标准"发展历程中最重要的一件大事就是 2000 年欧共体就美国《版权法》第 110（5）条诉美国案。在此案中，由 WTO 争端解决专家小组对三步检验标准做了迄今为止最权威的解释：①合理使用只能在特定的特殊情况下做出。"特定的"是指国内法规定的任何一种限制或例外都必须被清楚地界定；"特殊的"指"适用范围或目的是有限的、是个别性的""在质上和量上的界限都是狭窄的"。②合理使用不能和作品的正常使用相冲突。③不应不合理地损害版权人的合法利益。尽管"合理使用"和"三步检验法"是两套时而并行、时而融合，又时而互斥的理论和制度体系，但应当注意，上述三步检验标准缺一不可，否则不能称之为合理使用。目前，三步检验法已被纳入多个国家（如法国、葡萄牙、中国、澳大利亚）的法律中。即使一些国家法律未有明显涵盖此测试法，但法官在解释和应用本国版权法时，有时也以此为据。

在司法实践中，也有两步法的认定标准，即审查被控行为是否会影响作品的正常使用，是否不合理地损害著作权人的合法权益，而不拘泥被控行为是否为著作权法规定的特定情形。

10.1.3 合理使用判断的原则或司法认定路径

1841 年，Story 法官在审理 Folsom 诉 Marsh 一案中，最先确立了判断合理使用的四原则："在判断此类问题的性质时，必须经常审视所编辑之选集的性质和目的，所选用素材之数量和价值，以及该使用行为可能对原作品销售之阻碍程度、对其收益减少之程度或者有无取代原作品之目的"。在 Story 的影响和推动下，美国法院后来进一步深化了合理使用这一普通法规，对著作权国际公约和各国版权立法产生了重要影响。

目前，尽管各国或地区在立法文件中对"合理使用"有不同的表述，且适用的情形也不尽相同，但一般而言，合理使用判断的基本原则或司法认定路径包括：①使用目的与性质。使用目的是合理使用的第一要素，是界定合理使用规则的"灵魂"。该要素要求使用他人作品的目的必须正当，即这种使用一般不具有商业性质或是为了非营利的教育等目的。②被使用作品的性质。对不同的作品应有不同的合理使用要求，对于未发表作品的合理使用要严于已发表作品。③使用作品的程度（同整个有著作权作品相比所使用的部分的数量和内容的质量）。关于被使用作品的数量，许多国家都做出了具体规定。④对被使用作品潜在市场或价值的影响。考察对著作权作品的市场影响，关键在于有无损害的发生。

10.2 合理使用的法律规定

目前，一些有关版权的法律法规、国际条约，允许对权利人的著作权进行必要的限制，或者对合理使用进行直接的规定。尽管这种对权利限制原则的逐步紧缩是国际立法的发展趋势，但可以肯定：著作权人的权利一定要受到保护，而合理使用制度也一定会不断健全。2000年通过的《国际图联在数字环境下版权问题立场》中的主要观点，或许有助于人们找到著作权人权利的保护和权利的限制与例外的平衡点。

10.2.1 国际条约关于合理使用的立法现状

世界各国均各自订立其版权法，但大部分国家在调整及执行其法律的灵活度时，则受一系列国际条约的约束，合理使用情形自不例外。

《伯尔尼公约》第九条第二款规定，合理使用不得"损害作品的正常使用也不致无故损害作者的合法权益"，但该公约又允许成员国自行立法规定对著作权的限制；不过此规定仅涉及复制权。TRIPS 协议第十三条则继承和发展了《伯尔尼公约》，将著作权的限制扩大到所有的权利：各成员对专有权作出的任何限制或例外规定应限于某些特殊的情况，且不会与作品的正常利用相冲突，也不会不合理地损害权利持有人的合法权益。

1996 年 12 月，WIPO 日内瓦会议针对数字化技术和互联网带来的挑战，通过了两个"互联网条约"：WCT 和 WPPT。WCT 第十条和 WPPT 第十六条对合理使用和其他限制作出原则上的规定。如 WCT 第十条版权限制与例外中明确规定：缔约各方在某些不与作品的正常利用相抵触、也不无理地损害作者合法利益的特殊情况下，可在其国内立法中对依本条约授予文学和艺术作品作者的权利规定限制或例外。2012 年签署的《北京条约》第十三条限制与例外中规定：缔约各方可以在其国内立法中，对给予表演者的保护规定与其国内立法给予文学和艺术作品的版权保护相同种类的限制或例外；缔约各方应使本条约中所规定权利的任何限制或例外仅限于某些不与表演的正常利用相抵触、也不致不合理地损害表演者合法利益的特殊情况。2013 年通过的《马拉喀什条约》第四、第十一、第十二条关于著作权例外与限制的规定，其中第四条明确了权利限制的种类，要求各签约国必须对复制、发行以及向公众提供权进行限制。不过，1996 年 3 月 11 日通过的《欧洲议会与欧盟理事会关于数据库法律保护的指令》（简称《欧盟数据库指令》）则缩小了合理使用的范围，将网络环境中个人为学习、研究、欣赏而使用作品的行为排除在合理使用范围之外，对个人合理使用的规定只限于非电子数据库。

根据上述国际条约的规定，为了个人学习和研究的需要，只要不损害作品的正常使用，也不致无故侵害作者的合法利益，都是法律许可的合理使用的范围。

10.2.2　我国法律法规对合理使用的规定

1. 著作权法及其他法律对合理使用的规定

目前，《中华人民共和国著作权法》（1990 年通过，2020 年第三次修订）未直接描述合理使用，而是将"合理使用"纳入"权利的限制"（第二十四条、第四十六条）中。

第二十四条规定合理使用的情况为：

（一）为个人学习、研究或者欣赏，使用他人已经发表的作品；（二）为介绍、评论某一作品或者说明某一问题，在作品中适当引用他人已经发表的作品；（三）为报道时事新闻，在报纸、期刊、广播电台、电视台等媒体中不可避免地再现或者引用已经发表的作品；（四）报纸、期刊、广播电台、电视台等媒体刊登或者播放其他报纸、期刊、广播电台、电视台等媒体已经发表的关于政治、经济、宗教问题的时事性文章，但著作权人声明不许刊登、播放的除外；（五）报纸、期刊、广播电台、电视台等媒体刊登或者播放在公众集会上发表的讲话，但作者声明不许刊登、播放的除外；（六）为学校课堂教学或者科学研究，翻译、改编、汇编、播放或者少量复制已经发表的作品，供教学或者科研人员使用，但不得出版发行；（七）国家机关为执行公务在合理范围内使用已经发表的作品；（八）图书馆、档案馆、纪念馆、博物馆、美术馆、文化馆等为陈列或者保存版本的需要，复制本馆收藏的作品；（九）免费表演已经发表的作品，该表演未向公众收取费用，也未向表演者支付报酬，且不得以营利为目的；（十）对设置或者陈列在室外公共场所的艺术作品进行临摹、绘画、摄影、录像；（十一）将中国公民、法人或者非法人组织已经发表的以国家通用语言文字创作的作品翻译成少数民族语言文字作品在国内出版发行；（十二）以阅读障碍者能够感知的无障碍方式向其提供已经发表的作品；（十三）法律、行政法规规定的其他情形。

第四十六条规定合理使用的情况为：

广播电台、电视台播放他人已发表的作品，可以不经著作权人许可，但应当按照规定支付报酬。

2011 年 12 月，最高人民法院印发《关于充分发挥知识产权审判职能作用推动社会主义文化大发展大繁荣和促进经济自主协调发展若干问题的意见》，其中第八款明确说明，"在促进技术创新和商业发展确有必要的特殊情形下，考虑作品使用行为的性质和目的、被使用作品的性质、被使用部分的数量和质量、使用对作品潜在市场或价值的影响等因素，如该使用行为既不与作品的正常使用相冲突，也不至于不合理地损害作者的正当利益，可以认定为合理使用。"这是对"合理使用"的认定进行了扩大解释，而不仅仅限于 2010 年修订的著作权法规定的情形，即确立了一种类似于美国《著作权法》107 条对"转化性使用"的判定标准。

2013 年修订的《中华人民共和国著作权法实施条例》第二十一条明确规定："依照著作权法有关规定，使用可以不经著作权人许可的已经发表的作品的，不得影响该作品的正常使用，也不得不合理地损害著作权人的合法利益。"2020 年 11 月 11 日修订的著作权法在保留合理使用应具备的"指明作者姓名、作品名称"与"不得侵犯著作权人依照本法享有的其他权利"两项条件基础上，也新增"不得影响该作品的正常使用"作为第三项条件。

另外，合理使用也要遵守其他适用的法律法规。《中华人民共和国民法通则》规定："不得借学术研究以侮辱、诽谤方式损害公民法人的名誉。"《中华人民共和国统计法》规定："必须对属于国家机密的统计资料保密；在学术研究及学术作品中使用标准、目录、图表、公式、注释、参考文献、数字、计量单位等应遵守国家标准化法、计量法等法律法规的规定。"

2.《信息网络传播权保护条例》有关合理使用的规定

我国 2001 年新修改的著作权法新增了著作权人所拥有的信息网络传播权。我国最新的著作权法将其定义为"以有线或者无线方式向公众提供，使公众可以在其选定的时间和地点获得作品的权利"。这一规定基本采纳了 WCT 的精神，但我国新著作权法对传统著作权的限制方式是否同样适用于信息网络环境，还未明确规定。

目前，我国已经加入《伯尔尼公约》、WCT、WPPT 等国际条约。2006 年 5 月 18 日，我国颁布了《信息网络传播权保护条例》（2006 年 7 月 1 日起实施，2013 年修订），在国内立法上予以衔接。《信息网络传播权保护条例》第六、第七条、第十二条对信息网络传播的各种合理使用做了规定，第十条则对合理使用的必备条件进行了规定。具体如下：

第六条　通过信息网络提供他人作品，属于下列情形的，可以不经著作权人许可，不向其支付报酬：（一）为介绍、评论某一作品或者说明某一问题，在向公众提供的作品中适当引用已经发表的作品；（二）为报道时事新闻，在向公众提供的作品中不可避免地再现或者引用已经发表的作品；（三）为学校课堂教学或者科学研究，向少数教学、科研人员提供少量已经发表的作品；（四）国家机关为执行公务，在合理范围内向公众提供已经发表的作品；（五）将中国公民、法人或者其他组织已经发表的、以汉语言文字创作的作品翻译成的少数民族语言文字作品，向中国境内少数民族提供；（六）不以营利为目的，以盲人能够感知的独特方式向盲人提供已经发表的文字作品；（七）向公众提供在信息网络上已经发表的关于政治、经济问题的时事性文章；（八）向公众提供在公众集会上发表的讲话。

第七条　图书馆、档案馆、纪念馆、博物馆、美术馆等可以不经著作权人许可，通过信息网络向本馆馆舍内服务对象提供本馆收藏的合法出版的数字作品和依法为陈列或者保存版本的需要以数字化形式复制的作品，不向其支付报酬，但不得直接或者间接获得经济利益。当事人另有约定的除外。

前款规定的为陈列或者保存版本需要以数字化形式复制的作品，应当是已经损毁或者濒临损毁、丢失或者失窃，或者其存储格式已经过时，并且在市场上无法购买或者只能以明显高于标定的价格购买的作品。

第十条　依照本条例规定不经著作权人许可、通过信息网络向公众提供其作品的，还应当遵守下列规定：（一）除本条例（二）指明作品的名称和作者的姓名（名称）；（三）依照本条例规定支付报酬；（四）采取技术措施，防止本条例第七条、第八条、第九条规定的服务对象以外的其他人获得著作权人的作品，并防止本条例第七条规定的服务对象的复制行为对著作权人利益造成实质性损害；（五）不得侵犯著作权人依法享有的其他权利。

第十二条　属于下列情形的，可以避开技术措施，但不得向他人提供避开技术措施的技术、装置或者部件，不得侵犯权利人依法享有的其他权利：（一）为学校课堂教学或者科学研究，通过信息网络向少数教学、科研人员提供已经发表的作品、表演、录音录像制品，而该作品、表演、录音录像制品只能通过信息网络获取；（二）不以营利为目的，通过信息网络以盲人能够感知的独特方式向盲人提供已经发表的文字作品，而该作品只能通过信息网络获取；（三）国家机关依照行政、司法程序执行公务；（四）在信息网络上对计算机及其系统或者网络的安全性能进行测试。

3. 有关图书馆合理使用的法律规定

我国现行的著作权法第二十四条的第八款规定了图书馆的一般意义下的合理使用情形。现行《信息网络传播权保护条例》的第七条、第十条的规定与图书馆直接相关，其他合理使用的规定则与图书馆间接相关；其中第七条规定对图书馆网络传播服务的合理使用进行了具体的规定。这些法律法规赋予了图书馆等机构在一定条件下可以不经著作权人的许可将其作品复制并在本馆网上进行传播、非营利模式的文献传递，即赋予图书馆的"法定许可"权限。

4. 港台地区有关合理使用的法规

现行的香港《版权条例》（1997 年 6 月 27 日生效，已完成六次修订，最近一次修订生效时间是 2020 年 6 月 26 日）有多条有关合理使用的规定，并称其为"公平处理"。这些规定允许公众人在进行研究、私人研习、批评、评论和新闻报道时可以合理使用版权作品，也准许图书馆合理使用版权作品（如现行的《版权条例》第 46 条至第 53 条有复制的免责规定；第 40A、40C、40D、40E、40F 条对包括图书馆在内的指明团体为阅读残障人士制作、提供复制件作出了免责规定；第 35B 条对图书馆使用"平行进口"作品作出了免责规定）。有关《版权条例》中与合理使用相关的规定可在香港特区知识产权署官网的"版权"下的"有关版权的法例"栏目（www.ipd.gov.hk/sc/copyright/copyright-laws/index.html）中查询，其中与学生和教师合理使用相关的信息可浏览在线资源"10.1"。

我国台湾地区所谓的"著作权法"沿袭的是 1928 年制定的《中华民国著作权法》。在 20 世纪 80 年代之后，为了适应信息技术的发展，台湾地区已对其所谓的"著作权法"进行了 10 多次修订。2022 年 6 月修正的最新版"著作权法"共 8 章（删除原 117 条中的 20 款），其中，第 44 条至第 65 条规定了著作权合理使用的各种情形，尤其是第 48 条还列出了图书馆、博物馆、科学馆等文教机构合理使用的具体规定。关于中国台湾地区的"著作权法"及其对版权作品合理使用的详细介绍可浏览在线资源"10.2"。

10.3　电子资源的合理使用

电子（数字化）资源具有信息量大、复制容易、传输高效的特点。面对电子资源的传播特点，原有的著作权法确实在某些方面存在缺漏，一些固有的概念、原则已无法解释和规范诸多与数字技术共生的现象，许多国际组织和诸多国家都制定了新规定，这无疑也触及图书馆用户对文献数据库、电子期刊等电子资源的合理使用。

10.3.1　文献数据库与电子期刊简介

关于什么是数据库，有许多不同的表述。其中欧盟的定义为："数据库指经系统或有序地安排，并可通过电子或其他手段单独加以访问的独立的作品、数据或其他材料的集合。"不管人们怎么定义数据库，它们都有共同的基本特征，即数据库是有序的集合，其中的每一个作品或材料都可以通过电子手段或其他手段单独地进行访问。文献数据库则是计算机、手机等终端可读的、有组织的相关文献信息的集合。

电子期刊是指以电子（或称数字）形式出版发行的期刊，英文简称"e-journal"。它分为两种类型：一种是印刷型期刊的电子版，主要内容与印刷版相同，但利用网络和信息技术增加了很多服务功能；另一种属于原生数字资源，是指在互联网上发行的纯电子期刊（如 PLoS 期刊），完全依托计算机、网络和通信技术编辑、出版和发行，内容新颖，表现形式丰富。

10.3.2　文献数据库保护的有关规定

文献数据库的保护应根据其性质而定。从版权法保护的角度来划分，数据库有三类：第一类为由版权客体的作品构成的数据库；第二类为由事实资料组成但在选择编排上具有独创性的数据库；第三类为由事实资料组成在选择编排上不具有独创性的数据库。

目前，对数据库的国际保护基本上均建立在著作权保护的基础上。1994 年形成的 TRIPS 的第十条至第十四条，对近年来在国际版权与邻接权贸易中的一些焦点问题做了规定，其中第十条第二款规定：数据或其他材料的汇编，无论采用机器可读形式还是其他形式，只要其内容的选择或编排构成智力创作，即应给予保护。WCT 第五条规定：数据或其他资料的汇编，无论采用任何形式，只要由于其内容的选择或编排构成智力创作，其本身即受到保护。这两个条约的内容基本相同，这也说明对数据库的著作权保护在世界范围内已达成共识。目前，对数据库的特殊保护体系除了在欧盟成功建立外，仍未在世界范围内得到普遍承认[⑧]。不过由于欧盟与美国两方的努力，国际社会已经开始考虑这个问题了。

我国还没有对数据库进行单独立法。但我国现行的著作权法第十五条的规定："汇编若干作品、作品的片段或者不构成作品的数据或者其他材料，对其内容的选择或者编排体现独创

---

⑧　欧盟（《欧盟数据库指令》）对上述三类数据库均给以版权保护，美国（HR 系列议案）和日本（《著作权法》）只对第一、第二类数据库的版权加以保护，但欧盟与美国保护的条件均是数据库的实质性投入，而日本保护的条件则是独创性。

性的作品，为汇编作品，其著作权由汇编人享有，但行使著作权时，不得侵犯原作品的著作权。"上述第一，第二类数据库可以汇编作品加以保护，数据库编辑者也可以汇编作品享有该数据库的版权。因而，读者在利用第一，第二类文献数据库时，应在相关法律法规规定的范围内合理使用。至于第三类数据库，因不适用著作权法来保护，就不存在合理使用的问题了。

另外，为规范用户文献数据库的使用行为，一些数据库商也制定其电子资源合理使用的规定，如科睿唯安的《使用条款》（Terms of Use，即 Terms of Business，中译为《商务条款》）。

10.3.3　图书馆对电子资源合理使用的一般规定

由于网络传输作品的一些特殊情况，扩大了图书馆用户合理使用电子资源的范畴。例如，个人浏览时在硬盘或存储器中的复制；用脱线浏览器下载；下载后的为阅读的打印行为；网站定期制作备份；远程图书馆网络服务；服务器间传输所产生的复制及系统自动产生的复制等。

目前，我国高等院校和科研院所等机构的图书馆对电子期刊、电子数据库等电子资源合理使用的具体规定各不相同，但一般性的原则是一致的，即授权用户出于个人的研究和学习目的，可以对图书馆的电子资源进行下列的合理使用：①检索网络数据库；②阅读检索结果（包括文摘索引记录或全文，下同）；③打印检索结果；④下载并保存检索结果；⑤将检索结果发送到自己的电子邮箱里；⑥承担使用单位正常教学任务的授权用户，可以将作为教学参考资料的少量检索结果，下载并组织到本单位教学使用的课程参考资料包（Course Pack）中，置于内部网络中的安全计算机上，供选修特定课程的学生在该课程进行期间通过内部网络进行阅读。

下列行为超出合理使用范围，是侵犯知识产权的行为，应严格禁止：

①对文摘索引数据库中某一时间段、某一学科领域或某一类型的数据进行批量下载；②对全文数据库中某种期刊/会议录或它们中的一期或者多期的全部文章进行下载；③利用批量下载工具对网络数据库进行连续、系统、多线程、过量地进行下载；④存储于个人计算机的用于个人研究或学习的资料以公共方式提供给非授权用户使用；⑤把课程参考资料包中的用于特定课程教学的资料以公共方式提供给非授权用户使用；⑥设置代理服务器为非授权用户提供服务；⑦在使用用户名和口令的情况下，有意将自己的用户名和口令在相关人员中散发，或通过公共途径公布；⑧直接利用网络数据库对非授权单位提供系统的服务；⑨直接利用网络数据库进行商业服务或支持商业服务；⑩直接利用网络数据库内容汇编生成二次产品，提供公共或商业服务。

10.3.4　电子资源合理使用的超越——强制性 OA 政策与自由 OA

21 世纪以来，国际学术界、出版界、图书情报界为打破商业出版者对学术资源信息的垄断和暴利经营而进行了一场轰轰烈烈的推动科研成果通过互联网免费、自由地利用 OA 运动。2004 年 2 月 24 日，国际图联发表了《IFLA 关于学术文献和研究资料开放获取声明》（*IFLA Statement on Open Access to Scholarly Literature and Research Documentation*），这是国际图联代表国际图书馆界对 OA 运动的正式表态。2008 年，学术出版和学术资源联盟（Scholarly Publishing and Academic Resources Coalition, SPARC）举行了第一个"开放获取日"活动，后来发展为"开放获取周"活动，即每年 10 月的第三周，包括图书馆界在内的全世界科研教育机构和相关机构组织进行 OA 宣传活动。2012 年起，中国科学院文献情报中心开始组织"中国开放获取推介周"。另外，这场以知识共享为特征的开放运动也不断向纵深发展，即进一步推进以开放数据为中心的科学开放。例如，2007 年经合组织（Organization for Economic Co-operation and Development，OECD）颁布了《公共资助科研数据开放获取的原则与指南》，2011 年欧盟委员会颁布了《开放数据：创新 增长和透明治理的引擎》报告，2013 年 6 月八国集团首脑在北爱尔兰峰会上签署了《开放数据宪章》，2014 年 11 月受命于联合国秘书长潘基文的一个独立专家顾问小组提交了报告《一个可追责的世界：活用数据革命促进可持续发展》。目前全球包括中国在内的 113 家科技资助机构、科研机构、大学联盟、图书馆联盟等签署了该倡议的意向书。英国、德国、荷兰、奥地利、芬兰等国已经与多家国际出版社签署了符合"OA2020 倡议"要求的转换协议，将自己在这些出版社期刊的研究论文立即开放获取。2016 年 3 月，德国马普学会联合多家机构发起"开放获取 2020 倡议"（简称"OA2020 倡议"），明确指出各个图书馆支付的订购费实质上就是学术期刊的出版费。2018 年 9 月 4 日，由 12 个欧洲国家研究资助机构组成的开放获取科研资助联盟（cOAlition S）发布《开放获取 S 计划》（简称 *Plan S*，中译简称为《S 计划》）。2018 年 12 月初，在德国柏林 OA2020 国际会议上，来自 37 个国家（包括中国）的资助机构、科研教育机构和图书馆的代表一致力挺开放获取。2019 年 5 月 31 日，折中的修订版《S 计划》发布。2021 年起，随着修订版《S 计划》的开始生效，*Cell*、*Nature* 和 *Science* 等顶级期刊相继发布最新 OA 政策。2023 年 11 月，cOAlition S 宣布可能推出更公平的开放获取出版模式钻石 OA。

OA 运动发起人 Peter Suber 认为，知识产权保护的是思想的表达，而思想本身是公共和开放的。但是随着网络技术、数字技术的出现和广泛应用，不仅出现一些诸如 DRM 的限制数字内容使用的技术，而且当今世界的版权保护法律制度也日趋严格，图书馆建立在原有传统出版物基础上所享有的少得可怜的权利（如合理使用）变得愈发萎缩，而强制性 OA 政策（Open Access Mandate）和自由 OA（Libre OA）为解决这一难题提供了可行的解决方案。

近年来，世界各国陆续发布强制性 OA 政策，要求由公共基金资助的科研成果必须通过各种方式进行开放获取。例如，2013 年 2 月 13 日，美国发布《公平获取科学技术研究法案》（原《联邦研究成果公共获取提案》），以方便公众获取科学出版物与科学数据；2013 年 5 月 29 日，全球研究理事会（Global Research Council, GRC）通过并正式发布《开放获取行动计划》；2013 年 11 月 13 日，阿根廷立法支持开放获取；2014 年，欧盟发布《Horizon2020 计划》，要求项目成果进行开放获取；新加坡、韩国、日本、印度等亚洲国家陆续发布开放获取政策。2021 年 1 月，英国国家科研与创新署（UK Research and Innovation，UKRI）的新政策强制要求其资助的所有研究必须从 2022 年 4 月开始在研究结果出版后免费提供给所有人阅读。中国正式发布的 OA 政策是国家自然科学基金委和中国科学院于 2014 年 5 月 15 日分别发表的开放获取政策声明，即受公共资助发表的科研论文在发表后应把论文最终审定稿存储到相应的知识库中，并在发表后 12 个月内实行开放获取。2017 年，中科院文献情报中心及中国机构知识库推进工作组代表中国签署了 OA 知识库联盟（COAR）发起的《全球知识库网络的国际协定》，以利用分布在全球的 3000 多个知识库网络来共享研究成果。我国高校层面的北大图书馆于 2013 年率先发布了该校机构知识库的非强制性 OA 政策（试行），后被不少高校效仿。

2018 年 12 月初，中国国家自然科学基金委、国家科技图书文献中心、中科院文献情报中心在第 14 届柏林开放获取会议上，明确表示中国支持 OA 2020 和《S 计划》，支持公共资助项目研究论文立即开放获取。2020 年 4 月 23 日，科睿唯安宣布在 JCR 的期刊介绍页面引入开放获取数据，以提高学术出版中开放获取模式的透明度。2021 年 11 月，联合国教科文组织（学术出版）大会审议通过了《开放科学建议书》，标志着开放科学迈入全球共识的新阶段。值得指出的是，对于开放获取，在学界也存在另类声音，对此，可阅读在线资源"10.3"（《警惕"开放获取"变圈钱游戏》）。

目前，实现开放获取出版的主流途径为 OA 期刊和 OA 仓储⑨，即金色 OA 和绿色 OA。不过，钻石 OA 将是未来开放获取出版的前沿方向。在当今的学术出版领域，如果单凭只是移除价格障碍的绿色 OA 或金色 OA 都不足以真正实现对文献的开放获取，还得在移除价格障碍的同时至少移除了部分的许可障碍；前者就是免费 OA（Gratis OA），后者则是自由 OA。

其实，OA 这种出版模式与现行的版权法并不冲突。现行版权法赋予作者拥有限制作品传播的权利，同时也赋予作者自由传播作品的权利。因此，为能让免费 OA 进入自由 OA，作者或出版者在保留作品版权的同时也提供一定的开放许可协议。目前，这类许可协议中，知识共享开放协议⑩最为知名，使用也最为广泛。此协议机制为作者提供了 4 个最常见的授权选择的组合方式：①署名（Attribution，简写 BY）①，自由使用，但是必须注明原创者；②非商业用途（Noncommercial，简写 NC）⑤，自由使用，但不能用于商业用途；③禁止演绎（No Derivative Works，简写 ND）⊜，自由使用，但不可更改、转变或者基于此作品重新创作新作品；④保持一致（Share Alike，简写 SA）⑥，自由使用，但基于当前作品更改、变换或创作新作品时，必须按照与当前协议完全相同的协议发布。与 CC 协议类似的有基于"反版权"（Copyleft，表达"版权自由、公有，私化必究"的含义）概念的 GNU 自由文档协议（GNU Free Documentation License，GFDL）。

相对于 OA 期刊，OA 仓储（主要针对 OA 仓储后印本而言）则在知识产权方面存在着一定的障碍。这也就是为什么 OA 运动在提倡突破免费 OA 进入自由 OA 的时候，更多的是聚焦于期刊而非 OA 仓储的原因所在。一般情况下，作者在完成预印本后，仍然拥有版权，可以自由地将该预印本存放在任何一个 OA 仓储中。但一旦该论文被传统期刊录用，商业出版者为了垄断目的，往往都要求作者将论文的版权完全交给出版者，也就是说，如果作者同意在传统期刊上发表，则一般都失去了论文的版权。尽管迫于压力，越来越多的商业出版者已经允许作者可以对后印本存档在某一公共仓储中，但还有许多出版者并没有这样的承诺。针对这种情况，目前 OA 仓储采用了一种折中的方法，即对于在传统期刊上正式发表的文章，作者在 OA 仓储上提交勘误本（即提供最后版本和原先预印本在内容方面不同之处的一个版本）。通过查看勘误本，人们其实也就可以间接免费地访问论文的最后版本了[15]。

基于强制性 OA 政策，自由 OA 的模式将是图书馆冲破现存版权制度禁锢，超越合理使用的范围，让用户借助信息和网络技术无障碍自由获取和利用电子资源的最有效途径。2020 年初发生的新冠疫情，再次提醒自由获取研究论文的必要性。对此，一些资源提供者推出其 OA 服务（如国图推出"读者云"站点，其利用指南可浏览在线资源"10.4"），这为其整合 OA 资源，开展线上服务提供了强有力的支撑。

---

⑨ 除这两种外，实现开放获取的途径还包括公众号、个人网站、博客、维基、数据库、电子书、视频资料、音频资料、网络广播、论坛、RSS 聚合以及点对点的网络等，在不远的将来还会出现更多的实现途径。

⑩ 知识共享开放协议（Creative Commons Public Licenses，简称"CC 协议"）是美国斯坦福大学法学院教授 Lawrence Lessig 等人于 2001 年 1 月 15 日创立的知识共享（Creative Commons，CC）组织在 2002 年 12 月 16 日制定的有关数字作品（如网站、学术、音乐、电影、摄影、文学、教材等）的许可授权机制。当然，CC 协议需要本地化，以切合其他国家或地区现存的法律。另外，CC 组织后来也启动一些针对专门领域的共享项目，如科学共享（Science Commons）、教育共享（Educational Commons）、国际化共用（Creative Commons International）等项目。关于对 CC 系列知识共享许可证"CC BY-SA 4.0"的理解，可浏览在线资源"10.5"。

第11章 学术规范与论文写作

文献信息检索是论文写作不可逾越的阶段，学术规范则是论文写作绝对不能触犯的铁律。

11.1 学术规范

学术规范是指学术共同体内形成的进行学术活动的基本伦理道德规范，或者根据学术发展规律制定的有利于学术积累和创新的基本准则和要求。"前人之书当明引，不当暗袭""凡采用旧说，必明引之""诚实做学问"，这些中西学术的基本传统，可谓古已有之[16]。现代学术规范产生于17世纪后期近代科学诞生的过程中；我国学术界对学术规范问题的正式讨论，则始于倡导学术研究与国际接轨的20世纪90年代。

11.1.1 学术规范的层次

学术规范大体可以分为三个层次：①技术层次，包括各种符号的使用、成果的署名、引文的注释等；②内容层次，包括理论、概念和研究方法的运用等；③道德层次，包括对待学术事业的态度、学术责任等。其中技术层次的规范，虽然是外在的、形式上的，但在很大程度上反映着在内容和道德层次上所达到的水平，是基础性、核心性的，也是最重要的规范要求[17]。如果从学科角度考察，学术规范至少可分为两个层次：①各学科通行的基础性规范；②在某一学科内通行的学科规范（如史学规范、经济学规范等）[18]。

学术规范是科学研究理论的有机组成部分，它的研究是一个涉及伦理学、法学、社会学、科学学以及文章学等广泛领域复杂问题的新课题。当前学界存在的"规范"不足和"规范"过度的两种方向相反的弊端，对学术创新都会形成约束[19]。

11.1.2 学术规范的体系

学术研究活动大体包括学术研究、学术写作、学术评价（包括学术批评）和学术管理等形式。学术规范则体现在学术实践活动的全过程，并集中表现为道德规范、法律规范、技术规范三个基本组成部分。

1. 学术道德规范

学术道德即所谓的"文德"，是与"天地"并存的大事，"文之为德也大矣，与天地并生者何哉！"（《文心雕龙·原道》），此之谓也。而学术道德规范，则是从思想修养和职业道德方面对学术工作者提出的要求，是学术规范的基本内容之一。教育部《关于加强学术道德建设的若干意见》（教人〔2002〕4号），对学术道德规范做出了明确的界定。其要点包括：①增强献身科教、服务社会的历史使命感和社会责任感。②坚持实事求是的科学精神和严谨的治学态度。③树立法治观念，保护知识产权，尊重他人劳动和权益。④认真履行职责，维护学术评价的客观公正。

2017年7月，中国科协印发的《科技工作者道德行为自律规范》，更是提出学术道德规范的"高线"与"底线"，即要求广大科技工作者要严于自律，自觉遵守科学道德规范的高线，坚守"反对科研数据成果造假、反对抄袭剽窃科研成果、反对委托代写代发论文、反对庸俗化学术评价"的底线。目前，国家有关部门和一些高校、科研院所一般都制定了相关的学术道德规范方面的管理性文件。例如，国务院办公厅于2016年1月发布《关于优化学术环境的指导意见》，教育部于2016年6月颁布《高等学校预防与处理学术不端行为办法》，中国科学院于2022年2月颁布《关于规范学术论著署名问题负面行为清单的通知》，上海交通大学分别于2006年和2015年制定了《上海交通大学学术道德行为规范（试行）》和《上海交通大学研究生学术规范制度》，上海理工大学分别于2009年6月和2023年6月发布了《上海理工大学研究生学术行为规范》《上海理工大学学术道德规范和科研诚信守则》。

2. 学术法律规范

学术法律规范是指学术活动中必须遵循的国家法律法规的要求。我国目前尚未制定专门的法律来规范人们的学术活动，与学术活动有关的行为规则分散在民法通则、著作权法、专利法、保密法、统计法、出版管理条例等法律法规和《公民道德实施纲要》、教育部《关于加强学术道德建设的若干意见》《关于树立社会主义荣辱观，进一步加强学术道德建设的意见》《高等学校哲学社会科学研究学术规范》《学位论文作假行为处理办法》和中国科学技术协会《科技工作者科学道德规范》等文件中。如，《高等学校哲学社会科学研究学术规范（试行）》第五条规定：高校哲学社会科学研究工作者应遵守《中华人民共和国著作权法》《中华人民共和国专利法》《中华人民共和国国家通用语言文字法》等相关法律、法规。

学术法律规范的主要内容可以概括为以下几个方面：

(1) 学术研究不得泄露国家秘密和单位的技术秘密。国家秘密是关系国家的安全和利益，依照法定程序确定，在一定时间内只限一定范围的人员知悉的事项。这些事项主要是国家事务的重大决策中的秘密事项、国防建设和武装力量活动中的秘密事项、外交和外事活动中的秘密事项以及对外承担保密义务的事项、国民经济和社会发展中的秘密事项、科学技术中的秘密事项、维护国家安全活动和追查刑事犯罪中的秘密事项、政党的秘密事项，以及其他经国家保密工作部门确定应当保守的国家秘密事项等。学术活动中对涉及的国家秘密必须保密，否则将要承担相应的法律责任。另外，根据《中华人民共和国促进科技成果转化法》等法律的规定，企业、事业单位应当建立健全技术秘密保护制度，保护本单位的技术秘密。职工应当遵守本单位的技术秘密保护制度，在学术活动中必须保守本单位技术秘密，不得泄露。

(2) 学术活动不得干涉宗教事务。根据《宗教事务条例》的规定，在出版学术著作时，其中不得含有破坏信教公民与不信教公民和睦相处的内容；破坏不同宗教之间和睦以及宗教内部和睦的内容；歧视、侮辱信教公民或者不信教公民的内容；宣扬宗教极端主义和违背宗教的独立自主自办原则的内容；等等。

(3) 学术活动应遵守著作权法、专利法规定。学术活动涉及最多的就是知识产权问题。因此，著作权法等知识产权方面的法律法规，往往就是学术活动应遵守的行为准则。其主要内容是：未经合作者许可，不能将与他人合作创作的作品当作自己单独创作的作品发表；未参加创作，不可在他人作品上署名；不允许剽窃、抄袭他人作品；禁止在法定期限内一稿多发；合理使用他人作品；等等。

(4) 应遵守语言文字规范。学术活动中，应使用国家通用的语言文字，方言、繁体字、异体字只有在特殊情况下，即在出版、教学、研究中确需使用时方可使用；汉语文出版物应当符合国家通用语言文字的规范和标准,汉语文出版物中需要使用外国语言文字的,应当用国家通用语言文字作必要的注释。

3. 学术技术规范

作为社会规范,技术与法律相互依存,在全社会的规模上调整人们的行为。技术规范应用到学术上,主要包括学术论文写作规范、学术评价规范、学术批评规范和学术引用规范,其中尤以学术论文写作规范最为重要。学术论文写作技术规范的内容主要包括以下三方面:

(1) 学术成果应观点明确,资料充分,论证严密;内容与形式应完美统一,达到观点鲜明,结构严谨,条理分明,文字通畅。

(2) 学术成果的格式应符合要求。各出版机构目前对学术成果的格式要求并不统一。就学术论文而言,替代国家标准《科学技术报告、学位论文和学术论文的编写格式》(GB/T 7713－1987)学术论文部分的新标准为《学术论文编写规则》(GB/T 7713.2—2022),也可参照现行的新闻出版行业标准(包括学术出版规范系列标准 CY/T 121—2015《学术出版规范 注释》、CY/T 122—2015《学术出版规范 引文》等,以及 CY/T 154—2017《中文出版物夹用英文的编辑规范》;这些标准全文可浏览在线资源"11.1");也可执行各单位、各刊物自定的标准。不过。无论执行何种标准,论文中一般须具有以下项目:题名、作者姓名及工作单位、摘要、关键词、正文、参考文献、作者简介,大部分要求还须有英文题名、摘要和关键词等。另外,基金资助项目论文应对有关项目信息加以注明。

(3) 参考文献的著录应符合要求。我国在 1987 年、2005 年就颁行了国家标准《文后参考文献著录规则》,对文后参考文献的著录做了明确规定。2015 年,此国家标准在参照国际标准《信息与文献——参考文献与信息资源引文指南》第 3 版(即 ISO 690: 2010 *Information and documentation－Guidelines for bibliographic references and citations to information resources*)修订后更名为《信息与文献 参考文献著录规则》(GB/T 7714－2015),并于当年 12 月 1 日开始实施。作为作者,在学术活动中应该主动配合期刊规范化工作,认真地、自觉地执行相关的标准。另外,作者在著录参考文献时,不得将未查阅过的文献转抄入自己的参考文献目录中,不得为增加引证率而将自己(或他人)与本论题不相干的文献列入参考文献目录。

不过,需要指出的是,作为起源于西方的现代学术技术规范,对现代学术而言,其实并非"最高标准",而只是"最低标准"。只有将这种"西式规范"与中国文化固有的"专家之上的文人"的传统相结合,学术新人才有可能成长为"专家之上的文人"或"大家"[20]。

11.1.3 学术不端及其防范

1. 学术不端行为与学术剽窃概述

古今中外皆有的学术不端行为,对科学的严谨性与真实性构成了严重的威胁。

我国关于学术不端行为或科研失信行为,曾出台一系列政策规定。2016 年 9 月 1 日起施行的《高等学校预防与处理学术不端行为办法》,确定了我国学术不端行为的七种情形;2019 年 9 月,科技部等 20 个部委联合出台的《科研诚信案件调查处理规则(试行)》(国科发监〔2019〕323 号)规定了七种科研失信行为。另外,现行的《国家自然科学基金项目科研不端行为调查处理办法》(国科金发〔2022〕95 号,2022 年 12 月 6 日第二次修订,2023 年 1 月 1 日实施)、《学术出版规范 期刊学术不端行为界定》(CY/T 174—2019,2019 年 7 月 1 日实施),均列出了具体的学术不端行为。2022 年 9 月 14 日,科技部、中央宣传部等 22 部门印发的《科研失信行为调查处理规则》新增了买卖实验研究数据、无实质学术贡献署名、重复发表等 7 种科研失信行为。2024 年 4 月 26 日通过、2025 年 1 月 1 日起实施的《中华人民共和国学位法》第三十七条规定，代写学位论文属于学术不端行为，这个"代写"其中包括"AI 代写"。

学术界也界定了三类科研不端行为的形式：杜撰、篡改、剽窃。杜撰主要是指在科研过程中，未经过试验、调查，仅根据局部科学现象甚至根本没有根据，凭空编造、虚拟出一些试验数据、结果或事实、证据，来作为支持自己论点的论据，证明某理论的正确性，包括近年出现的第三方代写、代投论文或 AI 代写论文，"同行评议"造假（如自己给自己"审稿"）；篡改主要是指在科研过程中，用作伪的手段按自己的期望随意改动、任意取舍原始数据或试验使得结果符合自己的研究结论、支持自己的论点；剽窃是指将他人的科研成果或论文全部或部分原样照抄，并以自己名义发表的欺诈行为。

综上所述，"学术不端"常指的七个内容为：①大篇幅抄袭；②包括数据造假、图片造假和仿真造假等形式的各种造假；③论文与作者本人已发表文章重复率过高；④论文未发表前被他人剽窃；⑤未标注必要的参考文献；⑥一稿多投（存在争议）；⑦不正当署名。关于学术不端行为的详细信息可浏览在线资源"11.2"。

下面介绍与适当引用界限比较模糊的剽窃。

学术剽窃现象，非仅中土所有，亦不始于今日。目前，我国虽有多部法律、法规、规章禁止剽窃，但只有国家版权局版权管理司曾对"剽窃"有明确的认定（版权司〔1999〕第 6 号）："剽窃指将他人作品或作品片段窃为己有。分'低级剽窃'和'高级剽窃'两种形式，前者指'原封不动复制他人作品'，认定较容易；后者指'改头换面后将他人独创成分窃为己有'，需经认真辨别甚至专家鉴定后方能认定。"商务印书馆出版的《现代汉语词典》对剽窃的解释为："抄袭窃取（别人的著作）。"据此，抄袭（书面语为"剿袭"）与剽窃为同一概念，国家版权局版权管理司也持相同意见。不过，"剽窃"辞气较重，而"抄袭"辞气较轻。

美国现代语言协会（Modern Language Association of America，MLA）针对研究生、学者等读者而出版的《MLA 文体手册和学术出版指南》（*MLA style Manual and Guide to Scholarly Publishing*）（第 3 版）指出，"剽窃"是一种违反道德和伦理规范的行为，即在自己的文章中使用他人的思想见解或语言表述，而没有申明其来源；其形式包括在"复述他人行文或特定的习语""变换措辞使用他人的论点和论证""呈示他人的思路"等情形下，没有适当地标明出处[21]。另外，MLA 主要为指导高中生和大学生撰写学期论文而设计的《MLA 学术论文写作者手册》（*MLA Handbook for Writers of Research Papers*）（第 7 版），还独创性地指出了与剽窃有关的四种特殊情况：①重复使用自己原有作品，即作者原封不动或只做少量改动，即改换标题，或用其他方式对以前的作品进行再版。这种做法虽然不是抄袭别人的作品，但却被视为是一种自我剽窃，并构成另一种不道德的做法。②关于合作研究和写作的情形。这在许多课程学习和学术研究中都是很受鼓励的，只要说明分工，即明确说明合作者之间的关系，是平等合作的还是以谁为主的，并确切地表明谁做了什么，就不会构成剽窃。③不遵循有关人类主题研究的知情同意（Informed Consent）原则。这类研究的例子有药物的临床试验、心理学研究过程中的面谈等。④版权侵犯尤其是在线资源的版权侵犯。由于无所不在的互联网，而且可以轻松地下载和复制上面的出版物，许多人认为在线材料是可以自由复制和发布的。事实上，大多数在线材料就像大多数印刷作品一样，是受版权法保护的；故应仔细阅读作品或网站上有关知识产权的特别说明和特别限定[22]。

如未参与某项科研项目，却在未经完成人同意情况下撰写论文，这种行为也被视为剽窃。

国外著名的"Turnitin"网站界定的剽窃行为有：①把别人的作品当成自己的交上来；②拷贝别人的句子或观点，却没有说明；③在引用的话上没有打引号；④对于所引材料的来源提供了错误的信息；⑤拷贝原文的结构，改动了其中的字词，却没有说明；⑥如果大量拷贝其他人的句子和观点构成文章的大部分内容，那么无论有没有说明，都被视作剽窃。

关于剽窃的界定，说法还有很多，具体可浏览在线资源"11.3"。总之，凡是在自己的文章中有意或无意地重复使用自己原有的作品，使用他人的思想见解、语言表述，或直接利用AI创作的论文，而没有声明其来源的，就是剽窃。剽窃行为可大致分为恶性剽窃（Blatant Plagiarism）与偶发性剽窃（Casual Plagiarism）两种。前者为几乎整篇抄袭，企图蒙混过关；后者则为文章主要由自己构思写作，只是掺杂程度不一的抄袭成分。如果对剽窃进行细分，则主要的情形有：①总体的剽窃，整体立论、构思、框架等方面抄袭；②直接抄袭，直接地从他人论著中寻章摘句，整段、整页地抄袭；为了隐蔽，同时照搬原著中的引文和注释；③在通篇照搬他人文字的情况下，只将极少数的文字作注，这对读者有严重的误导作用；④为改而改，略更动几个无关紧要的字或换一种句型；⑤错误理解综述的概念，"综述"的意义在于，相同或相近的思想出自不同的论者，因而有必要将其归纳整合，形成一种更有普遍意义的分析视角。抄袭是将部分综述对象照单全收；⑥跳跃颠转式抄袭，从同一文本中寻章摘句，并不完全遵循原文的行文次第和论述逻辑；⑦拼贴组合式抄袭，将来自不同源文本的语句拼凑起来，完全不顾这些语句在源文本中的文脉走向。

2. 司法实践中对剽窃的界定

什么样的行为才是著作权法意义上的剽窃呢？WIPO认为：剽窃或抄袭，"一般理解为将他人作品的全部或部分，以或多或少改变形式或内容的方式，当作自己的作品发表……在创作一部新作品时仅仅自由使用他人作品中的思想与创作方法，不能与抄袭混为一谈。另一方面，抄袭一般也不得理解为仅仅限于形式上的相同，以一种新的文学和艺术表现形式将他人作品的内容加以改编，冒称自己的原作公之于众，只要被改编的内容并非众所周知的文化遗产的一部分，则亦为抄袭。"《中华人民共和国著作权法》所称"抄袭""剽窃"是同一概念，是指"将他人作品或者作品的片段窃为己有"。抄袭侵权需具备四个要件：①行为具有违法性；②有损害的客观事实存在；③和损害事实有因果关系；④行为人有过错。

一般来说，我国司法实践中认定剽窃（抄袭）应当遵循两个标准：第一，被剽窃（抄袭）的作品是否依法受著作权法保护；第二，剽窃（抄袭）者使用他人作品是否超出了"适当引用"的范围。关于剽窃与合理使用的界定，实践中司法机关常常从如下几方面判断：

(1) 被告对原作品的更改程度。如果被告的文章整体上与原告相似，只是个别词句上稍做改动，则一般认为是剽窃。

(2) 作品的性质。如果原作品是喜剧，但被告的作品是正剧或者悲剧，即使有些情节相同，也很难说后者是抄袭。如果原作品是经济学论文，被告作品是哲学论文，即使两者在论据、论点上有相似甚或相同之处，也很难说是剽窃。但若所用篇幅过多，又未加注，则可能构成侵权。

3. "抄袭/剽窃"与"致敬引用"的分野

术语"致敬"（Tribute）常用于电影、小说、诗歌等文艺领域的借鉴，是对经典的重现。例如，在电影《天地英雄》结尾，舍利子大放光明，将一群恶人统统杀死，这与《夺宝奇兵》

第一部（Indiana Jones and the Raiders of the Lost Ark）的结尾类似（只是大放光明杀死恶人的是约柜），那么影评人就可能会说：《天地英雄》这个结尾是"向斯皮尔伯格致敬"。韩少功模仿塞尔维亚的《哈扎尔辞典》、波兰的《米沃什辞典》等"辞典小说"的形式而创作的小说《马桥词典》，也未见塞尔维亚或波兰的作者对韩少功发起指责。中国古代对于套用、改用前人的诗句，也是完全允许的，古人曾有"剥""翻"等术语专指此事。即使在自己的诗中偶尔借用前人的现成诗句，也是被允许的[23]。

"抄袭/剽窃"与"致敬引用"间的分野，实际上是一个棘手的问题。不过，致敬的对象必是经典，致敬绝对不等于剽窃同辈的作品。近年来，由于抄袭者日渐增多，使得那些本来真的是在致敬的文学、艺术家变得十分尴尬。

4. 学术不端的主观控制

"剽说认为大不德"，这在中国学术界从来没有含糊过，故撰写学术论文时，作者应在主观上避免剽窃等学术不端行为，具有防范意识，具体的举措包括：①应严格遵守国家相关法律、法规、规章及政策规定；②要尊重他人的知识产权，遵循学术界关于引证的公认准则；③学术成果的署名应实事求是；④学术成果不应重复发表；⑤在对自己或他人的作品进行介绍、综述和评价时，应遵循客观、公正和准确的原则；⑥应严格遵守和维护国家安全、信息安全、生态安全和健康安全等方面的规定；⑦学术成果发表时，应以适当方式向提供过指导、建议、帮助或资助的个人或机构致谢。

5. 学术不端的客观防范

由于学术论文一般是在较长时间内由个人单独完成的，这就具备了剽窃的客观可能性。

在教育上，美国针对剽窃制定了多种多样的防治途径和惩罚措施。一是通过潜移默化的教育，利用一些网页、生活手册等对学生进行防剽窃等相关知识的宣传；二是利用课堂教学，系统传授防剽窃知识，主要以个案分析、师生对话等方式进行；三是将防剽窃教育寓于各教学环节中，如斯坦福大学，实行考试的"荣誉制度"，所有的考试不设监考，教师发完试卷即离开，学生交卷前在试卷上签名，保证无抄袭、剽窃。如果发现有学生违反了规定，核实后立即开除，对学生的剽窃行为起了很好的防范作用。

在法律上，我国的台湾、澳门等地已把剽窃纳入刑法规制的范围。如澳门著作权法规定：窃取和赝造他人作品是犯罪行为，对作案者可判处 1 年的监禁以及相关的罚金。台湾著作权法中也规定：利用他人著作时，未注明著作的出处，即为犯罪。国外（如日本等国）也有将剽窃犯罪化处理的规定。如果读者希望提高对于剽窃、抄袭问题的认识和了解"学术出版中的法律问题"，建议参看中文版《MLA 文体手册和学术出版指南（第二版）》（北京大学出版社 2002 年 1 月出版）或原书影印版《MLA 格式指南及学术出版准则（第三版）》（上海外语教育出版社 2013 年 9 月出版）的第 2 章。

20 世纪 90 年代以来，国内外出现的一些学术不端检测系统则是防止学术剽窃的一种很好的技术手段，比较著名的有 Turnitin、iPlagiarism、iThenticate/CrossCheck、CNKI、万方、维普、笔杆、PaperPass、PaperRight、PaperYY、Checkpass、Gocheck 等商业性质的查重系统，以及中国学者沈阳（2014 年 6 月由武汉大学信息管理学院调入清华大学新闻与传播学院）领衔开发的免费研究性的"ROST ANTIP 反剽窃系统"、美国学者哈罗德·嘉纳（Harold Garner）研发的 eTBLAS 软件（电子文本基本局部比对搜索工具）等免费查重系统。它们为人类增添了"道高一尺，魔高一丈"的成功范例。

Turnitin 为 Turn It In 的连写（中文"交上来"的意思），是一个以网站为平台的"论文防抄袭扫描系统"，于 1996 年推出，为学术不端检测系统的"鼻祖"，主要用于检查学生的英文作业，系统网址为 www.turnitin.com，目前分为 Turnitin 国际版、Turnitin UK 版和 Turnitin 国际版+AI；Turnitin 有简体中文版（网址：www.turnitincn.com 或 www.turnitincn.net.cn）可选择。iPlagiarism（艾普蕾，中文网址：www.iplagiarism.cn）是国际领先的学术不端防范、学术诚信建设和知识产权保护解决方案提供商，产品包括"艾普蕾英文论文相似性检测系统"和"猫图鹰图像造假检测系统"，前者的比对数据库覆盖所有学科，后者配合前者使用将有助于识别中英文论文中图像是否存在篡改、剽窃、造假。iThenticate/CrossCheck 论文防剽窃系统（中文网址：www.iThenticate.com.cn）是一款学术工具类系统，其功能包括"基于全球学术出版物所组成的庞大数据库"和"基于网页的检测比对工具"两部分，支持英文、中文、日文和韩文等论文查重。

CNKI 学术不端文献检测系统支持简体/繁体中文、英文，包括科技期刊学术不端文献检测系统（AMLC 系统）、社科期刊学术不端文献检测系统（SMLC 系统）、学位论文学术不端行为检测系统（TMLC2 系统）、大学生论文检测系统（分本科版和高职高专版）等。该系统以中国学术文献网络出版总库、Springer 等国内外大型全文数据库作为比对数据库，以后还将不断引进其他外文数据库、网络数据库等资源以扩大其比对的范围。国内一些数据库商也新推出各自的文献检测系统，如维普论文检测系统、万方论文相似性检系统、大雅相似度分析系统、笔杆论文查重系统。

近年，为针对 AI 代写论文，一些数据库商又推出 AIGC（人工智能生成内容）检测服务工具，如知网/维普/万方 AIGC 检测系统、TurnitinAIGC 版、MitataAI 检测器。

防止学术剽窃，教育、法律和高科技手段是必不可少的措施，但"道之以政，齐之以刑，民免而无耻；道之以德，齐之以礼，有耻且格"（《论语·为政》）的古训，也同样不可忽视，而且尤为重要。这实际上是当今时代"学术规范"所要讨论的问题，正所谓"礼崩乐坏，孔子所以欲克己复礼；学伪术劣，时贤于是倡重建规范"。

11.2 学术论文的撰写

一般说来，学术论文写作的程序为：选题[11]→获取资料→提炼观点→列提纲→拟草稿→修改→定稿。可见，作为"获取资料"的重要方式——文献信息检索，是论文选题和写作过程中不可或缺的阶段。另外，文献信息检索与学术论文写作也是相辅相成的关系：文献信息检索（沉浸在文献中）的最终目的之一是撰写学术论文，论文的写作与发表过程有助于作者在文献中找到自己所需要的东西[24]。AI 生成内容可提升学术论文撰写的效率，但不能替代。

学术论文的撰写与投稿行为可以反映一个人的科研能力、学识水平、写作功底和信息素养等方面的综合能力。同时学术论文的撰写与投稿必须遵循一定的规范与约定，否则即使是一篇优秀论文也有被期刊编辑部退稿的可能。因此，掌握学术论文撰写的基本规范，了解论

---

11 选题是一个与学术研究的互动性即"对话性"有关的概念，找到一个好的"对话点"（题目）是论文写作的关键。关于选题的来源，有人提出方法、文献、数据、实践、协同、系统六种导向，其中方法导向应避免使用，而其他五种导向可以借鉴，详情可浏览在线资源"11.4"。

文投稿的相关要求，是一名科研工作者取得成功、获得同行认可的前提。

11.2.1 学术论文概述

1. 定义

学术论文又称学术文本或研究论文，是讨论某种问题或研究某种问题的文章，是作者向社会描述自己研究成果的工具。我国国家标准《学术论文编写规则》（GB/T 7713.2－2022）将它定义为："对某个学科领域中的学术问题进行研究后，记录科学研究的过程、方法及结果，用于进行学术交流、讨论或出版发表，或用作其他用途的书面材料。"其实，此国标所称的"学术论文"为狭义的学术论文。

2. 特征

与其他文章不同，学术论文具有科学性、学术性和创新性的特征。其中创新性是学术论文的基本特征，是世界各国衡量科研工作水平的重要标准，是决定论文质量高低的主要标准之一，也是反映它自身价值的标志。正如我国当代著名的史学家、教育家陈垣所云："论文之难，在最好因人所已知，告其所未知……论文必须有新发见，或新解释，方于人有用。"[25]

3. 种类

学术论文的种类包括期刊论文、会议论文和学位论文。另外，文献综述、专题述评和可行性报告（开题报告）三种类型的文献信息调研报告也属于学术性论文的范畴。

4. 格式

（1）国际：主要有 MLA 格式（主要用于人文科学）、ACS 格式（主要用于化学领域）、AMA 格式（主要用于生物医学领域）、APA 格式（主要用于心理、教育等社会科学领域）、CMS（芝加哥）格式（应用于图书、杂志、报纸以及人文科学领域）、CSE 格式（主要用于自然科学领域）、温哥华（Vancouver）格式（主要用于生物医学期刊）、哈佛（Harvard）格式（也称"作者-日期体系"，应用于各学科）。

（2）国内：替代国家标准《科学技术报告、学位论文和学术论文的编写格式》（GB/T 7713－1987）的《学位论文编写规则》（如 GB/T 7713.1－2006）、《学术论文编写规则》（GB/T 7713.2－2022）和《科学技术报告编写规则》（GB/T 7713.3－2014）对学位论文、狭义的学术论文、科技报告的撰写和编排格式做了新的规定，故关于学术论文的撰写和编排格式可按上述 3 个国标执行。

（3）遵循所要投稿的期刊对于论文的格式要求。一般期刊每年的第一期，会刊出该刊论文及参考文献的格式要求。

11.2.2 中文学术论文的撰写

1. 学术论文的结构与写法

学术论文一般分为三个部分：前置部分、主体部分和附录部分。前置部分包括题名、著者、中英文摘要、关键词、中国图书馆分类法分类号等；主体部分包括前言、材料和方法、对象和方法、结果、讨论、结论、致谢、参考文献等；附录部分包括插图和表格等。

1）章、节的编号

参照国家标准《学术论文编写规则》（GB/T 7713.2－2022，2023 年 7 月 1 日实施）第 5

章《编排格式》第 2 节《编号》的有关规定，学术论文的章、节的划分、编号和排列建议采用阿拉伯数字分级编写，即一级标题的编号为 1，2，…；二级标题的编号为 1.1，1.2，…，2.1，2.2，…；三级标题的编号为 1.1.1，1.1.2，…，如此等等。显然，国标 GB/T 7713.2－2022 规定的这一章节编号方式对著者、编者和读者都具有显著的优越性。

2）题名（篇名）

题名是学术论文的必要组成部分。它要求用最简洁、恰当的词组反映文章的特定内容，把论文的主题明白无误地告诉读者，并且使之具有画龙点睛、启迪读者兴趣的功能。一般情况下，题名中应包括文章的主要关键词。总之，题名的用词十分重要，它直接关系到读者对文章的取舍态度，务必字字斟酌。题名像一条标签，切忌用冗长的主、谓、宾语结构的完整语句逐点描述论文的内容，以保证达到"简洁"的要求；而"恰当"的要求应反映在用词的中肯、醒目、好读好记上。当然，也要避免过分笼统或哗众取宠的所谓简洁，缺乏可检索性，以至于名实不符或无法反映出每篇文章应有的主题特色。

题名应简明，不少著名期刊都对题名的用字有所限制。学术论文题名用字不宜超过 25 个汉字；为利于国际交流，学术论文宜有外文（多用英文）题名。使用简短题名而语意未尽时，或系列工作分篇报告时，可借助副标题名以补充论文的下层次内容。题名也应尽量避免使用化学结构式、数学公式、不太为同行所熟悉的符号、简称、缩写以及商品名称等。

3）著者

著者署名是学术论文的必要组成部分。著者系指在论文主题内容的构思、具体研究工作的执行及撰稿执笔等方面的全部或局部上做出主要贡献的人员，能够对论文的主要内容负责答辩的人员，是论文的法定主权人和责任者。目前，文章的著者普遍采用国际医学期刊编辑委员会（International Committee of Medical Journal Editors, ICMJE）制定的准则：①对概念和设计、数据收集或数据分析和解释做出实质性贡献；②起草论文或对重要的实质性内容进行精心地修订；③参与最后同意要发表的版本。

著者的排列顺序应由所有作者共同决定，每位作者都应该能够就论文的全部内容向公众负责。论文的执笔人或主要撰写者应该是第一作者；对于贡献相同的作者，可用"共同第一作者""通信作者"来表达。应避免随意"搭车"署名，不能遗漏应该署名的作者，不可擅自将知名人士署为作者之一以提高论文声誉和影响。对于不够署名条件，但对研究成果确有贡献者，可以"致谢"的形式列出。

著者的姓名应给出全名。学术论文一般均用著者的真实姓名，不用变化不定的笔名。同时还应给出著者所在的工作单位、通信地址或电子邮件，以便读者在需要时可与著者联系。

4）摘要

摘要即内容提要，是以提供文献内容梗概为目的，不加评论和补充解释，简明确切地记述文献重要内容的短文，为学术论文的必要附加部分。摘要有两大功用：一是供读者尽快判断是否有必要阅读论文全篇，二是为二次文献的选录、汇编提供方便。前者可使读者节省大量时间，后者可使高质量的学术论文广为传播。

（1）摘要的分类。

按摘要内容的不同分为报道性摘要、指示性摘要和报道—指示性摘要。

报道性摘要（Informative Abstract）：也常称为信息型摘要或资料性摘要。其特点是全面、简要地概括论文的目的、方法、主要数据和结论。学术期刊论文一般常用报道性摘要，EI 收录文章的大部分属于报道性摘要。通常这种摘要可以部分地取代阅读全文。

指示性摘要（Indicative Abstract）：也常称为标题型摘要、说明性摘要、描述性摘要（descriptive abstract）或论点摘要（topic abstract）。适用于创新内容较少的论文（如综述）、会议报告、学术性期刊的简报、问题讨论等栏目以及技术类期刊等，一般只用两三句话概括论文的主题，而不涉及论据和结论。此类摘要可用于帮助潜在的读者决定是否需要阅读全文。

报道—指示性摘要（informative-indicative abstract）：以报道性摘要的形式表述一次文献中信息价值较高的部分，以指示性摘要的形式表述其余部分。

按编写的形式可分为非结构式摘要和结构式摘要。

非结构式摘要：多为一段式，在内容上大致包括引言，材料与方法，结果和讨论等主要方面，即 IMRAD（Introduction，Methods，Results and Discussion）结构的写作模式。

结构式摘要（structured abstract）：20 世纪 80 年代中期出现一种摘要文体，实质上是报道性摘要的结构化表达，即以分层次、设小标题的形式代替原来传统的编写形式。结构式摘要一般分为四个层次：目的（Objective）、方法（Methods）、结果（Result）、结论（Conclusion），但各期刊在具体操作上仍存在细微的差异（有 3、5、6、7 个层次）。例如，《单纯形法的产生与发展探析》（载《西北大学学报（自然科学版）》2012 年第 5 期）的四层次结构式摘要为：

目的 回顾与探析求解线性规划问题的单纯形法的产生及其发展，帮助理解单纯形法在数学规划问题发展过程中的重要性。**方法** 文献研读与历史分析。**结果** 单纯形法的创建标志着线性规划问题的诞生，单纯形法的发展代表线性规划问题的发展。研究单纯形法的产生与发展对研究数学规划问题有重要意义。**结论** 探究单纯形法的产生与发展有助于认识数学规划思想在应用数学的重要地位。

(2) 摘要的四要素：①目的——研究、研制、调查等的前提、目的和任务，所涉及的主题范围；②方法——所用的原理、理论、条件、对象、材料、工艺、结构、手段、装备、程序等；③结果——实验、研究的结果，数据、被确定的关系，观察结果，得到的效果，性能等；④结论——结果的分析、研究、比较、评价、应用，提出的问题，今后的课题，假设，启发，建议，预测等。另外，其他的不属于研究、研制、调查的主要目的，但就其见识和情报价值而言也是重要的信息。

一般来说，对于报道性摘要，方法、结果、结论宜写得详细，目的、其他可以写得简单，根据具体情况也可以省略；对于指示性摘要，目的宜写得详细；方法、结果、结论、其他可以写得简单，根据具体情况也可以省略。

(3) 摘要的详简度。摘要应简明，它的详简程度取决于文献的内容。通常中文摘要以不超过 300 字为宜，纯指示性摘要可以简短一些，应控制在 200 字上下。对于使用英、俄、德、日、法等外文书写的一次文献，它们的摘要可以适当详尽一些。学位论文等文献具有某种特殊性，为了评审，可写成变异式的摘要，不受字数的限制，详见国家标准《学位论文编写规则》（GB/T 7713.1－2006）。

摘要应具有独立性和自明性，并拥有与一次文献同等量的主要信息。即不阅读文献的全文，就能获得必要的信息。因此摘要是一篇可以被引用的完整短文。

(4) 编写摘要的注意事项：①排除在本学科领域方面已经成为常识的内容；②不得简单地重复文章篇名中已经表述过的信息；③要求结构严谨，语义确切，表述简明，一气呵成，一般不分或力求少分段落；④忌发空洞的评语，不做模棱两可的结论，没有得出结论的文章，可在摘要中作扼要的讨论；⑤要用第三人称，不要使用"作者""我们"等作为摘要陈述的主语；⑥要采用规范化的名词术语，尚未规范化的，以采用一次文献所采用的为原则，如新术语尚无合适的中文术语译名，可使用原文或译名后加括号注明原文；⑦不要使用图、表或化学结构式，以及相邻专业的读者尚难以清楚理解的缩略语、简称、代号，如果确有必要，在摘要首次出现时必须加以说明；⑧不得使用一次文献中列出的章节号、图号、表号、公式号以及参考文献号等；⑨必要提及的商品名应加注学名；⑩应该使用法定计量单位，以及正确地书写规范字和标点符号；⑪中文摘要、外文摘要内容宜对应，为利于国际交流，外文摘要可以比中文摘要包含更多信息。

摘要的详细书写方法可浏览在线资源"11.5"。

5）关键词

关键词是为了便于编制文献索引、检索和阅读而选取的能反映文章主题概念的词或词组。一般的写法有：①根据论文的标题提取关键词。②根据论文的主题来提炼关键词。③关键词的设计长度在3~8个词汇之间，并且排在"摘要"的左下方。为了满足文献标引或检索工作的需要而从论文中选取出的词汇，要有一定的规范，即选定能反映论文特征内容，通用性比较强的词，首先可从综合性主题词表（如《汉语主题词表》）和专业性主题词表（如 NASA 词表、INIS 词表、TEST 词表、MeSH 词表）中选取规范性词（即叙词或主题词）。对于那些反映新技术、新学科而尚未被主题词表录入的新产生的名词术语，亦可用非规范的自由词标出。④文章关键词抽取应该根据关键程度选取，而且最好不要过于集中；可根据关键程度加以大致排序，选择最关键的词汇。关键词编写基本要求的详情，可看新闻出版行业标准《学术出版规范 关键词编写规则》（CY/T 173－2019）。

6）引言

论文的引言又叫绪论。写引言的目的是向读者交代本研究的来龙去脉，其作用在于唤起读者的注意，使读者对论文先有一个总体的了解。

（1）引言内容。①研究的理由、目的和背景：包括问题的提出，研究对象及其基本特征，前人对这一问题做了哪些工作，存在哪些不足；希望解决什么问题，该问题的解决有什么作用和意义；研究工作的背景是什么。②理论依据、实验基础和研究方法：如果是沿用已知的理论、原理和方法，只需提及一笔，或注出有关的文献。如果要引出新的概念或术语，则应加以定义或阐明。③预期的结果及其地位、作用和意义：要写得自然、概括、简洁、确切。

（2）引言的写作要求。①言简意赅，突出重点：引言中要求写的内容较多，而篇幅有限，这就需要根据研究课题的具体情况确定阐述重点。共知的、前人文献中已有的内容不必细写。主要写好研究的理由、目的、方法和预期结果，意思要明确，语言要简练。②开门见山，不绕圈子：注意一起笔就切题，不能铺垫太多。③尊重科学，不落俗套：有的作者在论文的引言部分总爱对自己的研究工作或能力表示谦虚，寻几句客套话来说，如"限于时间和水平"或"由于经费有限，时间仓促"，"不足或错误之处在所难免，敬请读者批评指正"等。其实大可不必。确实需要做说明或表示歉意，可以在文末处写，但要有分寸，实事求是；同时要具体写，不能抽象和笼统。当然，必要时引言中可以交代方法和结果等可以供哪些人、干什么做参考。④如实评述，防止吹嘘自己和贬低别人。

7）正文

正文是学术论文的核心组成部分，主要回答"怎么研究（How）"这个问题。正文应充分阐明论文的观点、原理、方法及具体达到预期目标的整个过程，并且突出一个"新"字，以反映论文具有的首创性。根据需要，论文可以分层深入，逐层剖析，按层设分层标题。

正文通常占有论文篇幅的大部分。它的具体陈述方式往往因不同学科、不同文章类型而有很大差别，不能牵强地做出统一的规定。一般应包括材料、方法、结果、讨论和结论等几个部分。

试验与观察、数据处理与分析、实验研究结果的得出是正文的最重要成分，应该给予极大的重视。要尊重事实，在资料的取舍上不应该随意掺入主观成分，或妄加猜测，不应该忽视偶发性的现象和数据。

写学术论文不要求有华丽的辞藻，但要求思路清晰、合乎逻辑，用语简洁准确、明快流畅；内容务求客观、科学、完备，要尽量让事实和数据说话；凡是用简要的文字能够讲解的内容，应用文字陈述。用文字不容易说明白或说起来比较烦琐的，应由表或图（必要时用彩图）来陈述。表或图要具有自明性，即其本身给出的信息就能够说明欲表达的问题。数据的引用要严谨确切，防止错引或重引，避免用图形和表格重复地反映同一组数据。资料的引用要标明出处。

物理量与单位符号应采用《中华人民共和国法定计量单位》的规定，选用规范的单位和书写符号；不得已选用非规范的单位或符号时应考虑行业的习惯，或使用法定的计量单位和符号加以注解和换算。

教科书式的撰写方法是撰写学术论文的第一大忌。对已有的知识避免重新描述和论证，尽量采用标注参考文献的方法；不泄密，对需保密的资料应作技术处理；对用到的某些数学辅佐手段，应防止过分注意细节的数学推演，需要时可采用附录的形式供读者选阅。

8）结论和建议

结论又称结束语、结语。它是在理论分析和实验验证的基础上，通过严密的逻辑推理而得出的富有创造性、指导性、经验性的结果描述。它又以自身的条理性、明确性、客观性反映了论文或研究成果的价值。结论与引言相呼应，同摘要一样，其作用是便于读者阅读和为二次文献作者提供依据。

(1) 结论的内容与格式。结论不是研究结果的简单重复，而是对研究结果更深入一步的认识，是从正文部分的全部内容出发，并涉及引言部分的内容，经过判断、归纳、推理等过程，将研究结果升华成新的总观点。其内容要点有：①本研究结果说明了什么问题，得出了什么规律性的东西，解决了什么理论或实际问题；②对前人有关本问题的看法做了哪些检验，哪些与本研究结果一致，哪些不一致，作者做了哪些修正、补充、发展或否定；③本研究的不足之处、遗留问题或未来展望。

对于某一篇论文的"结论"，上述要点①是必需的，而②和③视论文的具体内容可以有，也可以没有；如果不可能导出结论，也可以没有结论而进行必要的讨论。

结论的格式安排可做如下考虑：

如果结论的内容较多，可以分条来写，并给以编号，如 1），2），3）等，每条成一段，包括几句话或一句话；如果结论段内容较少，可以不分条写，整个为一段、几句话。

结论里应包括必要的数据，但主要是用文字表达，一般不再用插图和表格。

(2) 结论和建议的撰写要求。①概括准确，措辞严谨：结论是论文最终的、总体的总结，对论文创新内容的概括应当准确、完整，不要轻易放弃，更不要漏掉一条有价值的结论，但也不能凭空杜撰。措辞要严谨，语句要像法律条文那样，只能作一种解释，清清楚楚，不能模棱两可，含糊其词。肯定和否定要明确，一般不用"大概""也许""可能是"这类词语，以免使人有似是而非的感觉，怀疑论文的真正价值。②明确具体，简短精练：结论段有相对的独立性，专业读者和情报人员可只看摘要和（或）结论而能大致了解论文反映的成果和成果的价值，所以结论段应提供明确、具体的定性和定量的信息。对要点要具体表述，不能用抽象和笼统的语言。可读性要强，如一般不单用量符号，而宜用量名称，比如，说"T 与 ρ 呈正比关系"不如说"××温度与××压力呈正比关系"易读。行文要简短，不再展开论述，不对论文中各段的小结作简单重复。语言要简练，删去可有可无的词语，如"通过理论分析和实验验证，可得出下列结论"这样的行文一般都是废话。③不做自我评价：研究成果或论文的真正价值是通过具体"结论"来体现的，所以不宜用如"本研究具有国际先进水平""本研究结果属国内首创""本研究结果填补了国内空白"一类语句来做自我评价。成果到底属何种水平，是不是首创，是否填补了空白，读者自会评说，不必由论文作者把它写在结论里。

"建议"部分可以单独用一个标题，也可以包括在结论段，如作为结论的最末一条。如果没有建议，也不要勉强杜撰。

9）致谢

现代学术研究往往不是一个人能单独完成的，而需要他人的合作与帮助。因此，当研究成果以论文形式发表时，作者应当对他人的劳动给予充分肯定，并对他们表示感谢。作为致谢的对象通常包括：第一，协助研究的实验人员；第二，提出过指导性意见的人员；第三，对研究工作提供方便（仪器、检查等）的机构或人员；第四，资金资助项目或类别（但不宜列出得到经费的数量）；第五，在论文撰写过程中提出建议，给予审阅和提供其他帮助的人员（但不宜发表对审稿人和编辑的过分热情的感谢）。致谢一般单独成段，放在文章的最后面，但它不是论文的必要组成部分。致谢也可以列出标题并冠以序号，如"6　致谢"放在如"5　结论"段之后，也可不列标题，空 1 行置于"结论"段之后。

10）参考文献

据现行国家标准《信息与文献　参考文献著录规则》（GB/T 7714—2015），"参考文献"指"对一个信息资源或其中一部分进行准确和详细著录的数据，位于文末或文中的信息源"，分为"阅读型参考文献"和"引文参考文献"。前者指"著者为撰写或编辑论著而阅读过的信息资源，或供读者进一步阅读的信息资源"；后者则指"著者为撰写或编辑论著而引用的信息资源"。一般而言，论文只著录引文参考文献，对阅读型参考文献则按注释处理。

被列入的引文参考文献应该只限于那些著者亲自阅读过和论文中引用过，而且正式发表的出版物，或其他有关档案资料等文献。私人通信、内部讲义及未发表的著作、多次引用过的内容，一般不宜作为参考文献著录，但可用脚注或文内注的方式，以说明引用依据。

引文参考文献的标注体系有"顺序编码制"和"著者-出版年制"。前者指引文采用序号标注，参考文献表按引文的序号排序；后者指引文采用著者-出版年标注，参考文献表按著者字顺和出版年排序。其中，顺序编码制为我国学术期刊所普遍采用，本书只详细介绍这一种。

（1）文内标注格式。采用顺序编码制时，在引文处，按它们出现的先后用阿拉伯数字连续编码，并将序码置于"[ ]"内，视具体情况把序码作为上角标，或者作为语句的组成部分。例如：（引言开始）笔者在文献[1]中，在 Richard S. Crandall[2] 和 Porponth Sichanugrist 等人[3]工作的基础上，用平均场区域近似方法……这里，[2]和[3]作为引文注，用了上角标形式表示，而[1]是语句的组成部分，就未写成角标。对于同一处引用多篇文献，应将各篇文献的序号在"[ ]"内全部列出，各序号间用"，"，如遇连续序号，起讫序号间用"-"连接。对于多次引用同一著者的同一文献时，在正文中标注首次引用的文献序号，并在序号的"[ ]"外著录引文页码。另外，文献序码角标（如[2]）标注的位置，至今还没有专门的国家标准出台，建议采用杜生权在《学术论文参考文献序号标注与标点符号的位置关系研究》（载《出版与印刷》2018 年第 1 期）一文中列出的相关规范。

（2）参考文献表的著录格式。建议按国家标准《信息与文献　参考文献著录规则》（GB/T 7714－2015，全文可浏览在线资源"11.6"）或出版社、编辑部等要求的格式。该国标规定的各类文献著录格式及举例如下。

① 普通图书。

[序号] 主要责任者.题名:其他题名信息[M]. 其他责任者. 版本项(第 1 版不写). 出版地: 出版者, 出版年:页码. 例：

[1] 王迁. 著作权法学[M]. 北京: 北京大学出版社, 2007:20–25.

[2] PEEBLES P Z, Jr. Probability, random variable, and random signal principles[M]. 4thed. New York:McGraw Hill, 2001.

[3] 昂温 G, 昂温 P S. 外国出版史[M]. 陈生铮, 译. 北京: 中国书籍出版社, 1988.

② 期刊（析出的文献）。

[序号] 作者. 篇名[J]. 刊名, 出版年份, 卷号(期号):页码. 例：

[1] 朱建平, 张润楚. 数据挖掘的发展及其特点[J]. 统计与决策, 2002(3):55–60.

[2] DOWLER L. The research university's dilemma; resource sharing and research in a trans institutional environment[J]. Journal Library Administration ,1995, 21(1/2):5–26.

③ 学位论文。

[序号] 作者. 题名[D]. 培养单位所在城市: 培养单位, 收藏年:页码. 例：

[1] CALMS R B. Infrared spectroscopic studies on solid oxygen[D]. Berkeley: Univ. of California, 1965:50-53.

[2] 张筑生. 微分半动力系统的不变集[D]. 北京: 北京大学, 1983.

④ 报纸（析出的文献）。

[序号] 作者. 题名[N]. 报纸名称, 出版年份-月-日(版次). 例：

[1] 傅刚, 赵承, 李佳路. 大风沙过后的思考[N]. 北京青年报, 2000-04-12(14).

⑤ 报告。

[序号] 作者. 报告题名:报告编号[R], 出版地: 出版者, 出版年. 例：

[1] U. S. Department of Transportation Federal Highway Administration. Guidelines for bandling excavated acid-producing materials: PB 91–194001[R]. Springfield: U. S. Department of Commerce National Information Service, 1990.

⑥ 标准。

[序号] 主要责任者. 标准名称:标准号[S]. 出版地: 出版者, 出版年:页码. 例：

[1] 全国信息与文献标准化技术委员会. 文献著录：第 4 部分 非书资料：GB/T 3792.4—2009[S]. 北京:中国标准出版社, 2010:3.

⑦ 专利。

[序号] 专利申请者或所有者. 专利题名: 专利号[P]. 公告日期或公开日期. 例:

[1] 邓一刚. 全智能节电器: 200610171314.3[P]. 2006-12-13.

⑧ 专著中析出的文献。

[序号] 析出文献主要责任者. 析出文献题名[M]//专著主要责任者. 专著题名:其他题名信息. 版本项. 出版地: 出版者, 出版年:析出文献的页码. 例:

[1] 白书农. 植物开花研究[M]//李承森. 植物科学进展. 北京: 高等教育出版社, 1998:146–163.

⑨ 会议录、汇编作品中析出的文献。

[序号] 析出文献主要责任者. 析出文献题名[C 或 G]//会议录、汇编作品主要责任者. 会议录、汇编作品题名: 其他题名信息. 版本项. 出版地: 出版者, 出版年:析出文献的页码.

下面分别是会议录(会议论文集)、汇编作品中析出文献著录实例:

[1] 王细荣, 韩玲. 学术研究视野下的高校文献检索课——上海理工大学"文检课"的设置理念与配套教材述要[C]//孙济庆. 信息社会与信息素养: 2010 全国高校文献检索教学研讨会论文集. 上海: 华东理工大学出版社, 2010:317–321.

[2] 赵学舟, 王细荣. 普通学书室出版与发行研究[G]//.张稷, 施亚西. 杜亚泉研究论集. 北京:商务印书馆, 2024:555–570.

⑩ 电子文献。

A. 一般网上文献: [序号] 作者. 标题[EB/OL]. (上传或更新日期)[检索日期]. 网址. 例:

[1] 上海理工大学研究生工作部、研究生院. 学校举行 2021 级研究生开学典礼[EB/OL]. (2021-09-16)[2024-08-25]. www.usst.edu.cn/2021/0916/c34a43355/page.htm.

B. 网络数据库中的电子文献: [序号] 作者. 标题[DB/OL]. [检索日期]. 网址. 例:

[2] 上海市人民代表大会. 上海市制定地方性法规条例[DB/OL]. [2011-11-21]. d.g.wanfangdata.com.cn/Claw_D310016962.aspx.

⑪ 传统义献网络电子版。

A. 期刊论文网络电子版: [序号] 作者. 题名[J/OL]. 刊物名称, 年, 卷(期):页码[引用日期]. 获取或访问路径. 例:

[1] 江向东. 互联网环境下的信息处理与图书管理系统解决方案[J/OL]. 情报学报, 1999, 18(2):4[2000-01-18]. www.chinainfo.gov.cn/periodical/gbxb/gb-xb99/gbxb990203.

B. 报纸论文网络电子版: [序号] 作者. 题名[N/OL]. 报纸名, 年-月-日[引用日期]. 获取或访问路径. 例:

[1] 傅刚, 赵承, 李佳路. 大风沙过后的思考[N/OL]. 北京青年报, 2000-04-12 [2005-07-12]. www.bjyouth.com.cn/Bqb/20000412/GB/4216%5ED0412B1401.htm.

C. 图书(包括专著、会议文集或汇编作品)网络电子版: [序号] 作者. 题名[M/OL 或 C/OL 或 G/OL]. 其他责任者. 出版地: 出版者, 出版年:页码[引用日期]. 获取或访问路径. 例:

[1] 赵耀东. 新时代的工业工程师[M/OL]. 台北: 天下文化出版社, 1998:20 [1998-09-26]. www.ie.nthu.edu.tw/info/ie.newie.htm.

[2] 王细荣. 复兴路校区历史建筑旧貌新颜[G/OL]//周桂发, 朱大章, 章华明. 上海高校建筑文化. 上海:复旦大学出版社, 2014:197-203[2024-05-09]. wjk.usst.edu.cn/2020/0205/c9889a213989/page.htm.

D. 其他类型（如专利）文献以此类推。例：

[1] 西安电子科技大学. 光折变自适应光外差探测方法: 01128777.2[P/OL]. 2002-03-06 [2012-05-28]. 211.152.9.47/zljs/hyjs-yx-new.asp?recid=01128777.2&leixin=0.

⑫ 优先出版期刊论文（刊期号未定）：[序号] 作者. 标题[J/OL]. 刊物名称, (网络出版日期)[检索日期]. dx.doi.org/DOI(获取或访问路径). 例：

[1] 杨利利. ChatGPT 出版应用的赋能效应、伦理风险与治理进路[J/OL]. 出版与印刷, (2024-07-29)[2024-08-25]. dx.doi.org/10.19619/j.issn.1007-1938.2024.00.044.

⑬非在线电子文献。

[序号] 主要责任者. 题名: 其他题名信息[文献类型/MT 或 DK 或 CD]. 出版地: 出版者, 出版时间. 例：

[1] 陈征, 李建平, 郭铁民.《资本论》选读[M/CD]. 北京:高等教育出版社, 2007.

文献类型及其标识代码如表 11.1 所示。

表 11.1　文献类型及其标识代码

文献类型	普通图书	会议录	汇编	报纸	期刊	学位论文	报告	标准	专利	数据库	计算机程序	电子公告	档案	舆图	数据集	其他
标识代码	M	C	G	N	J	D	R	S	P	DB	CP	EB	A	CM	DS	Z

电子文献载体类型及其标识代码如表 11.2 所示。

表 11.2　电子文献类型及其标识代码

载体类型	磁带（magnetic tap）	磁盘（disk）	光碟（CD-ROM）	联机网络（online）
标识代码	MT	DK	CD	OL

《信息与文献　参考文献著录规则》（GB/T 7714－2015）的著录用符号中，":" 的用法修改为 "用于其他题名信息、出版者、引文页码、析出文献的页码、专利号前"，";" 不变，即 "用于期刊后续的年卷期标识与页码以及同一责任者的合订题名前"，示例分别为：

[1] 1981(1):37–44; 1981(2):47–52

　　年　期　页码　　年　期　页码

[2] 顾炎武. 昌平山水记; 京东考古录[M]. 北京:北京古籍出版社, 1982.

对于引自序言、前言或扉页题词的页码, 可按实际情况著录。例：

[1] 徐中玉. 序一[M]//王细荣. 大世界里的丰碑——湛恩纪念图书馆的前生今世. 上海: 上海交通大学出版社, 2014: 序一 i-ii.

外国人名不管姓还是名全部字母均要大写, 团体责任者第一个单词和实词的首字母大写; 题名中的专有名词和第一个单词首字母大写, 其他小写, 题名不可用斜体。例：

[1] World Health Organization. Factors regulating the immune response: report of WHO Scientific Group[R]. Geneva: WHO, 1970.

另外, 《信息与文献　参考文献著录规则》对已出版的档案、古籍等, 以及未定义类型的文献著录格式作出规定。下面是它们的一些示例。

⑭ 已出版的档案文献用代码 "A" 标识, 其著录格式为：

[序号] 主要责任者.档案文献题名[A]. 出版者所在的城市: 出版者, 出版年:页码. 例：

[1] 中国第一历史档案馆, 辽宁省档案馆. 中国明朝档案总汇[A]. 桂林:广西师范大学出版社, 2001:21–33.

至于未出版的档案, 原则上以脚注或文内注的方式注明来源, 其参考的著录格式为:

圈码序号 责任者. 文献题名:原件日期[A]. 收藏地:收藏单位(收藏编号):页码. 例:

① 叶委员剑英关于安平事件调查结果的声明:1946-09-09[A]. 北京:中央档案馆.

② 国务院外国专家局的报告:1958-12-11[A]. 呼和浩特:内蒙古自治区档案馆(全宗 252, 目录 1, 卷宗 57):65-67.

⑮ 古籍的著录格式为:

[序号] 主要责任者. 题名:其他题名信息[M]. 其他责任者. 版本项. 出版地:出版者, 出版年:页码. 例:

[1] 沈括. 梦溪笔谈[M]. 刻本. 茶陵:东山书院, 1305(元大德九年):2.

[2] 杨炯. 杨盈川集[M]. 四部丛刊影印刊刻本. 上海:商务印书馆, 1919(民国八年).

⑯ 各种未定义类型的文献著录格式为:

[序号] 主要责任者. 文献题名[Z]. 出版地:出版者, 出版年. 例:

[1] 故宫博物院. 故宫日历:2015[Z]. 北京:故宫出版社, 2014.

参考文献的英文人名缩写规则为:①姓名缩写只缩写名而不缩写姓;②无论东西方人, 缩写名的书写形式都是姓在前、名在后;③杂志作者名中, 全大写一定是姓;④省略所有缩写点. 最后要指出的是, 凡出现在文后"参考文献"项中的标点符号都失去了其原有意义, 且其中除书名、篇名等文献名外的所有标点最好是半角.

关于标准《信息与文献 参考文献著录规则》(GB/T 7714－2015)实施中的要点及可能出现的疑点, 可参考陈浩元的《GB/T 7714 新标准对旧标准的主要修改及实施要点提示》(载《编辑学报》2015 年第 4 期), 也可参照现行的国际标准《信息与文献——参考文献与信息资源引文指南(第 4 版)》(*ISO 690: 2021 Information and documentation—Guidelines for bibliographic references and citations to information resources*).

参考文献是论文的重要组成部分. 正确引用参考文献既能体现论文的科学性和严谨性, 更能彰显作者的科学态度与学术品质. 关于参考文献引用的学术不端行为与一般规范可浏览在线资源"11.7".

11) 附录

附录是论文的附件, 不是必要组成部分. 它在不增加文献正文部分的篇幅和不影响正文主体内容叙述连贯性的前提下, 向读者提供论文中部分内容的详尽推导、演算、证明、仪器、装备或解释、说明, 以及提供有关数据、曲线、照片或其他辅助资料如计算机的框图和程序软件等. 附录与正文一样, 编入连续页码.

附录段置于参考文献表之后, 依次用大写正体 A, B, C,…编号, 如以"附录 A""附录 B"做标题前导词. 附录中的插图、表格、公式、参考文献等的序号与正文分开, 另行编制, 如编为"图 A1""图 B2";"表 B1""表 C3";"式(A1)""式(C2)";"文献[A1]""文献[B2]"等.

12) 注释

注释分为说明注和引文注. 解释题名项、作者及论文中的某些内容, 可使用说明注;标明正文中引文、思想和观点的出处, 则用与参考文献密切相关的引文注. 能在行文时用括号直接注释的，尽量不单独列出。不随文列出的注释叫作脚注。用加半个圆括号的阿拉伯数字1），2），3）等，或用圈码①，②，③等作为标注符号，置于需要注释的词、词组或句子的右上角。每页均从数码1）或①开始，当页只有1个脚注时，也用1）或①。注释内容应置于该页地脚，并在页面的左边用一短细水平线与正文分开，细线的长度为版面宽度的1/4。

目前，我国绝大部分人文社科类学术期刊（如《厦门大学学报·哲社版》《中华文化论坛》等）采用的即为引文注。它们大都采用2007年8月20日在清华大学举行的"综合性人文社会科学学术期刊编排规范研讨会"所确定的《综合性期刊文献引证技术规范（试行稿）》。该规范的全文可浏览在线资源"11.8"。

2. 数字与符号的使用规则

1）汉字数字与阿拉伯数字

什么情况使用汉字数字，什么情况使用阿拉伯数字，应符合国家标准《出版物上数字用法》（GB/T 15835－2011，在线资源"11.9"）。总的原则是：凡是可以使用阿拉伯数字而且又很得体的地方，均应使用阿拉伯数字。

⑴ 使用阿拉伯数字的场合。

① 公元世纪、年代、年、月、日、时刻。如：20世纪90年代；1999年1月15日；12时5分18秒。

注意：年份不能简写，如1999年在任何地方都不能写作99年。

"时刻"可用标准化格式表示，如"12时5分18秒"可写为"12：05：18"。

日期与日的时间的组合，表示方法是：年-月-日T时：分：秒。T为时间标识符。时、分、秒之间的分隔符是冒号（：）而不是比号（∶）。例如"1999年1月15日12时5分18秒"，可表示为"1999-01-15T12：05：18"。这种方式更多地用在图表中。

② 计量单位和计数单位前的数字（除平面角度的"°，′，″"外，数值与符号之间应空 1/4 个汉字间隙），特别是以字母表达计量单位时。如：食盐 200 g，木料 5 m³，东经 135°05′；15 ℃；猪15头，羊2只，鱼1条；3个特点，2条意见，200多人。

③ 纯数字，包括整数、小数、分数、百分数、比例，以及一部分概数，如：4，–0.3，4/5，56%，3:2，10多，300余；产品型号、样品编号，以及各种代号或序号，如：PH-3000型计算机；已定型的含阿拉伯数字的词语，如：3G手机，维生素B，"12·5"枪击案。

④ 文后参考文献著录中的版次、卷次、页码等数字（古籍除外）。

⑵ 使用汉字数字的场合。

① 定型的词、词组、成语、惯用语、缩略语，以及具有修辞色彩的词语中作为语素的数字，必须用汉字数字。例如：第一，二倍体，三氧化二铝，十二指肠，星期五，"十三五"规划，第一作者，一分为二，三届四次理事会，他一天忙到黑。

② 相邻两个数字连用表示的概数。例如：一两千米，二三十公顷，四百五六十万元。

③ 带有"几"字的数字表示的概数。例如：十几，几百，三千几百万，几万分之一。

④ 各国、各民族的非公历纪年及月日。

⑤ 含有月日简称表示事件、节日和其他特定含义的词组中的数字，若涉及一月、十一月、十二月，应用间隔号"·"将表示月和日的数字隔开，涉及其他月份时，不用间隔号。如"一二·九"运动，"一·一七"批示，五四运动。

2）数字的书写规则

（1）书写和排印 3 位以上的数字要采用三位分节法（人文社科类论文中的四位数可不用，具体可浏览在线资源"11.10"），即从小数点算起，向左和向右每 3 位数之间留出 1/4 个汉字大小的空隙（代号、代码、序号除外）。如：3245（人文社科类论文）或 3 245（科技类论文），3.141 592 6。

（2）小数点前用来定位的"0"不能省略。如 0.85 不能写作 .85。

（3）阿拉伯数字不能与除"万""亿"外的汉字数词连用。如"十二亿一千五百万"可写为"121 500 万"或"12.15 亿"，但不能写为"12 亿 1 千 5 百万"。

（4）数值的有效位数必须全部写出。例如：一组有 3 位有效数字的电流值"0.250 A，0.500 A，0.750 A"，不能写作"0.25 A，0.5 A，0.75 A"。

（5）表示数值范围和公差时应注意几点：①表示数值范围或量值的波动变化幅度尽量采用浪纹式连接号[12]（～，占一个汉字位置）。例如：120～130 kg，70～80 头（羊）。②表示百分数范围时，前一个百分号不能省略。如"52%～55%"不能写成"52～55%"。③用"万"或"亿"表示的数值范围，每个数值中的"万"或"亿"不能省略。如"20 万～30 万"不能写成"20～30 万"。④单位不完全相同的量值范围，每个量值的单位应全部写出，如"3 h～4 h 20 min"不能写作"3～4 h 20 min"；但单位相同的量值范围，前一个量值的单位可以省略，如"100 g～150 g"可以写作"100～150 g"。⑤量值与其公差的单位相同、上下公差也相等时，单位可以只写 1 次，如"12.5 mm±0.5 mm"可写作"（12.5±0.5）mm"，但不能写作"12.5±0.5 mm"。⑥量值的上下公差不相同时，公差应分别写在量值的右上、右下角，如"$20^{+0.3}_{-0.5}$ cm"；量值与公差的单位不相同时，单位应分别写出，如"$20\ \mathrm{cm}^{+0.3}_{-0.5}$ mm"。⑦表示带百分数公差的中心值时，百分号（%）只需写 1 次，同时"%"前的中心值与公差应当用括号括起。例如"（50±5）%"任何时候都不得写作"50±5%"，也不得写作"50%±5%"⑧阿拉伯数字录入应占半个汉字。

（6）用量值相乘表示面积或体积时，每个数值的单位都应写出。例如：60 m×40 m，不能写作 60×40 m，也不能写作 60×40 m²；50 cm×40 cm×20 cm，不能写作 50×40×20 cm，也不能写作 50×40×20 cm³。

（7）一组量值的单位相同时，可以只在最末一个量值后写出单位，其余量值的单位可以省略。如"50 mm，45 mm，42 mm，37 mm"，可以写作"50，45，42，37 mm"。各量值后的点号可以用"，"，也可以用"、"，但全文应统一。

3）正斜体符号的使用规范

在多数情况下通常使用正体符号，如表示计量单位、化学元素、基本常数（如 e, π, i）、数学运算符号（如 sin, exp, ln）、人名等均采用正体书写。须用斜体的情形主要有：数学中用字母表示的数和一般函数（如 x, y，坐标 x, y, z）；物理量中除 pH 值外的其他符号，如长度 l/m，电阻 R/Ω；描述传动现象的特征数符号，如 Re（雷诺数），Eu（欧拉数）；表示矩阵、矢量、

---

12 提示：a. 如果不是表示数值范围，尽量不要用浪纹号。如"北京～上海"，"做 2～3 次试验"——前者表示一个空间跨度（不是数值），具有明确的起点和终点，其间"～"尽量用一字线连接号"—"；后者"2 次"与"3 次"之间不可能有其他数值，应改为"两三次"，但"做 2～4 试验"这样的表述则可以。b. 表示序数范围既可用一字线"—"，也可用浪纹线"～"，但全文/书要统一，如"2000—2009 年"也可写成"2000～2009 年"；如果用汉字表示时，为避免与"一"误会，用浪纹线，如"第五～八课"。c. 时间年月日的缩写用半字线"-"连接。如："2024 年 3 月 8 日"可以写为"2024-03-08"。

张量的符号黑斜体，如 **a**×**b**；生物学中属以下的拉丁文学名（大肠杆菌 *Escherichia coli*）；有机化学中位的代号，如间苯二甲酸 *m*-phthalic acid。"量和单位"系列国家标准与单位符号书写规范的详细信息可浏览在线资源"11.11"。

4）英文中符号的使用规范

⑴ 标点占的字符数：英文标点中除了破折号"—"占 2 个英文字符外，其余均占 1 个英文字符（大致半个汉字）；连接号"–"占 1 个英文字符，连字符"-"长度为英文字母 m 的1/3；英文中的省略号为 3 个由空格隔开的英文句点"..."，而不是"……"。

⑵ 英文标点符号中没有"《》""、"和"～"。英文中书刊名一般用斜体表示，该用顿号时用逗号表示，数字范围用半字线"–"。英文中鄂化符（即半角浪纹号）"~"有时用在阿拉伯数字前表示近似。

⑶ 标点符号的空格与取舍：英文中引号内句子或短语末尾的逗号和句号等一律封闭在引号之内；英文破折号、数字范围号和连字符前后均不空格；英文引号和括号外面前后均空格，里面前后均不空格。带省略号的缩略语位于句末时，可省略一个黑点；但省略号位于句末时，句点不能省略。

3．图表的设计和制作原则

插图和表格是论文的重要组成部分，对于它们的设计和制作，可参照新闻出版行业标准《学术出版规范》系列的《学术出版规范 表格》（CY/T 170－2019）、《学术出版规范 插图》（CY/T 171－2019）。具体可遵循下面的基本原则。

1）精省性

一般能用文字表示清楚的内容就不必用图表，用大量文字还说不明白，而用图或表就能方便说明的内容才用图表；只用 1 幅图或 1 个表就能说明的内容，就不要用 2 个或更多的图或表。

2）应有图序或表序

每个图表都应有图序或表序，图序的格式为"图 1""图 2""图 3"等，表序的格式为"表 1""表 2""表 3"等。

3）应有图题或表题

每个图表都应有图题或表题。图题或表题应是以最准确、最简练的并能反映图或表特定内容的词语的逻辑组合，一般是词组（很少用句子），而且绝大多数是以名词或名词性词组为中心语的偏正词组（很少用动宾词组），要求准确得体、简短精练、容易认读。

4）图表中标目的形式

图表中的标目，采用量与单位比值的形式，即"量名称或（和）量符号/单位"，比如"p/MPa"，或"压力/MPa"，或"压力 p/MPa"；而不用传统的、不科学并容易引起歧义的表示方法，如"p，MPa"，或"压力，MPa"，或"压力 p，MPa"，或者"p（MPa）"或"压力（MPa）"，或"压力 p（MPa）"。

百分号"%"虽然不是单位，但在这里也可按单位处理，如"相对压力/%"或"η_p/%"，传统的表示法是"相对压力，%"或"η_p，%"，或者"相对压力（%）或 η_p（%）"。

4．中图分类号和文献标识码的选取

为了从论文的学科属性方面揭示其表达的中心内容，同时为了使读者从学科领域、专业门类的角度进行（属性）检索，并为文章的分类统计创造条件，期刊编辑部、学位论文审定机构往往要求论文作者对自己的论文标注中图分类号。

1）中图分类号选取的原则

(1) 在文献内容与形式的关系上应以内容为主要依据；在基础科学与应用科学的关系上以其内容重点、作者写作意图、读者对象的需要为依据。

(2) 尽可能给予较详细的分类号，以准确反映文献内容的学科属性。

(3) 在涉及文献内容中应用与被应用关系时，一般都选取被应用的学科专业所属的分类号。

(4) 在分化学科与边缘学科、交叉学科关系上，如果这门新兴学科是由某一门学科分化出来的，则应选取该学科分类号。

2）中图分类号选取的方法

(1) 利用《中国分类主题词表》选取正确的分类号：对于一般作者而言，要想通过较短的时间学会和了解《中国图书馆分类法》，进而掌握这部大型工具书的使用是不现实的。而通过使用《中国分类主题词表》则能帮助作者既快又准地选取相应的分类号。具体做法是利用该词表中"主题词—分类号对应表"部分，以主题词款目和主题词串标题的字顺为序，从主题词入手，及时、便捷地查到分类号。

(2) 通过查找数据库中类似的主题论文，了解其中图分类号，经过分析、比较，选定相应的分类号。具体步骤是：在 CNKI 的《中国学术期刊（网络版）》或维普的《中文科技期刊数据库》（或其他有关数据库）中检索与作者即将投稿的论文主题相类似或相近的主题词，可以在得到一批相关文献的同时，清楚了解相应的分类号并限定所需的分类号。

3）文献标识码的选取

文献标识码是对我国目前较有影响的大型全文学术期刊数据库《中国学术期刊（网络版）》收录的期刊上刊登的论文的类型所规定的标识码。各标识码的具体含义是：

A——理论与应用研究学术论文（包括综述报告）；

B——实用性技术成果报告（科技）、理论学习与社会实践总结（社科）；

C——业务指导与技术管理性文章（包括领导讲话、特约评论等）；

D——一般动态性信息（通讯、报道、会议活动、专访等）；

E——文件、资料（包括历史资料、统计资料、机构、人物、书刊、知识介绍等）。

另外，不属于上述各类型的文章以及文摘、零讯、补白、广告、启事等不加文献标识码。中文文章的文献标识码以"文献标识码："或"［文献标识码］"作为标识，如：文献标识码：A。英文文章的文献标识码以"Document code:"作为标识。

11.2.3 英文学术论文的撰写[26]

英文学术论文写作是国际学术交流必需的技能。在撰写英语学术论文时，除了遵循学术论文的基本要求，如"讲究逻辑，表达清晰，用词准确"外，还需要注意英文论文的写作格式。究其原因主要在于中国人和西方人的思维方式有所不同，从而导致写作风格上的差异。这一点突出表现在文章结构和表达上的不同。譬如说，通常中国人行文较为含蓄，因此文章各段之间可能存在不明显的内在关联；而西方人则比较直截了当，他们的文章结构往往一目了然。因此，即使已有一篇现成的中文论文，在其基础上写英文论文也不能直接简单地逐字逐句翻译。

1. 英文科技论文写作的 IMRAD 模式

撰写英文科技论文的第一步就是推敲结构，使之成为西方人易于理解的形式。最简单有效的方法即采用 IMRAD 模式（Introduction，Materials and Methods，Results，and Disscussion），这是西方科技论文最通用的一种方式。IMRAD 结构的逻辑体现在它能依次回答以下问题：

研究的是什么问题？答案就是 Introduction；

这个问题是怎么研究的？答案就是 Materials and Methods；

发现了什么？答案就是 Results；

这些发现意味着什么？答案就是 Disscussion。

按照这个结构整体规划论文时，有一个方法值得借鉴，即剑桥大学爱希比（M. Ashby）教授提出的"概念图"。首先在一张大纸上（A3 或 A4 纸，横放）写下文章题目，然后根据 IMRAD 的结构确定基本的段落主题，把它们写在不同的方框内。作者可以记录任何自己脑海中闪现的可以包括在该部分的内容，诸如段落标题、图表、需要进一步阐述的观点等，把它们写在方框附近的圈内，并用箭头标示它们的所属方框。画概念图的阶段也是自由思考的阶段，在此过程中不必拘泥于细节。哪些东西需要包括进文章？还需要做哪些工作，是找到某文献的原文，还是补画一张图表，或者需要再查找某个参考文献？当发现自己需要再加进一个段落时就在概念图中添加一个新框。如果发现原来的顺序需要调整，那就用箭头标示新的顺序。绘制概念图的过程看似儿童游戏，但其意义重大，它可以给你自由思考的空间，并通过图示的方式记录思维发展的过程。这便是写论文的第一步：从整体考虑文章结构，思考各种组织文章的方法，准备好所需的资料，随时记录出现的新想法。采用这个方法，不论正式下笔时是从哪一部分写起，都能够做到大局不乱。

2. 英文学术论文的组成及其写法

英文学术论文的组成与中文论文没有什么区别，一般也包括：①标题及作者；②论文摘要和关键词；③引言；④正文；⑤结论和建议；⑥致谢、附录及参考文献。但并非所有的论文都要必备这些项目，可根据论文的类型及其内容自由选择其项目及这些项目的安排顺序。

1）Title（标题）与 Author（著者）

一个好的标题应该简洁意明，既不要太笼统，过于概括一般化；也不能过于烦琐，使读者难以理解论文的全貌。所以好的标题应能概括全篇内容，同时又能使人印象鲜明，引人注目。如果标题写得不好，这常常会使真正想了解它的读者错过阅读这篇文章的机会。

(1) 标题不等于句子，不采用句子形式，不必强求主语、谓语、宾语齐全。但必须注意用词的先后顺序。如：The Propagation of Sound and Wave（声和波的传播）。

(2) 标题中"Some Thoughts on""Study of""Investigation of""Research on"等没有多少实在意义。这一类含"研究""探讨"之类的题目只是汉语论文题目中的一种模式而已。在英文学术论文题目中，这增加了题目长度，不宜使用，尤其是那些要领多而英文长的复杂题目更需如此。如：Research on Fatigue Fracture Mechanism of Spring End Coil（高应力弹簧端圈疲劳断裂机理研究），可以改为：Fatigue Fracture Mechanism of Spring End Coil。

(3) 标题中不要使用缩略语、化学分子式、专利商标名称、罕见的或过时的术语。

(4) 对于中文科技论文题目中常见的"浅谈""漫谈""初探""试论""之我见"等自谦词不宜使用。这只是中文题目的一大模式，但英美人写作时没有这一传统。在英文题目中若有这些自谦辞会让人觉得冗长累赘，重点不突出，同时还让人觉得作者不负责任。如：A

Preliminary Study on ProtectiveTechnique ofrhree-phase Asynchronous Motors，可改为：Protective Technique of Three-phase Asynchronous Motors。

(5) 题目不要太长，同时按惯例，英文标题的第一个词和每个实词第一个字母要大写。

一般来说，应该对论文有以下实质贡献者方能列为著者：①课题的构思与设计，资料的分析、数据采集与解释；②文章起草或对重要内容作重大修正；③最终完成发表的版本。

仅仅参与获取资金或采集数据，不能成为著者。研究组的一般监管，不够著者权。凡在科研构思、设计、实验工作及论文撰写中起主要作用者，应排名在前。外文期刊的中国作者署名拼写，一般需要按照期刊具体要求的格式进行，其形式主要有三类：全名拼写：姓和名字用汉语拼音全部拼出，名字在前姓氏在后，如"王小明"写为"Xiaoming Wang"；全名拼写带短线：名字在前姓氏在后，姓和名字用汉语拼音全部拼出，但双字名中间用短线连接，每个字的头一个汉语拼音字母大写，如"王小明"写为"Xiao-Ming Wang"；名字使用缩写：这种类型包含情况比较复杂，具体为：①缩写名字而不缩写姓氏，如果姓氏为复姓，有些期刊可能需要缩写姓氏的第二个字；②姓名顺序视具体期刊而定，有些为姓氏在前名字在后，有些则是名字在前姓氏在后；③有些期刊不论名字是单字还是几个字均只缩写名字汉语拼音的头一个字母。例如，①"王小明"缩写为"Wang XM"；②"王小明"缩写为"X. Wang"。作者在不确定选取上述哪一类时，可参考目标期刊往期已发表文章中的作者姓名的拼写方式。

2）Abstract（摘要）

科技论文在正文前面都有内容摘要。论文摘要应简明扼要，不仅能引人入胜、吸引读者去读全文，而且要能独立使用，使读者即使不看正文也能一目了然，了解论文的基本面貌，能代替阅读论文全文。

(1) 英文摘要的基本内容。英文摘要通常放在正文前面，将论文的目的（Purposes）、主要研究过程（Procedures）及所采用的方法（Methods）、由此得到的主要结果（Results）和得出的重要结论（Conclusions）表达清楚。即英文摘要应包括：本文的目的或要解决的问题（What I want to do）；所采用的方法及过程（How I did it）；主要结果及结论（What rcsults did I get and what conclusions can I draw）；本文的创新及独到之处（What is new and originalin this paper）。通常在摘要之后还要提供关键词，作为索引的补充，也表明文章的特性。关键词一般为 3～10 个，从论文中选出。在格式上，英文摘要由三部分组成：目的、过程及方法、结果和结论。

(2) 英文摘要的基本要求。英文摘要要使用正规英语和标准术语，避免使用缩写词。使用语言要简洁、明确，一般不超过 150 个词。

摘要本身要完整。有些读者是利用摘要或索引卡片进行研究工作的，很可能得不到全篇论文，因此应使读者通过英文摘要能对论文的主要目的，解决问题的方法、过程及主要的结果、结论和文章的创新、独到之处，有一个较为完整的了解。

英文摘要要突出自己的创新、独到之处，要避免过于笼统的、空洞无物的一般论述和结论。要尽量利用文章中的公式、图表来阐述论文的方法、过程、结果和结论，使摘要的论述有根有据，使读者对论文的内容有一个清晰、全面的认识。

不要过于简单地只把论文标题加以扩展，使读者无法得到全文梗概。同时要尽量提高文字的信息含量，删去所有多余的字句。即摘要中只谈新的信息，同时要努力使摘要简洁（Limit the abstract to new information and strive for brevity）。要尽量删去一些不必要的词语，如：It is reported（据报道……），The author discuasses（作者讨论了……）；对于一些不增加新的信息或不能增进读者对摘要理解的词语尽量不用，如：The author studied（作者研究了……），In this paper（在本文中），This paperis concerned（本文主要讨论……）等。

摘要尽量用短语，用动词的主动语态，如：A exceeds B 比用 B is exceeded by A 更好，同时最好用第三人称。描述作者的研究工作一般用过去时态，因为工作是过去做的。但在说明由这些工作所得出的结论时，应用现在时态。

(3) 英文摘要的写作要点。"目的"主要说明写作目的或主要解决问题，这往往是摘要的开头。"目的"的写作可以利用文中采用的最新文献，非常简要地介绍前人的工作，但应不谈或少谈背景信息（Background Information），同时还要避免在摘要的第一句重复题目或题目的一部分。

"过程与方法"的作用是说明如何解决"目的"中提出的问题（How I did it）。它起着承前启后的作用，写作这一部分时应避免泛泛而谈，只进行定性的描述。因此在说明过程与方法时应结合论文中的公式与框图进行叙述。

"结果和结论"说明论文的主要成就和贡献，在写作这一部分时要尽量结合实验结果或仿真结果的图、表、曲线等来说明。同时在结尾部分还应尽量地将论文的结果和他人最新的研究成果进行比较，以突出创新、独到之处（What is new and original in this paper）。

3）Introduction（引言）

引言看似简单，但并不容易写好。好的引言通常包括三部分内容：介绍研究课题（性质，范围等）；陈述对于该课题已有的主要研究成果；解释你对课题研究的特殊贡献，如使用了什么新方法等。

写这一部分应该尽量简练。好的起始句非常重要，因为 Introduction 应该吸引读者而不是让读者生厌。有许多论文以"It is widely accepted that...is important"开头，这样的起始句让读者还没进入正文就开始打哈欠。在引言这一部分可以简单介绍你的主要研究结果和结论，也可以不介绍结论而只介绍研究方法。读者读完 Introduction 之后看论文的其他部分不应该再有惊奇的发现，因为读科技论文的读者希望开头就知道结果。

中国人写引言时常常对自己的研究工作或能力表示自谦。但在英文引言中这会让人觉得作者不负责任，缺乏严肃性，同时使论文显得拖泥带水，不简练。因此写引言时要采用客观的口气，由读者对论文的水平做出他自己的评价。

4）Body（主体）

在主体这一部分，作者要详细说明所采用的实验方法、实验过程及其他研究方法，同时还要对实验结果进行分析。

(1) Methods（方法）。方法部分的目的在于描述所用的材料、实验装置、实验方法、理论模型、计算方法。写好这部分的关键在于把握好"度"，即提供恰到好处的细节，避免过于简单或烦琐（太繁复或不必需的公式、推导可放入附录）。衡量标准是看所提供的细节是否足以让感兴趣的专业读者重复作者的实验或方法。在这一部分不需要汇报结果。

(2) Results（结果）。在结果部分只需要如实地汇报结果和数据即可，无须加入自己的解释，让结果和数据来表达研究结论。这一部分通常会包含图表。读者在阅读一篇论文时，往往看完题目和摘要后就会浏览所有图表，有进一步兴趣才会再读文章的其他部分，所以图表非常重要。它们不仅应该简明、清晰、准确，还应该完整，即每一个图表均应有详尽说明，读者即使不看论文的文字部分也能够理解图表所要传达的信息。图表的顺序也很重要，它们应该体现行文的逻辑。有些作者习惯于将一系列图表陈列在一起，不在表头做解释，仅在文字中简单地进行介绍，期待读者自己去研究理解各个图表，这种做法是不可取的。

（3）Discussion（讨论分析）。讨论分析是论文的精髓所在，也是中国人普遍感到难写的部分，其内容可能包括：提炼原理、揭示关联、进行归纳；提出分析、模型或理论；解释结果（Results）与作者进行的分析、模型或理论之间的联系。因为包含了作者的观点和解释，这一部分在行文时需要注意语气，不可夸张；同时也要注意避免无关紧要或并不相关的内容。

（4）主体部分的写作应注意的问题。①对实验所用材料要详细说明。要说明材料的名称、数量、制备方法及技术规格。材料的名称不宜采用其商品名称，因为这会给人以一种不正规、不严肃的印象，似乎是在为某些商品做广告。②详细说明实验仪器、规格、实验条件及获得数据的方法。如果所采用的实验方法或其他研究方法不是标准的，也不是前人验证过的，则要详述，以使读者能够再现及验证其准确性和精确性。叙述实验或研究方法时可采用图、表、照片等辅助手段，以加深理解，同时也节省篇幅。③对实验或研究结果的分析要严格区分事实和推断的界限。在分析结果时要突出新的发现和观点。作者的意见、专家的意见和其他人的意见，不能作为事实来论述。从类似的现象进行推断或从反面事例进行推论，都没有说服力。如果在实验过程中发现方法有某些错误，在论文中也可说明，以便其他人借鉴。在分析结果时也可论述对该课题今后的计划、打算，这样可使读者对课题的全貌有一个全面的了解。

5）Conclusions（结论）

在论文的结论部分，作者应该总结阐明论文的主要结果及其重要性，同时点明其局限性或有所保留的地方。结论应该是水到渠成，不应有让读者感到惊奇的内容，通常也不应该引用文章其他部分未曾提及的文献。爱希比的"概念图"表明，Conclusions 实际上就是把 Results 和 Disscussion 的精要部分进行总结。结论可以分点陈述，简洁概括，达到"豹尾"的效果。

6）Acknowledgements（致谢）、Appendix（附录）

论文的致谢是对给予帮助的单位或个人表示感谢，并说明其所起的作用和贡献。因为课题的研究工作往往不是一个人或几个人的力量所能完成的。因此这一部分是必要的。

致谢通常包括下列内容：

（1）对为论文提供建议、帮助或者解释者，表示感谢。在"致谢"中可指出其具体内容及所起的作用。

（2）对为研究工作提供帮助的机构或个人表示感谢。特别是对那些提供实验设备或其他材料的人员表示感谢。

（3）若课题或论文得到了外来的经济上的资助，则应对支持者表示感谢。

致谢中应避免使用单词"wish"。如："I wish to thank John Jones." 用 "I thank John Jones." 就足够了。下面是表示致谢（Acknowledgements）的一个例子[13]：

The authors would like to thank China Aerodynamics Research and Development Center for the help of icing wind tunnel experiments to this work. This research is supported by Ministry of Industry and Information Technology of the People's Republic of China (No. MJ-2015-F-050).

---

13 See: "Numerical and experimental investigations into protection net icing at the helicopter engine inlet", in:*Aircraft Engineering and Aerospace Technology*, 2021, Vol.93, No.10.

对于复杂的计算公式的推导过程，某些图表等，若将它们插入有关部分可能会使正文杂乱无章，常常以附录的形式给出。附录常放在参考文献之前，有些也放在参考文献之后。

7）Reference（参考文献）

在英文论文中凡引用其他作者的文章、观点或研究成果，都应在文中有夹注或其他标识，同时在"参考文献"部分列出。参考文献可以引用正式发表的论文、专利、毕业论文、专著等。引用时要完整、清楚，应包括作者姓名、著作名称、出版单位和时间等。

各学术期刊所采用的引注格式并不一样，主要有下列格式：

⑴ Harvard Style（哈佛格式，也叫 Author-date system，作者–日期格式）：应用于各学科，是一种广泛使用的格式。可参考在线资源"11.12"。

⑵ Chicago Manual of Style（CMS，芝加哥格式）：主要应用于图书、杂志、报纸以及人文科学领域。可参考在线资源"11.13"。

⑶ American Psychological Association（美国心理学协会，APA）格式：主要用于心理、教育等社会科学领域。可参考在线资源"11.14"。

⑷ Modern Language Association（美国现代语言协会，MLA）格式：主要用于语言、历史等人文科学领域。可参考在线资源"11.15"m。

⑸ Vancouver style（温哥华格式）：基于国际医学期刊编辑委员会（ICMJE）制定的 *Uniform Requirements for Manuscripts Submitted to Biomedical Journals*（《向生物医学期刊投稿的统一要求》）最新版，主要用于生物医学期刊，其著录规范与我国国家标准《信息与文献 参考文献著录规则》中的"顺序编码制"基本一致。可参考在线资源"11.16"。

⑹ Council of Science Editors 科学编辑理事会（CSE，前身为生物学编辑理事会 CBE）格式：主要用于自然科学（如生物学、化学、地质学、数学、物理学等）领域。可参考在线资源"11.17"。

⑺ American Medical Association（美国医学协会，AMA）格式：主要用于生物医学领域。可参考网络在线资源"11.18"。

⑻ American Chemical Society（美国化学学会，ACS）格式：基于 Janet S Dodd 主编、美国化学学会出版的 *The ACS style guide : a manual for authors and editors*（《美国化学会文体指南：作者与编辑手册》，最新的为 1997 年第 2 版），主要用于化学领域。可参考在线资源"11.19"。

作者在标注引用文献时，应特别注意：第一，上述的引注格式，无论使用哪一种，都需要确保整篇文章中引用格式统一；第二，论文参考文献列表中的格式需要和文中引用的格式对应；第三，确保所有的文献信息都是正确的，否则很容易被认定为学术抄袭。

下面是 2020 年第 1 期《工程研究》（*Engineering Studies*）的一篇论文 CMS 格式参考文献列表的例子：

Abbott, Dina, and Gordon Wilson. *The Lived Experience of Climate Change: Knowledge, Science and Public Action.* Cham: Springer International Publishing, 2015.

Aldrich, Howard, and Diane Herker. "Boundary Spanning Roles and Organizational Structure." *Academy of Management Review* 2, no. 2 (1977): 217–230.

Argyris, Chris, and Donald A. Schön. *Organizational Learning: A Theory of Action Perspective.* Reading, MA: Addison Wesley, 1978.

Barnes, Barry. *The Nature of Power.* Cambridge, UK: Polity, 1988.

...

除特别规定外，在我国境内编辑出版的书刊中，英文论文参考文献的标注可参考在线资源"11.20"。

3. 英文学术论文的语言技巧

1) 时态

撰写英文论文会涉及时态。通常学术论文采用的时态为一般过去时，但在列表、进行统计分析或描述不争事实时应该采用一般现在时（见表 11.3）。例如：

Table 4 shows that...（列表）；These values are significantly greater than those of the females of the same age, indicating that the males grew more rapidly（统计分析）；Water was added and the towers became damp, which proves again that water is wet（不争事实）。

表 11.3　论文各部分所用时态情况

时态	引言	方法	结果	讨论
现在时	大量使用	很少使用	很少使用	大量使用
过去时	偶尔使用	大量使用	大量使用	偶尔使用

但根据 1989 年 R. A. Day 提出的建议，论文中凡涉及研究领域内已存在的理论和知识（包括他人在此之前发表过的论文）时均应采用一般现在时来表示对理论贡献者们的尊重。以此推理，Introduction 和 Discussion 的绝大部分内容（即涉及研究领域内已有的理论和知识的部分）应采用一般现在时。按照 Day 的建议，摘要通常应该采用一般过去时，因为作者在这里主要是介绍自己的工作。

2) 语态

除了时态，语态也是撰写英文论文应该注意的方面。读者可能会发现大量英文学术论文都采用被动语态，这虽然是事实，但并不是规则。其实，使用被动语态往往违背学术论文对精确、简洁的要求。譬如"It was found that"就远没有"I found"来得清晰明了。如果在论文中通篇采用被动语态，结果会让读者不明白作者到底是在引用别人的工作还是自己的工作。学术论文中主动语态和被动语态可以并用，具体使用哪种语态首先取决于句子所要强调的重点，同时应该考虑表达的简练和精确。

3) 分词

中文作者在写英文论文时常常会写出如下的句子：

After closing the incision, the animal was placed in a restraining cage.

Having completed the study, the bacteria were of no further interest.

从语法上分析，这两个句子的隐含主语分别为：the animal 和 the bacteria，但作者省略掉的真正的主语其实是 the experimenter。所以这两个句子都造成了歧义。这是典型的使用分词从句造成（以"ing"或"ed"结尾）的错误，如果改用下面的一般从句，这种错误就避免了：

After the incision had been closed, the animal placed in a restraining cage.

Once the study was completed, the bacteria were of no further interest.

4) 形容词和副词

在学术论文中使用形容词和副词要慎重。像 fairly、quite、rather、several、very、somewhat、much、amazing 这样的修饰词在文中最好不用。例如，"this very important point"不及"this important point"简洁客观，而"this point"则更佳。

5）冠词

中文作者对英文冠词的掌握通常不够好，例如经常会忘记冠词"the"，克服的方法之一是检查名词，如果名词前没有加不定冠词"a"或"an"，而该名词又非抽象名词或不可数名词，则要考虑是否应该在前面加上定冠词"the"。

一些使用定冠词的规则有（当然最好还是通过多读一些写得好的英文论文以增强语感）：①第二次提及：We proposed a new model. The model is…；②最高级：The most important parameter；③序数词：The first slide；④特指：The only research in this field；⑤通用知识或独有事物：The government /the moon；⑥of 短语：The behavior of the species；⑦以人名定义的现象等：The Doppler effect。

以上是撰写英文学术论文的语言基本常识，有些建议是专门针对中国学者的，因此有必要在这里指出：谦虚的中国学者需要注意在学术论文中避免使用抱歉词句。说"Unfortunately, there was insufficient time to complete the last set of tests"只能让读者认为作者计划不好，懒惰，能力不够。关于语言常识，可浏览在线资源"11.21"。

写一篇好的英文学术论文需要反复推敲，修改。写完初稿后最好把它搁在一边两三天后再拿过来修改。在最终定稿前要仔细检查格式、标点符号，核对参考文献等，每一细节都不应忽视。

11.2.4 文献综述的撰写

文献综述（Review、Summarize、Survey、Comment，简称综述）是指在收集大量文献资料之后，经综合分析而写成的某一专题的学术论文。它既可以看成是三次文献，也可以看成为一次文献，并被认为是研究者必备的一项学术技能与方法。另外，文献综述在硕士、博士论文写作中占据着重要的地位，是论文中的一个重要章节，它的好坏直接关系到论文的成功与否。

1. 文献综述的特点与功能

1）文献综述的特点

文献综述作为一种学术文本形式，最早出现在 19 世纪后期德国的科学杂志上。它具有内容综合、语言概括、信息浓缩、评述客观和参考文献数量多等特征。而按照 JCR 的定义，综述文章要么是参考文献超过 100 项，要么是发表在综述期刊（只发表综述文章的期刊）或期刊"综述"专栏上，要么是标题中有"综述（Review）""评论（Overview）""概述""述评""评述""进展""动态""现状、趋势和对策""分析与思考"等字样，要么是文章的摘要表明该文是一篇综述或评论。与一般的学术论文相比，文献综述具有以下特点：

首先，文献综述反映原始文献有一定的时间和空间范围，它反映一定时期内或是某一时期一定空间范围的原始文献的内容。

其次，文献综述集中反映了一批相关文献的内容。其他二次文献如题录、索引、文摘、提要等一条只能揭示一篇原始文献的外表信息或内容信息，且各条目之间没有联系，而一篇综述可集中一批相关文献，且将这批文献作为一有机整体予以揭示，信息含量比二次文献大得多。

第三，文献综述是信息分析的高级产物。文献综述要求编写人员对综述的主题有深入的了解，全面、系统、准确、客观地概述某一主题的内容。运用分析、比较、整理、归纳等方法对一定范围的文献进行深度加工，对于读者具有较好的引导功能，是创造性的研究活动。

2）文献综述的功能

文献综述是一切合理研究的基础。按照英国学者安东尼·迈克尔·伍德沃德（Anthony Michael Woodward）于 1977 年发表的《综述文章在信息交流中的作用》（The roles of reviews in information transfer，载 *Journal of the American Society for Information Science* 第 28 卷第 3 期）一文说法，综述具有六项历史功能（①对已发表论文进行同行评估，②整合不同期刊上对相关问题探讨的信息，③凝练已有的相关知识，④替代原始论文作为写作记录，⑤预见新兴领域的出现，⑥为进入新领域寻找研究路径）和七项当下功能（①了解前人已发表的工作，②了解相关交叉领域的工作，③提供文献线索，④为解决科学问题提供新方法，⑤确定新领域的走向，⑥用于教学目的，⑦成果反馈）。另外，综述还有"引用"优势，即综述文章还是《临床医师癌症杂志》（*CA: A Cancer Journal for Clinicians*）、《自然》（*Nature*）、《科学》（*Science*）、《柳叶刀》（*Lancet*）等 JCR 高影响因子期刊的制胜法宝。

总之，文献综述具有承上启下的作用，是学术研究和学术论文写作的一个重要环节。通过文献综述，作者可以了解相关领域的研究现状，在前人研究的基础上确定自己要研究的问题，避免不必要的重复并能够有所创新，为科学知识的积累做出自己的贡献。

2．文献综述的分类与结构

文献综述主要有叙述性综述、评论性综述和专题研究报告等类型。

叙述性综述是围绕某一问题或专题，广泛搜集相关的文献资料，对其内容进行分析、整理和综合，并以精练、概括的语言对有关的理论、观点、数据、方法、发展概况等作综合、客观的描述的信息分析。

评论性综述是在对某一问题或专题进行综合描述的基础上，从纵向或横向上作对比、分析和评论，提出作者自己的观点和见解，明确取舍的一种信息分析报告。评论性综述的主要特点是分析和评价，因此有人也将其称为分析性综述。

专题研究报告是就某一专题（一般是涉及国家经济、科研发展方向的重大课题）进行反映与评价，并提出发展对策、趋势预测；"是一种现实性、政策性和针对性很强的情报分析研究成果"。其最显著的特点是预测性。

3．文献综述的格式

文献综述的格式与一般研究性论文的格式有所不同。这是因为研究性的论文注重研究的方法和结果，特别是阳性结果，而文献综述要求向读者介绍与主题有关的详细资料、动态、进展、展望以及对以上方面的评述。因此文献综述的格式相对多样。但总的来说，它一般都包含四部分：前言、正文、结论和参考文献。

前言/引言简要介绍所综述的课题，研究目的及意义。说明有关概念，规定综述范围，介绍本课题的基本内容：包括研究的历史、现状、前景和争论焦点等，使读者对全文有一个概括性的了解。

正文是综述的主体部分，对某专业、学科在某阶段的发展历史和当前实际工作水平、成就，以及有关情况都应作较详细叙述，还要把同行的不同看法、观点也写进去，进行分析比较研究。其写法多样，没有固定的格式。可按年代顺序综述，也可按不同的问题进行综述，还可按不同的观点进行比较综述，不管用哪一种格式综述，都要将所搜集到的文献资料归纳、整理及分析比较，阐明有关主题的历史背景、现状和发展方向，以及对这些问题的评述。主题部分应特别注意代表性强、具有科学性和创造性的文献引用和评述。

结论是综述的结束语。一般包括研究的结论、意义，存在的分歧，有待解决的问题和发展趋势等。对所综述的主题有研究的作者，最好能提出自己的见解。

参考文献是注明作者所引用的资料，为人们核对或做进一步研究用。参考文献在一定程度上反映了综述的深度和广度，是文献综述的重要组成部分。因为它不仅表示对被引用文献作者的尊重及引用文献的依据，而且为读者深入探讨有关问题提供了文献查找线索。因此，应认真对待。参考文献的编排应条目清楚，查找方便，内容准确无误。关于参考文献的使用方法、著录项目及格式与研究论文相同，在此不再赘述。

4. 文献综述撰写的方法和步骤

文献综述不仅仅是对一系列无联系内容的概括，而且是对以前的相关研究的思路的综合。文献综述撰写的基本步骤包括收集文献、概括与归纳、摘要、批判、建议等[14]。

(1) 收集文献。主要有两种方法：一是通过各种检索工具，如文献索引、文摘杂志检索，也可利用光碟或网络进行检索；二是从综述性文章、专著、教科书等的参考文献中，摘录出有关的文献目录。选择文献时，应由近及远，因为最新研究常常包括以前研究的参考资料，并且可以使人更快地了解知识和认识的现状。首先要阅读文献资料的摘要和总结，以确定它与要做的研究有没有联系，决定是否需要将它包括在文献综述中；其次要根据有关的科学理论和研究的需要，对已经搜集到的文献资料做进一步的筛选，详细、系统地记下所评论的各个文献中研究的问题、目标、方法、结果和结论，及其存在的问题、观点的不足与尚未提出的问题。将相关的、类似的内容，分别归类；对结论不一致的文献，要对比分析，按一定的评价原则，做出是非的判断。同时，对每一项资料的来源要注明完整的出处，不要忽略记录参考文献的次要信息，如出版时间、页码和出版单位所在城市等。

(2) 概括与归纳。就是对要评论的文献先进行概括（不是重复），然后进行分析、比较和对照，即个别地、集中地对以前研究的优点、不足和贡献进行分析和评论。其目的不是对以前的研究进行详细解释，而是确保读者能够领会与本研究相关的以前研究的主要方面。

(3) 摘要。不同的学科对引用摘要的要求与期望不同。虽然文献综述并不仅仅是摘要，但研究结果的概念化与有组织地整合是必要的。其做法包括：①将资料组织起来，并连到论文或研究的问题上；②整合回顾的结果，摘出已知与未知的部分；③厘清文献中的正反争论，并提出进一步要研究的问题。

(4) 批判。文献综述是否有价值，不仅要看其中的新信息与知识的多少，还要看自己对文献作者及编辑者的观点与看法如何。不是一味地吹捧，还要持有批判性的态度。"尽信书，不如无书"（《孟子·尽心下》），实在是灼见。但在阅读文献时，也要避免外界的影响甚至干扰，客观地叙述和比较国内外各相关学术流派的观点、方法、特点和取得的成效，评价其优点与不足。要根据研究的需求来做批判，注意不要给人以吹毛求疵之感。一个具有批判性的评论，必须要有精确性、自我解释性和告知性。批判的程度，反映文献综述作者的评鉴技巧：是否能分析出文章的中心概念与所提出的论据，做出摘要，并提出简要评估。这一步是在形式上评判文献是否符合一些基本写作的标准，即判定其是否为一篇好文章，还要看文献中引用的

---

14 也有一些学者提出六步的文献综述模式：选择主题、文献搜索、展开论证、文献研究、文献批评、综述撰写（详见劳伦斯·马奇等著，陈静等译，上海教育出版社 2011 年出版的《怎样做文献综述——六步走向成功》）。

文章与评论的标准。有的学者将其归纳为代表性、显著性、相关性、适时性和简捷性。

(5) 建议。文献综述的最后步骤是在回顾和分析的基础上，提出新的研究方向和研究建议。根据发展历史和国内外的现状，以及其他专业、领域可能给予本专业、领域的影响，根据在纵横对比中发现的主流和规律，指出几种发展的可能性，以及对其可能产生的重大影响和可能出现的问题等趋势进行预测，从而提出新的研究设想、研究内容，建议采取的具体措施、步骤和研究方案等，并说明成果的可能性等。

另外，阅读和分析已有的其他专业研究人员的文献综述，可以高效率地获得有益的观点和建议。但是，这类集中介绍研究成果的综述性文章只能作为新的研究的基础或参考点，不能被用来替代自己的独立研究。总之，一个学术研究工作者，要做好自己的选题与研究，必须重视资料概览，认真写好文献综述。

5. 学位论文中的文献综述

一般来说，在硕士、博士学位论文的引言或绪论部分必须有文献综述。学位论文中文献综述的撰写基本上与文献综述文章撰写相似，只是在篇幅上有所不同，结构上稍做调整（即包括简单的概述、文献的统计分析、文献的内容分析、目前研究的不足，而参考文献、致谢等可随全文附后）。学位论文文献综述中的"目前研究的不足"，实际上就是其创新点的来源。

6. 文献综述撰写的注意事项

文献综述既不同于读书笔记、读书报告，也不同于一般的科研论文。因此，在撰写文献综述时应注意以下几个问题：

(1) 搜集文献应尽量全。掌握全面、大量的文献资料是写好综述的前提，否则，随便搜集一点资料就动手撰写是不可能写出好的综述的，甚至写出的文章根本不成为综述。

(2) 注意引用文献的代表性、可靠性和科学性。在搜集到的文献中可能出现观点雷同，有的文献在可靠性及科学性方面存在着差异。因此在引用文献时应注意选用代表性、可靠性和科学性较好的文献。

(3) 引用文献要忠实于文献内容。由于文献综述中有作者自己的评论分析，因此在撰写时应分清作者的观点和文献的内容，不能篡改文献的内容。

(4) 参考文献不能省略。有的科研论文可以将参考文献省略，但文献综述绝对不能省略，而且应是文中引用过的，能反映主题全貌的并且是作者直接阅读过的文献资料。

总之，一篇好的文献综述，除了反映较完整的文献资料外，还要有评论分析，并能准确地揭示主题内容。[27, 28] 关于文献综述的撰写指南与作为一种研究方法的介绍，可浏览在线资源"11.22"。

11.2.5 论文撰写助手——文献管理工具与 AI 工具

文献管理工具与 AI 工具都是论文撰写的助手，特别是后者不能完全替代论文撰写。

1. 文献管理工具

文献管理工具是一种用于帮助用户组织、管理与课题相关的参考文献，建立个人参考文献数据库，集参考文献的检索、收集、整理功能于一体的软件。它可以帮助用户建立自己的参考文献数据库，阅读和编辑参考文献信息，在 Word 等文字处理软件中插入所引用的文献。文献管理工具的发展经历了三个阶段：①单机版文献管理软件，即第一代产品，如国外的

EndNote，国内的 NoteExpress、医学文献王；②局域网版软件与文献管理网站，即第二代产品，如国外的 EndNote Web、Refworks、ResearchGate 等，国内的科学网；③网络版文献管理工具与科研社区网站，即第三代产品，如国外的 Mendeley，国内的 NoteFirst。目前，国外较为常用的有 EndNote、Mendeley、Biblioscape、reference manager、refworks、ProCite、Papers等，国内主要有 NoteFirst、NoteExpress、E-learning、Mas 个人学术空间等，关于它们的简介及优缺点可浏览在线资源"11.23"。下面介绍其中的两款：EndNote 与 NoteFirst。

1）EndNote

EndNote 文献管理软件是由科睿唯安开发的旗舰型文献管理系统，至今已有 20 余年历史。此外，科睿唯安还提供了免费的 EndNote Basic 版（即 EndNote Basic 在线版，原 EndNote web版）。EndNote Basic 版是对单机版 EndNote 的替代，用户可通过浏览器在线管理文献。

EndNote 单机版软件版本已于 2025 年 4 月 23 日更新到 EndNote 2025（即 EndNote 22）。其主要作用是帮助用户以数据库的形式有效组织、管理已获取的文献信息，方便查看已有的文献信息，同时还是研究者写作、出版和共享的有效工具。该软件的详细功能包括：

(1) 组织、建立个人文献数据库（数据库建立在个人电脑中）。

(2) 可以与 EndNote Basic 版建立在服务器端的数据库进行数据同步。

(3) 其他人共享数据库（包括记录、附件、注释和笔记），支持多人对数据库的协同管理。

(4) 通过在数据库中建立文献组集合及文献组，实现二级目录管理。

(5) 文献组数量及其中的文献记录数量不受限制。

(6) 有多种添加记录方式：①借助相应的过滤器，将在多种检索系统得到的检索结果和利用其他个人文献管理软件所建数据库中的记录，导入至 EndNote 个人文献数据库；②手工键入文献题录信息，在该软件个人文献数据库中生成新记录；③从已有文献全文生成题录信息。

(7) 对数据库中的记录可进行编辑、删除、映射到其他文献组、复制到其他数据库等操作。

(8) 下载与记录对应的文献全文（前提条件是具有全文访问权限）；在论著写作过程中快速插入特定出版社要求样式的参考文献；系统提供近 200 种常见期刊论文写作模板。

关于 EndNote 文献管理软件的使用指南等信息可浏览在线资源"11.24"。

2）NoteFirst

NoteFirst 是由西安知先信息技术有限公司开发的一个结合中国科研人员的文化特点、使用习惯，专属于科研技术人员的信息获取、文献管理以及知识共享的服务平台。NoteFirst 的主要功能有（双语）参考文献自动形成、文献订阅、文献管理（包括文献获取、参考文献管理、题录自动更新、全文自动下载）、笔记管理、知识卡片管理、科研协作等。NoteFirst 同样提供了单机版和网络版，用户注册登录后，可以将单机版和网络版的用户数据进行同步。NoteFirst 的基本功能之一是帮助用户论文写作时自动形成参考文献。NoteFirst 安装后，会在 Microsoft Word 等软件中自动加载 Word 插件，实现参考文献的自动形成。NoteFirst 参考文献自动形成功能的主要特点为：①支持中文参考文献样式，②支持双语参考文献格式，③支持编校报告。

(1) 引文插入。

向 Word 插入引文方法有三种：①通过 Word 插件插入引文：把光标放在要插入引文处，再在 NoteFirst 客户端中先选定要插入的引文，之后在 Word 中单击"引文插入"按钮即可；②插入的引文，右键单击选中的题录，单击"插入到 Word"按钮即可；③把光标放在要插入引文处，再在 NoteFirst 客户端中先选定要插入的引文，单击快捷工具栏中的"插入到 Word"按钮即可。

引文插入后，会在文中自动插入引文标记，并在文后形成参考文献列表。一次可以插入多篇引文，支持单选、连选、多选。为了不影响 Word 的效率，在一个文档中插入引文后，如果文中引文序号出现不连续的情况，通过单击 Word 插件中的"引文格式化"，并且选择与客户端同步操作后，这些现象会自动消除。

(2) 更换引文样式。

选择和更换引文样式的方法：单击 Word 插件中的"更换引文样式"图标，在打开的页面上单击"更多"，就会出现引文样式列表，选择并单击"确定"按钮即可。

NoteFirst 会自动记录每一篇文稿的引文格式。如果是新建的文稿，请选择系统默认样式（国标规定中的顺序编码制）作为引文样式。

(3) 引文编辑和删除。

对已经插入到文中的引文，可以进行编辑、修改和删除等操作。要注意的是：如果修改参考文献，请使用插件中的"引文编辑"功能，切勿在文档中直接手动进行修改，否则"引文格式化"会覆盖所做的修改。

引文编辑：将光标放置在文后文献列表中进行引文的编辑；或是将光标放置在文中引文标记的两侧，单击"编辑引文"图标，打开"编辑引文"窗体，单击"编辑"按钮即可。

删除引文：首先要选中操作的文中引文（选中后，该引文标记会变为灰底），单击"引文编辑"按钮，弹出"编辑引文"窗体。选中要编辑、删除、更新的题录，选择相应的操作即可；若要调整引文的顺序，也可以通过"上移""下移"操作来完成。

(4) 引文格式化。

为了提高效率，在单文档中插入引文超过一定量、块复制、块删除、块移动等情况下，会导致引文序号的不连续现象。用户在最后定稿时，可通过引文格式化来消除这些现象。引文格式化具体是通过单击 Word 插件中的"引文格式化"来实现。当用户需要把论文从一个期刊转投至另外一个期刊时，在引文格式化时选择新的期刊引文样式即可轻松地实现引文格式的转变。如果对已经插入到 Word 文档的题录进行了修改，在格式化时要选中"与 NoteFirst 参考文献管理软件同步题录数据"，否则 Word 文档的引文会沿用已经保存到 Word 文档中的题录数据。

(5) 引文定位。

通过定位功能，实现文中引文和文后参考文献列表的跳转。可以从文中引文跳到文后参考文献列表中对应的参考文献，反之亦可。

关于 NoteFirst 的文献管理和论文写作帮助等功能的详细介绍，可浏览在线资源"11.25"。

2. AI 工具

在人工智能时代，AI 工具的出现能为学术科研提供一份强有力的帮助，特别是论文写作，即通过 AI 工具的帮助，将大大提高论文写作质量、效率和作者的体验，但使用 AI 工具的方式和规则边界应厘清，即使用 AI 工具时应遵守学术道德，仅将其作为辅助参考，避免直接挪用全文。AI 写作工具很多，如 DeepSeek、ChatGPT、文心一言、Bing 等，利用 DeepSeek、ChatGPT 等 AI 工具进行论文写作的技巧，可浏览在线资源"11.26"。

11.3 学术论文的投稿

11.3.1 学术成果发表制度

1. 学术刊物的运作流程

我国的学术期刊常规编辑出版工作流程是在"编辑六艺"主要工序，以及"三审三校"基本流程的基础上进行适当扩展而成的，一般包括选题策划→组稿约稿→来稿登记→编辑初审→专家复审（相当于同行评议）→稿件审定→排版→校对（包括初校、二校、三校）→终审→印刷→发行等[29]。近年来，不少学术期刊在纸本学术文章印刷之前，多了一个优先数字出版程序。

国际学术期刊（如英国 Emerald 集团出版的期刊）运作流程与编辑供应链可概括为：作者→主编→责任编辑→生产→使用者（包括作者）。链条的第一阶段是作者，接下来是主编。责任编辑负责编辑部的具体操作，在主编和副主编对稿件作出学术决定后，把决定付诸实施。最后，进入到读者阶段，也回到有效的链条开头，因为作者通常也是期刊的用户。他们可以通过很多方式，如纸本、数据库或第三方协议（如二次文献库、文摘库）等，看到期刊内容[30]。

2. 匿名评审制度

匿名评审制度是一套专业的隐名的外部人审稿制度。这是当代世界学术规范的程序表征，具有下列特征：

"专业的"：审稿人不能是行政主管或财界大亨，而须是对稿件主题素有研究的学者。在专业化分工的今天，若非某一领域的专家，很难对别人的研究成果作出评判。

"隐名的"：被审稿件的作者和审稿人的名字均不告知对方，以保证审稿人"对文不对人"。

"外部人"：审稿人不应限于编辑部成员，更不应是稿件作者本单位的同事；越是与作者无个人关系的，越适合做审稿人。

3. 双匿名评审及出版周期

多数 B 类以上期刊（A 类基本为一级学会的学报、SCI 或 SCIE 收录期刊和一流大学的学报等，B 类为公认的核心刊物）都为双匿名或多匿名评审。一般当编辑部收到稿件时，会给通信作者发出稿件收悉确认函。评审期内稿件不得投他处。发表的论文一般要经过 3～5 次评审，三次评审后拒绝发表也并不少见。顺利的情况下，一篇论文从第一次寄出评审到最后接受一般至少 3 个月，有的甚至需一两年；从接受到刊出约 1 年。为解决期刊论文发表周期过长的问题，近年来国内外不少期刊编辑部均推出了优先出版文献。

论文发表已变得日益困难，高水平期刊的文章发表比例很低（来稿量的 3%～8%）。切记，论文拒绝发表是常态，但不要认为这是终点，最重要的是要坚持。

4. 评审费

评审人有少量的补偿，因此一些期刊需交付稿件评审费，但评审费与稿件接受与否无关，评审人主要看重对其学术的承认。另外，评审费也可认为是制约一稿多投的方式之一。

5. 技术性检测

技术性检测是论文提交后、论文评审之前的一个环节，即对论文内容以外的部分进行筛查，包括论文中是否作者提到了自己的名字的检查，论文格式（如引用方式）、论文字数要求、论文重复率的检查等。近年还增加 AI 代写的检测。

11.3.2 投稿与审稿结果的处理

1. 拟投稿期刊的选择

投稿期刊的选择应考虑的因素包括：稿件的主题是否适合期刊所规定的范围，"读者须知"中有关刊登论文范围的说明，作者本人经常阅读和引用的期刊，期刊的声誉，引证指标（影响因子、总被引频次等），期刊在学界的影响力（同行的看法），出版时滞（稿件自接收至发表的时间），是否收取版面费等。另外，万方数据新近推出的智能选刊平台"刊寻"（JOURNAL GUIDER, kx.wanfangdata.com.cn）可帮助遴选中文期刊，精准投稿。

2. 投稿前的准备

1）稿件的录入与排版

稿件录入与排版应注意：①尽量不要使用脚注；②A4 纸，宋体或 Times New Roman 字体，12 号字，单面，通栏，隔行打印（视要求决定是否附寄文件电子稿）；③打印稿应留有足够的页边距（不少于 25 mm）；④注意美国英语和英国英语在拼写方面的不同；⑤文字处理软件视要求选用（备份一个纯文本格式）；⑥使用指定的绘图软件制作图件（>600 dpi 的分辨率）；⑦避免使用连字符来分隔单词（各行的右端不必对齐）。

2）打印稿的阅读

作者本人一定要仔细阅读打印稿（包括投稿信）；投稿前请一位或多位同事阅读稿件（检查一下稿件中是否还有拼写错误或表达不够明白的地方）；如有可能，英文论文可请英语国家的合作者或朋友阅改，以提高文字的表达质量，符合西方人的思维。另外，还要花两周以上的时间在引言和结论上。

3）检查的项目

投稿前需要检查的项目包括：①是否满足期刊所要求的足够份数的原件和复印件；②作者详细的通信地址、电子邮箱地址、电话号码；③论文的字数、摘要的格式等是否符合刊物的要求；④表格和插图分别单独打印，并按其在论文中出现的先后顺序连续编号；⑤确保参考文献目录中的各著录项准确且完整无缺，并且在正文中分别有引用标注；⑥注明正文的字数，可能的话附寄所有作者签名的声明信（贡献单），说明已获得所有致谢人的书面同意，附寄所有直接引用资料的书面同意函等。

4）注意事项

务必遵照期刊的要求将期刊投寄给指定的收稿人或收稿单位（期刊的编辑部、编委会、主编、执行编委或助理编辑）；仔细检查稿件内容并确保满足拟投稿期刊的全部投稿要求（包括所投稿 AI 使用的范围，如数据处理、写作、润色）；与编辑部联系的所有信件（包括磁盘、打印稿或复印件等）都应标注联系作者的姓名；在磁盘上标明电子文档使用的是哪种软件、哪种版本，并以打印件的形式附带一份磁盘中的文件名清单，并列出各文件的具体内容。

3. 投稿信与同行评议的内容

国外学术期刊一般都要求提供投稿信（Cover Letter），以简述所投稿件的核心内容、主要发现和意义，拟投期刊，对稿件处理有无特殊要求等（如"Not to Review"List）。有的期刊要求推荐几位审稿人及其联系方式，以及谁已经阅读过该文（当然是名人）。另外，有的期刊可能要声明作者没有一稿多投等；如果是临床试验，还要求写明符合伦理学要求。投稿信最好不要超过一页。另外，请附上主要作者的中文姓名、通信地址、电话、传真和 E-mail 地址。

关于如何撰写投稿信，各个期刊的具体要求是不一样的，在期刊的"Guide for Authors"一般会有要求。如果没有具体的要求，可按照通用要求处理。英文投稿信的例子如下[31]：

Dear Dr.＿＿＿＿＿：

Enclosed are two complete copies of a manuscript by Yuandong Li and Meili Dai titled "Fatty Acid Metabolism in *Cedecia neteri*," which is being submitted for possible publication in the Physiology and Metabolism section of the *Journal of Bacteriology*.

This manuscript is new, is not being considered elsewhere, and reports new findings that extend results we reported earlier in *The Journal of Biological Chemistry* (145:112–117, 2004). An abstract of this manuscript was presented earlier (Abstr. Annu. Meet. Am. Soc. Microbiol., p. 406, 2005).

Sincerely,

Yuandong Li

同行评议（Peer Review）又称"同行评审"，在 17 世纪英国皇家学会中被称为"精读"（Perusal），为一种审查程序，相当于传播学中讲的"把门人"，即把一位作者的学术著作或计划让同一领域的其他专家学者来加以评审。在出版单位主要以同行评议的方法来选择与筛选所投送的稿件录用与否；资金提供的单位，也是以同行评议的方式来决定研究奖助金是否授予。同行评议的内容一般包括稿件的内容是否新颖、重要，实验描述是否清楚、完整，讨论和结论是否合理，参考文献的引用是否必要、合理，文字表达与图表使用是否正确。不过，在论文投稿时，也要意识到同行评议有时是有问题的，即具有抵制激进、创新观点的倾向。

4. 国内、国际核心期刊投稿的方法

投国际刊物，请参考科睿唯安 JCR 或北京投必得文化传播有限公司（公司总部坐落于美国名校和科研机构云集的华盛顿特区）期刊查询与选择系统（ijournal.topeditsci.com/home），选择自己想要找的学科类目，按照影响因子排序，挑选适合的刊物。然后在《乌利希国际期刊指南》WEB 站点（www.ulrichsweb.com 或 www.ulrichsweb.com.cn）查找刊物的地址或网站信息，登录刊物的网站，查找在线投稿信息。另外，在科睿唯安的"Master Journal List"页面，通过"Manuscript Matcher"（手稿匹配器），输入论文的题目和摘要，可以搜索到与之匹配的最佳 WoS 核心合集期刊。如果拟投不同档次的 SCIE 或 SSCI 期刊，通过查询期刊的 JCR 分区或中科院分区为一事半功倍的方法。关于 JCR 分区和中科院分区的详细介绍，可浏览在线资源"11.27"。

投国内刊物，请参考最新出版的《中文核心期刊要目总览》和《中国科技期刊引证报告（核心版）》，从中选择自己想要找的学科类别，然后按照影响力，挑选适合的刊物。投稿地址信息可以参考工具书最新版《中文核心期刊要目总览》，也可以登录"中文社会科学引文索引"网站，在"来源刊"栏目中浏览或查找相关学科、专业的期刊，或在中国知网（www.cnki.net）的"出版物检索"栏目进入"期刊导航"页面、万方数据知识服务平台（www.wanfangdata.com.cn）的"中国学术期刊数据库"导航页面，即可查找刊物的投稿信息。

使用"Ex Libris 中外文核心期刊查询系统"（corejournal.lib.sjtu.edu.cn/findcoreej.htm）、万

方的"刊寻"智能选刊系统（kx.wanfangdata.com.cn）对向国内外核心期刊投稿的用户也不失是一个事半功倍的方法。

在向学术核心期刊投稿的过程中，需要注意以下几点：

(1) 尽量不投增刊和 on hold 刊，避免向确定或疑似"掠夺性刊"（predatory journal）投稿。

(2) 单位署名要规范，例如，写"Shanghai Jiao Tong University"（上海交通大学）要同时写上"Shanghai, Peoples Republic of China"，这在被 SCI 收录的期刊中尤其要注意。

(3) 投稿的作者要寄几份复印本。文章中一律不得带有或隐含作者信息。作者信息（如姓名、单位、地址、电话和 E-mail）一般在标题页上体现。

(4) 尽量不要在文中"自我引证"。

(5) 文中利用了成套的经验数据或资料（如问卷调查等），作者须准备提供它的完整的原始形态，以接受审稿人或读者的检验。

(6) 引用数据和资料时文中杜绝"据调查……""据匡算……""据透露……"且不注明出处的现象。

关于投稿前的准备、国内外主要的学术核心期刊分类与介绍，可浏览在线资源"11.28"。

5．审稿结果的处理

1）处理意见

稿件寄出后的两三个月，编辑部的责任主编会将评审报告和编辑部对该文的处理意见反馈给通信作者。如果未收到期刊的"收稿回执"，可在两三周后通过 E-mail 或电话询问编辑部；如果 3 个月后未收到是否录用的决定，可以询问。一般处理意见的形式包括：①同意接收无须修改；②原则上接收但须根据匿名评审人的意见进行一些小修改；③原则上可以发表，但须作重大修改；④先作重大修改，再重新审阅是否够格发表；⑤没有修改的必要，拒绝发表。

几乎没有人有把握其论文能在某一期刊发表，即使是学科顶尖的专家也是如此。因此，绝大多数作者得到的是第四，第五种回复。第四种已是非常满意的回复，应根据评审人的报告进行论文修改，一般须在半年或规定的时间内完成修改并寄出再评审。

2）修改信

修改信即针对审稿意见的回函。它应逐条说明按要求修改的内容，如果认为审稿人或编辑的修改建议不合理，可坚持己见，但一定要有充足的理由，并尽快返回修改稿。一般来说，修改信需要有三个要素：①表达感谢；②对主要修订的简短总结；③一个详细阐述的部分，包含审稿人所有的意见，以及逐点回复。论文投稿时，如何回复审稿人意见，具体可浏览在线资源"11.29"。

3）退稿的处理

如果收到的是一封退稿信，应认真思考审稿人或编辑提出的退稿意见（一般都是一些如何加强文章某些薄弱环节的建议，如果没有，可以询问他们）。处理退稿的方式有：①暂不再投稿；②修改稿件，并重投到同一份期刊；③修改稿件，改投其他期刊。被拒绝的论文一般不再寄回同一期刊进行再次申请评审，也不要将不做任何修改的原稿件转投他刊。

11.3.3　学术论文成功发表与推广的策略

1．论文发表意味着什么

现在，科学研究不再像牛顿、达尔文那样以一部巨著的形式发表出来，而是在重要的纸质学术期刊或 OA 形式的在线期刊上以研究论文的形式阐述出自己的各种主张。这种形式的科学研究成果发表，基本上算是科学共同体内的科学传播，其意义主要体现在：①论文被出版意味着文章是可信的，从而使作者赢得学术声望。这种声望是靠同行评议程序来保证的，而该程序基本上由期刊编辑部或发行期刊的出版商所掌控。②发表的文章是永久的。论文一旦出版，就会有一个永久的位置，即论文的作者总是在为研究服务。③论文被出版意味着会被许多人阅读。OA 在线出版在文章的认证等方面等同于纸本出版，但文章会被更多的人看到。

另外，针对一些结论无法验证的论文所带来的问题，现在学界和一些学术期刊呼吁或要求研究数据也要公开。例如，美国科学公共图书馆（PLoS）从 2014 年 3 月起要求作者在论文开头签署《数据可获取声明》，注明数据可在哪里获取，如何利用（个人隐私等数据可例外）。这些开放出来的数据不仅是为了得到验证，而且可通过再利用来催生新的研究成果。

2. 论文发表的基础

论文发表的基础一般有：①正在从事博士或硕士论文的写作；②成功地完成某一研究项目；③正在斟酌某一没有解决方法的问题；④有与导师或咨询员合作的经历；⑤对某一主题有自己的观点或评论；⑥给学术会议提交过论文或在学术会议上有发言的经历。

3. 论文成功发表的技巧

1）提供高质量的文摘

文摘是作者向主编和读者推销文章的东西，一个好的文摘可以帮助责任编辑很快将文章投递到合适的期刊，同时可以帮助主编一眼看出这是一篇值得发送出去进行评审的文章。因此，确保文章有清晰、准确和完整覆盖文章要点的文摘是每一位作者首先要考虑的事情。

现在，一些国外期刊要求提供结构式文摘。这种形式的文摘字数一般不超过 250 个单词，内容一般包括：①目的，说明研究要解决的问题，突出论文的主题内容；②对象和方法，说明研究所采用的方法、途径、对象、仪器等，新的方法须详细描写；③结果，介绍所发现的事实、获得的数据、资料，发明的新技术、新方法，取得的新成果；④研究的限定性和暗示性，即有一些什么内容没有被包含，下一步的研究方向是什么；⑤实践性，即文章对于实践有什么价值；⑥原创性或价值，主要说明文章如何为知识体系服务，以及在知识体系中的贡献或价值。包含这些信息的文摘，会更吸引读者的注意力，促使他们阅读整篇文章。当然，不是每篇文章都包含上述 6 个方面，有的是不太容易体现的，但要尽可能设法完成它们。例如，Emerald 出版的学术期刊，要求提供四层次结构式文摘。下面是论文 "Subjecting the catalog to tagging"（载 *Library Hi Tech* 2009 年第 27 卷第 1 期第 30–41 页）的文摘形式：

Purpose – The purpose of this paper is to present the implementation of LibraryThing for Libraries (LTFL) in an academic library and analysis of usage of LTFL data and their potential for resource discovery in the catalog.

Design/methodology/approach – The paper reviews the literature on social tagging and incorporation of third-party user-generated metadata into the library catalog. It provides an assessment based on the analysis of total absolute usage figures and frequency of use of LTFL data.

Findings – Based on the data available, usage of LTFL data in the catalog is low, but several possible contributing factors are identified.

Originality/value – The paper contributes to the literature on the implementation of LTFL in an academic library and provides usage statistics on LTFL data. It also provides directions for future research about tagging in the catalog.

2）寻找目标期刊

很多经过努力的研究和文章发表失败仅仅是选择了一本错误的期刊。为了避免这种情况的发生，作者应浏览期刊出版社网站上的作者指南，以获取有关期刊的范围、目标和类型的信息；阅读投稿程序，了解投稿的步骤；发送文章的文摘或大纲给主编，看看主编是否对文章感兴趣；阅读一期拟要投稿的期刊，以了解期刊的品位。另外，和主编沟通也非常重要。主编一般都希望每一位作者的文章都被出版，但为了保持期刊的质量，他们会帮助更多的作者传播他们的研究成果。

对于国内作者而言，如果希望增加自己的论文被 SCI（或 SCIE）、SSCI、A&HCI、EI 等国际权威性检索工具收录的概率，可尝试以下几种方法。

⑴ 要尽量向影响因子高的刊物投稿，以增大论文被 SCI/SCIE、SSCI、EI 等收录的概率。

⑵ 投向国内期刊，但不能全投向本校学报，应向国内已经被 SCI/SCIE、SSCI、A&HCI、EI 列入刊源表的期刊投稿，以分流稿件（有学者认为，在我国人文社会科学领域，论文投稿被 SSCI、SCI 或 A&HCI 等收录的期刊比投稿被中文核心期刊收录的期刊要容易发表些）。

⑶ 投向国际期刊。由于语言上的障碍，采用英语的国际期刊比中文期刊容易进入 SCI/SCIE、A&HCI、EI，但其学术水平不一定都比中国期刊高。由于中国期刊进 SCI/SCIE 的数量有限，在这种期刊上发表文章，难度较大，应把部分稿件向国际期刊分流。

⑷ 争取使自己的论文进入国际会议论文集。SCI/SCIE、EI、CPCI 都收录国际会议论文集，故应主动参加国际学术会议；如果出国参加国际会议机会少或经费困难，应争取参加在国内，特别是在校内举办的国际会议，并积极投稿。与中国期刊相比，这种论文集进入 SCI/SCIE、EI、CPCI 要容易得多。

⑸ 充分利用已有渠道。如果论文曾经被 SCI/SCIE、SSCI、A&HCI、EI 收录过，应充分利用已有的渠道，将论文投向熟悉的刊物，因为对刊物编排格式已经熟悉、适应。

3）进一步的考虑

在投出最后定稿的文章之前，需要进一步考虑下列几个问题。

⑴ 文章是否可读，是否能和听众达到交流的作用。由于不是所有的读者都是学科专家，所以不要过分简化文章，但要尽量使它直观易懂。

⑵ 文章是否具有创新性。创新是大家都在寻求的东西，找出文章的新颖之处并让大家知道，这样会让自己比别人走在前面一步。

⑶ 文章的可信度。采用的方法论是否清晰和有力，方法论叙述是否简单易懂，是否有太专业的行话。

⑷ 如何应用自己的研究成果。要考虑文章将怎样改变人们的工作，能给人们带来什么。

⑸ 国际化。文章是否表达国际化、全球性、超越国家界限的观点。

⑹ 如何应对科研评价的原则。是否在当今"量化至上"和"以刊评文"的科研评价倾向与论文学术质量本身之间寻求一个平衡点。国际学术界于 2013 年、2014 年先后提出的"旧金山宣言"（The San Francisco Declaration on Research Assessment，DORA）和"莱顿宣言"（The Leiden Manifesto for Research Metrics）所倡导的科研评价原则或许有所助益。

⑺ 谨慎选择投稿期刊。不要投稿假冒期刊、非法出版物（关于中国境内的假冒期刊、非

法出版物刊号和正规刊物的查询方法等，可浏览在线资源"11.30"）；对于拟投稿的 OA 期刊信誉度，可从期刊是否在 DOAJ 名单上、出版机构是否为 OASPA（Open Access Scholarly Publishers Association）成员、出版机构是否为 COPE（Committee on Publication Ethics）成员、编委会的权威性（即编委是否由本领域专家组成，专家是否致力于期刊的质量把控）、完整的联系方式（如电子邮箱、通信地址、电话等）、期刊收费方式是否透明等方面进行辨识。另外，中国科学院文献情报中心科学计量中心 2020 年起每年推出的《国际期刊预警名单》（网址：earlywarning.fenqubiao.com），对选择投稿期刊也有提示作用。

（8）遵循"奥卡姆剃刀原理"。"奥卡姆剃刀原理"是由 14 世纪英格兰的逻辑学家、圣方济各会修士奥卡姆的威廉（William of Occam）提出的"如无必要，勿增实体"的主张，即"简单有效原理"。这要求论文的实验数据要用更简单的模型或者更简单的理论来解释，且这种新模型或新理论不仅必须能拟合已有的数据，而且还得能做出可通过实验检验的预言。

4）作者本人同行评议

文章成功出版的另一个有效方法是将论文提交给自己周围的同事或不是学科专家的人评审，以征求客观的评价，并认真对待每个意见。作者自己也要反复阅读自己的文章，检查拼写错误，并确保参考文献的完整性和新颖性。

5）重视参考文献的著录

参考文献在学术刊物中有非常重要的作用，能有效排除剽窃之嫌疑，也是 SCI、SSCI、EI、CSSCI 编辑选刊的一个重要依据。参考文献是论文的重要组成部分，能反映著者对研究课题背景情况的掌握程度、选题的新颖程度和研究方法的先进性。它不仅有助于作者在有限的篇幅中阐述论文的起源基础，同时也可使读者更方便地追索有关的文献资源以进一步研读。因此，参考文献是否书写规范，直接关系到论文审核的通过与否，关系到论文在 SCI、SSCI 等引文索引中被引用情况的统计。如果参考文献标注错误，会严重影响论文的可信度。

如果使用文献管理工具，可以达到事半功倍的效果。由于 EndNote、Mendeley 等国外软件对中国期刊的投稿要求支持很差，而 NoteFirst 是国产软件，对中文以及中国国标要求有很好的支持。因此对于英文较好、经常需要撰写英文论文的作者，就用 EndNote、Mendeley 等工具，如果是撰写中国期刊论文，就用 NoteFirst。

6）文章的修改

几乎所有被发表的文章都至少要求修改一次。主编和评审专家一般不会要求作者修改文章，如果收到文章修改的通知，表明主编和评审专家已经认为文章适合在期刊中发表。即使评审的意见是尖锐和生硬的，也不要丧气，因为他们都是非常繁忙的人士，而且所有的建议都不是针对个人的。下面是文章修改的一些具体的操作方法：

首先，通知主编一个修改好的最晚日期，并遵守时间。第二，如果对某些建议的含义不明确，别羞于提问；如果对修改建议有不同看法，也要告诉主编，例如，给主编一个认为不必要修改的好理由。第三，应该逐一在每个意见上下功夫，这样能大大提高文章的接受率。第四，文章修改结束后，在文章发回的同时，加上一封信，清楚写明原来的更改要求和自己是如何进行修改的，如果能同时提供诸如修改处页码等会更好。

7）发表前文稿的校对

论文在正式发表之前，其校样一般会送回作者处校对。校对文稿时，应使用通用的校对符号，以便互相沟通，减少差错。对于在国内发表的中文论文，一般应使用国家标准《校对符号及其用法》（GB/T 14706－1993）中常用的校对符号；对于英文论文，一般应使用英语国家常用的校对符号（可参看英国/国际标准 BS ISO 5776-2016《印刷技术 文本校对符号》），且尽量找母语是英语的专业人士校对文稿。常用的中英文各种校对符号及其用法示例可浏览在线资源"11.31"。

8）网上发布

关于科学研究工作，英国科学家法拉第（M. Faraday）有一个"三词箴言"：Work（实验）、Finish（完成）、Publish（发表）。不过，在当今开放数据和开放科学已成潮流的情况下，还要增加一词"Release（网上发布）"，意思是实验结果完成后发表还不够，还要把它发布到网上。论文的网上发布有两个好处：一是确保论文的生命周期得以延长；二是可使论文更多的内容与数据被揭示出来，并得到再次利用[32]。

4. 提升论文影响力的途径与方法

提升论文影响力的途径与方法主要有：①搜索引擎优化（Search Engine Optimization）；②视觉可视化研究结果；③推广论文；④共享数据；⑤参加学术会议；⑥分享论文；⑦ORCID 和 Scopus 作者简介。具体可浏览在线资源"11.32"。

11.3.4 二次发表与重复发表

1. 二次发表

二次发表是指使用同一种语言或另外一种语言再次发表，尤其指使用另外一种语言在另外一个国家或地区再次发表。二次发表必须满足以下所有条件：①已经征得首次和二次发表期刊编辑的同意，并向二次发表期刊的编辑提供首次发表的文章；②二次发表与首次发表至少有一周的时间间隔；③二次发表的目的是使论文面向不同的读者群；④二次发表的论文应在论文首页采用脚注形式说明首次发表的信息；⑤不与论文的正常使用（对学术论文而言，正常使用指的是科学研究）相冲突，并且不损害论文版权所有者的合法权利。

2. 一稿多投与重复发表

根据新闻出版行业标准《学术出版规范期刊学术不端行为界定》（CY/T 174-2019，具体可浏览在线资源"11.33"），一稿多投是指将同一篇论文或只有微小差别的多篇论文投给两个及以上期刊，或者在约定期限内再转投其他期刊的行为；重复发表是指在未说明的情况下重复发表自己（或自己作为作者之一）已经发表文献中内容的行为，也称一稿多发、多余发表（Redundant Publication）。该标准还分别列出了 6 种一稿多投和 6 种重复发表的形式，并且认为这些一稿多投和重复发表的形式是作者的学术不端行为。另外，该标准也列出了不属于重复发表的情况：①在专业学术会议上做过口头报告，或者以摘要或会议板报形式报道过的研究结果；②对首次发表的内容充实了 50%以上数据的论文；③有关学术会议或科学发现的新闻报道（简单的内容描述）；④在不同语种的期刊上发表（即平行发表或并行发表）。

在目前的学界，一稿多投普遍被认为是学术不端的表现。不过，在我国现行的法律规定下，期刊社无法禁止作者的一稿多投行为。实际上，一稿多投目前已演变为许多作者一种常态化的投稿方式。尽管针对一稿多投现象的质疑之声鲜有来自作者，但近年也出现来自期刊编辑（如三峡大学期刊社马建平）或期刊（如《自然》于 2023 年 10 月 10 日在"Career Column"栏目发表题为"Dear journals: stop hoarding our papers"文章，指出"禁止一稿多投的规则已不合时宜";《天府新论》于 2025 年 4 月 21 日发布投稿温馨提示，其中明确"一稿多投行为不纳入黑名单管理"）赞同一稿多投的大音希声。他们从法律、行政法规、经济学、法理和科学研究传播的视角说明一稿多投是著作权人依法享有的合法权利，并认为有效抑制一稿多投现象应将报刊社和作者两方面结合起来进行综合考察，平衡双方的利益诉求，达到和谐共生的状态。细胞（Cell）出版社甚至于 2023 年 9 月推出 Cell Press Multi-Journal Submission 服务，即"一稿多投"系统。

3. 规范投稿行为，切忌重复发表

在实践中，作者与报社、杂志社签订的合同都是通过当事人双方的有关行为推定成立的。一般说来，报社、杂志社如果要求取得专有出版权，会在经常刊登的征稿启事中规定不得一稿多投。作者向报社、杂志社投稿，应当视为按相同条件发出要约，报社、杂志社就取得了这一作品的专有出版权。因此，在投稿之后的一定期限内，作者受到要约的约束，即不得将稿件再投给第二家。

造成一稿多投的原因是多方面的。第一，从作者方面来看，为了使稿件早日见报刊，采用"广种薄收"的办法，同时将稿件投往两家或两家以上的刊物；或不等时限，又投往另一家刊物，明知不对而为之，从而造成一稿多发的不良后果；这部分作者抱有侥幸心理，认为不可能两家或数家刊物同时采用（事实上，造成重复发表的多是这种情况）。另外，作者不希望因前数字时代的"一稿多投"规定而导致研究工作被延误。第二，"一投多稿"的作者会被期刊编辑部认为其所投论文具有一稿多投乃至重复发表的风险。"一投多稿"是指作者在同一时段将多篇不同的论文投给同一家期刊的现象。关于"一投多稿"现象的详细介绍可浏览在线资源"11.34"。

根据《中华人民共和国著作权法》，报刊编辑部应在规定的时限内回复，即杂志社 30 日，报社 15 日。由于此时限是从作者发出稿件之日计算的，目前确有困难，如偏远地区，交通通信不便，编辑部人手不够等，但回复时间也不能超过目前约定俗成的 3 个月，这也是指"双方另有约定的除外"。关于双方的约定，著作权法实施条例允许报刊、杂志社不采用书面合同，在实践中，报刊编辑部不可能像图书出版社那样与每一位作者签约，编辑部一般在征稿启事中声明处理稿件的时限，并说明只要向该刊投稿，就算承诺遵守该刊的约定。这一点，作者在向报刊投稿时应注意。

关于禁止重复发表的法律依据，《中华人民共和国著作权法》第十条规定："著作权包括下列人身权和财产权：（一）发表权，即决定作品是否公之于众的权利。"这里的"公之于众"是指作者将自己的作品，首次向公众见面，使公民能够看到或者听到，如果一部已经发表过的作品，再次拿出来与公众见面，就不是著作权法律意义上的发表。由此可见，发表权只能使用一次，当作品发表后，权利人就不能再次行使此项权利（即发表权的一次性穷竭属性），也不再受法律保护。重复发表对个人和社会均会造成严重的后果。如果一稿两登或几登，可能引起版权纠纷，并给出版者造成经济损失。这种行为不但占用了出版者宝贵的版面，而且使出版者的声誉受到了损害，所以任何出版者都不想出版这类稿件。因侵权而造成出版者经济损失的，可以区分责任，要求作者赔偿。2022 年 9 月 14 日，科技部、教育部等 22 个部门印发的《科研失信行为调查处理规则》，将"重复发表"增列为科研失信行为。之前，在我国相关部门法规中，"一稿多投"和"重复发表"并未被明确为"学术不端"或"科研失信"，可认为属兜底条款的"其他"范畴，由相关部门自行裁量。

参 考 文 献

[1] 文献[EB/OL]. [2022-03-04]. https://www.termonline.cn/search?k=%E6%96%87%E7%8C%AE&r=1652945890267.

[2] 刘纪兴. 社会科学图书情报工作特殊性研究[M]. 武汉:武汉大学出版社, 2000:12.

[3] 周文骏, 杨晓骏. 论文献的属性、现象和本质[J]. 北京大学学报（哲学社会科学版）, 1994(2):76–82, 120.

[4] 拉姆奇. 如何查找文献[M]. 廖晓玲, 译. 北京:北京大学出版社, 2007.

[5] BARBOUR V, PATTERSON M. Open access: the view of the Public Library of Science[J]. Journal of Thrombosis and Haemostasis, 2006(4):1450–1453.

[6] 肖冬梅. 开放存取运动缘何蓬勃兴起[J]. 图书情报工作, 2006, 50(5):130.

[7] 萨伯. 开放存取简编[M]. 李武, 译. 北京:海洋出版社, 2015.

[8] LAWRENCE S. Free online availability substantially increases a paper's impact[J]. Nature, 2001, 411 (6837):521.

[9] 陈世华, 韩翠丽. 优先数字出版形态浅析[J]. 中国出版, 2011(16):55-58.

[10] 张建文. 社会调查研究理论与方法[M]. 昆明:云南民族出版社, 2004:224.

[11] 王建涛. 《信息检索》课程页面·信息检索基础. [2009-05-10]. lib.nit.net.cn/xxjs/.

[12] 孙建军, 徐芳. 国外网络学科导航比较分析与经验启示[J]. 图书馆杂志, 2014, 33(7):83–89.

[13] 肖珑. 数字信息资源的检索与利用（第二版）[M]. 北京:北京大学出版社, 2013:319–364.

[14] THIEM J. Myths of the universal library[J]. The Serials Librarian, 1995, 26(1):63-74.

[15] 翟建雄. 信息开放存取中的版权问题及图书馆的对策[J]. 法律文献信息与研究, 2006(4):1, 21–28.

[16] 谢泳. 当明引, 不当暗袭[N]. 文汇报, 2010-05-12(11).

[17] 陈学飞. 学术规范及其必要性[M]//杨玉圣, 张保生. 学术规范读本. 开封:河南大学出版社, 2004:241.

[18] 周祥森. 新旧中西的冲突：关于大变革时期学术规范讨论的思考[M]//杨玉圣, 张保生. 学术规范读本. 开封:河南大学出版社, 2004:786.

[19] 胡文辉. 现代学人涉嫌剽窃举例[N]. 文汇报, 2010-08-08(8).

[20] 刘绪源. "西式规范"之我见：说"专家之上的文人"[N]. 文汇报, 2014-11-05(12).

[21] MLA. MLA Style Manual and Guide to Scholarly Publishing (3rd ed.)[M]. New York: MLA, 2008:165–166.

[22] MLA. MLA Handbook for Writers of Research Papers(7th ed..)[M]. New York: MLA, 2009:59–60.

[23] 江晓原. 从致敬到抄袭：关于知识产权的另类思考[J]. 社会观察, 2006(1):50–51.

[24] 罗薇娜·莫瑞. 如何为学术刊物撰稿：写作技能与规范（影印版）[M]. 北京:北京大学出版社, 2007:8.

[25] 陈垣. 陈垣来往书信集[M]. 陈智超, 编注. 上海:上海古籍出版社, 1990:650.

[26] 黄运尧, 黄威. 《机械工程专业英语》参考译文[M]. 武汉:武汉理工大学出版社, 2001:49–51.

[27] 张丽华, 王娟, 苏源德. 撰写文献综述的技巧与方法[J]. 学位与研究生教育, 2004(1):45–47.

[28] WOODWARD A M. The Roles of Reviews in Information Transfer[J]. Journal of the American Society for Information Science, 1977, 28(3):175-180.

[29] 张建业, 刘勇. 学术期刊编辑出版工作流程再造及实践[J]. 编辑学报, 2019, 31(6): 626–630.

[30] SNOWDEN K. Increasing your chances of successful publication in research journals: An insider's guide(Lec- ture by Kate Snowden from Emerald Group Publishing Ltd. in Shanghai library on June 2, 2006) [EB/OL]. [2020-04-18]. wjk.usst.edu.cn/2020/0418/c10155a218283/page.htm.

[31] 盖斯特尔, 戴. 如何撰写和发表科技论文（影印版）[M]. 6 版. 北京:北京大学出版社, 2007:115.

[32] 吴建中. 知识是流动的[M]. 上海:上海远东出版社, 2015:141–142.